权威·前沿·原创

皮书系列为
“十二五”“十三五”国家重点图书出版规划项目

中国社会科学院创新工程学术出版资助项目

中国新媒体发展报告 No.10（2019）

ANNUAL REPORT ON THE DEVELOPMENT OF NEW MEDIA IN CHINA No.10 (2019)

中国社会科学院新闻与传播研究所
主　编／唐绪军
副主编／吴信训　黄楚新

社会科学文献出版社
SOCIAL SCIENCES ACADEMIC PRESS (CHINA)

图书在版编目（CIP）数据

中国新媒体发展报告. No. 10，2019 / 唐绪军主编
. --北京：社会科学文献出版社，2019. 6
（新媒体蓝皮书）
ISBN 978-7-5201-4870-2

Ⅰ. ①中… Ⅱ. ①唐… Ⅲ. ①传播媒介-发展-研究报告-中国-2019 Ⅳ. ①G219. 2

中国版本图书馆 CIP 数据核字（2019）第 095285 号

新媒体蓝皮书
中国新媒体发展报告 No. 10（2019）

主　　编 / 唐绪军
副 主 编 / 吴信训　黄楚新

出 版 人 / 谢寿光
责任编辑 / 吴　敏

出　　版 / 社会科学文献出版社 · 皮书出版分社（010）59367127
地址：北京市北三环中路甲 29 号院华龙大厦　邮编：100029
网址：www. ssap. com. cn
发　　行 / 市场营销中心（010）59367081　59367083
印　　装 / 天津千鹤文化传播有限公司

规　　格 / 开 本：787mm × 1092mm　1/16
印 张：28. 75　字 数：430 千字
版　　次 / 2019 年 6 月第 1 版　2019 年 6 月第 1 次印刷
书　　号 / ISBN 978-7-5201-4870-2
定　　价 / 89. 00 元

本书如有印装质量问题，请与读者服务中心（010-59367028）联系

新媒体蓝皮书编委会

欲了解中国新媒体发展最新动态，请关注“新媒体蓝皮书”微信公众号，以及新媒体蓝皮书的官方微博新浪微博“@中国新媒体发展报告蓝皮书”。

主要编撰者简介

唐绪军　中国社会科学院新闻与传播研究所所长，研究员，所学术委员会主任，兼任中国社会科学院研究生院教授、教授委员会委员、新闻学与传播学系主任、博士生导师、系学位评定委员会主任，《新闻与传播研究》主编，中国记协第八届理事会常务理事、国家新闻出版总署报业专家顾问团顾问，享受政府特殊津贴。

吴信训　上海大学中国艺术产业研究院院长，教授，博士生导师。上海市社会科学创新研究基地（文化繁荣与新媒体发展研究方向）及上海发展战略研究所吴信训工作室首席专家，全国“十佳”广播电视理论工作者，享受政府特殊津贴，中国传媒经济与管理学会常务副会长兼秘书长。

黄楚新　中国社会科学院新媒体研究中心副主任兼秘书长，中国社会科学院新闻与传播研究所新闻学研究室主任，研究员，博士生导师。任中国记协新媒体专业委员会委员，首都互联网协会新闻评议专业委员会评议员，《新闻与写作》《青年记者》《中国报业》等杂志学术顾问。已出版学术专著4部，包括《新媒体：融合与发展》《新媒体：微传播与融媒发展》《嬗变与重构——中国IPTV发展现状与走势》等，在《新闻与传播研究》《国际新闻界》《现代传播》等杂志发表多篇学术论文。主持国家社科基金及中央网信办等多个科研项目。

摘　要

《中国新媒体发展报告 No. 10（2019）》是由中国社会科学院新闻与传播研究所主持编撰的关于新媒体发展的最新年度报告，分为总报告、热点篇、调查篇、传播篇和产业篇等五部分，全面分析中国新媒体发展状况，解读新媒体发展趋势，总结新媒体发展问题，探析新媒体的深刻影响。

2018 年，我国移动互联网覆盖率不断提高，但整体增幅减小，移动互联网进入存量时代，抢滩登陆式的爆发式发展被精耕细作的经营方式取代。短视频产业迅速崛起，新兴市场亟待挖掘。2018 年，新的技术领域不断取得重要进展，新技术被应用在内容生产、分发各个环节，为媒体行业的发展提供了更多可能。新媒体行业经历了深度洗牌，监管的介入消减了狂热，行业格局趋于稳定，但巨头之间的角力使得新媒体领域始终处在变化与革新中。

本书总报告全面概括了 2018 年以来，随着新一轮科技革命和产业变革孕育兴起，人工智能、大数据、云计算、区块链等新技术飞速发展，移动应用、社交媒体、网络直播、短视频等新应用新业态不断涌现，重塑了媒体格局和舆论生态。我国对互联网和新媒体工作的规划部署呈现出专项、多次、密集的特点。国家战略部署为新媒体布局与发展提供了根本保证。在政策推动作用下，新媒体理念与价值认同得到重塑，我国在全球新媒体格局中的力量凸显。当前，我国网络和新媒体发展呈现出以下特点：数字经济引领经济高质量发展，信息消费、新零售、流媒体等热点不断涌现，多元主体战略布局产业互联网，工业互联网创新发展进入快车道。“互联网 +”政策全面推进，数字经济与实体经济深度融合，“智能 +”推动打造数字生态系统。大数据助推国家治理现代化水平提升，数据治理成为当前互联网治理的重点，网络安全和依法治网仍是互联网健康发展的核心。县级融媒体中心建设上升为媒体转型发展的国家战略，媒体融合不断深化，新媒体在“一带一路”建设中不断发挥驱动引领作用。总报告重点分析了新媒体的快速发展对中国社会、政治、经济、文化以及传媒等方面的深刻影响，同时展望了中国新媒体的未来发展趋势。

本书收入了全国研究新媒体的数十位著名专家学者撰写的分报告，深入探讨了短视频发展、县级融媒体中心建设、区块链媒体发展、人工智能发展、美国政治精英社交网络大数据、互联网舆论场发展、互联网治理、网络广告、小程序发展、新媒体版权、新媒体产业等重要问题。同时，还对我国地方新闻网站融合创新发展进行了个案剖析。

本书认为，2018 年以来，随着新媒体发展不断推进，一些问题不容忽视：网络安全风险加剧，新媒体版权管理需持续增强，人工智能发展亟待规范，传统媒体转型需进一步加快步伐，网络空间国际互信共治合作仍待加强。

目　录

Ⅰ　总报告

Ⅱ　热点篇

Ⅲ 调查篇

Ⅳ 传播篇

Ⅴ 产业篇

皮书数据库阅读**使用指南**

总 报 告

General Report

B.1

“智能 +”与全媒体：中国新媒体发展的新布局

唐绪军　黄楚新　王 丹*

摘　要： 2018 年以来，我国对互联网和新媒体工作的规划部署呈现出专项、多次、密集的特点。国家战略部署为新媒体布局与发展提供了根本保证。在政策推动作用下，新媒体理念与价值认同得到重塑，我国在全球新媒体格局中的力量凸显。当前，我国网络和新媒体发展呈现出以下特点：数据经济引领经济高质量发展，信息消费、新零售、流媒体等热点不断涌现，多元主体战略布局产业互联网，工业互联网创新发展进入快车道。“互联网 +”政策全面推进，数字经济与实体经济深

* 唐绪军，中国社会科学院新闻与传播研究所所长，研究员，所学术委员会主任，博士生导师；黄楚新，中国社会科学院新媒体研究中心副主任兼秘书长，中国社会科学院新闻与传播研究所新闻学研究室主任，研究员，博士生导师；王丹，中国外文局当代中国与世界研究院对外传播研究中心助理研究员。

度融合，“智能 +”推动打造数字生态系统。大数据助推国家治理现代化水平提升，数据治理成为当前互联网治理的重点，网络安全和依法治网仍是互联网健康发展的核心。县级融媒体中心建设上升为媒体转型发展的国家战略，媒体融合不断深化，新媒体在“一带一路”建设中不断发挥驱动引领作用。随着新媒体发展不断推进，一些问题不容忽视：网络安全风险加剧，新媒体版权管理需持续增强，人工智能发展亟待规范，传统媒体转型需进一步加快步伐，网络空间国际互信共治合作仍待加强。

关键词： 数字经济　智能 +　产业互联网　媒体融合　互联网治理

一　总体概况与发展态势

（一）国家战略部署为新媒体布局与发展提供根本保证

国家战略与体制变革是推动中国媒体转型和新媒体革新的作用力。中央决策部署与政策环境为新媒体创新发展提供了基本土壤和方向指引。2018 年以来，我国对互联网和新媒体工作的规划部署呈现出专项、多次、密集的特点。习近平总书记对新媒体工作高度重视、亲自调研、多次指示，新媒体工作成为党的宣传思想工作和舆论引导的重要工作。

2018 年 4 月 20 ~21 日，党中央召开全国网络安全和信息化工作会议，对网信工作进行战略部署。会上，习近平总书记指出：“我们不断推进理论创新和实践创新，不仅走出一条中国特色治网之道，而且提出一系列新思想新观点新论断，形成了网络强国战略思想。”习近平同志反复强调网络强国建设的重要意义，提出“敏锐抓住信息化发展历史机遇，自主创新推进网络强国建设”①。

① 《习近平：自主创新推进网络强国建设》，新华网，2018 年 4 月 21 日。

这次会议系统阐述了通过提高网络综合治理能力、树立正确的网络安全观、加速推动信息领域核心技术突破等推进网络强国工作的方式方法，同时鲜明指出网信事业代表着新的生产力和新的发展方向，为网信工作的开展明确了内容和重点。

6 月 15 日，习近平总书记致信祝贺人民日报创刊 70 周年，要求其“改进宣传报道，讲好中国故事，构建全媒体传播格局，不断提升传播力、引导力、影响力、公信力”①。这对以党报党刊为代表的传统媒体在微传播时代进行新媒体建设提出了具体任务和效果目标。

8 月 21 ~22 日，全国宣传思想工作会议在北京召开。习近平总书记强调：“我们必须科学认识网络传播规律，提高用网治网水平，使互联网这个最大变量变成事业发展的最大增量。”② 这是继五年前习近平总书记“8・19”重要讲话之后，党中央对宣传思想工作的又一次战略部署，③ 特别强调了网络传播工作的重要作用。

9 月 26 日，习近平总书记致信祝贺中央电视台建台暨新中国电视事业诞生 60 周年，对电视工作者提出新的希望：“统筹广播与电视、内宣和外宣、传统媒体和新兴媒体”，“努力打造具有强大引领力、传播力、影响力的国际一流新型主流媒体”。这为以广电为代表的传统媒体在移动互联时代提升国际传播能力、进行国际新型主流媒体建设提出了新要求新期待新方向。

2019 年 1 月 25 日，中共中央政治局在人民日报社就全媒体时代和媒体融合发展举行第十二次集体学习。习近平总书记在主持学习时强调，“要运用信息革命成果，推动媒体融合向纵深发展”④。这次学习内容聚焦在媒体转型发展的具体举措领域，准确判断分析了媒体融合的现状和态势，系统讨论了媒体格局与传媒生态等专业化问题，为媒体融合发展的具体实践提供了方向、路径等全方面细化的行动指南。

---

① 《习近平致信祝贺人民日报创刊 70 周年》，新华网，2018 年 6 月 15 日。

② 《习近平：举旗帜　聚民心　育新人　兴文化　展形象　更好完成新形势下宣传思想工作使命任务》，新华网，2018 年 8 月 23 日。

③ 《努力开创宣传思想工作新局面——论学习贯彻习近平总书记在全国宣传思想工作会议重要讲话精神》，《人民日报》2018 年 8 月 24 日。

④ 《习近平：推动媒体融合向纵深发展　巩固全党全国人民共同思想基础》，新华网，2019 年 1 月 25 日。

2018 年以来，国家不断强调网络舆论和新媒体工作对治国理政的重要性。通过梳理中央相关部署可以发现，统一思想、凝聚力量是新媒体工作的主线，把握正确舆论导向，巩固壮大主流思想舆论是新媒体发展的中心战略任务。这一论断贯穿全国网络安全和信息化工作会议、全国宣传思想工作会议、中共中央政治局第十二次集体学习等，并将持续成为我国新媒体工作的主要指导理念。同时，对新媒体的管理与建设也是我国现阶段新媒体工作的重点。[①] 我国通过集中的国家级战略规划与部署明确了新媒体工作的国家战略意义，深入推动了新媒体发展。

（二）新媒体理念与价值认同得到重塑

2018 年以来，中国在全球互联网和新媒体传播格局中的作用不断凸显，我国新媒体产业发展势头强劲。根据有着“互联网女皇”之称的玛丽·米克尔（Mary Meeker）发布的《2018 年互联网趋势报告》数据，当前，在全球市值最高的 20 家互联网公司中，中国占据了 9 家，美国占据了 11 家。[②] 全球互联网行业显示出头部效应，中国互联网企业彰显出强劲的全球竞争力，中国也正发展成为全球互联网公司集中枢纽。中国互联网协会、工业和信息化部信息中心联合发布的《2018 年中国互联网企业 100 强发展报告》数据显示，中国互联网百强企业的研发投入已突破千亿元，达到 1060.1 亿元，同比增长 41.4%，平均研发强度达到 9.6%，比我国研发经费投入强度高 7.48 个百分点。[③] 互联网和新媒体行业成为高新技术人才集聚地，我国互联网核心技术研发能力进入世界第一方阵。根据工信部发布的《2018 年通信业统计公报》数据，2018 年，移动数据及互联网业务收入 6057 亿元，比上年增长 10.2%；移动互联网接入流量消费达 711 亿 GB，比上年增长 189.1%，增速较上年提高 26.9 个百分点。[④] 首届中国国际进口博览会的成功举办及相关政策的出台大力

---

① 唐绪军：《把握两个要点　领会两个重点——学习习近平新闻思想的体会》，《新闻记者》2018 年第 7 期。

② 玛丽·米克尔：《2018 年互联网趋势报告》，http：//www.199it.com/archives/731211.html，2018 年 5 月 31 日。

③《互联网百强企业研发投入超千亿元》，中国工业新闻网，2018 年 8 月 9 日。

④《2018 年通信业统计公报》，工信部官网，2019 年 1 月 25 日。

推动了中国跨境电商行业的发展。根据艾媒咨询发布的《2018～2019 中国跨境电商市场研究报告》数据，2018 年中国跨境电商交易规模达到 9.1 万亿元，用户规模超 1 亿。① 2018 年 11 月，在国际电信联盟 2018 年全权代表大会上，我国推荐的现任国际电信联盟秘书长赵厚麟成功连任下一任秘书长。② 我国互联网和新媒体行业发展在国际社会显现出较强影响力。

政策和市场作用力直接推动新媒体发展，中国新媒体市场蓬勃发展态势促使人们的新媒体思维不断调整和更新，个体和社会共同体对新媒体形成价值认同。新媒体在政治、经济、文化社会发展中的价值不断被认同，我国国家、社会和民众的新媒体理念均在不断提升。2018 年 7 月，中国记协成立新媒体专业委员会，这是我国“记者之家”在新媒体时代适应业界需求进行改革的举措，显示出对新媒体发展的高度重视。③ 中国新闻奖自 2018 年起增设媒体融合奖项，设立六个评选项目，分别为短视频新闻、移动直播、新媒体创意互动、新媒体品牌栏目、新媒体报道界面和融合创新。④ 媒体融合奖项正式列入我国优秀新闻作品最高奖评选类别，可见媒体行业对新媒体发展与建设的重视程度，由此推动全国媒体工作者深耕新媒体产品创作、生产与传播。2018 广州国际纪录片节首设优秀新媒体纪录片评优项目，《人生一串》等纪录片在网络平台的出色表现促使影视细分领域加大了对新媒体的投入。2018 年 6 月，“2018 世界移动大会”在上海开幕，会议围绕应用人工智能、内容及媒体、数字消费者等主题开展了研讨；⑤ 2018 年 8 月，首届中国国际智能产业博览会开幕；2018 年 9 月，“2018 世界人工智能大会”举办；2018 年 11 月，第五届世界互联网大会开幕；2019 年 5 月，第二届数字中国建设峰会和第三届世界智能大会召开……新媒体发展的价值和重要性得到社会认同还体现在相关主题会议的集中召开上。围绕网络和新媒体发展的顶级会议频频召开，显示出行业的发展活力和良好前景。

（三）产业互联网开启数字经济下半场

产业互联网是数字经济的重要组成部分，是数字经济的重要支撑平台。互

① 《2018～2019 中国跨境电商市场研究报告》，搜狐网，2019 年 3 月 25 日。

② 孟欣：《赵厚麟高票连任国际电信联盟秘书长》，新华网，2018 年 11 月 1 日。

③ 《中国记协新媒体专业委员会成立》，新华社，2018 年 7 月 30 日。

④ 《中国新闻奖首设媒体融合奖项评选工作即日启动》，新华网，2018 年 5 月 10 日。

⑤ 2018 世界移动大会专题网页，http：//tc.people.com.cn/GB/183743/187532/420246/index.html。

联网发展的上半场技术与产品多聚焦于消费互联网，消费数字化的连接主体主要为个人与网络终端。当前，随着消费互联网市场的不断成熟和人口红利的减弱，产业数字化成为数字经济布局和发展的重点。相较于消费互联网，产业互联网的连接对象增加了企业、产品、设备等生产要素，因引入了传统机构组织，连接数量和需求体量更大，产业互联网在促进国民经济发展上具有重大意义。当前，积极发展产业互联网已经成为国际共识，美国、德国、日本等发达国家更是积极布局工作互联网，通过顶层设计、环境营造、配套保障等多举措抢占发展先机。

我国作为制造大国和网络大国，高度重视产业互联网的建设与发展，积极推进数字经济与实体经济融合。2019 年 3 月，李克强总理做政府工作报告时指出："打造工业互联网平台，拓展'智能 +'，为制造业转型升级赋能。"①工业互联网作为产业互联网的重要内容方面，成为我国积极推动产业互联网建设的重要抓手和分支。

2018 年 5 月，工业和信息化部印发《工业互联网发展行动计划（2018 ~ 2020 年）》和《工业互联网专项工作组 2018 年工作计划》，提出"到 2020 年底，初步建成工业互联网基础设施和产业体系"的行动目标，并明确了各项行动的任务内容、时间节点和责任部门等，② 为工业互联网发展提供了政策保障和具体行动方案。当前，我国工业互联网在技术标准、网络建设、平台培育、安全保障、融合应用等方面取得了重要进展。③ 2019 年 3 月，工业和信息化部、国家标准化管理委员会联合印发《工业互联网综合标准化体系建设指南》，④ 推进标准工业互联网体系建设发挥引领规范作用。根据工信部副部长

① 《政府工作报告——2019 年 3 月 5 日在第十三届全国人民代表大会第二次会议上》，新华网，2019 年 3 月 5 日。

② 《工业互联网发展行动计划（2018 ~ 2020 年）》，http：//www. miit. gov. cn/n1146295/n1652858/n1652930/n3757016/c6212005/part/6212024. pdf。

③ 《陈肇雄：深入推进工业互联网创新发展　支撑服务现代化工业经济体系建设》，http：//www. miit. gov. cn/n1146285/n1146347/n4354775/n4354809/c6478534/content. html，2018 年 11 月 9 日。

④ 《工业和信息化部　国家标准化管理委员会关于印发〈工业互联网综合标准化体系建设指南〉的通知》，http：//www. miit. gov. cn/n973401/n5993937/n5993958/c6667352/content. html，2019 年 3 月 8 日。

陈肇雄在第五届世界互联网大会上公布的数据，我国目前具有一定行业、区域影响力的工业互联网平台超过50家，部分平台工业设备连接数量超过10万台套。① 海尔集团、航天科工、富士康、中船工业、美的等分别打造了COSMOPlat、INDICS、BEACON、船舶工业智能运营、MeiCloud等平台。值得一提的是，互联网平台企业和传统制造业企业在工业互联网领域的合作逐渐加深，双方共同推动传统企业生产方式与管理模式革新、工业经济各生产要素共享，创新工业经济生态。

当前，我国密集出台的系列产业互联网政策，为相关工作的开展提供了政策支持。根据工信部发布的《推动企业上云实施指南（2018～2020年）》，到2020年，全国将新增上云企业100万家，形成典型标杆应用案例100个以上，形成一批有影响力、带动力的云平台和企业上云体验中心。② 广东、福建、浙江等全国各省市也相继出台了推进“企业上云”相关政策文件，工业互联网将推进生产领域共享经济发展，提升企业生产效率和创新能力，激发市场活力，促进大中小企业和不同产业间的融通发展。

（四）“智能+”为产业转型升级赋能

2018年10月，中共中央政治局就人工智能发展现状和趋势举行第九次集体学习。习近平总书记在主持学习时强调，人工智能是新一轮科技革命和产业变革的重要驱动力量。③ 推动人工智能发展是在全球信息化科技竞争中掌握主动权的关键，人工智能对经济社会发展具有引领和推动作用已经成为国际共识。根据麦肯锡预计，在2030年，人工智能将推动全球经济总量增加13万亿美元，对经济增长的贡献堪比蒸汽机等技术。④

---

① 《陈肇雄：深入推进工业互联网创新发展　支撑服务现代化工业经济体系建设》，http：//www.miit.gov.cn/n1146285/n1146347/n4354775/n4354809/c6478534/content.html，2018年11月9日。

② 《推动企业上云实施指南（2018～2020年）》，http：//www.miit.gov.cn/n1146295/n1652858/n1652930/n3757022/c6309203/content.html，2018年7月23日。

③ 《习近平主持中共中央政治局第九次集体学习并讲话》，http：//www.gov.cn/xinwen/2018-10/31/content_5336251.htm，2018年10月31日。

④ 《麦肯锡：2030年AI贡献可达13万亿美元　对中国影响尤甚》，凤凰网，2018年9月5日。

当前，人工智能成为国际竞争的重要领域，世界多国对人工智能进行战略布局，通过大力支持人工智能核心技术创新、完善相关配套政策法规、加强相关领域人才培养等多种方式促进行业发展。2019 年 2 月，美国总统特朗普签署行政令，启动了“美国人工智能倡议”，旨在调动更多资金和资源，从研发、人才、国际合作等方面确保美国在该领域的地位；① 3 月，西班牙发布了一份人工智能发展战略，对关注人工智能应用的道德问题进行了关注；② 同月，英国交通部发布报告称，英国计划大力推动智能网联和自动驾驶汽车出口。③

中国高度重视人工智能在经济转型、社会发展等方面的影响。2019 年 3 月，李克强总理做政府工作报告时首次提出“智能 +”概念，可以说“智能 +”是“互联网 +”的延伸和升级，“智能 +”将与传统产业深入融合，推动中国经济转型升级。人工智能与传统产业融合，能够打造智能物流、智能生产、智能工厂等新业态新模式，推动构建智能经济形态。同时，人工智能应用领域不断向社会民生层面拓展，智能技术与零售、教育、交通、物流、医疗健康等诸多行业的深度融合使人们的工作和生活方式得到深刻改变。而人工智能技术在社会治理、公共安全、公共治理等领域的应用创新了公共服务方式方法，智慧医院、智慧法院、智慧机场等的出现和升级不断推进智慧城市的建设。2019 年 4 月，全国首个 5G 智慧法院在广州中院启动，远程庭审无时延、外出执行实时远程指挥、VR 智能安保等一些新型办公方式出现。④ 同月，上海首家 5G 智慧医疗应用示范基地落地，远程直播手术、医疗教学等得以实现，医疗行业的便捷性、普惠化得以提升。⑤

在智慧传播领域，人工智能革新了信息的呈现方式、人与信息的连接方式、信息的传播方式等，深入推动媒体融合发展。2019 年 2 月，新华社联合搜狗公司发布了升级版 AI 合成主播，与 2018 年 11 月发布的最初版 AI 合成主

---

① 《特朗普签署美国人工智能发展倡议》，新华网，2018 年 2 月 12 日。

② 《西班牙政府发布人工智能发展战略》，新华网，2019 年 3 月 5 日。

③ 《英国计划大力推动智能网联和自动驾驶汽车出口》，新华网，2019 年 3 月 21 日。

④ 《全国首个 5G 智慧法院在广州中院启动》，信息时报网，2019 年 4 月 2 日。

⑤ 《首家 5G 智慧医疗应用示范基地在沪落地》，上海市人民政府网，2019 年 4 月 12 日。

播相比，新主播在声音、图像和姿态等方面进行了优化。[①] 这是新华社推进建设智能化编辑部的不断探索。国内互联网科技与新媒体企业更是纷纷成立了人工智能实验室、AI 研究所等，以组织机构调整为保障，走在智能传播探索的前沿。2018 年 9 月，腾讯公司宣布做出组织架构的重大调整，新成立了云与智慧产业事业群，从集团战略层面大力推进人工智能发展。[②] 而智能推荐、新闻写作、机器视觉等越来越多样化和精细化的智能应用不断革新着信息生产和传播流程。

（五）全媒体打造新数字传媒生态

随着新信息传播技术与媒体应用的不断融合，媒体形态、功能、服务的类型更加多样。全媒体成为现阶段新媒体发展呈现出的主要特点。习近平总书记指出：“全媒体不断发展，出现了全程媒体、全息媒体、全员媒体、全效媒体，信息无处不在、无所不及、无人不用，导致舆论生态、媒体格局、传播方式发生深刻变化，新闻舆论工作面临新的挑战。”[③] 习近平同志有关全媒体的论述深刻总结出当前全媒体呈现出的四个特点：全程、全息、全员、全效。与在互联网发展早期只强调连接端口多样的全媒体概念不同，当前全媒体是一个具有时空、技术、主体、效果等多维度的概念。全媒体不仅强调媒体类型多样，还强调覆盖范围广泛、传播方式多样、传播主体多元和整体媒体生态焕然一新。

全程媒体指的是新媒体可以实现超越时间和空间限制进行信息传播，新闻事件的全部过程都可以被记录并及时传播至各地。同时，全程媒体强调新闻生产的随时性和随地性，得益于新传播技术，新闻事件在发生的同时即具备被传播的技术条件。社会化媒体的蓬勃发展使媒体的全程性特点不断凸显。新闻直播在一定程度上具有使新闻事件全程处于传播链条中的特点。例如，利用社会化媒体平台进行一些大型会议的同步直播已经成为标配，受众可以通过移动设

---

① 《媒体融合向纵深推进　新华社 AI 合成主播全新升级》，新华网，2019 年 2 月 19 日。

② 《腾讯构架时隔 6 年再调整：七大事业群调整为六大事业群》，http：//www.jwview.com/jingwei/html/09－30/186008.shtml，2018 年 9 月 30 日。

③ 《加快推动媒体融合发展　构建全媒体传播格局》，http：//www.qstheory.cn/dukan/qs/2019－03/15/c_1124239254.htm，2018 年 3 月 15 日。

备实现对会议的全程关注，接收到较为及时、全面的信息。而一些人工智能设备在直播中的使用，使受众的观感、现场感和参与感更强。

全息媒体强调的是信息传播的形式和手段的多样，音频、短视频、长视频、游戏新闻等媒体信息的格式更加多元，用户体验更加丰富和直观。以新华社现场云全国服务平台为例，现场云平台联合3100多家媒体，平台内逾70%的现场新闻报道有视频直播流，短视频占比超过30%，图片占比超过60%。[①] 用户通过移动终端或者人工智能终端可以获得体验式、互动式、侵入式等信息服务体验。

全员媒体指的是各类社会主体都可以通过网络参与社会信息交互，成为信息传播的主体。互联网特别是移动互联网的快速发展推动普通公众参与信息生产和传播行为，社会化生产大大提升了新闻信息产能。信息传播主体的多元在一定程度上延伸了媒体报道视角和领域，也使普通公众更多地参与社会公共事务，提升了公众的主动参与度。例如，专注资讯类短视频的梨视频便充分发挥了普通主体的信息采集优势，依托全球拍客进行内容拍摄确保第一时间获取新闻现场信息，拥有独家信息内容，而后再经过专业编辑审核进行发布。普通拍客和专业编辑相结合的工作方式是梨视频保持核心竞争力的关键。

全效媒体指的是媒体功能的全面化和传播效果的精准化。媒体不仅是信息的提供者更是服务的提供者。新媒体链将线上应用和线下服务相结合，提升了传播效果。媒体产业多元化发展和多服务探索成为趋势。经过三年的发展，封面新闻迭代到5.0版本，有了超过5000万的用户群。2019年4月，封面传媒提出的新目标是建设“科技+媒体+文化”生态体，拓展新型文化业态，从产品向产业进军。[②]

（六）互联网专项治理成果显著

随着《电子商务法》的实施，我国电子商务行为得到实际规范，互联网法治体系进一步完善。2018年互联网专项治理成绩显著。国家主管部门针对

---

① 贺大为：《迈向全程、全息、全员、全效：现场云的媒体融合实践》，《中国记者》2019年第2期。

② 《封面传媒董事长兼CEO李鹏：封面迈入2.0，构建“科技+媒体+文化”生态体》，http://www.thecover.cn/news/1931640，2019年4月28日。

不同细分领域、不同人群、不同网络行为进行专项治理，实现了互联网治理的精准化。同时，面对一些互联网发展中长期积累的问题，国家通过集中力量专项整治取得了良好效果。

针对网络生态顽疾，国家通过顶层设计整体谋划、各地主管部门履行属地管理责任等全方位推进治理工作取得实效。互联网金融市场一直是网络治理的重点领域，也是互联网风险的重灾区。2018 年以来，我国对互联网金融市场实行了强监管政策，行业规范发展态势日益显现。2018 年，国家互联网应急中心通过自主监测和投诉举报方式共捕获新增金融行业移动互联网仿冒 APP 样本 838 个，同比增长了近 3.5 倍，达近年新高。[①] 2018 年 7 月，在互联网金融风险专项整治下一阶段工作部署动员会上，中国人民银行副行长指出，再用 1~2 年时间完成互联网金融风险专项整治，为专项整治工作制定了明确时间表。[②] 2018 年 12 月，《金融信息服务管理规定》发布，[③] 旨在通过明确禁止传播内容和对金融信息服务机构进行行为管理，提高金融信息服务质量。针对网络色情暴力低俗内容，重点监管的专项行动效果明显。为集中整治淫秽色情、低俗庸俗、暴力血腥等 12 类负面有害信息，国家网信办在全国范围内开展了网络生态治理专项行动。截至 2019 年 4 月 15 日，累计清理相关有害信息 8206.4 万余条，注销违法违规账号 99.6 万余个，关闭、取消备案网站 2084 家。[④] 自 2019 年 4 月起，全国“扫黄打非”办公室决定在全国范围内开展网上低俗信息专项整治，以专项整理的方式重点清理网络迎合低级趣味的内容。[⑤]

随着互联网治理工作的持续深入展开，条块结合的网络空间综合治理体系逐步建立健全。平台企业和行业自律在维护网络秩序、发展网络公益、维护网络安全等方面发挥了重要作用。2018 年 5 月，我国首个由网络社会组织结成

① 白瀛、余俊杰：《国家互联网应急中心：虚假和仿冒移动应用成网络诈骗新渠道》，新华网，2019 年 4 月 17 日。

② 潘功胜：《再用一到两年时间完成互联网金融风险专项整治》，中国证券网，2018 年 7 月 10 日。

③ 《金融信息服务管理规定》，http://www.cac.gov.cn/2018-12/26/c_1123908386.htm，2018 年 12 月 26 日。

④ 李政葳：《整治网络生态顽疾　国家网信办已注销近百万个违规账号》，光明网，2019 年 4 月 21 日。

⑤ 《网上低俗信息专项整治启动》，中国经济网，2019 年 4 月 12 日。

的社会组织——中国网络社会组织联合会正式成立，这对推动多元主体发挥合力、促进行业自律、共筑网上网下同心圆具有重要意义。2019 年 1 月，一批学习类 APP 企业共同发布了行业自律倡议，强化内容审核机制，规范在线教育市场。[①] 针对网络用户个人隐私被侵犯的问题，政企联合整治共同保护网络个人信息安全。2018 年 5 月，国家标准《信息安全技术个人信息安全规范》正式实施；7 月，工信部针对“部分应用随意调取手机摄像头权限、用户订单信息泄露引发诈骗案件、用户信息过度收集和滥用”等问题进行了调查；[②] 9 月，阿里巴巴（中国）有限公司等 12 家大数据企业签署《个人信息保护倡议书》，对保障用户信息控制权益进行了承诺；[③] 2019 年 1 月，中央网信办、工业和信息化部、公安部、国家市场监管总局发布了《关于开展 APP 违法违规收集使用个人信息专项治理的公告》，[④] 政企共促行业发展，形成了良好互动。

二　热门盘点和焦点透视

（一）政务新媒体呈高质量发展趋势

2018 年，我国政务新媒体发展强调高质量和集约共享，在不断完善功能和提升服务的同时，对政务新媒体的量化评估和监管工作也在不断规范。政务新媒体在助推党的创新理论和国家政策传播方面的功能凸显，“指尖上的网上政府”建设进程不断加快。根据《2018 年度人民日报政务指数 · 微博影响力报告》数据，2018 年政务微博的总阅读量超过 3890 亿，实现了从发布到问政再到行政的综合价值升级。[⑤] 通过新媒体和大数据实现国家治理现代化水平的提升成为当前政务新媒体建设和发展的重点。

① 《学习类 APP 企业发起行业自律》，北京商报网，2019 年 1 月 7 日。

② 《工信部对部分应用随意调取手机摄像头权限等问题开展调查》，中国经济网，2018 年 7 月 31 日。

③ 《阿里巴巴等 12 家大数据企业发起个人信息保护倡议》，新华网，2018 年 9 月 18 日。

④ 《中央网信办、工业和信息化部、公安部、市场监管总局关于开展 APP 违法违规收集使用个人信息专项治理的公告》，http：//www. cac. gov. cn/2019 - 01/25/c_ 1124042599. htm? from = singlemessage，2019 年 1 月 25 日。

⑤ 《〈2018 年度人民日报政务指数 · 微博影响力报告〉发布》，人民网，2019 年 1 月 22 日。

新媒体平台和新媒体活动方式成为塑造新时代政府形象的有力帮手。政府与网民之间通过新媒体介质可以直接进行情感互动，这种互动有利于切实有效提升网民的主人翁意识和对政府工作的认同感。2018年12月，在国防部举行的例行记者会上，国防部新闻发言人吴谦大校公布了国防部官微举办的抽奖活动获奖"粉丝"名单。① 在新闻发布会上由新闻发言人逐一念出网友ID名的行为获得不少网友好评，这一事件还成为当天"微博热搜"，很多网友被国防部的这一行为"圈粉"，有网友回复"不求奖品求念名"。事后，吴谦对念获奖网友网名的行为做出回应，称"网名千奇百怪，拥军万众一心。我认认真真地把网名念出来就是为了能给他们一种回应，让他们喜欢。公众对我们的拥护和鼓励，是我们前进的动力"②。2019年1月，国家卫生健康委新闻发言人宋树立在新闻发布会现场，主动拿起"健康中国政务新媒体的全家福"，示意在场的媒体朋友们扫一扫健康中国政务新媒体矩阵，及时了解卫生健康相关信息。③ 在新闻发布会等场合进行新媒体号推荐以及对新媒体用户进行回应，显示出当前政府部门对新媒体工作的高度重视以及新媒体工作理念的提升。

国家重视发挥大数据管理和服务平台作用，通过政策引导政务新媒体集约共享，进行高质量发展。2018年6月，国务院办公厅印发《进一步深化"互联网+政务服务" 推进政务服务"一网、一门、一次"改革实施方案》，对加快构建全国一体化网上政务服务体系，推进跨层级、跨地域、跨系统、跨部门、跨业务的协同管理和服务进行了明确规定。④ 11月，国务院办公厅印发《政府网站集约化试点工作方案》，推动政府网站打通信息壁垒，实现数据互认共享。⑤ 12月，国务院办公厅印发《关于推进政务新媒体健康有序发展的意

① 《国防部发福利啦！幸运"粉丝"是你吗?》，国防部网，2018年12月27日。

② 《国防部中外媒体新春招待会首次升格，军队舆论工作再发力》，环球网，2019年1月16日。

③ 《健康中国政务新媒体矩阵亮相国家卫生健康委新闻发布会》，http://www.gov.cn/xinwen/2019-01/31/content_5362821.htm，2019年1月31日。

④ 《国务院办公厅关于印发进一步深化"互联网+政务服务" 推进政务服务"一网、一门、一次"改革实施方案的通知》，http://www.gov.cn/zhengce/content/2018-06/22/content_5300516.htm，2018年6月22日。

⑤ 《政府网站集约化试点工作方案》，http://www.gov.cn/zhengce/content/2018-11/09/content_5338761.htm，2018年11月9日。

见》，明确今后将重点解决“僵尸”“睡眠”“雷人雷语”“不互动无服务”等问题。[①] 2019年4月，国务院办公厅印发《政府网站与政务新媒体检查指标》和《政府网站与政务新媒体监管工作年度考核指标》，机制化、科学化、规范化进行政务新媒体管理和考核工作。[②]

政府与互联网企业合作范围不断扩大，方式更加灵活，依托互联网平台、技术和用户资源，政务新媒体实效显著。腾讯云与广东省政府合作“数字广东”项目，打造“粤省事”小程序。自2018年5月正式上线，“粤省事”移动民生服务平台已有实名用户累计900万，公众号关注量累计230万，累计上线582项服务以及53种个人类电子证照，其中500项实现“零跑动”，82项“最多跑一次”，累计业务量11085万笔。[③] 这种新媒体政务模式已经在国内的其他城市得到落地和推广。针对新媒体政务号，趣头条提供方便政务的优先权益，包括网民搜索优先展示、政务号主页显示认证标志、政务信息优先展示、权威发布重点推送、开通官方辟谣功能。同时，计划重点孵化50个“文明实践MCN”，打造老百姓“家门口的文明学堂”，助力学习实践科学理论，宣传宣讲党的政策，培育践行主流价值，丰富活跃文化生活，持续推进移风易俗，实现哪里有群众，文明实践活动就延伸到哪里。2019年3月，已接入34个市级部门开放数据的天津市信息资源统一开放平台上线，[④] 面向社会公众开放数据资源有利于数据的市场化开发和新型城市建设。

（二）重大主题报道成为媒体融合实践场

当前，我国媒体融合向纵深发展。以报刊为代表的传统媒体仍在整合进程中。2018年，在中央和县级媒体组织机构改革的同时，省级媒体集中整合。2018年7月，整合了辽宁报业传媒集团（辽宁日报社）、中华先锋网编辑部、

---

① 《国务院办公厅关于推进政务新媒体健康有序发展的意见》，http：//www.gov.cn/zhengce/content/2018－12/27/content_5352666.htm，2018年12月27日。

② 《国务院办公厅秘书局关于印发政府网站与政务新媒体检查指标、监管工作年度考核指标的通知》，http：//www.gov.cn/zhengce/content/2019－04/18/content_5384134.htm，2019年4月18日。

③ 《广东“数字政府”少数民族服务专区上线》，人民政协网，2019年4月25日。

④ 《天津市信息资源统一开放平台上线》，http：//www.tj.gov.cn/xw/bdyw/201903/t20190329_3651948.html，2019年3月29日。

党史纵横杂志社等多家单位的辽宁报刊传媒集团（辽宁日报社）和整合了辽宁广播电视台、辽宁东北网络台、省对外文化交流中心等7家事业单位的辽宁广播电视集团（辽宁广播电视台）挂牌成立。① 2018年10月，北京市表示将加快新京报、北京晨报和千龙网3家媒体的深度整合工作。② 同年11月，由天津日报社、今晚报社、天津广播电视台整合的天津海河传媒中心正式成立。天津市从领导架构、人员编制、业务内容上将媒体资源进行了大幅度整合。天津海河传媒中心主动关闭了10个子报子刊，关闭了6个电视频道，调整了2个广播频率定位，停更合并了5个新闻网站和3个新闻客户端。③

在媒体融合发展实践中，重大主题报道成为媒体微传播力的实践场和检验场。在主题报道中，传统媒体通过与新媒体平台合作等方式推出了系列创新报道。在庆祝改革开放40周年专题报道中，短视频平台快手联合人民日报、新华社、央视新闻等，以短视频征集、展播和热点推送等形式进行了成就报道。H5《幸福长街40号》《C1978穿阅之旅》《闻声识改革》等新媒体产品依托新颖的呈现形式和具有互动性、共鸣感的传播内容获得了用户认可。④ 在微博平台，@四川发布联合@微博政务及全国40家政务新媒体发起《40年·40城》网上联动活动，各地通过动态海报的形式展示城市建设新面貌。

截至2019年1月，抖音国内日活跃用户（DAU）已经突破2.5亿，月活跃用户（MAU）突破5亿。⑤ 抖音被称为新一代国民级应用，短视频成为现阶段主流的用户信息获取方式。当前，主流媒体集中力量进行短视频传播探索。截至2019年5月2日，人民日报官方抖音号粉丝数量2224.9万，账号获赞

① 《辽宁大事记（2018）》，http://www.lnsdfz.gov.cn/lndsj/lndsj/201809/t20180929_3317151.html，2018年8月29日。

② 《新京报、北京晨报和千龙网将整合　新京报已全员转型客户端》，http://tech.ifeng.com/a/20181031/45205800_0.shtml，2018年10月31日。

③ 《〈中国记者〉专访天津海河传媒中心总裁王奕：媒体深度融合　打造传媒旗舰》，《中国记者》2019年第4期。

④ 《快手联合政府媒体机构创新传播　掀改革开放40年话题热潮》，http://tech.ce.cn/news/201812/21/t20181221_31088412.shtml，2018年12月21日。

⑤ 《抖音持续高增长　国内日活跃用户突破2.5亿》，光明网，http://it.gmw.cn/2019-01/16/content_32362244.htm，2019年1月16日。

5.1 亿；新华社官方抖音号粉丝量 961.2 万，累计发布短视频作品 291 个；央视新闻官方抖音号粉丝数量 1394.2 万，账号获赞 2.3 亿；人民网官方抖音号粉丝量 1116 万，账号获赞 2.5 亿；浙江卫视官方抖音号粉丝量 848.8 万，累计发布作品 1095 个。在 2019 年全国两会报道中，媒体依托短视频平台及时进行信息发布，丰富报道视角，拉近了与用户的距离。例如，中国网官方抖音号发布的国务委员兼外交部长王毅出席十三届全国人大二次会议记者会的视频，截至 2019 年 5 月 2 日，单条视频获赞 123.6 万。短视频以王毅步入会场为主要内容，配以现场原声和文字“你们要的外交部长王毅男神来了”，视频人物形象饱满、亲切、自然，使网友有如临现场之感，获得了网友的青睐。人民日报抖音号发布的“习近平等出席全国政协十三届二次会议开幕会”的现场短视频，截至 2019 年 5 月 2 日，单条视频获赞 326.5 万，引发讨论量超过 10 万。

（三）县级融媒体中心建设上升为国家战略

县级融媒体中心建设是在政策引导和市场驱动的双作用力下展开的。县市级媒体的融合发展是国家战略向纵深方向发展的表现。① 2018 年 8 月，习近平总书记在全国宣传思想工作会议上指出：“要扎实抓好县级融媒体中心建设，更好引导群众、服务群众。”② 县级融媒体中心的概念首次在中央级会议上提出，县级融媒体中心建设成为现阶段媒体融合发展的国家战略，迎来发展机遇期。9 月，中宣部在浙江省长兴县召开县级融媒体中心建设现场推进会，提出 2018 年先行启动 600 个县级融媒体中心建设，2020 年基本实现在全国的全覆盖。③ 11 月，中央全面深化改革委员会第五次会议审议通过了《关于加强县级融媒体中心建设的意见》，明确坚持管建同步、管建并举，从顶层规划上对县级融媒体中心建设提出了要求。④ 2019 年以来，中宣部新闻局和国家广播电视

① 沙垚：《把脉中国县级媒体融合发展方向》，中国社会科学网，2018 年 8 月 24 日。

② 《习近平：举旗帜　聚民心　育新人　兴文化　展形象　更好完成新形势下宣传思想工作使命任务》，新华网，2018 年 8 月 23 日。

③ 《全国县级融媒体中心建设现场推进会在长兴举行》，http://n.cztv.com/news/13001555.html，2018 年 9 月 21 日。

④ 《习近平主持召开中央全面深化改革委员会第五次会议》，http://www.gov.cn/xinwen/2018-11/14/content_5340391.htm，2018 年 11 月 14 日。

总局联合陆续发布了《县级融媒体中心建设规范》《县级融媒体中心省级技术平台规范要求》《县级融媒体中心网络安全规范》《县级融媒体中心运行维护规范》《县级融媒体中心监测监管规范》,[①] 五项标准编制为县级融媒体中心确定了建设规范和操作指南。可以说，国家文件和配套标准的快速出台为县级融媒体中心建设提供了根本遵循、指明了方向、提供了方案。

媒体融合发展，相关体制机制的出台和组织机构的建立是关键。因此，在国家层面推动建设“中央厨房”之后，县级融媒体中心建设被视为县级媒体融合的基础，得到先行推广。推动县级融媒体中心建设也与互联网市场发展需求相一致。根据 QuestMobile 发布的《中国移动互联网 2018 年度大报告》数据，三、四线及以下城市月度活跃设备达到 6.18 亿，占整体的 54.6%；MAU 同比增量最大的 10 款应用中的 9 款，来自三、四线及以下城市的增量均大于一、二线城市增量。[②]“流量下沉”已经成为现阶段移动互联网发展趋势，三、四、五线城市正成为互联网企业开拓业务的重心，渠道下沉使县级融媒体中心建设适逢市场机遇。

当前，全国各地县级融媒体中心建设全面铺开，进程加快。截至 2019 年 4 月，北京市 16 个区级融媒体中心均已建成，福建省 84 个县（市、区）融媒体中心全部挂牌成立，天津市 16 个区级融媒体中心全部挂牌成立……有关县级媒体融合的讨论、研究和布局也在不同层面推进县级融媒体中心建设。2018 年 8 月，中国县级媒体融合发展与加强基层主流舆论阵地建设论坛在甘肃省玉门市举行;[③] 同年 12 月，中国报业协会举办了“2018 县级融媒体中心建设推动会”；同月，在“2018 政务传播大会”上，趣头条宣布打造“飞燕计划”，其中包括重点扶持 500 个“县级融媒号”。[④] 打造老百姓“指尖上的服务窗口”，展示县乡好形象、传递县乡好声音，把服务延伸到基层。趣头条作为专注下沉新兴市场的移动内容平台，在当今县级媒体融合在全国如火如荼推进的时期，将其科技优势与区县级媒体的内容优势有机结合，打造推动政务新媒

---

① 《县级融媒体中心建设五项标准规范全部发布实施》，中国文明网，2019 年 4 月 14 日。

② 《QuestMobile〈中国移动互联网 2018 年度大报告〉》，36 氪，2019 年 1 月 22 日。

③ 《中国县级媒体融合发展与加强基层主流舆论阵地建设论坛》，http：//www. yumen. gov. cn/zhengwuyaowen/benbuxinwen/20180820/10355605946928. htm，2018 年 8 月 20 日。

④ 《打通政务传播“最后一公里” 趣头条打造“飞燕计划”》，新华网，2018 年 12 月 10 日。

体、瞄准下沉市场、打通“最后一公里”、实现“政民零距离”，从而更好地“服务群众”“引导群众”。

（四）网络直播和短视频行业发展图景各异

2018 年，网络直播进入洗牌期。由于自身传播特性和外部环境的影响，网络直播平台发展趋于“走下坡路”。网络直播平台的播放时长特点使其具有过于依赖网络主播的特点，这一方面导致了主播身价过高，给平台造成了运营压力；另一方面直播的时长对内容生产具有较高的要求，随着直播的不断发展会出现内容枯竭和用户时长不够等问题。而国家对直播行业的严管和其他类型视频平台的快速发展都对直播行业发展产生了冲击。

2018 年以来，涉及网络直播平台的并购重组、关站关停成为常态。2018 年 10 月，一下科技方面向媒体证实，一直播已经和微博业务合并。① 2018 年 6 月，六间房直播与花椒直播运营主体密境和风进行重组，组建估值不低于 85 亿元的新公司。重组后双方在技术、流量、主播等方面协同发展。② 网络直播平台通过合并等“抱团取暖”，行业集中度提升。2018 年 9 月，青果直播宣布平台全面关闭，并永久停止运营；③ 同年 12 月，主打全民娱乐生活直播的网易薄荷直播官网发布公告，将在 12 月全面关停网易薄荷的运营；④ 2019 年 3 月，熊猫直播官网发布公告，宣布熊猫直播正式关站。⑤ 同时，虎牙直播、映客直播等平台的上市，也显示出直播行业资源头部集中的趋势，直播行业进入寡头时代。

2018 年，短视频发展依然火爆。据中国互联网络信息中心发布的《第 43 次中国互联网络发展状况统计报告》数据，截至 2018 年 12 月，我国短视频用

---

① 梁辰：《一下科技证实：一直播已与微博合并　团队已搬至新浪大厦办公》，新京报网，2018 年 10 月 14 日。

② 陈宇曦：《花椒直播和六间房抱团取暖！组建新集团估值不低于 85 亿元》，澎湃新闻，2018 年 6 月 27 日。

③ 《青果直播平台宣布关闭　并永久停止运营》，https：//www. jiemian. com/article/2504197_qq. html，2018 年 9 月 28 日。

④ 《网易薄荷直播宣布全面关停》，界面新闻，2018 年 12 月 3 日。

⑤ 《熊猫直播宣布正式关站　至今已运行 1286 天》，http：//www. techweb. com. cn/it/2019 - 03 - 31/2730062. shtml，2019 年 3 月 31 日。

户规模达6.48亿。[①] 内容视频化成为移动互联网一大趋势，互联网巨头公司纷纷布局短视频。2018年11月，百度宣布百度短视频日活跃用户数已突破1.1亿，百度旗下上线不足一年的好看视频用户规模已突破2亿。[②] 2019年3月，百度与大数据分析服务提供商神策数据合作，探索基于人工智能的视频推荐。[③] 腾讯、阿里巴巴、网易等互联网企业也在持续探索短视频业务。

媒体、政务、企业短视频内容生产如火如荼，专业化短视频内容生产呈规模化趋势。根据《2018抖音大数据报告》数据，截至2018年12月，抖音平台上共有5724个政务号和1334个媒体号。抖音上的媒体号发布超15.2万个短视频，累计获赞超26亿，其中人民日报粉丝量793万，位列媒体号粉丝量第一名，2018年收获超1.7亿次点赞。[④] 2018年12月，新华网宣布正式启动视频化战略，将视频业务作为构建内容新生态的战略支点，其中短视频业务是一条核心业务线。[⑤] 短视频平台具有较强的传统文化传播、知识传播、城市形象传播等功能。

Vlog即“视频日志”被视为短视频下半场争夺的重点，Vlog既具短视频轻快的特性又拥有较为丰富的内容，叙事感强，因此较受用户追捧，出现“Vlog热潮”。2018年9月，微博宣布针对Vlogger的扶持计划。2019年4月，抖音宣布全面开放用户1分钟视频权限，并推出“Vlog十亿流量扶持计划”，针对优秀作品和创作者进行奖励。[⑥] 值得一提的是，媒体Vlogger走在了生产前列，Vlog成为热门报道形式。例如，在2019年全国两会报道中，人民日报官方微博推出了“人民日报新媒体记者两会Vlog”专题，截至2019年5月2

---

① 中国互联网络信息中心（CNNIC）：《第43次中国互联网络发展状况统计报告》，http://www.cnnic.net.cn/hlwfzyj/hlwxzbg/hlwtjbg/201902/P020190318523029756345.pdf。

② 《好看视频用户规模1年内突破2亿　百度将继续加大对短视频的投入和支持》，http://tech.ifeng.com/a/20181101/45207899_0.shtml，2018年11月1日。

③ 《百度视频携手神策数据　引领基于AI的短视频推荐技术新潮流》，中国新闻网，2019年3月5日。

④ 《抖音发布2018大数据报告　〈人民日报〉播放量超27亿成最火媒体号》，2019年1月31日。

⑤ 余俊杰：《新华网启动视频化战略　加速构建内容新生态战略支点》，新华网，2018年12月25日。

⑥ 《抖音10亿流量扶持Vlog，全面开放1分钟视频权限》，http://d.youth.cn/newtech/201904/t20190425_11936654.htm，2019年4月25日。

日，新浪微博#两会 Vlog#话题阅读量达 1.5 亿，中国日报社、中国青年报社、中国经济周刊、环球网等媒体均推出了两会 Vlog，报道效果显著。

（五）5G+4K 为新媒体业提供新契机

2018 年 6 月，国际标准组织 3GPP（第三代合作伙伴计划）批准了第五代移动通信技术（5G NR）独立组网标准。① 这意味着 5G 国际标准的出炉。2018 年 12 月，我国向中国电信、中国移动、中国联通发放了 5G 系统中低频段试验频率使用许可。5G 系统试验频率使用许可的发放，向产业界发出了明确信号，将推动 5G 产业链建设。② 我国 5G 商用进入冲刺阶段。具有高速度、低时延、高可靠性优势的 5G 技术将改变信息生产形式、传播方式和传播内容。5G 技术的发展将推动媒体行业变革，为新媒体发展赋能。

我国媒体业和互联网业积极布局 5G 发展。2018 年 7 月，中国国际电视总公司与中国移动签署技术合作协议，双方着重在 5G 技术研发、4K 频道建设、超高清视频终端采编播设备等方面展开合作。③ 同年 11 月，网易与中国电信集团有限公司签署合作协议，双方共同探索 5G 新产品。④ 12 月，我国首个国家级“5G 新媒体平台”开建。⑤ 2019 年 1 月，光明日报社与中国信息通信研究院共同建设“互联网 +”智媒技术创新中心，5G 创新应用是创新中心的主要指向。⑥ 同年 2 月，新华网和中国信息通信研究院联合共建 5G 新媒体实验室，探索 5G 技术在传媒行业的应用。⑦

超高清视频产业是 5G 技术率先落地的重要领域，成为当前媒体行业布局的重点。2018 年 10 月，中央广播电视总台 CCTV 4K 超高清频道开播，成为我

---

① 《5G 独立组网标准出台》，新华网，2018 年 6 月 14 日。

② 《工业和信息化部向基础电信运营企业发放 5G 系统试验频率使用许可》，http://www.gov.cn/xinwen/2018-12/10/content_5347501.htm，2018 年 12 月 10 日。

③ 《中国国际电视总公司与中国移动签署技术合作协议》，央广网，2018 年 8 月 2 日。

④ 《网易与中国电信达成战略合作，联手创新数据商业化服务》，网易新闻，2018 年 11 月 9 日。

⑤ 《我国首个国家级“5G 新媒体平台”在中央广播电视总台开建》，新华网，2018 年 12 月 29 日。

⑥ 《“互联网 +”智媒技术创新中心在京成立》，新华网，2019 年 1 月 22 日。

⑦ 《新华网与中国信通院达成战略合作共建 5G 新媒体实验室》，新华网，2019 年 2 月 26 日。

国首个上星超高清电视频道。[①] 同月，广东综艺频道经过调整播出方式，成为我国首个省级电视4K超高清频道。[②] 2019年3月，工业和信息化部等部门联合印发《超高清视频产业发展行动计划（2019～2022年）》，明确将按照“4K先行、兼顾8K”的总体技术路线，大力推进4K产业生态体系和8K关键技术产品发展。[③]

三　传播分析与影响解读

（一）新媒体在共建“一带一路”中发挥驱动引领作用

共建“一带一路”倡议提出五年多来，新媒体发挥了积极的建设性作用。新媒体不仅通过信息服务助推“一带一路”建设，“数字丝绸之路”本身也是共建“一带一路”的重要领域，有关新媒体的国际合作项目纷至沓来，新媒体成为共建“一带一路”的重要组成部分。

互联网基础设施建设促进各国信息互联互通。共建“一带一路”不仅倡议海陆联通，也包含线上线下的互联互通。中国通过提升“一带一路”沿线国家信息基础设施建设水平，提高国家间沟通往来效率，从信息通信层面缩小全球数字鸿沟。2018年，我国电信运营企业纷纷加强海外落地。2018年8月，中国铁塔与老挝政府等联合出资设立东南亚铁塔有限责任公司；[④] 9月，中国移动国际公司南非子公司正式成立，助力当地企业信息化建设和数字化转型；[⑤] 10月，中国联通（越南）运营有限公司在越南河内正式成立，至此，联通在“一带一路”区域的分支机构增至12个。[⑥] 2018年1月，中国－尼泊尔跨境互联网光缆正式开通，这为两国拓展网络互联互通提供

① 《中央广播电视总台CCTV4K超高清频道10月1日开播》，央视网，2018年10月1日。

② 《广东4K超高清频道开播!》，《南方日报》2018年10月17日。

③ 《工信部等印发超高清视频产业发展行动计划》，人民网，2019年3月1日。

④ 《中国铁塔出海：在老挝设立东南亚铁塔有限责任公司》，新浪网，2018年8月29日。

⑤ 《中国移动国际公司南非子公司正式成立》，http：//www.10086.cn/aboutus/news/groupnews/index_ detail_ 14333.html? id = 14333，2018年9月12日。

⑥ 《联通成立越南公司“一带一路”分支机构增至12个》，https：//tech.sina.com.cn/t/2018－10－10/doc－ifxeuwws2701340.shtml，2018年10月10日。

了便利。① 同时，我国与多个国家的共建光缆网络项目正在稳步推进中，并积极推进国家间大数据、云计算、智慧城市等领域的合作。信息基础设施项目为共建“一带一路”倡议提供了强有力的保障。

2018 年以来，“丝路电商”成为推动“数字丝绸之路”建设的新引擎。据商务部数据，2018 年我国跨境电商零售进出口总额达到 1347 亿元，同比增长 50%。② 根据《关于 2018 年国民经济和社会发展计划执行情况与 2019 年国民经济和社会发展计划草案的报告》数据，“数字丝绸之路”建设稳步推进，我国已与 16 个国家签署合作谅解备忘录，“丝路电商”全球布局步伐加快，我国与 17 个国家签署合作协议。③ 根据京东发布的数据，2018 年“一带一路”合作国家在京东使用跨境电商消费的订单量是 2016 年的 5.2 倍。④

我国媒体在共建“一带一路”中一方面发挥信息服务作用，对外传播相关信息；另一方面在共建“一带一路”倡议的背景下，通过项目协议等与国外媒体开展国际合作。2018 年 9 月，在第三届中印互联网对话大会上，来自中印两国的 89 家机构代表和创投界人士就中印互联网发展和合作议题进行了讨论。⑤ 2019 年 4 月，“一带一路”新闻合作联盟首届理事会议召开。目前，已有来自全球 86 国的 182 家媒体加入“一带一路”新闻合作联盟。联盟将在建立公共稿库、数据库等方面进行探索。同时，“一带一路”新闻合作联盟网站也正式上线。⑥ 2019 年 4 月，《丝绸之路电视国际合作共同体 5G + 4K 传播创新倡议书》正式发布。⑦

---

① 《2018 年 1 月 15 日：中尼跨境互联网光缆开通》，https：//www.yidaiyilu.gov.cn/slxwzy/44294.htm，2018 年 1 月 15 日。

② 《商务部：2018 年我国跨境电商零售进出口总额达 1347 亿元，同比增长 50%》，http：//www.ec.com.cn/article/dssz/zhjg/201902/37468_1.html，2019 年 2 月 22 日。

③ 《关于 2018 年国民经济和社会发展计划执行情况与 2019 年国民经济和社会发展计划草案的报告》，http：//www.xinhuanet.com/politics/2019-03/17/c_1210084504.htm，2019 年 3 月 17 日。

④ 《多国跨境电商共绘网上丝绸之路》，http：//www.ccpit.org/Contents/Channel_4124/2019/0429/1159106/content_1159106.htm，2019 年 4 月 29 日。

⑤ 《第三届中印互联网对话大会在新德里举行》，http：//sky.cssn.cn/xwcbx/xwcbx_rdjj/201809/t20180930_4663669.shtml，2018 年 9 月 30 日。

⑥ 《“一带一路”新闻合作联盟首届理事会议开幕》，新华网，2019 年 4 月 24 日。

⑦ 《丝绸之路电视国际合作共同体 5G + 4K 传播创新倡议书》发布，http：//news.cctv.com/2019/04/24/ARTIw25jaPui469Iyoq Z3PTE190424.shtml，2019 年 4 月 24 日。

（二）媒体融合发展推进国际传播能力建设

随着媒体融合发展进入系统性升级阶段，其对我国国际传播的影响日益深入。在融合发展理念的指导下，我国国际传播理念深化变革，在组织机构和资源统筹上强调一体化发展；传播方式、探索形式和角度多样，传播渠道多向铺设，传播平台和路径移动式拓展；传播内容立足主流，传播主题日趋多元，我国国际传播体系不断完善。

2018年3月，由原中央电视台（中国国际电视台）、原中央人民广播电台、原中国国际广播电台合并组建的中央广播电视总台正式成立，这是融合发展理念在国际传播领域的实践，新组织机构为国际话语体系创新提供了有力保障。自中央广播电视总台成立以来，其便坚持“台网并重、先网后台”的理念，推动了广播电视媒体与新兴媒体的话语连接，提升了中国媒体国际传播的整体竞争力和影响力，打造了国际传播的新模式。2018年12月，中央广播电视总台与华为等运营商签署了建设5G新媒体平台框架协议，通过集中打造国家级新媒体平台将话语资源集聚。① 最新数据显示，中央广播电视总台“国际视通”签约用户覆盖了全球131个国家和地区的336个媒体机构，包括1839个电视频道和1060个新媒体平台。②

媒体融合发展大力推动了国际传播方式的创新，有效增强了对外话语的创造力和感染力。作为国家级英文新闻周刊，《北京周报》以境内外社交媒体平台为核心产品的第一落点，推出了《对话太平洋》《绘眼看中国》《北京闪新闻》等一批既具有移动传播话语特点又充分体现周报区隔优势的多语种视讯产品，引起了亚非欧等各大洲网友的热烈反响。③ 在2019年全国两会报道中，我国媒体在海外新媒体平台的信息传播受到了广泛关注。根据人民网数据，截至3月8日，人民日报英文脸谱、英文推特、繁体中文脸谱、繁体中文推特、优兔等海外社交媒体官方账号，已推出两会推文、帖文150件，总浏览量超过

---

① 《中国首个国家级“5G新媒体平台”在中国中央广播电视总台开建》，中国新闻网，2018年12月28日。

② 慎海雄：《以守正促创新　以创新强守正》，《求是》2018年第19期。

③ 李雅芳：《主题聚焦　融合发展——〈北京周报〉的外宣之路》，《对外传播》2018年第9期。

700 万，互动量超过 10 万。①

习近平总书记在主持中共中央政治局第十二次集体学习时强调，面对全球一张网，需要全国一盘棋。② 媒体融合发展具有多元主体共同参与传播的特点，在国际传播领域，不同传播主体的协同作用日趋显现。移动传播使普通用户参与国际传播成为可能，民间和地方力量的加入壮大了新媒体上的国际传播力量。2018 年 7 月，24 家海外华文媒体与津云签订合作协议，加入津云大家庭。“津云”平台是天津市融合了天津日报、天津广播电视台、北方网等主流媒体优质资源，推进的媒体融合重点工程。③ 海外华文媒体的入驻无疑推动了其与国内媒体的积极互动，有利于海外华文媒体积极传播中国故事。而通过分析第二十八届中国新闻奖的国际传播奖获奖作品可以发现，国内地方新闻单位的获奖作品数量明显上升。

（三）网络空间互信共治仍待加强

随着全球经济增长和新传播技术发展，网络安全成为国际社会越来越关注的议题。2018 年，全球很多企业都遭遇了数据信息泄露事件，网络诈骗、网络盗窃、网络攻击等问题频发。据日本警察厅统计，2018 年日本全国警方查获的网络犯罪案件达 9040 起，较 2017 年增加 26 起，刷新历史纪录。④ 根据巴西国家网络犯罪举报中心的记录，其 2018 年共收到 133732 起网络犯罪举报，与 2017 年的 63698 起相比，增加了 109.95%。⑤ 2019 年 3 月，全球网络安全领域领导厂商赛门铁克（Symantec）发布的第 24 期《互联网安全威胁报告》显示，随着勒索软件和密码窃取带来的收益不断减少，网络犯罪分子正在伺机寻找其他的方法来牟取利益，如网页表单内容劫持。⑥

---

① 《借助海外新媒体　传播两会好声音》，人民网，2019 年 3 月 8 日。

② 《加快推动媒体融合发展　构建全媒体传播格局》，《求是》2019 年第 6 期。

③ 《24 家海外华文媒体入驻津云　共同讲述中国故事》，海外网，2018 年 7 月 19 日。

④ 《2018 年日本警方查获网络犯罪逾 9000 起创新高》，http：//world. huanqiu. com/exclusive/2019 - 03/14495032. html，2019 年 3 月 8 日。

⑤ 《巴西非政府组织：2018 年收到逾 13 万起网络犯罪举报》，http：//www. chinanews. com/gj/2019/02 - 12/8752031. shtml，2019 年 2 月 12 日。

⑥ 《赛门铁克发布〈2019 互联网安全威胁报告〉：表单劫持带来更大威胁》，https：//cj. sina. com. cn/articles/view/1649036617/624a4d4902000kbyv，2019 年 3 月 8 日。

2018 年，有关大型互联网企业的数据泄露事件引发国际社会担忧。2018 年 12 月，在发现因软件漏洞导致 5200 万用户数据泄露后，谷歌表示将提前 4 个月关闭旗下社交网络 Google+的消费者版本。① 2018 年，Facebook 被爆出多起用户个人信息泄露事件。2019 年 4 月，Facebook 表示，公司自 2016 年 5 月以来，“无意中上传”了 150 万新用户的电子邮件联系人，② 数百万的 Instagram 账户信息存在内部泄露的问题。③ 2018 年 6 月，AcFun 弹幕视频网发布公告称，因 AcFun 受黑客攻击，近千万条用户数据外泄，包含用户 ID、用户昵称、加密存储的密码等信息。④ 世界范围内网络安全威胁的增加使得多国都将网络空间治理上升到前所未有的高度。被称为欧盟史上最严数据保护条例的《通用数据保护条例》于 2018 年 5 月在欧盟范围内生效。⑤ 2018 年 11 月，南非正式通过了《网络犯罪和网络安全法案》，以应对不断增长的网络犯罪趋势。⑥

网络空间安全深刻影响国家安全和世界和平发展，因此，加强网络空间国际合作已经成为国际共识。2018 年 11 月，第五届世界互联网大会在浙江省乌镇开幕，本届会议主题为“创造互信共治的数字世界——携手共建网络空间命运共同体”。在延续了往届大会共建网络空间命运共同体的美好愿景的同时，本届会议主题针对当前全球互联网治理现状，对网络空间全球治理实施提出了明确的期待——互信共治。在致大会的贺信中，习近平总书记强调，世界各国虽然国情不同、互联网发展阶段不同、面临的现实挑战不同，但推动数字经济发展的愿望相同、应对网络安全挑战的利益相同、加强网络空间治理的需

① 《5200 万用户数据泄露：谷歌决定提前关闭 Google+》，https://www.thepaper.cn/newsDetail_forward_2726838，2018 年 12 月 11 日。

② 《Facebook：公司曾“无意中上传”150 万用户邮件联系人》，https://tech.sina.com.cn/i/2019-04-18/doc-ihvhiqax3661613.shtml，2019 年 4 月 18 日。

③ 《Facebook：数百万 Ins 账户信息内部泄露　但尚未被滥用》，http://tech.qq.com/a/20190419/000224.htm，2019 年 4 月 19 日。

④ 《受黑客攻击万条数据外泄，A 站已报警，B 站此前曾遭 360 盗号》，http://finance.ifeng.com/a/20180613/16341404_0.shtml，2018 年 6 月 13 日。

⑤ 《〈通用数据保护条例〉正式生效　将成为保护隐私里程碑》，http://tech.ifeng.com/a/20180526/45004362_0.shtml，2018 年 5 月 26 日。

⑥ 《南非正式通过〈网络犯罪和网络安全法案〉》，http://world.people.com.cn/n1/2018/1114/c1002-30398994.html，2018 年 11 月 14 日。

求相同。各国应该深化务实合作，以共进为动力、以共赢为目标，走出一条互信共治之路，让网络空间命运共同体更具生机活力。[①] 这也深刻阐释了增进网络空间治理互信共治的根本原因、目标动力及强烈必要性。当前，全球互联网治理的互信共治体系仍需进一步完善。

四　未来展望与政策建议

（一）未来展望

1. 数字经济成为我国经济高质量发展的核心动力

根据《中国数字经济发展与就业白皮书》数据，2018 年我国数字经济规模达到 31.3 万亿元，按可比口径计算，名义增长 20.9%，占 GDP 比重为 34.8%。[②] 数字经济是实现经济可持续发展和高质量发展的重要举措，其中互联网和新媒体行业显示出较大发展潜力。我国数字媒体发展要与数字生活、数字经济紧密联系，把握数字经济红利，提升国家核心竞争力。

2. 人工智能和5G 商用将开启智能互联新时代

在 5G 和人工智能技术的驱动下，视频产业、物联网、产业互联网等都将得到新一轮升级，在技术的深刻影响下，人们的信息获取、生活方式和习惯都将发生变化。互联网技术与人们的生活联系更加紧密，它更加深刻地改变着用户生活，“智能 +” 使人们的网络获得感和幸福感提升。

3. 以短视频为代表的网络视频业发展势头强劲

未来网络视频将长期保持强劲发展势头，这是由用户的市场需求决定的。同时，网络视频行业为满足用户需求，会不断发展一些新的业务形态，例如流媒体视频服务。短视频仍将是未来一段时间较为火爆的视频业务形态，这与用户的移动收视习惯相关。基于短视频平台发展，会带动相关产业迅速发展并创新信息传播方式。例如，抖音平台带动城市形象塑造更加灵活、多元和富有人

---

① 《习近平向第五届世界互联网大会致贺信》，《中国青年报》2018 年 11 月 8 日。

② 《〈中国数字经济发展与就业白皮书〉发布：数字经济规模超 30 万亿占 GDP 三成》，http://m.news.cctv.com/2019/04/19/ARTI2bpOsALBJxW64h9Ob8KD190419.shtml，2019 年 4 月 19 日。

情味，在用户互动方式上除了点赞、评论、分享之外，增加了用户模仿等更多元的参与方式。

4. 工业互联网蓬勃发展，传统产业加速数字化转型升级

2019 年，国际电信联盟（ITU）正式发布了首个两化融合国际标准《企业数字化转型过程中可持续竞争能力建设方法论》（*Methodology for Building Digital Capabilities during Enterprises' Digital Transformation*）。根据工信部数据，我国已有近 14000 家企业依据该标准提供的方法拥有了建设信息化环境下的新型能力。[①] 我国传统制造业等传统产业将加速数字化转型，工业互联网蓬勃发展。

5. 互联网巨头多向布局，竞争边界模糊

2018 年，互联网行业迎来上市潮，据艾瑞网统计，截至 2018 年 12 月 14 日，上市的国内互联网企业有爱奇艺、美团点评、小米集团、拼多多等 64 家。[②] 继 BAT 之后，今日头条、美团、滴滴被称为互联网行业新三巨头，缩写为 TMD。2018 年，拼多多、趣头条、快手等应用在“下沉市场”的亮眼表现也加速了互联网巨头的对外投资、并购步伐。随着大型互联网企业全面开展业务收购和多方位布局，互联网企业间的竞争边界将日趋模糊。

6. 网络空间主流意识形态建设加强

2018 年 8 月召开的全国宣传思想工作会议等重大会议，对意识形态工作做出了顶层设计、长远规划。习近平总书记在主持中共中央政治局第十二次集体学习时指出，我们要加快推动媒体融合发展，使主流媒体具有强大传播力、引导力、影响力、公信力，形成网上网下同心圆，使全体人民在理想信念、价值理念、道德观念上紧紧团结在一起，让正能量更强劲、主旋律更高昂。[③] 这对互联网内容建设提出了根本要求，也对网络内容建设做出了指导。

7. 信息消费将成为最具活力的消费领域之一

根据《中国互联网产业发展报告（2018）》数据，2018 年，我国信息消费

---

① 《国际电信联盟正式发布首个两化融合国际标准》，http：//www. miit. gov. cn/newweb/n1146290/n1146402/n1146440/c6709171/content. html，2019 年 4 月 4 日。

② 《2018 互联网企业集体忙上市》，http：//www. iresearch. cn/a/201812/280434. shtml，2018 年 12 月 17 日。

③ 《做大做强主流舆论——习近平总书记在中共中央政治局第十二次集体学习时的重要讲话引领媒体融合发展新作为》，《人民日报》2019 年 1 月 27 日。

市场规模继续扩大，信息消费的规模约 5 万亿元，同比增长 11%，占 GDP 比重提升至 6%。[①] 2018 年 8 月，工信部、国家发改委印发《扩大和升级信息消费三年行动计划（2018～2020 年）》，提出到 2020 年我国信息消费规模达到 6 万亿元。[②] 2019 年，我国信息消费将保持快速发展势头，在新型信息产品和信息技术服务上不断提升质量，推动经济转型发展。

8. 新零售向深层次数字化发展

随着物联网、大数据、人工智能等技术在零售领域应用的不断深入，新零售数字化将不断推进。当前，一些门店或业务领域的新零售取得了一些成效，但整个行业仍缺少向数字化管理转型等深度变革。新零售强调零售智能化，这就对产品的采购、销售、服务等全链条智能化提出了明确要求，新零售需要打通产品供应、物流和销售等链条，进行商业模式迭代，为用户提供优质服务体验。

9. 粉丝经济成为互联网经济的重要商业模式

2019 年 4 月，被称为网红电商第一股的如涵控股赴美上市。互联网造就的粉丝经济力量巨大，尽管变现渠道不断扩展和转换，但是粉丝经济的内核仍保持较高活力。互联网放大了个体价值，微博、抖音等不同平台造就了追星的综合生态，并且这种线上流量能快速实现线下变现。依托精准化运营和良好的用户体验，粉丝经济变现途径将更加多元。

10. 网络扶贫持续走向深入

2018 年 5 月，工信部印发《关于推进网络扶贫的实施方案（2018～2020 年）》，对推进贫困村通宽带进程、加强贫困地区网络应用等工作进行了明确安排，提出通过农村电商、远程教育、远程医疗等途径提升网络扶贫实效。[③] 随着 2020 年全面建成小康社会的时间节点临近，网络扶贫进程将进一步加快，而以互联网企业为代表的企业主体在网络扶贫中的作用日趋凸显。

---

① 《2018 年我国信息消费规模约 5 万亿元　同比增长 11%》，http：//finance. sina. com. cn/chanjing/cyxw/2019 -01 -08/doc - ihqhqcis4275481. shtml，2019 年 1 月 8 日。

② 《扩大和升级信息消费三年行动计划（2018～2020 年）》，http：//www. miit. gov. cn/n1146285/n1146352/n3054355/n3057656/n4699766/c6307966/content. html，2018 年 8 月 10 日。

③ 《关于推进网络扶贫的实施方案（2018～2020 年）》，http：//www. cpad. gov. cn/art/2018/6/6/art_ 50_ 85021. html，2018 年 6 月 6 日。

（二）八大政策建议

2018 年是新闻业改革 40 周年，是中国新闻学百年诞辰。2019 年是中国全功能接入国际互联网 25 周年，也是互联网诞生 50 周年。这一重要时间节点，是对中国新媒体发展进行总结和反思、对未来进行规划与展望的上佳时机。当前，我国正值网络强国、数字中国、智慧社会建设关键期，我国应该把握住新媒体发展历史机遇，提出互联网和新媒体发展的中国方案，彰显中国智慧，为共建网络空间命运共同体助力。因此，我们提出以下政策建议。

（1）大力发展数字经济，支持并规范产业互联网发展，推动实体经济与数字经济深度融合，着力将我国建设成为世界网络强国。

（2）抢抓新中国成立 70 周年契机，提升对外传播水平，把握重大事件和重要时间节点进行新媒体创新报道，加强党管数据工作，提升运用新媒体传播党的创新理论的能力和水平。

（3）全面推进“智能＋”，深化人工智能、5G 等研发应用，注重把握网络社交模式更替规律，推动智能零售、产能共享、新型信息消费等行业热点发展，加强人工智能同保障和改善民生结合。

（4）着重推动和规范短视频行业发展，特别强调新闻短视频的创新生产和传播，发挥大数据在新闻信息产品生产中的作用，关注社交电商与短视频的结合，以及网络视频新业态、新服务、新模式的出现。

（5）提高数字治理能力，推动互联网治理进一步精准化和精细化，加强网络主流意识形态建设，强调新媒体报道人文价值，防止出现“信息娱乐化”倾向，深化媒体和智库交流，鼓励大力发展国家级新媒体专业智库。

（6）推进媒体融合因地制宜、因时制宜创新发展，加大媒体融合发展力度、广度和深度，加快传统媒体整合转型进程，及时评估县级融媒体中心建设工作，鼓励传统媒体创新移动传播理念、方式和渠道，加大移动传播人才培养力度。

（7）提升数字文化出海对传播中华文化的推动作用，加强网络文化国际交流，培育新型文化业态和文化消费模式，鼓励互联网平台企业全球化发展，推动互联网和新媒体行业人才工作体制机制科学化、规范化，进一步加强网络版权保护力度。

（8）坚持依法治网，重视网络安全，加大依法保护数据力度，进一步完善网络空间综合治理体系，坚持发挥“数字丝绸之路”对共建“一带一路”的引领推动作用，通过新媒体讲好中国故事，推动全球网络空间互信共治合作。

参考文献

［1］唐绪军：《把握两个要点　领会两个重点——学习习近平新闻思想的体会》，《新闻记者》2018 年第 7 期。

［2］黄楚新、郑智文：《2019 两会新媒体报道观察》，人民网，2019 年 3 月 18 日。

［3］《QuestMobile〈中国移动互联网 2018 年度大报告〉》，36 氪，2019 年 1 月 22 日。

［4］章淑贞、巴亚岭、蒲玉玺、黄楚新：《重塑新媒体理念与价值认同》，《新闻与写作》2018 年第 9 期。

［5］王雅婧：《我们所面临的全媒体传播》，《中国纪检监察报》2019 年 4 月 22 日。

热 点 篇

Hot Topics

B.2

2018年中国短视频内容市场发展报告*

刘友芝　胡青山**

摘　要： 移动互联网市场整体寒冬态势下，短视频应用的崛起成为2018年最为显著的一个现象：从需求侧来看，近八成网民使用短视频应用；从供给侧来看，平台方呈现出头部化与跨界化态势等特点；内容方中腰部KOL崛起；MCN继续强势发展；Vlog借助明星效应强势崛起，或将成为下一个“风口”；各方加速推动短视频商业化营销变现。2018年短视频在繁荣发展背后，也存在种种突出问题。在国家强监管和用户增量红利消退的总体宏观趋势之下，内容市场各方主体应加强规

* 本研究属于国家社科基金项目“以资本运营推动传统媒体与新兴媒体产业融合一体化发展研究”的阶段性研究成果（项目编号15BXW018）。

** 刘友芝，武汉大学新闻与传播学院教授，研究方向为媒介经营管理；胡青山，武汉大学新闻与传播学院硕士研究生，研究方向为媒介经营管理。

范自律，注重存量市场的用户经营，从粗放化走向精细化，做深做大。

关键词： 短视频　用户红利　存量市场　用户经营　精细化

短视频自诞生以来，已经过萌芽期、探索期、成长期和成熟期四个发展阶段。在萌芽期，短视频发展更多聚焦在其概念价值上。在探索期，由于短视频“短平快”的内容消费模式更加符合移动互联网时代下用户“碎片化”的使用习惯，短视频应用的形式价值受到肯定。这一时期短视频内容营销以社交营销、粉丝经济为主导，微视、美拍和秒拍开启了基于社交平台的短视频社交营销模式，将短视频内容市场推到了一个新的高度。在成长期，2014 年，快手充分发挥技术优势，创新差异化短视频内容营销策略，将基于网红效应的用户粉丝算法推荐变为基于内容互动性、有趣性等多维度的算法推荐，深受三、四线城市青年的喜爱。2016 年，用户对短视频内容消费习惯逐渐普及，短视频内容 APP 实现爆发式增长；短视频平台和用户对优质内容需求加大，“内容价值”成为支撑短视频产业持续发展的主要动力。

2018 年，短视频内容产业步入成熟期，随着智能手机普及、4G 网络环境优化，在大数据等移动互联网技术的支持下，短视频的用户体验得到了极大的提升，这促进了短视频日均用户规模和使用时长的爆发式增长，也大大提升了短视频内容的商业营销价值。但是，随着时间推移，用户增长红利逐渐消退，短视频内容产业由流量思维向用户经营思维转化，平台方和内容方不断进行垂直细分。针对 2018 年我国短视频内容市场发展的现状特点、问题困境以及趋势与对策，做如下研究分析。

一　现状：市场变局与特点

2018 年，在短视频平台方、内容方、MCN 共赴盛宴的背景下，短视频应用成为移动互联网增量市场的“王者”，强势收割用户时间和注意力资源，迅速发展成为用户的主流应用。

（一）用户需求侧：总体变局与特点

1. 短视频：成为用户新的最强“时间杀手”

2018 年，我国移动互联网市场，一面是整体寒冬，一面是短视频火热。QuestMobile《中国移动互联网 2018 年度大报告》数据显示，2018 年移动互联网月活跃用户规模全年期末净增仅 4600 万，较 2017 年同期期末净增 6400 万，增幅已减少 1800 万，同比增速已放缓至 5% 以下，[①] 这表明移动互联网整体应用市场的用户红利已呈现出逐步消退的整体发展态势。

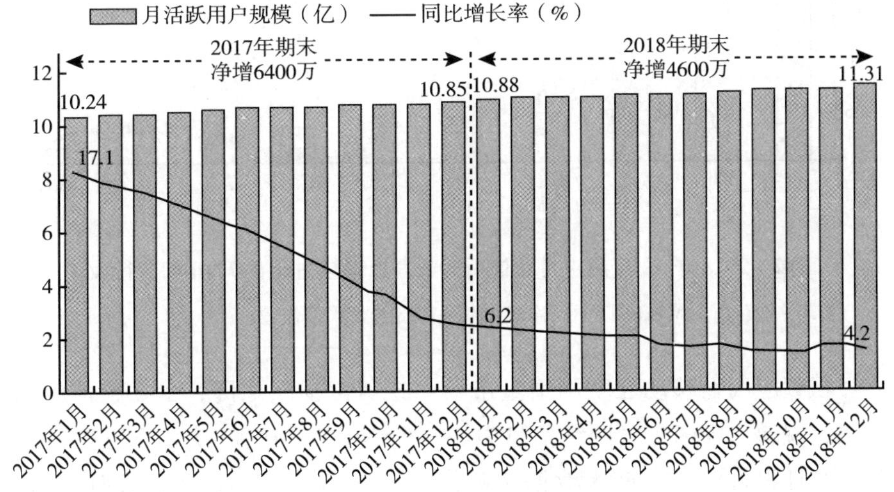

图 1　中国移动互联网月活跃用户规模趋势

资料来源：QuestMobile：《中国移动互联网 2018 年度大报告》。

然而，近几年来，在知识付费、网络直播等曾经的移动互联网“风口”趋于平稳，甚至略有下滑发展态势下，短视频却“逆势上扬”。卡思数据显示，2018 年，短视频整体领域以平均每月 8.8% 的速度极限扩张。[②] QuestMobile 的数据显示，在 2018 年 12 月用户月总使用时长同比增量占比 TOP10 细分行业中，

---

① QuestMobile：《中国移动互联网 2018 年度大报告》，2019 年 1 月。

② 卡思数据：《2018 年度 KOL 红人行业白皮书》，2019 年 1 月。

短视频位列第一，占比33.1%；而列第二位的即时通信仅占比18.6%。[①] 短视频和即时通信两个细分行业的时长增量贡献了整体时长增量的一半以上。短视频成为2018年用户上网新的主要应用形式，在移动互联网增量应用市场中，成为用户新的最强“时间杀手”。

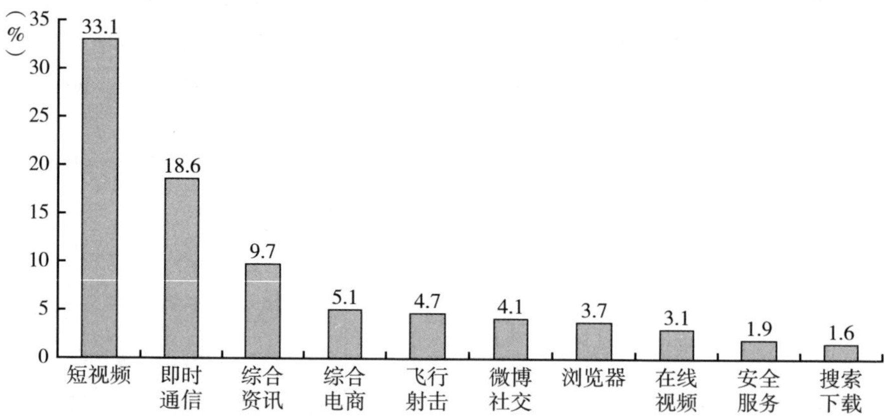

图2　2018年12月用户月总使用时长同比增量占比TOP10细分行业

资料来源：QuestMobile：《中国移动互联网2018年度大报告》。

短视频应用在移动互联网增量市场“逆势上扬”之际，也在整体应用市场中快速崛起。中国互联网络信息中心（CNNIC）《第43次中国互联网络发展状况统计报告》相关调查数据显示，截至2018年12月，我国网民数量为8.29亿，其中78.2%的网民使用短视频应用，短视频用户规模达6.48亿。短视频的整体用户使用时长位列移动互联网细分行业用户使用时长的第4位，仅次于即时通信、网络视频和网络音乐。[②] 短视频应用的崛起，成为2018年最为显著的一个现象。

2. 用户画像：年轻人引领风潮，三、四线城市用户渗透率更高

短视频用户总体特征表现为：年轻人引领风潮，三、四线城市用户渗透率更高，女性用户略多于男性。卡思数据显示，从年龄结构看，短视频用户整体

① QuestMobile：《中国移动互联网2018年度大报告》，2019年1月。

② 中国互联网络信息中心：《第43次中国互联网络发展状况统计报告》，2019年2月。

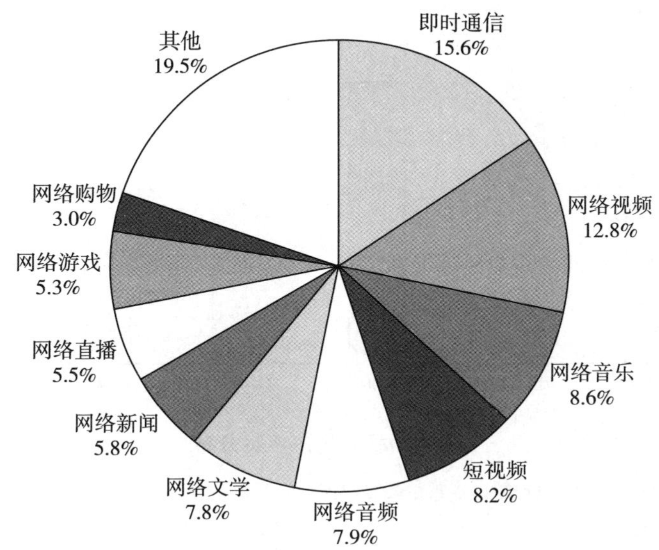

图 3　2018 年移动网民各类应用使用时长占比

资料来源：中国互联网信息中心：《第 43 次中国互联网络发展状况统计报告》。

偏年轻，年轻人引领风潮，寒、暑假为使用时长高峰；24 岁以上的用户占比过半（51%），35 岁以下网民对短视频的使用率在 90% 以上。但是，随着“Z 时代”①、小镇青年和白发老人登场，短视频也逐渐成为他们最喜爱的应用之一。

从地域分布看，短视频用户已经向三、四线城市深度下沉，三、四线及以下城市用户分布达到了 52%，小镇青年引领短视频内容消费时尚。从用户性别结构看，六大核心短视频平台的男女用户比例为 48∶52，与中国互联网信息中心《第 43 次中国互联网络发展状况统计报告》显示的中国网民男女比例 52.7∶47.3 十分接近。短视频用户性别比基本持平，女性用户略多于男性。

具体而言，抖音短视频用户日活跃量达到 2 亿，日均用户活跃时长达到 76 分钟；用户较为均匀地分布在新一线城市、二线城市、三线城市和四线及以下城市，核心用户分布在一、二线城市；24 岁以下的用户是抖音短视频的

① “Z 时代”是指 1996 年以后出生的年轻人，截至 2018 年 12 月，“Z 时代”年轻人最大者 22 岁。

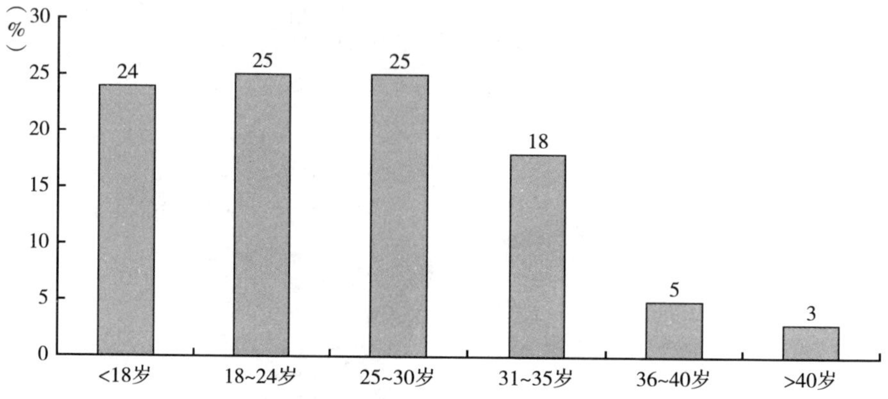

图 4　短视频用户年龄分布

资料来源：《2019 短视频内容营销趋势白皮书》。

主力军。快手短视频用户日活跃量达到 1.3 亿，日均用户活跃时长为 60 分钟；用户集中在四线及以下城市；18 岁以下的用户为使用主力军。

（二）内容供给侧：总体变局与特点

1. 平台方：头部化与跨界化

2018 年，短视频平台内容供给深度变革，“短视频 +”巨头和细分平台共同加码，抢夺用户时长“下半场”。近年来，短视频行业平台内容供给的格局一直在被深度改写。2016 年秒拍、美拍、快手“三足鼎立”。2017 年快手成为短视频领域当之无愧的“王者”，雄踞当年中国短视频类 APP 年度排行榜第一位。2018 年在快手引领下，短视频市场呈现出群雄逐鹿的局面。除抖音和快手外，BAT、微博等互联网巨头也都在加码短视频市场。2018 年，短视频市场获得各方广泛关注，百度、腾讯、阿里巴巴、微博持续在短视频领域发力，网易、搜狐等也纷纷推出新的短视频应用，短视频市场迅速发展。

群雄逐鹿竞争态势之下，短视频内容平台呈现出头部化格局，共同抢占活跃用户和用户使用总时长的态势，几大主流短视频 APP 的数据如图 5 所示。快手与抖音作为头部平台，在活跃用户与使用时长上远超其他平台。2018 年，抖音无疑成为短视频平台最大的一匹“黑马”，由 2017 年中国短视频 APP 平台排行榜的第五位，一跃而起，与排名第一的快手并驾齐驱，甚至在日均用户活跃时长市场指标上以 76 分钟反超快手的 60 分钟。快手、抖音成为 2018 年短视频市场的两大头部平台。在具体内容选择上，搞笑段子类、情景剧类内容仍然深受两个平台用户喜爱，其次是获取知识和技能类型的内容。区别在于，抖音用户内容需求更多元，而快手用户内容需求更集中。

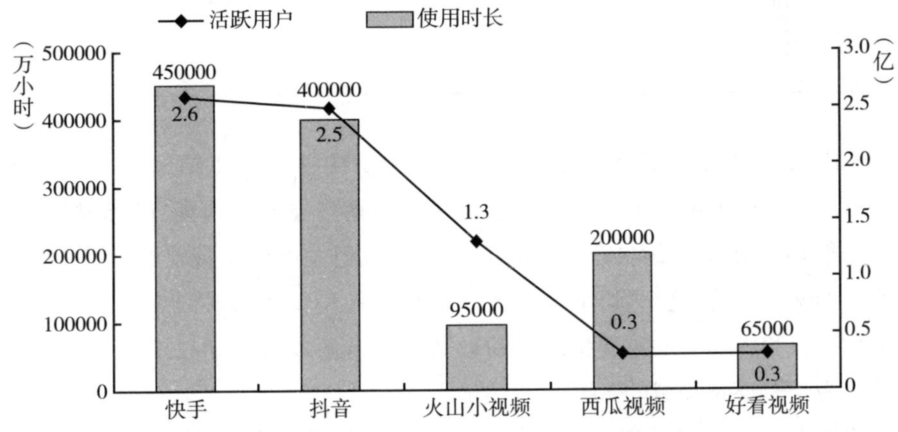

图 5　几大主流短视频 APP 2018 年活跃用户与使用时长

短视频市场格局在头部化的同时，也呈现出跨界化的特征。在外界称为“头腾大战”的竞争中，腾讯在复活微视、投资快手的同时，上线了超过六款独立短视频 APP。百度押注好看视频。阿里则对土豆寄予厚望，淘宝打造“短视频 + 电商”，钉钉推出“短视频 + 招聘”。微博在合并“一直播”后强化自有短视频业务，让一下科技聚焦在短视频业务上，希望收复失地。网络知识社区平台知乎在首页增加“视频”专区，以“短视频 + 知识问答”展示精选短视频内容。网易云音乐推出短视频现金激励计划，以“短视频 + 在线音乐”增强用户体验。大众点评和途家也相继推出了“短视频 + 美食推荐”和“短视频 + 在线租赁”功能。2018 年，各大互联网平台在原有功能基础上增加了短视频功能，使短视频市场呈现出跨界化的特征。如表 1 所示。

表 1　短视频市场跨界化格局

互联网公司	平台	模式
腾讯	微视	投资 + 上线独立短视频 APP
百度	好看视频	投资
阿里	土豆	收购
	淘宝	短视频 + 电商
	钉钉	短视频 + 招聘
新浪	微博	合并“一直播”
知乎	知乎	短视频 + 知识问答
网易	网易云音乐	短视频 + 在线音乐

2. 内容方：KOL 增速放缓，头部 KOL 较少，中腰部 KOL 崛起

KOL（Key Opinion Leader）即意见领袖，是指在行业内具有话语权的人，KOL 一般拥有更多、更准确的产品信息，且为相关群体所接受或信任，并对该群体的购买行为有较大影响力。各行各业均有 KOL 的存在，在短视频领域，衡量话语权和影响力的重要指标为粉丝数，因此粉丝数量超过 10 万的网络红人被认为是短视频领域的 KOL。

2018 年，短视频 KOL 增速放缓，行业竞争进入存量用户争夺的阶段，KOL 的增长趋势与用户增长趋势极为接近，从 2018 年第二季度开始，增速大幅放缓。短视频用户红利期基本消失，KOL 队伍尽管在壮大，可平分到单个 KOL 红人身上的流量有限。具体到各平台的 KOL 粉丝量，抖音粉丝量在 50 万以下的 KOL 占比 78%，粉丝量在 500 万以上的 KOL 占比仅 0.58%；其 KOL 分布呈现典型的“金字塔”结构，中腰部和尾部 KOL 数量巨大。在快手平台上，粉丝量在 50 万以下的 KOL 占比为 84%，因为快手的“普惠”逻辑，对于爆款存在限流措施，因此越往头部走，KOL 增粉越难。①

因此，总体来看，在各大平台的短视频内容生产方面，头部 KOL 的数量保持在较低的水平，且粉丝增长难度较大；中腰部 KOL 有望崛起，但并非所有的中腰部 KOL 都能把握住这一机遇，并持续产出优质内容。细看抖音和快手，迭代洗牌主要集中在 10 万～30 万的粉丝层，即“并不太红”的 KOL 中。

① 火星文化、卡思数据、新榜研究院：《2019 短视频内容营销趋势白皮书》，2018 年 12 月。

游戏类、宠物类、创意类 KOL 虽然数量占比不高，但是具有较大的发展潜力。①

3. MCN：继续强势发展

MCN 作为专业的内容生产扶持机构，其巨大价值在于将内容产业变为一个追求生产效率、规模效应和工业化的产业。MCN 的出现使内容生产的效率大大提高，不仅实现了内容的量产化，而且实现了红人养成的工业化，包括筛选、定位、养成、流量放大、社群维护等等。

随着 MCN 的火热，平台和内容方都积极寻求与 MCN 的合作，甚至扶持或转型为 MCN 机构。一方面，越来越多的平台与 MCN 机构合作，以寻求双赢的局面，比较典型且较早与 MCN 合作的平台是微博，2016 年 9 月，微博率先启动 MCN 管理系统内测；根据 2018 年微博财报，微博在 Q3 投入了超过 5 亿的广告资源用于扶持内容机构。在 Q3，微博合作的 MCN 机构已经超过 2200 家，头部用户发博量和阅读量均同比实现双位数增长，在微博上的新晋金 V（月阅读量超过 1000 万的用户）也越来越多。

除了微博以外，各方短视频平台均于 2017 年进军 MCN 内容中介细分领域。2017 年 4 月，大鱼号推出了针对 MCN 机构的“大鱼计划”；9 月，美拍举行“MCN 战略启动仪式”，成为国内首个正式开展 MCN 战略的短视频平台，并在同年 12 月宣布 MCN 战略再升级。2017 年底，抖音也推出了自己的 MCN 战略，并推出了“抖音多元化 MCN 双周 TOP 榜”，对于上榜的账号和机构给予流量扶持。进入 2018 年，MCN 延续强势发展势头，2018 年 7 月快手开展 MCN 合作计划，对 MCN 机构提供服务和指导。

4. 新风口：Vlog 异军突起

2018 年，Vlog 作为一种新的短视频方式强势崛起。Vlog 即“视频博客”，源于“blog”的变体，也被称为“视频网络日志”。Vlog 作者以影像代替文字和照片，拍摄视频日志上传到网络上与网友分享。Vlog 并非全新现象，但是，2018 年，明星欧阳娜娜 16 段 Vlog 总观看量超过 8000 万，该现象受到网友的关注。借助欧阳娜娜、王源等的强势明星效应，Vlog 大面积进入国内用户视线。Vlog 无商业色彩、去表现化、强调真实人格的特征使其区别于其他短视

① 火星文化、卡思数据、新榜研究院：《2019 短视频内容营销趋势白皮书》，2018 年 12 月。

频，因此在内容上更具传播优势。

基于此，越来越多的平台都在加码 Vlog。2018 年 2 月，小影举办大型发布会，对外宣称用社区打造 Vlog 生态圈；秒拍宣布补贴作者，正式推广 Vlog；人人视频利用美剧爱好者聚集社区推广 Vlog；9 月，微博 Vlog 官方发出正式召集令，成为微博认证的 Vlogger 享受微博扶持；今日头条与欧阳娜娜联合开展首个明星 Vlog 计划；11 月，腾讯发布短视频平台 yoo 视频，腾讯打造的 yoo 视频剑指 Vlog。2019 年，Vlog 或将迎来爆发期。

二　问题和困境

2018 年，尽管短视频行业在移动互联网应用市场中如日中天，但在繁荣发展背后，内容方、平台方、MCN 各自存在具体的现实问题与困境。

（一）内容方：低俗化、制作粗糙、版权问题、持续经营困难

1. 内容低俗化、同质化、粗放化

短视频制作者为了获取巨大的流量，经常会罔顾伦理道德，大量产出低俗内容，以迎合受众，从而获取更大的流量。另外，由于短视频内容方存在大量 UGC，他们缺乏专业指导，在视频制作方面，难免出现内容制作粗糙的问题。虽然 MCN 的出现在一定程度上缓解了内容制作粗放问题，但是由于当前产业发展尚未完全成熟，短视频营销制作团队良莠不齐，专业广告公司和优质视频制作公司未完全下沉，素人自身的创作能力和对市场走向的不明确，内容制作粗放化的问题仍将存在。

内容制作粗放化还表现为同质化现象严重。目前，短视频领域内容同质化成为突出问题。短视频头部 KOL 格局渐趋稳定，在同质化严重的内容创作环境中，单凭颜值或者“跟随型”创作，已经很难取悦日渐挑剔的短视频受众。

2. 版权问题突出

版权问题是移动互联网时代新媒体所共同面临的问题，短视频内容创作同样面临版权问题。2018 年 7 月，国家版权局、国家互联网信息办公室、工业和信息化部、公安部联合宣布启动打击网络侵权盗版“剑网 2018”专项行动，截至 11 月，15 家短视频平台共计下架各类涉嫌侵权盗版作品 57 万部。

3. 持续经营困难

近几年来，伴随着短视频市场的持续火爆，越来越多的内容创作者涌入短视频市场。根据卡思数据统计，各平台粉丝量在 10 万以上的 KOL 超过 20 万个。内容市场呈现出繁荣供给态势，这也加剧了内容创作者之间的竞争，一些 KOL 面临持续经营的困难。

第一，创意难。内容市场繁荣，KOL 创意更加艰难，很难保证在细分领域做出差异化的有趣作品。第二，对广告主议价难。由于市场的饱和，KOL 的可替代性太多，KOL 议价能力低下。第三，增粉难，固粉也难。粉丝是短视频内容变现的重要基础，KOL 面临着维持粉丝黏性的困境，以抖音为例，2018 年 10 月，500 万粉丝以上的头部账号中，出现掉粉现象的占比 27.38%。[①] 第四，变现难。2017 年，将近一半（47.9%）的短视频内容方无法盈利，其中，72.6% 的内容方通过平台补贴变现，然而补贴是平台方在激烈竞争中的突围之策，不是长久之计。[②]

（二）平台方：面临严格监管整治和用户红利消退双向难题

随着短视频的火爆，各类短视频平台也"野蛮生长"，其中不乏一些无照经营的短视频平台，它们屡屡触碰价值观红线。为规范短视频平台的发展，2018 年 3 月，广电总局下发《关于进一步规范网络视听节目传播秩序的通知》，强调不得与未取得《信息网络传播视听节目许可证》的网络视听节目服务机构合作。此举可从源头上有效遏制短视频违规的不良内容红线问题，但同时也给一些未取得视听牌照的短视频平台带来经营资质的发展困境。2018 年 4 月起，短视频平台遭到最严格的监管整治，今日头条、快手被广电等部门进行约谈，要求下架 APP 进行整改，其中头条系产品内涵段子被永久关停，这给各大短视频平台敲响了警钟，内容红线不容触犯。

在政策层面遭严格监管整治之后，2018 年下半年，各大短视频平台在市场层面也面临着用户红利消退的经营困境。短视频用户市场趋于饱和，市场格局逐渐稳定，用户大幅增长的红利趋于消退，进入瓜分存量市场的阶段。如何

① 火星文化、卡思数据、新榜研究院：《2019 短视频内容营销趋势白皮书》，2018 年 12 月。

② 艾瑞咨询：《2018 年中国短视频营销市场研究报告》，2018 年 11 月。

在竞争激烈的存量市场中存活并盈利，成为短视频平台面临的又一大现实难题。

（三）MCN：受到头部的平台方与内容方双向挤压

尽管 MCN 在 2018 年延续 2017 年的强势发展势头，但随着短视频内容行业整体的成熟和深入发展，MCN 所面临的问题也逐渐显现，最突出的问题是：MCN 受到来自平台方和内容方的双向市场挤压。平台方和内容方寻求产业扩张，巩固壁垒，扩张边界，使 MCN 受到上下游的挤压。

一方面，MCN 受到短视频平台的市场挤压。进入 2018 年，腾讯和百度投入大量的资金，直接补贴内容方，促进旗下腾讯微视和百度 Nani 短视频进军短视频行业，在其大力扶持 MCN 的利好环境背后，是其抢夺优质内容和 KOL 资源的野心。头部平台方直接扶持增量的垂直化内容方，从而在内容领域对 MCN 形成市场挤压之势。另一方面，MCN 受到头部内容方的市场挤压。随着越来越多 MCN 出现，头部内容生产者也有了更大的选择空间。部分头部甚至腰部内容生产者积极向 MCN 转型，利用自身资源扶持其他内容生产者。例如，网红“papi 酱”成立 MCN 机构“papitube”。另外，在广告营销领域，广告主在短视频营销时越来越倾向于跳过 MCN，直接与头部平台和内容方合作。

三　趋势与对策

（一）总体宏观趋势

1. 强监管：全面而细致的严格规范化与常态化管理

针对近年来短视频市场出现的种种“乱象”，2018 年是在宏观监管层面出“重拳”进行事后严格管理。2019 年伊始，中国网络视听节目服务协会发布了《网络短视频平台管理规范》及《网络短视频内容审核标准细则》（以下简称《规范》与《细则》）。《规范》与《细则》在巩固事后严格管理取得阶段性治理成果基础之上，将事后监管进一步前置到事前的制度化规范管理层面，从源头上对短视频市场形成全面而细致的常态化管理态势。

在政策强监管下，没有资质的平台方退出市场以后，市场资源将会得到优化配置，具有信息网络传播视听节目许可证的内容生产者和传播机构将会受到平台的追捧，从而改变平台无资质、无序化发展的“乱象”。同时，具有经营资质、坚守内容红线、具有良好表现的中腰部内容 KOL 和 MCN，将会受到平台和用户的双重青睐，最终形成短视频行业的良性市场竞争秩序。

2. 市场总体趋势：用户增量红利将基本消退，进入成熟的存量市场

截至 2018 年 12 月，短视频用户规模达到 6. 48 亿。但是，进入 2018 年下半年以后，短视频用户增速趋于放缓，增幅趋于平稳，用户大幅增长的红利开始逐步消退。艾瑞 mUserTracker 数据显示，进入 2018 年以来，中国短视频行业月度独立设备数的环比增长率逐渐放缓，基本已经到达了成熟期，用户增量市场趋于饱和，甚至出现衰退的状态。2019 年，短视频市场用户增量红利将继续消退，内容营销将进入成熟期，激烈竞争将出现在内容存量市场。

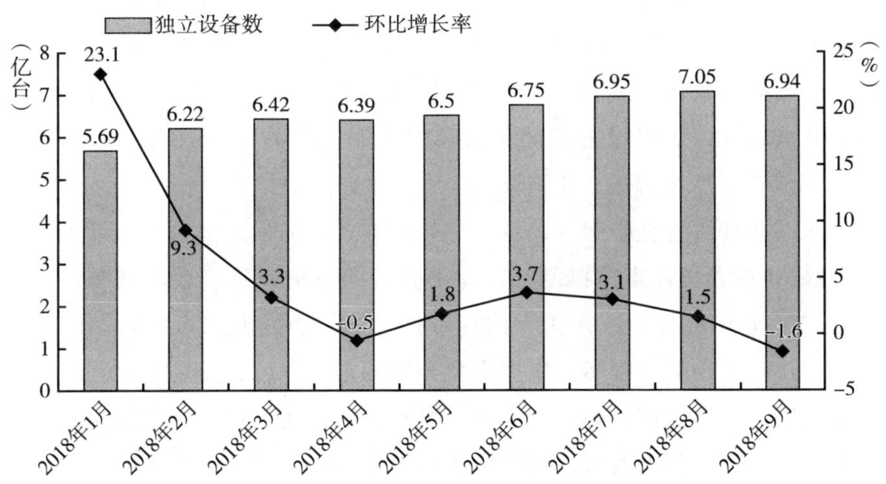

图 6　2018 年 1 ~ 9 月中国短视频行业月度独立设备数

资料来源：《2018 年中国短视频营销市场研究报告》。

在短视频内容营销市场领域，一、二线城市基本已经处于成熟的存量市场，在三、四线以下城市以及“Z 时代”、小镇青年、银发老人中可能还有部分增量市场，但是随着短视频的持续发展，增量市场也将消退，短视频内容市场将从蓝海趋向于红海。

（二）微观趋势与各方具体对策

在短视频内容营销市场中，平台方、内容方和 MCN 三方主体将在国家强监管和市场红利基本消退的总体宏观趋势之下，针对 2018 年各自面临的问题与困境，确立 2019 年的具体趋势与发展对策。

1. 平台方：强监管下规范自律与红利消退下用户经营

（1）强监管下的全面规范化自律管理

2018 年，短视频行业进入监管元年，在国家一系列“重拳”监管之下，开始逐渐脱下低俗化“外衣”。2019 年初，中国网络视听节目服务协会针对短视频平台方和内容方两大市场主体，相继出台了全面而具体的严格常态化管理规范和细则。短视频平台应自觉提高社会责任，全面加强规范化自律管理。

首先，加强内部自我整改。经过 2018 年的严监管以后，今日头条首席执行官张一鸣发表致歉信；抖音累计清理 27231 条视频、8921 个音频、永久封禁 15234 个账号，随后宣称即将上线“风险提示系统”和“时间管理系统”；火山小视频表示要落实黑名单制度，在全网实施跨平台封禁；西瓜视频除了优化推荐算法之外，还将设置正能量视频内容池；快手相继上线“家长控制模式”和未成年过滤内容池；B 站发布公告，宣布整改措施。

其次，在日常管理中引入综合自律管理方式，加强短视频红线管理。一是引入一级 AI 视频机器审核机制，过滤不合规的色情视频、涉政视频、暴恐视频，建立违规 MD5 库；二是扩大内容审核人员，加强人工审核机制，对于机器难以辨认和把控的短视频，根据审核类别的重要程度，分别建立普通内容审核人员初审、中层二审、高层三审终审机制；三是建立用户有奖机制，加强全民监管，同时建立公平有效的用户审核机制。

（2）从流量思维转向用户经营思维，应对用户红利消退

2018 年短视频平台遭到严厉整治的背后是市场相对饱和、短视频行业用户红利消退和行业竞争加剧背景下的市场“乱象”。对于平台方而言，增量市场已逐渐到达瓶颈期，竞争转到存量市场之中。平台方未来发展的战略重心需要从拓展用户规模向深度挖掘单个用户价值转移。简而言之，平台方应从追求用户流量思维转向为用户经营思维。

简而言之，未来平台方在战略定位、内容布局和商业模式上都将迎来垂直

时代。平台方需要从用户感知的角度寻找细分定位机会，结合内容、网红/KOL、市场等资源，不断巩固垂直定位的品牌形象。对于用户使用平台的目标要有一个清晰的认知：是打发时间、获取资讯还是碎片化追剧。满足不同用户的个性化需求，从而形成垂直化定位，巩固平台品牌形象。

2. 内容方：从粗放化到精细化，特色优质内容成竞争关键

在短视频行业发展阶段，平台投入大量的资金补贴，以推动短视频行业的发展。但是，短视频行业中平台和 MCN 机构、KOL 之间围绕“补贴”纷争不断。短视频行业的补贴并非长久之计，也不是以后的主旋律。目前短视频内容市场已经成熟，但是商业化市场仍然有发展前景，随着短视频进一步商业化，补贴终将成为过去式。

在目前平台补贴的背景下，短视频内容往往粗放而不精细，主要是因为短视频早期内容生产方式是未经过专业化训练的 UGC 生产。从“个人化”到“机构化”创作是必然趋势，2019 年的优质短视频内容一定是创意和专业的结合，而 MCN 的崛起可促进内容生产从“个人化”到“机构化”的转型，从 UGC 向 PGC 甚至 PUGC 转化。实现内容生产的组织化、专业化转型，可有效降低单个内容生产者高昂的试错成本，帮助其准确摸索短视频市场的发展走向。

为解决粗放化的内容生产问题，内容生产方可采用垂直化定位、差异化生产。从粗放化到精细化是内容生产的发展方向，目前表现为专家型和地方型的 KOL 受到用户和广告主双方的喜爱。以抖音新锐榜为例，2018 年 11 月第三周，新锐榜第一位为一名乌克兰专业舞者@ ALEKS KOST，其粉丝达到 547 万，凭借在专业领域的精湛表现，一个月内涨粉 377. 8 万。由此可见，通过垂直细分领域，进行专业化、精细化的内容生产，KOL 仍然拥有很大的发展潜力。

3. MCN：中小 MCN 难生存，头部做大 IP，腰部做深

2018 年 MCN 虽然发展势头强劲，但也面临诸多问题，经过几轮厮杀，MCN 的整体格局已经初现，在 2019 年，MCN 将继续延续 2017 年和 2018 年的强劲发展势头，但是行业内部竞争也会加剧。由于资源集聚，2019 年，MCN 也有可能面临着洗牌期，头部的 MCN 还有机会和能力选择发展方向，但靠平台红利生存的中小 MCN 就没那么幸运了。广告收入不稳定，找不到更好变现途径的中小 MCN 将会出现死亡潮。

未来，MCN 的流量、资本和商业资源一方面向头部 MCN 公司倾斜，另一方面向腰部垂直化 MCN 拓展。头部做大 IP、腰部做深，将成为 MCN 的两大具体微观趋势与对策。头部做大 IP，是指头部 MCN 做出能够穿透主要头部平台的大 IP；腰部做深，则是指内容与产业深度结合。

未来的短视频内容市场结构，一定是几家头部 PGC 公司配合几家大型的 MCN 公司提供腰部以上内容，整个市场从纷繁复杂走向专业的二元化结构。除了 MCN 以外，PUGC 已经走上历史舞台，但是，能真正让全员参与进来到达 PUGC，还在等待一轮新的爆发。

参考文献

［1］高菲：《短视频发展的现状和瓶颈》，《新闻与传播研究》2018 年第 4 期。
［2］李凤菊、王传琪：《社交时代移动短视频的传播特点及发展趋势》，《新闻世界》2019 年第 1 期。
［3］阿迪娜·约提库尔：《智能媒体时代网络短视频的传播模式与思考》，《新闻世界》2019 年第 1 期。
［4］李芸、胡凡：《短视频 MCN 模式的应用与影响——以秒拍为例》，《新闻传播》2018 年第 18 期。
［5］QuestMobile：《中国移动互联网 2018 年度大报告》，2019 年 1 月。
［6］中国互联网络信息中心：《第 43 次中国互联网络发展状况统计报告》，2019 年 2 月。
［7］美拍、易观：《2017 年中国短视频 MCN 行业发展白皮书》，2018 年 2 月。
［8］卡思数据：《2018 年度 KOL 红人行业白皮书》，2019 年 1 月。
［9］艾瑞咨询：《2018 年中国短视频营销市场研究报告》，2018 年 11 月。
［10］艾瑞咨询：《2018 中国网红经济发展洞察报告》，2018 年 6 月。
［11］火星文化、卡思数据、新榜研究院：《2019 短视频内容营销趋势白皮书》，2018 年 12 月。
［12］中国网络视听节目服务协会：《网络短视频平台管理规范》，2019 年 1 月 9 日。
［13］中国网络视听节目服务协会：《网络短视频内容审核标准细则》，2019 年 1 月 9 日。

B.3 2018年中国媒体融合发展报告

黄楚新　王丹丹*

摘　要： 2018 年，在顶层设计的支持引导下，我国媒体融合进入重点突破的“深水区”。在本年度的发展中，媒体融合实现自上而下的全面打通，内容领域出现深度竞争，平台聚合激发了融合活力，智能交互技术持续引领内容生产升级，创新经营模式拓宽了媒体盈利渠道。但媒体在体制机制方面的突破仍不够彻底，“流量”竞争导致分发平台过剩，媒体间融合进展也呈现出显著差距。在国家政策和监管的持续发力下，良好网络生态持续生成，促使传统媒体进一步整合优势资源，贴近用户需求，实现产品创新，完善产业链条，不断推动媒体融合向纵深发展。

关键词： 媒体融合　传统媒体　县级融媒体中心

2018 年，新媒体领域继续迎来新的发展态势，短视频火爆引发了全民娱乐盛况，人工智能的广泛应用颠覆了内容产品的生产分发，以大数据为内核的全媒体时代正在重塑用户的信息消费行为。伴随着新媒体的发展，媒体融合从“相加”到“相融”再到“纵深发展”推进，进入了重点突破、纵深发展的“深水区”和决胜阶段。在中央的部署指导下，县级融媒体中心广泛建立，标志着媒体融合从央级、省级媒体过渡到县级媒体，推动媒体融合实现全国范围内的全面打通。在此基础上，以往的增量创新被存量经营取代。

---

* 黄楚新，中国社会科学院新媒体研究中心副主任兼秘书长，中国社会科学院新闻与传播研究所新闻学研究室主任，传媒发展研究中心主任，研究员，博士生导师，研究方向为新媒体；王丹丹，中国社会科学院研究生院新闻学与传播学系研究生。

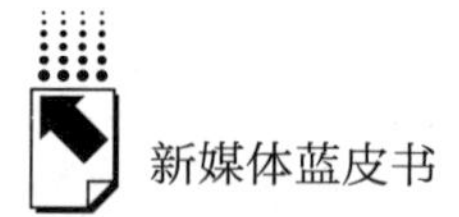

在体制机制方面，束缚媒体转型升级的旧体制机制被持续打破，新的体制机制普遍建立，但这一进程并不彻底，原有观念、制度仍制约着媒体发展。在平台发展方面，广泛探索、全面试水的阶段已经过去，平台已近饱和，深度整合资源、发挥矩阵优势，均成为媒体发挥平台优势的选择。在内容生产方面，视频化等视觉化表达方式被更广泛运用，人工智能深入内容制作和分发流程，引领新的内容生产趋势。面对行业中的激烈竞争，以及媒体自身的问题和发展需求，各媒体将在内部改革上持续发力，提升应对外部冲击的竞争力，持续推进媒体融合的深化。

一　国内外总体概况与整体态势

（一）国外传统媒体转型趋势

互联网的普及、新媒体的发展对全球的传统媒体造成了巨大冲击，重塑着传媒业的发展业态。

越来越多的传统媒体人才向新媒体领域转移。根据皮尤研究中心公布的数据，在2008～2017年的10年中，美国报社编辑部人员数量下滑了45%。同一时期的数字原生编辑部职员人数则增加了79%。[①] 网络平台、移动互联网的发展在冲击传统媒体的同时，也通过吸纳传统媒体的人力等资源实现自身的壮大与完善。LinkedIn年度数据显示，自2004年Facebook进入广告和新媒体行业起，新闻行业雇员下降了14%，而“内容”和“社交媒体”行业的员工则持续增加，其速度超过了新闻行业人员流失速度。

在人员流动的背后，是用户关注的持续转移。这种转移并不限于从传统媒体到新媒体的转向，还包括新媒体各平台间的流动。在美国的青少年（13～17岁）中，使用Facebook的比例在近三年下降了20%，更多青少年转向Snapchat和YouTube等平台。[②]

---

① 199IT：《皮尤研究中心：调查显示美国报社编辑部员工数10年下滑逾4成》，http://www.199it.com/archives/756041.html，2018年8月1日。

② 199IT：《皮尤研究中心：2018年美国青少年社交媒体用户调查报告》，http://www.199it.com/archives/731893.html，2018年6月2日。

用户对视频化表达的“钟爱”仍在持续，短视频依旧是备受欢迎的融合方向。根据网络流量机构 Sandvine 发布的《2019 年全球移动互联网现象报告》，视频应用 YouTube 占据了全球移动流量的 35%，Snapchat 及 Facebook 旗下社交应用则分别列第二、第三位。值得关注的是，抖音在全球移动应用下载量中排第 11 名，占据 1.5% 的全球移动流量。短视频在新闻中的应用前景广阔，Facebook 的 story（故事）模式成为人们分享新闻的主要模式。视频行业的盈利能力也为媒体拓宽了变现渠道。根据美国互动广告局（IAB）发布的互联网广告收入报告，2018 年上半年数字视频广告收入达到了 70 亿美元，其中 60% 的收入来自移动端视频。

随着付费模式的完善，订阅和会员制越来越成为媒体的主要收入来源。2018 年，《华尔街日报》推出了新技术——“自适应付费墙”，可以根据用户浏览行为，动态调整付费专区访问权限。这项付费模式的更新使《华尔街日报》在 2018 年 4 月获得了 300 万全球订户。订阅用户的增加，使媒体摆脱了对广告收入的单一依赖。2018 年，英国卫报集团年数字业务收入增长了 15%，达到 1.086 亿英镑，首次超过印刷品收入。2018 年 11 月 1 日，《纽约时报》订阅用户突破 400 万，也实现了从依赖广告到通过订阅获得收入的转变。在订阅和会员制外，传统媒体也开辟了其他盈利渠道。如《纽约时报》通过内容栏目的创新，在新兴亚文化报道项目中为零食品牌背书，以此收获来自企业的赞助。《福布斯》杂志则将现场活动转变为重要的盈利来源，2018 年举办了 60 多场世界级活动。

技术创新的重要性日益凸显，技术平台陷入争议。用户对新技术的接受度日益提升，在路透社 2019 年新闻业报告中，78% 的受访者认为支持人工智能技术发展对于新闻业的发展十分重要。而媒体内容产品中的新技术要素也在持续提升用户体验，《纽约时报》在其投资的 MR 和 Magic Leap 网络浏览器中，为读者提供 3D 网络新闻阅读。科技在真相发掘上也发挥着重要作用，在“喀麦隆士兵处决妇女儿童”事件中，BBC 使用开源技术和协作网络发起调查，利用 Google Earth 判断出暴行发生的时间和地点。《华盛顿邮报》的技术平台 ARC 则为其获得了盈利，在 2018 年陆续签下五家媒体公司，每月收取 1 万 ~ 15 万美元的服务费。

互联网发展中的新趋势也使西方媒体转型面临新的局面。玛丽·米克尔

（Mary Meeker）发布的《2018年互联网趋势报告》显示，2018年全球互联网用户数达到了36亿，半数人口接入了互联网。同时全球新智能手机出货量呈现增长停滞，互联网用户增速亦较上年减少5%，互联网增速整体放缓。但从用户黏性的角度，2017年每个成年用户每日在数字媒体上花费的时间为5.9小时，实现缓慢增长。这些变化意味着“流量”竞争已经不适用于当前的媒体转型，传统媒体必须谋求新的探索路径。对西方媒体，尤其是美国媒体行业而言，2018年也是“技术急转弯”的一年，Facebook在隐私、谣言、仇恨言论等方面的丑闻，引发了人们对科技巨头社会责任的思考，媒体开始反抗硅谷大平台。数字媒体领域也迎来“寒冬”威胁，BuzzFeed、Vice News、Mashable均宣布裁员，《纽约时报》《华盛顿邮报》《洛杉矶时报》等老牌报纸则表现良好。这些趋势都将进一步改变媒体行业的格局，深刻影响传统媒体的融合发展战略。

（二）国内政策优化融合环境

2018年是贯彻党的十九大精神的开局之年，也是改革开放40周年。2018年，中国政府继续出台有关媒体融合的相关政策，鼓励国内各媒体投入转型创新。机构改革为媒体融合沿着正确方向发展提供了保证；一系列政策、指示的出台使媒体发展不断突破创新，县级融媒体中心的建设则打通了媒体融合的“最后一公里”；在顶层设计的支持下，互联网资源和硬件设施建设得到保证，移动互联网持续发展壮大。

媒介机构改革确保了媒体融合沿着正确方向推进。2018年3月31日，中共中央印发了《深化党和国家机构改革方案》，其中涉及多项媒体行业的机构改革。其中，中央网络安全和信息化领导小组改为中央网络安全和信息化委员会，成为中央直属议事协调机构。改革后，国家新闻出版广电总局的新闻出版管理职责、电影管理职责划入中央宣传部统一管理。另外，“在国家新闻出版广电总局广播电视管理职责的基础上组建了国家广播电视总局，作为国务院直属机构”①。9月，国家广播电视总局又在其13个司局中新增了媒体融合发展司。这些媒体相关机构的改革进一步明确了权责，有助于加强党对新闻舆论工

① 《中共中央印发〈深化党和国家机构改革方案〉》，中国政府网，2018年3月21日。

作的集中统一领导，使传统媒体和新媒体各行业得到更加充分的管理，为媒体融合工作的持续深化提供了保障。

在政策的支持下，国内网络和媒介相关技术不断发展进步。2018 年的政府工作报告明确强调："加大网络提速降费力度，实现高速宽带城乡全覆盖，扩大公共场所免费上网范围，明显降低家庭宽带、企业宽带和专线使用费，取消流量'漫游'费，移动网络流量资费年内至少降低 30%，让群众和企业切实受益，为数字中国、网络强国建设加油助力。"① 这些措施的落实加速了网络渠道的发展，网络基础设施不断覆盖，互联网应用门槛持续降低。2018 年 5 月，工信部、国务院国资委发布了《关于深入推进网络提速降费加快培育经济发展新动能 2018 专项行动的实施意见》，加快推进 5G 技术产业发展。5G 核心技术也在这一年取得了突破，商用进程加快。随着 5G 的商业化推广，用户对 WiFi 的依赖程度也将逐渐减轻，进一步解锁移动终端应用场景。

在新兴技术领域，各类技术在持续创新的基础上得到常态化应用。2018 年的国务院政府工作报告中提出了"加快建设创新型国家"的要求，并强调"实施大数据发展行动，加强新一代人工智能研发应用"②。经过相关政策鼓励，大数据、云计算持续发展，从互联网行业向政务、金融、工业等传统行业加速渗透。阿里云已成为仅次于微软和亚马逊的全球第三大公有云服务商。2018 年，各省（区、市）相继发布多项人工智能相关政策和规划，人工智能领域的新成果不断发布，截至 2018 年 11 月，国内人工智能相关专利申请量超过了 14.4 万件，占全球总量的 43.4%。③ 人工智能在医疗、金融、教育等多个垂直领域也得到充分应用。虚拟现实技术得到常态应用，应用场景持续拓展。2018 年 12 月，工信部出台了《关于加快推进虚拟现实产业发展的指导意见》，提出到 2020 年建成基本健全的产业链，各地也纷纷出台相关促进政策和手段。虚拟现实（VR）、增强现实（AR）、混合现实（MR）的应用场景均在拓展和完善。

在媒体融合的主要平台中，"两微"平台稳定发展，始终居于重要位置。

---

① 《政府工作报告》，新华网，2018 年 3 月 22 日。

② 《政府工作报告》，新华网，2018 年 3 月 22 日。

③ CNNIC：《第 43 次中国互联网络发展状况统计报告》，http：//cnnic. cn/gywm/xwzx/rdxw/20172017_ 7056/201902/t20190228_ 70643. htm，2019 年 2 月 28 日。

根据调查，用户更愿意将资讯内容分享给微信朋友圈、微信好友和微信群，从而使得微信成为头部分享渠道。而微博的媒体属性则日益强化，在用户对微博价值的最大认可排序中，资讯获取价值以60%的占比居首。[①] 在未来的一段时间内，微博、微信仍将是媒体融合的主要平台。互联网企业在扩张自身业务架构的同时，也深刻影响着新媒体平台竞争格局，在《2018 年互联网趋势报告》中，中国的蚂蚁金服、小米、滴滴、美团、今日头条等，占据了全球二十大互联网公司中的九席，这些企业在新媒体领域的发展布局将为媒体融合开创更多的优秀平台。

在用户增长层面，互联网用户规模稳定扩张，但增速放缓。截至 2018 年 12 月，我国网民规模和手机网民规模分别达到 8.29 亿、8.17 亿,[②] 互联网普及率达到 59.6%（见图 1）。互联网人口红利正在消退，但用户对互联网的依赖程度也在增强，这些变化使得依附互联网发展的重要行业都面临着战略的调整。

图 1　2008 ~ 2018 年中国互联网用户规模、手机网民规模与普及率

资料来源：CNNIC:《第 43 次中国互联网络发展状况统计报告》。

---

① 199IT：《企鹅智酷：2018 新媒体趋势报告》，http：//www. 199it. com/archives/804544. html，2018 年 12 月 5 日。

② CNNIC：《第 43 次中国互联网络发展状况统计报告》，http：//cnnic. cn/gywm/xwzx/rdxw/20172017_ 7056/201902/t20190228_ 70643. htm，2019 年 2 月 28 日。

二　媒体融合发展现状与热点聚焦

2018 年，媒体融合各个环节实现了自上而下的全面打通，网民规模的增长引发了存量市场的内容竞争趋势，平台聚合互动持续产生新动向、赋予新活力，人工智能等新技术则日益普惠，促使媒体不断经营创新以拓展生存空间。随着监管的完善和强化，互联网生态持续向好。

（一）自上至下打通融合各个关节，县级融媒体发展瞩目

2018 年，从中央广播电视总台的建立到县级融媒体中心建设的开展，我国媒体融合进程实现了从上至下的全面打通。在以往的融合中，央媒“国家队”始终走在前列，发挥着主导和示范作用，而 2018 年起，县级融媒体中心走上舞台中央。作为离用户日常生活最近、组织规模最庞大的一级媒体，县级融媒体中心建设的全面铺开在广度上真正实现了媒体融合的全覆盖，其效果的发挥也将使媒体融合在深度上实现重大突破。

在 3 月印发的《深化党和国家机构改革方案》中，组建中央广播电视总台作为打造现代新型主流媒体的重大战略举措，成为备受关注的亮点。4 月 19 日，中央广播电视总台正式揭牌成立。总台成立后，三方切实推进媒体融合，实现内容、人才、渠道的全方位打通，发挥合力，呈现出 1 +1 +1 >3 的效果。三台的融合拓宽了各自的传播渠道，创造了更多优质的主流价值传播内容。在 2017 年的微视频《初心》取得现象级传播效果后，2018 年央视继续在微视频制作上发力。其在博鳌亚洲论坛期间推出的时政微视频《习近平的海南情缘》，首次采用央广节目音频资料和央广播音员配音，40 小时内全网推送，阅读量近 4000 万。总台融合效果的显现使用户对其充满信心，在《2018 中国网络视听发展研究报告》中，大多数受访者认为网络视听市场将形成“1 +3 +1”的头部格局，即“中央广播电视总台 + 腾讯、优酷、爱奇艺 + 抖音”的格局，反映出用户对总台的认可。①

---

① 199IT：《2018 中国网络视听发展研究报告》，http：//www.199it.com/archives/802136.html，2018 年 11 月 28 日。

中央广播电视总台的成立强化了党对重要舆论阵地的集中建设和管理，县级融媒体中心的普遍建立则保证了基层舆论阵地的稳固。“截至2017年底，我国共有2851个县级行政区划单位。”① 这些行政单位构成了规模庞大的县级媒体，是媒体融合脉络上最多的节点，只有做好县级媒体的融合，才是真正意义上做到了深度、全面融合。部分县级媒体融合起步较早，成果显著，成为全国的“样板”，如浙江长兴、安吉，河南项城、汝州，江苏邳州等。这些地方的县级媒体在顶层设计的指导下，因地制宜开展创新，实现了深度融合。

2018年8月21日，习近平在全国宣传思想工作会议中发表了重要讲话，指出“要扎实抓好县级融媒体中心建设，更好引导群众、服务群众”。9月，中宣部提出了“2020年底基本实现在全国的全覆盖，2018年先行启动600个县级融媒体中心建设”的部署要求。② 在一系列政策法规的鼓励推动下，县级融媒体中心成为新的融合热点。11月14日，《关于加强县级融媒体中心建设的意见》在中央全面深化改革委员会第五次会议上审议通过。这些有关县级融媒体中心政策的密集出台，极大地促进了县级媒体融合。截至12月，福建省84个县（市、区）融媒体中心全部挂牌成立，仅12月全国各地至少有60个县级融媒体中心揭牌。

中央级、县级媒体融合的推进在媒体层级的两端都实现了突破，位于中部的省级媒体融合进程也稳步推进，但在政策、方向上未出现大的变动。在省级媒体普遍建立“中央厨房”的基础上，省会级媒体也在体制机制、生产流程等方面做出转型。长沙晚报报业集团就在9月推出了其省会首个融媒体“中央厨房”。

（二）存量市场引发内容深度竞争，融媒产品持续创新

随着网民规模和手机网民规模均突破8亿大关，使用手机上网的网民从2008年的39.5%增长到如今的98.6%。互联网用户的增长已逐渐触及“天花板”，移动互联网进入存量时代，又将引发媒体行业的新一轮变化。而庞大用

---

① 中华人民共和国民政部：《2017年社会服务发展统计公报》，http://www.mca.gov.cn/article/sj/tjgb/201808/20180800010446.shtml，2018年8月2日。

② 《县级融媒体中心建设全面启动》，人民网，2018年9月22日。

户规模又催生了多样化的内容需求，以“流量”定胜负的时代进入了以忠诚度取胜的新时期，竞争局面从抢占新媒体阵地向争夺用户时长转变，传播链条中的内容价值一环得到更多重视。

与此同时，用户上网时长持续增加，网民对网络和移动 APP 忠诚度的提升，为存量时代的媒体经营指明了新的发展方向。媒体亟须将“流量”思维转变为用户思维，融合大数据等技术手段，以优质内容吸引和固定用户，聚焦已有的忠实用户，投入内容的深度竞争中。

在内容价值的驱动下，传统媒体正着力实现融媒体产品的持续创新。可视化手段在内容产品中得到普遍重视和应用，众多新鲜的表达形式、前沿技术手段用于融媒体产品生产。在 2018 年政府工作报告解读报道中，微视频、H5、动漫等手段被主流媒体灵活运用。新华社打造的短视频《跃然纸上看报告》融 3D 立体画、折纸动画等表现手段，被近千家媒体转载，4 天内访问量即过亿。中央人民广播电台中国之声微信公众号推送的 H5 作品《天空飘来几十个字儿，都是你的事儿》，以“文字动画”的形式回答人们生活中多方面的问题。地方媒体也推出了极具创新思路的融媒体产品。2018 年两会期间，天津广播电视台播出了《两会深一度：三个“6000 万”折射的民生情怀》，结合演播室实景与三维虚拟场景；上海东方传媒集团“看看新闻 Knews”制作了《小 K 的新期盼》，将政府工作报告中与民生相关的内容融入飞行小游戏；H5 技术应用广泛，在黑龙江日报报业集团推出的 H5 产品《我与人民大会堂合个影》中，用户可上传照片融入会议现场。这些产品在做好信息有效传达的基础上，保证了趣味性、可读性，还加入了互动元素，用户参与性和体验感都得到了满足。

媒体在内容领域的深耕，使技术优势得到灵活发挥，转化为传播优势，并深刻、全面满足用户的多样化诉求，使传播优势进一步转化为商业优势，为媒体的持续发展和融合提供动力。随着融合的深入以及评价体系的完善，媒体融合作品质量越来越高，愈发受到关注。2018 年起，“中国新闻奖”增设了媒体融合奖项，设立了短视频新闻、移动直播、新媒体创意互动、新媒体品牌栏目、新媒体报道界面和融合创新等六个项目。①

① 《中国新闻奖首设媒体融合奖项　评选工作即日启动》，中国记协网，2018 年 5 月 9 日。

（三）平台聚合互动激发融合活力，平台服务属性日显

通过自建平台和合作入驻拓宽传播路径是媒体推进融合的常见做法，而在近些年的发展下，各大媒体都已基本完成自有平台的建设和外部平台的入驻经营。因此，以融媒体平台为基础，融合用户生活周边各类服务，打造服务型媒体平台就成为推进平台融合的又一趋势，媒体平台的服务属性普遍得到增强。

2018 年，传统主流媒体的自有 APP、“两微”等平台建设比例均持续提升。《2018 年全国党报融合传播指数报告》显示，已有 74% 的党报建设了自有 APP，72.7% 的党报入驻了聚合新闻客户端。对比报纸、微博、自有 APP、入驻 APP 四类平台，党报自有 APP 覆盖了最多的用户，其中人民日报客户端下载量超过了 2.2 亿。而传统的“两微”依旧受到重视，微博、微信的开通比例分别为 68.7% 和 76.4% 。在平台拓展的基础上，媒体间的合作变得十分普遍。10 月，人民日报与抖音短视频共同发起挑战#捕捉身边的美好#，活动视频累计播放量迅速超过 80 亿，众多官方账号参与其中。春晚期间，央视也与抖音发起了互动合作，春晚话题在抖音的总播放量达到了 247 亿。

传统媒体在拓展和发展新媒体平台的过程中，业务从新闻信息服务向外延伸，逐渐实现从单一信息生产者向兼具公共服务的平台转型。2018 年 4 月，广西云客户端上线，逐步从新闻 APP 向“新闻 + 党建 + 政务 + 服务”APP 迈进。2018 年 6 月发布的《关于促进智慧广电发展的指导意见》中强调，“推动广播电视从数字化网络化向智慧化发展，推动广播电视又一轮重大技术革新与转型升级，从功能业务型向创新服务型转变”，对传统电视媒体建设服务型平台起到了进一步的促进作用。

普通媒体平台的服务属性也在增强，通过开展服务平台得以吸纳更多用户，并持续增强用户忠诚度，为进一步开展商业模式打下基础，也成为传统主流媒体承担社会责任的方式。各级广电媒体在扶贫方面做出了众多努力，精准扶贫报道成为新闻舆论工作的重点，出现了《悬崖村扶贫纪事》《精准扶贫看兰考》《扶贫政策解读》《聚焦三农》等众多精品报道，诞生了《十八洞村》《南哥》等以脱贫攻坚为题材的影视剧、纪录片。东方卫视在 2018 年 1 月播出了精准扶贫节目《我们在行动》，先后抵达 9 个省（自治区）11 个国家级贫困县 50 个村落，产品销售额超过 2700 万元。

（四）智能交互引领内容生产升级，高新技术日益普惠

各地人工智能政策、规划的驱动，带动了人工智能行业的发展。媒体行业把握智能红利，实现了智能交互技术在内容生产和分发等各个环节的渗透，使传统媒体从数字化转型进入了智能化发展阶段，技术与内容的深度融合，不断推动着内容生产的升级。

传统主流媒体在人工智能技术的应用上走在了前列。2018 年两会期间，新华社人工智能平台——“媒体大脑”发布了史上首条关于两会的 MGC（机器生产内容）视频新闻，用时仅 15 秒。6 月，新华社发布了媒体大脑 2.0——MAGIC 智能生产平台，人民日报也发布了其创作大脑。世界杯期间，新华社媒体大脑在 31 天内生产了占据国内主要视频平台总量 70% 的视频内容，最快一条产品仅耗时 6 秒，这一突破在新闻生产历史上都具有标志性意义。人工智能新闻主播也进入实际应用阶段。2018 年 3 月 1 日，由南方财经和科大讯飞联合推出的“人工智能语音主持人”正式上线。在 11 月 7 日第五届世界互联网大会上，新华社与搜狗联合发布了全球首个“AI 合成主播”。

智能化技术带来的个性化、交互性深刻影响着媒体的节目制作与播出，内容产品得以更懂互联网，更了解用户心态，具备了更强的承载力和表现力。芒果 TV 等平台将人工智能技术运用于节目的选材和制作中，把 AI 运算与社会热点话题联系起来，开发出了《妻子的浪漫旅行》等节目，以及《我爱你中国》《我的青春在丝路》《四十年四十村》等主旋律内容。

除人工智能外，其他技术要素的应用也更加广泛，高新技术普惠化的趋势在媒体行业更加显著。2018 年两会期间，新华社推出《AR 看两会——政府工作报告中的民生福利》报道，这是国内首次采用端内原生 AR 技术报道全国两会。

（五）创新经营模式，拓展生存空间，跨界融合普遍开展

媒体通过创新经营模式，开展跨界融合，实现了对用户的广泛吸纳和固定，丰富了盈利渠道，充分拓展了传统媒体在新媒体环境中的生存空间。根据国家统计局公布的数据，2018 年新闻信息服务业营业收入达到 8099 亿元，比

上年增长 24%。[①]

在新媒体环境下，众多媒体发现了核心优势的决定性意义，开始巩固已有定位或明确新定位，打造差异化优势。央视凭借其特殊地位在主旋律报道方面持续创新，在总台成立后充分发挥融合优势，产出了《平语近人》《梁家河》等优质创新节目。在明确自身定位的前提下，媒体普遍采取了“主力军”抢占主阵地的策略，以优势资源强势攻占新媒体阵地，湖南卫视的芒果 TV 就通过版权独播战略赢得了巨大市场份额。

通过开展跨平台、产业、区域合作，众多媒体正在不断摆脱对传统广告的单一依赖，变现渠道更加多元，内容产业链日益完善。在广电媒体中，“电视 + 新媒体渠道”的模式将电视内容优势与新媒体平台优势结合起来，实现了收视率和商业价值的双赢，成为常见的拓展方向。而“媒体 + 电商”“媒体 + 资本”“媒体 + 电竞”，以及线下营销活动也成为普遍的选择，媒体变现思路更开阔。2018 年，西安、上海、杭州等地相继出台支持电竞发展的政策，在 IG 夺冠的影响下，电竞行业商业价值凸显，众多地方广电纷纷进入电竞行业，江苏广电与腾讯系和阿里系都展开了电竞领域的合作，通过举办赛事、音乐节等线上线下活动拓展盈利空间。2018 年，《关于推进电子商务与快递物流协同发展的意见》《快递暂行条例》《电子商务法》通过审议或分发。在政策、法规的支持引导下，电子商务、物流产业得到了进一步规范和发展。截至 2018 年 12 月，我国网络购物用户规模达到 6.10 亿，保持着 14.4% 的增长率，“媒体 + 电商”仍存在巨大的发展空间。

（六）监管强化整肃网络传播环境，良性生态持续生成

新旧媒体的深度融合，为媒体平台带来了用户规模的扩张和参与度的提升，进而推动了媒体的商业化，为媒体提供了持续发展的资本。而商业化程度和企业数据收集能力的提升，往往滋生乱象，引发监管审查的强化。

网络空间的建设和治理始终受到各方面的关注。2018 年 4 月，习近平总书记在全国网络安全和信息化工作会议上再次明确“提高网络综合治理能力”，给网络综合治理工作指明了方向。

① 《去年新闻信息服务业营业收入同比增长 24%》，人民网，2019 年 2 月 3 日。

而2018年，自媒体行业和网络传播领域频繁爆出负面新闻。在自媒体行业，为赢得关注度，众多媒体往往牺牲底线，冲击道德观念和法律准绳，产生了负面影响。暴走漫画、二更食堂、@Ayawawa等知名自媒体账号先后因发表不当言论受到处理。针对自媒体领域的问题，自2018年10月20日起，国家网信办会同有关部门开展了集中清理整治专项行动，依法依规处置了微信公众号、新浪微博、头条号、百度等多家平台的9800个自媒体账号。公安部也展开针对自媒体“网络水军”敲诈勒索等违法犯罪现象的行动，关闭各类网络大V账号1100余个。[①] 网络传播领域的乱象，促使网络管理部门加大了针对平台的监管力度。2018年起，今日头条以及快手、抖音、火山小视频等新媒体平台多次因违规广告、低俗内容、隐私泄露等问题受到处理。11月14日，网信办集体约谈百度、腾讯、新浪等10家自媒体平台，督促各平台进行“大扫除”，并决不允许问题账号“重生”“转世”等。

针对网络传播中的众多问题，2018年起，《关于进一步规范网络平台视听节目的传播秩序的通知》《国家广播电视总局关于学习宣传贯彻〈中华人民共和国英雄烈士保护法〉的意见》，以及《关于进一步加强广播电视和网络视听文艺节目管理的通知》等多项政策、规定密集出台。结合约谈、督促整改、下架等措施，严格整肃网络传播空间，随着网络环境严管严控的常态化，以及各平台主体责任的清晰，良好的网络生态正在持续生成。

三　媒体融合问题分析与传播影响

媒体融合的不断推进，尽管取得了诸多成果，但也暗藏着阻碍发展的诸多问题。体制机制革新的不彻底，制约着媒体的变现探索。传统媒体虽然实现了分发平台的拓展，但自主性的缺乏影响了传播效力，平台的过剩也持续引发同质化竞争。短视频尽管火爆，但应用范畴仍不够广泛，自媒体领域的乱象更影响着优质内容的产出。在推进融合的过程中，各类、各级媒体之间的差距不断拉大，县级融媒体中心的建设还存在盲目的现象。这些都阻碍着融合水平的进一步提升，制约着各类媒体的发展。

① 《公安部：严打自媒体违法犯罪　关闭大V账号1100余个》，央视网，2018年12月8日。

（一）体制机制束缚仍在，持续变现路径待探索

体制改革是媒体融合中的重要一环，深刻影响着内容生产与分发等融合中的诸多工作。尽管众多传媒集团都在体制机制改革方面做出了诸多努力，但多数媒体的改革局限在生产机制方面。2018 年，江苏卫视推行“制片人任期制”，以及广东卫视发布了《广东卫视振兴发展三年规划纲要（2019 ~ 2021 年）》。这些改革创新都主要围绕着内容生产机制，对于媒体融合进入关键期的当前来说，体制机制的改革仍不够彻底。

在信息传播机制上，多层级审核机制仍普遍存在，在以秒计的新媒体传播环境中，信息的时效性受到极大影响。在人才机制方面，由于管理层仍以传统的新闻采编人员为主，管理决策思维难以实现及时转换，未能适应市场化的经营，制约着媒体的变现和竞争。尽管人才引用与激励机制上多有创新，但适应新媒体生产的大数据、云计算相关背景的人才仍相对缺乏，全媒体人才吸纳和培养程度不足。与此同时，传统媒体人才流失趋势仍在持续。众多媒体在人员机制方面的创新多集中在薪资、激励机制方面，使得人事管理体制方面的改革创新不充分，行政化、机关化比较严重。①

传统媒体拥有专业的新闻人才以及优质的内容产品，在内容价值回归趋势下，这些资源代表的竞争优势不容忽视，但如何将这些优势转化为商业价值，是传统媒体需要考虑的问题。传统报业长期通过“二次售卖”模式获得收入，广告、发行收入对集团发展至关重要。而在新媒体时代，以广告、发行收入的单一盈利模式已丧失活力，传统媒体收入不断下降。探索新的经营模式、发掘新的盈利点成为媒体维系自身发展和进一步参与市场竞争的关键。而在体制机制的束缚下，众多传统媒体尚未能适应新媒体环境下的市场竞争，持续有效的商业变现路径仍有待探索和完善。

（二）媒体分发平台过剩，入驻平台自主程度低

众多传统媒体的平台仍面临困境，报纸停刊、休刊趋势仍在持续，电视频道也出现关停潮。而新媒体领域的平台融合战略也存在诸多问题，媒体通过自

① 黄楚新、刁金星：《盘点 2018 年中国媒体融合多元发展》，《新闻论坛》2019 年第 1 期。

建、入驻等方式不断拓展平台矩阵，一方面使当前平台出现饱和甚至过剩，另一方面，众多媒体在入驻的平台中不具备自主性，无法进行精准的内容生产和分发。

报刊停刊、休刊的趋势仍未停止，选择停刊、休刊的报纸层级也从地市一级上升到省会级、省级媒体。2018 年 6 月，乌鲁木齐第一份综合性主流都市报《新疆都市报》宣布停刊。10 月，新中国的第一份晨报《黑龙江晨报》宣布将停刊。12 月，内地第一份真正意义上的地铁报纸《羊城地铁报》宣布休刊。2018 年 4 月清明节期间，超过 40 家报纸选择休刊。12 月 28 日一天内有超过 10 家报纸宣布停刊。另外《黄河晨报》《汕头都市报》《满洲里报》《长江信息报》《华商晨报》《四川法制报》等多家报纸则在这一年获批更名。

移动互联网的低发布门槛使新闻入口得到极大丰富，随着聚合类新闻客户端的稳定发展，以及媒体自建平台的逐步完成，信息分发平台不断扩充，以至于过剩。截至 2018 年 12 月，我国市场上监测到的移动应用程序（APP）在架数量达到了 449 万款，[①] 移动应用程序的数量逐渐接近饱和。而在新媒体各个领域，头部平台仍保持着稳固的地位，新入局平台难以实现突围。对主流央级平台海外平台而言，海外媒体平台的拓展布局也已基本完成。

与此同时，在入驻平台方面，媒体往往缺乏平台自主权，不能掌握用户数据，制约了媒体的传播效力。传统媒体在新媒体平台的细致运作和经营，尽管拓展了传统媒体的传播渠道，但也主要提升了新媒体平台的知名度和用户黏性，对于自身平台的引流效果有限。如 2018 年 12 月 6 日《焦点访谈》第一次在央视官方抖音号《央视新闻》发布短视频，视频迅速获得了 200 万播放量、5 万次点赞，但在该视频的火爆中最先受益的是抖音平台，人们不会立刻注意到视频来自央视账号，也很难因此去关注《焦点访谈》的完整视频。入驻平台在享受传统媒体带来的优质内容外，还承接了“爆款”产品带来的巨大流量，通过大数据分析和处理持续优化产品及服务，这些平台成为最大的受益者。

---

① CNNIC：《第 43 次中国互联网络发展状况统计报告》，http：//cnnic. cn/gywm/xwzx/rdxw/20172017_ 7056/201902/t20190228_ 70643. htm，2019 年 2 月 28 日。

（三）短视频囿于娱乐向，自媒体劣币驱逐良币

随着视觉化呈现方式备受欢迎，越来越多的网络用户摆脱了“文字依赖”。短视频应用在2018年继续迎来爆发式增长，截至2018年12月，短视频用户规模已达到6.48亿。根据《2018年抖音大数据报告》，抖音国内日活跃用户已突破2.5亿，月活跃用户突破5亿，成为国民级短视频产品。尽管短视频发展已经进入成熟期，但无论短视频还是网络直播，其应用仍局限在娱乐领域，众多应用范畴仍待拓展。而在短视频平台中，已有平台竞争激烈，抖音、快手的两强格局短期内难以突破，新平台入局困难。在已有的短视频平台中，除泛娱乐类平台外，以梨视频为代表的资讯类短视频发展较好，其他类别的平台数量较少，也尚未表现出竞争力。

2018年，自媒体成为互联网乱象“重灾区”，也成为相关部门监管治理的重点。在《焦点访谈》11月的批评报道中指出了自媒体领域的六大问题，分别是“低俗色情、标题党、谣言、黑公关、刷量、伪原创”。这些问题的存在，制造了自媒体的“虚假繁荣”，影响了优质内容生产者的创作，使社会对自媒体的信任不断降低，形成了劣币驱逐良币的效应。自媒体乱象的产生主要来自创作方对利益的追逐，而平台监管的缺位也助推了这一趋势。

移动互联网的发展制造了海量信息，在满足用户多样需求的同时，也使低质量内容混迹其中，使用户更加渴望优质内容。在企鹅智酷发布的《2018新媒体趋势报告》中，65.3%的用户认为优质内容不足。在网民对资讯的整体信任度中，3/4的用户对资讯类APP表示“比较信任”，电视台和纸媒分别排名第二、三位，个性化内容APP、社交网络的信任度的得分则比较低。① 如果任由自媒体领域的乱象持续，用户对个性化APP、社交网络的信任度将继续降低，直接受到损害的就是广大自媒体账号。因此，加强对自媒体的管理，不仅是为了创造风清气正的网络空间这一目标，也是为了避免劣币驱逐良币，使自媒体发挥其正面作用，促进自媒体行业的长期发展。因此，如何让优质的内容与技术紧密结合起来，既要突破某些自媒体传播的低俗现象，又要突破个性化

① 199IT中国互联网数据资讯中心：《企鹅智酷：2018新媒体趋势报告》，http://www.199it.com/archives/804544.html，2018年12月5日。

定制和内容同质造成的“信息茧房”，也就是突破算法的局限性。比如趣头条推出的“放心看计划”，平台将健康、养生、育儿频道的流量提供给专业机构和权威专家，赋予用户新的认知和观念，弥补个人关注领域狭窄的缺陷。

（四）融合水平差异明显，县级融媒发展盲目化

随着各媒体在媒体融合工作上的创新推进，各类、各级媒体之间的实力差距充分显现，且不断拉大。央级媒体与地方媒体之间，地方媒体间，报纸媒体与广电媒体之间均存在明显的发展差异。2018 年，央视和湖南卫视收视率显著领先，这使其具备了进一步制作和吸纳优质资源的基础，加上媒体融合带来的创新，其与二、三线卫视的距离日渐拉大。在湖南卫视的芒果超媒已率先上市时，还有部分卫视在通过播放违规广告赚取收益，受到了通告处理。在数据表现上，截至 2018 年第四季度，有 80% 以上的电视台自有 APP 月活仅在十万以内，与之形成鲜明对比的是芒果 TV 第四季度的月活跃用户高达 3. 7 亿。①

融合程度的差异在盈利能力上也得到了充分的体现。根据各媒体公开的数据，浙江卫视 2018 年总营收 133. 2 亿元，利润 35. 5 亿元。湖南卫视广告部全年总收入 86. 8 亿元，同比净增 6. 8 亿元，总收入预计为 209. 51 亿元。而在公开数据的报业集团中，新华报业传媒集团 2018 年利润为 2. 11 亿元，增幅 24% 。宁波日报报业集团 2018 年全年营收 14. 9 亿元，利润总额为 6977 万元。尽管这两家报业集团并非是最强势的报纸媒体，但两家的利润总额相加依然无法超过湖南卫视广告部的净增长数值，足以显示出媒体在盈利能力上的差距。

媒体融合是传统媒体摆脱困境的主要方式，其带来的盈利增长更构成了对众多媒体的强大吸引，但为尽快投入媒体融合，部分媒体也出现了盲目建设和经营的问题。央级媒体、省级媒体的媒体融合已推行多年，在相关投入和建设上早已趋于理性，但县级融媒体中心正处于大规模探索阶段，部分媒体开始重复央级、省级媒体初步探索融合时经历的问题。县级融媒体中心的建设并非一蹴而就的事情，前期的筹备和建设、后期的维护都需要巨大的投入。而有些县并未具备建立县级融媒体中心的条件，也率先建立了融媒体中心。规划、筹备

① 《CTR 发布 2018 年四季度网络传播力评估结果：媒体融合需要加速度，从铺规模走向要效益》，流媒体网，2019 年 2 月 20 日。

的不足，问题应对预案的缺乏，使得其融媒体中心逐渐丧失活力，表现为：开辟的平台渠道十分全面，但运营能力有限，部分平台沦为“僵尸号”；简单搬运电视媒体内容，未能真正落实“一次采集，多种生成，多元传播”；传播效果有限，内容吸引力弱，产品到达率低；盈利能力有限，依赖财政支持，缺乏造血能力等。

四　媒体融合对策建议与态势展望

在体制机制的持续更新完善下，媒体融合将在资源、用户、内容、技术、产业等方面实现持续创新，实现融合广度和深度的不断突破，引领媒体走向新的发展阶段。

（一）加速资源合并整合，深化体制改革

媒体在内容分发平台上的拓展造成了平台过剩，一方面导致财力、人力等资源的浪费，另一方面也使得各媒体的发展路线趋同。为避免同质化竞争，创新发展战略，实现资源整合就十分必要。

由于发展水平和融合程度的差异，并非所有媒体都具备强大经济实力，在有限资源的基础上，如对各平台均衡发力只能导致竞争力的整体削弱。因此加速整合各种资源创新发展战略，将成为重要的发展趋势。在2018年国庆期间，众多省级党报出现了缩版、休刊现象。《宁夏日报》《江西日报》《山西日报》每天只出两个版，《陕西日报》《河南日报》等则直接休刊。通过这种方式，媒体将更多的人力资源等投入新媒体平台。很多媒体开始选择在部分平台上汇集优势力量，集中发力。2018年，《孝感晚报》选择将微信公众号粉丝迁移到《孝感日报》微信公众号中，报纸依然正常出版。围绕APP的发展，也出现了不同的整合选择，《新京报》在2018年撤销了新媒体部，全员转型至客户端，而《中国新闻周刊》则放弃APP，将原有团队转移至微信，按照“轻平台，重分发”的思路开展内容生产。

合并整合是2018年中国媒体的关键词，报业与广电的合并也成为热点趋势。2018年7月19日，辽宁报刊传媒集团、辽宁广播电视集团同时挂牌。这两家新组建的集团分别整合了17家和7家单位，为省委直属事业单位，实行

企业化管理。8月，大连新闻传媒集团正式揭牌，集团由大连报业集团、大连广播电视台等11家单位融合成立。11月13日，在整合了天津日报社、今晚报社、天津广播电视台的基础上，天津海河传媒中心组建成立。

目前，各媒体的融合效果存在较大差异，一些传统媒体的新媒体平台形同虚设，在占有资源的同时并未获得好的传播效果。可以预测的是，在未来，媒体的资源整合行为将更加常见。而真正实现资源有效整合，单纯的平台策略无法发挥根本作用，必须依赖体制机制的深层次改革，使传统媒体从体制机制到观念都真正适应新媒体传播。

（二）紧跟用户需求变化，重视长尾需求

互联网人口的饱和使“流量为王”的竞争法则逐渐失效，引发了众多媒体的担忧，存量时代的用户需求则被提升到更高的位置。深度挖掘各群体用户的信息需求和消费动向，深耕内容创新，成为媒体取得竞争优势的必经之路。

目前，10~39岁的年轻用户仍是互联网应用的主力，占到了网民总体规模的近70%。在以往的发展中，各方媒体都将注意力集中于中青年用户，而这部分用户的兴趣平台已基本固定，用户人群则被头部平台瓜分完毕，整体的增长速度也渐趋缓慢。与此同时，广大乡村、中老年群体、低幼群体、低学历、低收入群体的内容消费尚未饱和，2018年，趣头条的崛起正得益于对这类用户需求的发掘，使三、四线城市用户日益受到关注，“用户下沉”受到热议。在这一片未饱和的新兴市场中，蕴藏着太多正在生长的需求，有人把他们比喻为“最后一批不可再生资源”。新兴市场用户的时间更充裕，比如，他们大多没有超长的通勤时间，工作生活节奏慢，这就使得他们每天有比一、二线城市人群更多需要填满的闲暇时间。新兴市场用户上网更依赖手机，因为他们的电脑使用率远远低于一、二线城市的网民，刷手机就是他们最主要的娱乐方式和信息来源，尤其是女性用户和年轻用户。可以说，这个新兴市场蕴含了中国移动互联网未来市场的巨大潜力。以趣头条为代表的互联网平台如何满足这一新兴市场的需求引人瞩目。

伴随新媒体领域变化的加快，媒体融合必须更密切关注用户喜好和需求的转变，深入挖掘用户价值。短视频从2017年开始火爆，用户态度在不到一年的时间内实现了从接受到喜爱再到沉浸的转变，用户的消费偏好也经历了众多

变化，竖屏取代横屏成为最受喜爱的表现形式，视频时长不断缩短，指引着短视频行业新的发展方向。在内容选择方面，用户对真实性、原生态内容的喜好日益增强，众多类似“华农兄弟”的“草根”创作者受到大众欢迎，为媒体融合实现内容深耕提供了新的思路。

通过细致挖掘用户价值，更多长尾领域也将得到发展。2018 年，视频网站在网剧和网综方面日益显示出强大的竞争力，在经历了《偶像练习生》《创造101》等爆款后，说唱、街舞、机器人、电音等小众领域也获得了极大的关注。央视的《国家宝藏》、湖南卫视声音系列的《声临其境》《声入人心》，都是看到了用户在长尾领域的需求，在同类媒体中打造出了特色品牌，成为现象级产品。

（三）发力内容优势深耕，拓展技术应用

随着网络平台不断发展壮大，其爆款、流量明星的制造能力都开始比肩甚至超过传统媒体，更多优质资源和优秀的团队向网络平台倾斜或转移，传统媒体的内容优势正在丧失。面对资本入场引发的持续激烈竞争，以及传统媒体内部在融合上的巨大差距，优质内容成为取得竞争优势的决胜要素。

在传统电视普遍缺乏爆款的这一年，合作开始成为常见的获取内容优势的方式。浙江民生休闲频道的《1818 黄金眼》，凭借有趣的内容在新媒体领域获得了巨大影响力，其制作的新闻短视频多次登上微博热搜，“发际线男孩小吴”创造了现场级的传播。为进一步争取年轻用户，《1818 黄金眼》与哔哩哔哩展开了内容合作，双方共同制作了新节目《bilibili@ 黄金眼》，在两平台播出。

技术是媒体发展进步的巨大推动力，媒体对新技术的应用探索还将继续。2018 年国庆期间，全国首个上星超高清电视频道在中央广播电视总台开播，中国电视进入超高清时代。12 月 28 日，中央广播电视总台与中国电信、中国移动、中国联通、华为公司签署协议，在 5G 新媒体平台的建设方面展开合作。在视频领域，“4K + 5G + AI”将为媒体融合开辟新的发展空间。在全国两会等重大事件的报道中，各主流媒体积极运用 H5、VR/AR、大数据等技术，打造出精彩纷呈的融媒报道，为用户呈现了技术要素的魅力。诸多广受欢迎的爆款的产生，也为媒体提供了激励，使其推进新技术应用的决心更坚定。而随着传统媒体普遍投入内容深耕，内容方面的竞争也日趋激烈，新技术作为重要的创新手段将发挥更大的作用。

（四）完善内容产业链条，消弭产业边界

传统媒体在内容方面有着巨大的优势，在未来的媒体融合进程中，传统媒体在坚守这一优势的基础上还将实现内容产业链的完善。通过媒体的广泛跨界合作融合，产业边界将日渐消弭，媒体盈利渠道和发展空间将得到空前拓展。

在媒体融合过程中，传统媒体既要认识到自身的不足，也要充分发挥各自的优势，与其他新媒体公司进行广泛合作，从而实现优势互补。传统媒体在内容的供给、在与政府部门的资源合作等方面有着不可替代的优势，而在技术、资金、人才，尤其是互联网思维等方面较之新媒体机构有一些短板。因此，在未来的融合发展过程中，尤其是在市区县级媒体融合过程中，应该积极与以趣头条为代表的新媒体机构进行合作，发挥各自优势，从而实现内容与技术、体制内与体制外的深度融合，为我国媒体融合打通“最后一公里”助力。

内容创作门槛的降低引发了信息的泛滥，优质内容价值更加凸显，因此通过付费换取优质内容不仅成为媒体的发展选择，也更契合用户心理。内容产业逐渐走出免费时代，内容付费、会员制成为稳定的利润增长点。2017 年 11 月，财新传媒正式启动付费阅读，经过一年的经营，其累计付费个人用户已经超过 20 万，实现稳步发展。

在探索商业模式的过程中，传媒业与其他行业的互动日益活跃、深化，主动跨界、多元经营已经成为传统媒体的普遍选择。在跨界融合中，媒体将自身的内容和渠道优势与其他产业的业务优势结合，实现了业务范围的拓展，扩大了媒体的生存空间。在传媒产业的渗透下，相关产业的边界不断消弭，媒体融合进程也同步深化。报刊出版媒体和广电媒体结合自身特点，向 IP 开发、在线教育、游戏娱乐、电商、医疗、汽车、农业、餐饮、旅游等多个领域同步进发。出于对内容、平台优势的向往，各领域相关主体在合作中也十分主动。跨界合作为传统媒体带来了资金、技术支持，使内容为核心的产业链更为完善稳固，同时也加速了各领域人才的流动，对传统媒体的内部结构形成了冲击与革新。

（五）监管完善自律增强，完善评价体系

2018 年，网络治理问题得到充分的重视。在全国网络安全和信息化工作

会议上，习近平指出："要提高网络综合治理能力，形成党委领导、政府管理、企业履责、社会监督、网民自律等多主体参与，经济、法律、技术等多种手段相结合的综合治网格局"，要"压实互联网企业的主体责任"，"加强互联网行业自律"。在全国宣传思想工作会议中，习近平也强调"必须科学认识网络传播规律，提高用网治网水平，使互联网这个最大变量变成事业发展的最大增量"。从这些讲话中不难看出，互联网空间的治理需要上层监管和平台自律两方面的力量，尤其是平台自律将成为重要的发展趋势。

2018 年，尽管国家广电总局等机构及时、频繁出台政策，采取措施，对网络传播环境做出了监管，但这些行动多是事后监管，在及时遏制网络不良风气、规范网络环境时，也往往导致相关领域发展放缓。想要提早防范网络传播中的负面现象，必须引入企业和平台方的力量。企业应增强责任心，不因追求流量而默许网络传播乱象，应当持续出台自律性规范，增强日常自查，确保网络平台的健康、有序发展。而在政策和监管部门的密集行动下，目前媒体平台也开始采取相应行动。

影视行业长期采用以收视率和点击量为核心的评价体系，滋生了对收视数据的违规交易和使用，以及收视率造假等情况。随着"流量"思维失效，管理机构和媒体都开始重新思考媒体内部的评价体系。2018 年，总局下发了《关于进一步加强广播电视和网络视听文艺节目管理的通知》，规范收视率（点击率）数据使用管理，打击数据造假行为，强调建立节目综合评价体系。6 月，CTR 媒体融合效果评估体系宣布建立；12 月，国家广播电视总局广播电视节目收视综合评价大数据系统基本建成并试运行，在大数据、云计算等技术支持下，该系统能够有效防范人为操纵。这些体系、系统的建成标志着媒体融合的评估体系正逐渐成熟完善，更加客观、科学的评估体系将不断建立，引导媒体融合朝着更为有效的方向发展。

参考文献

[1] 黄楚新、刁金星：《盘点 2018 年中国媒体融合多元发展》，《新闻论坛》2019 年第 1 期。

［2］黄楚新、王丹丹：《国内广电新媒体发展现状及趋势》，《中国广播》2018 年第 8 期。

［3］谭天：《中国新媒体发展一年回顾与研判》，《中国广播》2019 年第 2 期。

［4］支庭荣：《我国媒体融合发展的内在逻辑与焦点问题》，《人民论坛·学术前沿》2019 年第 3 期。

［5］何炜、张旸、杨海霞：《用好互联网思维，打通媒体融合“最后一公里”》，《中国报业》2019 年第 3 期。

［6］《习近平出席全国宣传思想工作会议并发表重要讲话》，中国政府网，2018 年 8 月 22 日。

［7］《中共中央印发〈深化党和国家机构改革方案〉》，新华网，2018 年 3 月 21 日。

［8］《人民网副总裁宋丽云发布〈2018 全国党报融合传播指数报告〉》，人民网，2018 年 6 月 20 日。

［9］《超燃！盘点中央广播电视总台的闪光时刻》，腾讯新闻，2018 年 11 月 16 日。

［10］199IT：《2018 中国网络视听发展研究报告》，http：//www. 199it. com/archives/802136. html，2018 年 11 月 28 日。

［11］极光大数据：《2018 年移动互联网行业数据研究报告》，https：//www. jiguang. cn/reports/368，2019 年 1 月 24 日。

［12］艾瑞咨询：《2018 年中国短视频营销市场研究报告》，http：//report. iresearch. cn/report_ pdf. aspx？ id = 3302，2018 年 12 月 3 日。

B.4
2018年县级融媒体中心建设发展报告

朱天　张诚　齐向楠*

摘　要： 以构造县域节点并嵌入全国矩阵的可见目标，由新闻媒体再到县域治理平台的功能取向优化，在中央政策的直接驱动下，2018年各地的县级融媒体中心建设总体呈现出全面挂牌、系统铺开与试点推广三种进度并进，省域统筹、市域联动和县域自主等建设模式并行的发展态势。在目前的县级融媒体中心建设过程中，路径选择、资源配置与周期考量成为三个主要的争议点，对此，“因地制宜”而非“按图索骥”、“增量突破”而非“资源配置”、“历时迭代”而非“一劳永逸”应是更适宜的思维与行动线索。展望下一阶段，机制创新、产品研发、人才培养与督导评估等，或将成为县级融媒体中心建设需要持续推进或突破的重心所在。

关键词： 县级融媒体中心　国家治理　建设模式　评估体系

一　国家政策的主导驱动

（一）总体布局：由构造县域节点到嵌入全国矩阵

以2019年1月举行的中央政治局第十二次集体学习活动为分水岭，县级

* 朱天，四川大学文学与新闻学院教授，传媒研究中心主任；张诚，复旦大学新闻学院博士后；齐向楠，《四川日报》记者。

融媒体中心建设的总体布局大致可以分为两个阶段：第一阶段由2018年全国宣传部长会议伊始至《县级融媒体中心建设规范》等系列文件发布结束，布局重心是如何在媒体融合的大背景下构造一个理想的县域节点；第二阶段则开始于政治局第十二次集体学习，目前延展至刚刚落幕的媒体深度融合座谈会。建基于第一阶段，后一阶段的重心转变为如何将坐落于县域的节点有机嵌入全国各级、各类媒体组成的传播矩阵之中（见表1）。

表1　县级融媒体中心建设大事记

阶段	时间	事项	关键词
第一阶段	2018年1月3日	2018年全国宣传部长工作会议召开	全面启动
	2018年8月21日	2018年全国宣传思想工作会议召开	国家战略
	2018年9月20日	县级融媒体中心建设现场会在长兴召开	时间表/长兴经验
	2018年11月14日	中央全面深化改革委员会第五次会议审议通过《关于加强县级融媒体中心建设的意见》	布局轮廓初现
	2019年1月15日	《县级融媒体中心建设规范》《省级技术平台规范要求》发布	建设标准/技术规格、参数
第二阶段	2019年1月25日	中央政治局就全媒体时代和媒体融合发展举行第十二次集体学习	向纵深发展
	2019年2月25日	媒体深度融合座谈会召开	全国一盘棋

具体而言，在2018年1月召开的全国宣传部长工作会议上，中共中央宣传部（以下简称“中宣部”）就启动了在全国范围内推进县级融媒体中心建设的相关工作。8月21日，总书记在全国宣传思想工作会议上提出“要扎实抓好县级融媒体中心建设，更好引导群众、服务群众”①，这标志着县级融媒体中心建设跃升为一项国家战略。9月20～21日，中宣部在浙江省长兴县召开了全国县级融媒体中心建设现场会，一方面明确了建设的时间表，“2020年底基本完成在全国的全覆盖”②；另一方面向全国推介了融媒体中心建设的一个国家级案例，即“长兴经验”。11月14日，中央全面深化改革委员会审议通

① 《习近平：举旗帜　聚民心　育新人　兴文化　展形象　更好完成新形势下宣传思想工作使命任务》，《人民日报》2018年8月23日。

② 《县级融媒体中心建设全面启动》，《浙江日报》2018年9月22日。

过了《关于加强县级融媒体中心建设的意见》，总体布局的轮廓日益清晰。2019年1月15日，中宣部和国家广播电视总局（以下简称“国家广电总局”）联合发布了《县级融媒体中心建设规范》，同时国家广电总局还配套发布了《省级技术平台规范要求》，前者明确了县级融媒体中心的业务类型、总体架构和功能要求等建设标准，后者规约了接通各县级融媒体中心之省级平台的技术规格和参数。至此，作为县域节点的融媒体中心之总体布局基本成型。

在2019年1月25日的中央政治局第十二次集体学习活动上，总书记对包括县级融媒体中心建设在内的媒体融合工作提出了新的阶段性要求：“推动媒体融合向纵深发展，形成全媒体传播体系。”① 在时隔一个月的媒体深度融合座谈会上，中宣部部长黄坤明则更有针对性地指出，“着力构建从中央到省市县的全媒体传播矩阵”②。在新的布局思路中，县级融媒体中心就被纳入了全媒体传播矩阵的考量，由一个相对独立的县域节点被嵌入全国传播网络之中。

（二）战略定位：由新闻媒体到治理主体

某种意义上，正是上述开放而非封闭、渐进探索而非先期规定的“半结构化”的布局，使得县级融媒体中心的战略定位成为一个热点议题。主要有两种观点相互碰撞：一种将融媒体中心视为仍以新闻传播为主业的媒体单位，另一种则将其视为在地方治理实践中扮演重要角色的治理主体。

以下两重论据共同表明，待建的县级融媒体中心可能并非纯粹意义上的“媒体”单位。在前媒体融合时代，县级媒体的萎缩已是不争的事实。尽管具备在地优势，但居于“四级办”神经末梢的县级媒体无论是内容产能还是可控资源都与中央、省乃至市级媒体存在显著差距。媒体融合全面推进之后，受多种因素的制约，县级媒体的融合步伐也普遍落后于中央、省和市级媒体。③同时还需要注意的是，以微博/微信为代表的社交媒体、以今日头条为代表的新闻APP等互联网平台的海量用户规模、高强用户黏性使得县级党委政府的发声渠道有了更多元、便捷的选择。在这种情况下，新建一个纯粹意义上的媒

---

① 《推动媒体融合向纵深发展　巩固全党全国人民共同思想基础》，《人民日报》2019年1月26日。

② 《积极适应全媒体时代发展大势　加快推进媒体深度融合》，《人民日报》2019年2月26日。

③ 黄楚欣、彭韵佳：《2017年中国媒体融合发展报告》，《现代传播》2018年第4期。

体单位就可能直面一个悖论：为了弥补既有劣势，县级党委、政府需要注入更庞大的执政资源，但未必能获得更理想的传播效果。

但这是否意味着县级融媒体中心要弱化甚至放弃新闻传播这个优势领域？答案显然是否定的，目前来看一个更准确的解读，是按照治理主体而非新闻媒体的战略定位来认识县级融媒体中心。对治理主体这个定位的说明可能需要先后回溯并澄清两个问题：第一，孕育了“媒体融合”的“媒介融合”究竟发端于一种怎样的“历史—社会”图景？第二，生于其间的媒体融合又指向何处？首先，媒介融合被指呼应于一种社会形态的变化，一个全球的、涌动的网络社会逐渐清晰，而媒体是其中的一个信息节点。[①] 在此基础上，也就不难理解为什么作为我国全面深化改革的总目标，以及新时代中国特色社会主义基本方略的国家治理体系和能力现代化，会成为国家应对社会形态变化调整治理方略，继而做出传统媒体与新兴媒体融合发展重大决策的实践指向。[②] 由此推论，县级融媒体中心的战略定位，就是要基于其在现代治理体系中的主体性角色[③]来助推县域“善治”，即通过参与治理实现域内公共利益的最大化。[④]

二 “各显其能”的建设模式

（一）进度扫描：全面挂牌、系统铺开与试点推广

综合多个来源的资料可见，截至2019年初，各地县级融媒体中心建设的进度大致可分为以下三类：第一类完成了全面挂牌。以北京、福建、广西、安徽与内蒙古为代表的省份，目前已经通过挂牌的方式实现县级融媒体中心的全覆盖。第二类是正系统性铺开。该类中的省份要么已大范围推进建设，要么已明确了本省建设的时间表，前者例如山西、江西、广东、贵州与湖南，后者则包括江苏、浙江、河南、贵州、四川、甘肃和宁夏等省份。第三类则是在逐步

① 黄旦、李暄：《从业态转向社会形态：媒介融合再理解》，《现代传播》2016年第1期。

② 朱春阳、刘心怡、杨海：《如何塑造媒体融合时代的新型主流媒体与现代传播体系？》，《新闻大学》2014年第6期。

③ 李良荣、方师师：《主体性：国家治理体系中的传媒新角色》，《现代传播》2014年第9期。

④ 俞可平：《全球治理引论》，《马克思主义与现实》2002年第1期。

试点推广。吉林、黑龙江、山东、海南、西藏和新疆等省份选择在先期试点基础上再全面推广，稳步推进县级融媒体中心建设。具体情况详见表2。

表2 部分省份县级融媒体中心建设进展（截至2019年3月10日）

区域	省份	县级融媒体中心建设进展
东部地区	北京	16个区级融媒体中心全部挂牌成立
	河北	衡水市实现县级融媒体中心全覆盖
	吉林	完成前郭、集安、农安三县试点，开始全面推进
	黑龙江	挂牌成立宝清县融媒体中心，打造全省试点
	江苏	2019年3月底，完成全省县级融媒体中心全覆盖
	浙江	53个县（市、区）挂牌成立融媒体中心
	福建	84个县（市、区）融媒体中心挂牌成立
	山东	出台《山东支撑县级融媒体中心省级平台规范要求》，2019年1月德州市宁津县成立全省首家县级融媒体中心
	广东	首批启动35个县级融媒体中心建设
	海南	乌海市实现县级融媒体中心全覆盖
中部地区	安徽	7市县级融媒体中心全覆盖
	山西	首批启动39个县（市、区）融媒体中心建设
	江西	“赣鄱云”合作共建县级融媒体中心48个
	河南	2019年完成全省县级融媒体中心全覆盖
	湖北	实施“全省县级广播电视台‘310’工程”
	湖南	湖南日报社携手浏阳共建融媒体中心，打造全国示范县级融媒体中心样板
西部地区	四川	2019年底，完成全省县级融媒体中心全覆盖
	贵州	88个县级融媒体中心建设已经完成签约，20余个县（市、区）基本建成，其中6个成功挂牌，计划2019年3月底前全省县级融媒体中心全部建成，5月底前投入实际运行
	云南	云报集团与芒市共建县级融媒体中心，打造省内示范点
	陕西	首批启动12个县（区）融媒体中心建设
	甘肃	出台《甘肃省加强县级融媒体中心建设工作方案》，6个县级融媒体中心挂牌成立，2019年6月底25个重点县市融媒体中心完成机构整合并正式挂牌
	西藏	拉萨堆龙德庆区与西藏日报社合作成立西藏首个县级融媒体中心
	广西	44个县（市、区）融媒体中心挂牌成立
	内蒙古	38个县级融媒体中心全部挂牌成立
	宁夏	2019年底，县级融媒体中心建设实现全区全覆盖
	新疆	2018年12月，库车县融媒体中心挂牌成立，成为自治区首个县级融媒体中心

注：表格内容来源于对新闻报道、相关文件报告等多种公开资料的汇总，来源较多，故此处不一一注明。

（二）模式比较：省域统筹、市域联动与县域自主

以建设的主导权限分配为依据来划分，则目前的融媒体中心建设实践中存在三种主要模式，分别为“省域统筹”、“市域联动”和“县域自主”（见表3）。

表3　县级融媒体中心建设模式

模式	代表	典型特征	突出优势	可见局限
省域统筹	江西	赣鄱云	打通基础障碍 便于垂直管理	传播生态的变动 区(县)自主性
	湖北	长江云		
市域联动	北京	内聚外引	缓解自主限制 降低连接成本	可复制性 产品出口
	成都	三向融合		
	郑州	新闻+政务+服务+电商		
县域自主	长兴	三方发力	精准定位 灵活设计 有的放矢	基础条件 区域差异
	项城	一中心八平台		
	邳州	八位一体		
	辛集	六部一办		
	玉门	一中心四系统		

1. 构筑技术基座、辐射全域纵深的省域统筹

所谓省域统筹，即在“云端”构筑起一个预先规制、全域共享但又部分开放的技术基座，省域内各县可以在既定框架内搭建满足自身需求的子系统。代表性案例是江西的“赣鄱云”与湖北的“长江云”（见表4）。

表4　省域统筹建设模式

名称	模式简介
江西	赣鄱云以移动互联网技术、云计算及大数据技术为支撑，以“云”端统一供给中央厨房、传播平台、大数据为保障，以江西手机报客户端分端或原生独端为展现，实现省、市、县三级在内容、用户、技术、数据、传播平台打通共享，全省各地融媒体横向联成“一张网”
湖北	长江云基于三个平台、两个入口、N个产品的“3+2+N”总体定位，在以云计算为支撑的数据分层架构基础上，建立以大数据为导向的信息服务矩阵，推动互联互通一体化发展、融合生产传播全流程再造、政务服务叠加跨界产业化、机制模式创新迭变，实现各地媒体“跨地组合、区域联动、成片开发”

注：表格内容来源于对多个公开资料的比对和整理，此处不一一注明出处。下文表5、表6情况相同，故也不再专门说明。

该模式的突出优势在于既以稀缺资源的供给打通了县级融媒体中心建设的主要基础障碍，即技术方案与运行规程，还以便利的垂直管理渠道巩固了中心的平台安全、内容安全和数据安全。然而，其局限又是清晰可见的：一方面，一个现时设计的技术基座如何完全匹配历时变动的传播生态；另一方面，在任何一个基座的框定下，各区（县）的自主性都会在很大程度上受到限制，这样一来又如何保证各区（县）的持续关注和长期投入。

2. 资源最优配置、打通信息孤岛的市域联动

作为省域和县域间的中介，以北京①、郑州和成都为代表的城市通过资源的市内最优配置打通了潜在的信息孤岛，构筑起了一种联动建设模式（见表5）。

表5　市域联动建设模式

名称	简介
北京	以内聚外引为出发点，内部建立云端指挥调度平台，聚合各区（县）媒体资源，推动传统媒体与新媒体从相"加"到相"融"，力争实现优势互补，产生聚合共振效应。同时，充分利用外在平台，与中央、市属媒体和互联网公司强强联合，或与区域高校、科研机构建立广泛合作关系，构建协同发展的融媒体资源共享平台
郑州	探索"新闻＋政务＋服务＋电商"的智慧运营模式。一方面，以郑报融媒"中央厨房·新闻超市"为基础，聚集16县（市）区、开发区协同推进融媒体中心建设。另一方面，按照"采编经营两分开"的要求，郑州报业与16县（市）区、开发区合资成立融媒体产业公司。探索布局"跨媒体统一、多维度联动、众平台会商、全媒体发布"的融媒产业体系，贯通市县两级媒体资源，实现资源共享常态化、内容输出最优化、传播效果最大化
成都	基于"三向融合"理念建设融媒体中心。一是以打通报、台、网技术平台体系的横向融合解决生产问题，重设组织机构，全面整合报、台、网业务单元；二是以上接市级媒体、下拓街道村社的垂直融合解决传播问题，加强整合上下资源，联动开展创新策划；三是以突破物理空间和运作理念的跨界融合解决发展问题，建成主流舆论阵地、综合服务平台、社区信息枢纽

该模式既相对缓解了省域统筹对区（县）自主性的限制，又能有效降低由县域自主建设而产生的连接成本。但其至少也面临两大挑战：第一，该模式

① 虽然在行政编制上北京是一个省级行政区，但此处主要是考虑到北京市和其所辖的区（县）之间仍是"市—县"两级组织而非"省—市—县"三级组织关系，故放置于市域联动模式之中。

对城市所具备的资源要素禀赋有较高的要求，而该要求是否能为绝大多数市（州）所满足；第二，该模式也没有从根本上回应融媒体中心的“出口”，即可以最大化引导和服务县域群众的产品或服务究竟包括哪些。

3. 立足本地目标、定向融合创新的县域自主

相较于以上两种模式，自主建设融媒体中心的区（县）就可以更精准地定位、更灵活地设计、更有的放矢地建设扎根本地的融媒体中心。目前，浙江长兴、河南项城、江苏邳州、河北辛集与甘肃玉门等地都采纳了该模式（见表6）。

表6　县域自主建设模式

名称	简介
浙江长兴	长兴传媒从移动优先战略、创新技术驱动和融媒体人才培养三方面发力。通过掌心音视频、微直播和游戏等形式扩大新兴矩阵宣传触角传播力，打造融媒体移动平台；利用无人机、流媒体和移动直播等新兴技术为融媒体提供技术创新支持；配合“对外引进”和“内部培养”的人才计划，打造可持续的融媒体建设与发展团队
河南项城	项城市融媒体中心通过大洋 FAST 快融全媒体解决方案整合新闻资源，建立了“一中心八平台”的融媒体中心。在内容生产上，项城市融媒体中心打造了“新闻＋政务”“新闻＋文化”“新闻＋服务”等多种模式。在管理运营上，项城市融媒体与产业对接，摆脱对广告收入的依赖，并在人员上实行企业化管理
江苏邳州	邳州市融媒体中心以新技术、新应用为引领，以“中央厨房”建设为核心，构建“两台一报一网、两微一端多平台”八位一体运作模式。从深化改革、推进融合、创新产品和强化功能四个方面入手，突出移动优先和“中央厨房”模式，扩大融媒体的影响力。探索政务资源潜力，打造“政企云”平台，提升融媒体的创收水平
河北辛集	辛集市整合原有报、台、网等七个媒体平台，设“六部一办”。融媒体中心坚持全面深度融合，建立了文字、图片、音视频等六大多媒体数据库，实现资源共享。在此基础上七大平台自主选取，二次加工，按需发布，以电子政务为带头出发点，迅速提升融媒体平台在市民中的普及和关注度。初步形成了“一体策划、一次采集、多种生成、多元传播、全天滚动”的工作格局
甘肃玉门	玉门融媒体共享平台以“一中心四系统＋爱玉门 APP”云技术为核心框架。以“祁连云”数据融合中心为基点，打造融媒体生产系统、融媒体报道指挥系统、融媒体资源管理系统和全景演播室系统。并加快应用服务融合，推出信息发布、政务办理、在线购物、购票、订餐、生活缴费等 200 多项功能，打造县域融合媒体和信息集散的主流平台

当然，该模式也有自身无法回避的局限：第一，受基础条件的影响，大多数区（县）的融媒体中心无论在功能布局还是产品矩阵上都存在一定的短板甚至缺失；第二，由于各区（县）可能面对一些有地域特色的治理课题如脱

贫攻坚、民族融合或者国际传播等，导致该模式下各地经验的参考推广价值较为有限。

三　主要的“争议”焦点

（一）路径选择：“按图索骥”还是“因地制宜”

各区（县）普遍存在这样一种期待：无论是采取省域统筹、市域联动还是县域自主建设模式，都希望能参照一套“万能模板”，当然最好是国家层面出台统一建设标准以便按部就班地推进。《县级融媒体中心建设规范》与《省级技术平台规范要求》等文件的出台在一定程度上满足了该期待，但若回归“治理主体”的战略定位，那么有别于上述“按图索骥”路径的“因地制宜”可能是更适宜的选择。用以佐证的支点至少包括以下两个：其一，各区（县）所面对的治理课题可能截然不同，后者受到多种自变量的影响，尤以民族分布、地理区位和规划类型最为显著。首先，相较于汉族地区，少数民族区（县）的治理实践中需要更多考虑民族融合；其次，相较于内陆地区，国土安全又是边疆地区（县）的一个重要治理挑战；最后，相较于一般意义上的行政区（县），带有独特国家或地方职能的产业园区、开发区或新区会更加关注如何提升产业经济或其他功能。其二，各区（县）能承担的治理成本可能也大相径庭。该承担能力与各区（县）的财政收入或者更直接说是与经济发达程度成正比，整体上呈现三种梯级分布：首先，在全国范围内从东部、中部向西部地区下滑；其次，在省域范围内，从省会城市向非省会城市下滑；最后，在城市范围内从中心城区向近远郊下滑。

（二）资源配置：“存量优化”还是“增量突破”

相当一部分县级媒体从业者认为，由地方宣传管理部门牵头的县级融媒体中心建设可以最广泛地整合域内的新闻传播资源，但拓展到政务服务、公共服务和社会服务等业务类型时就涉及县级党委与政府部门之间或者县级党委部门之间的复杂协调，沟通成本较高、实现难度较大。因而应选择以“存量优化”为取向的资源配置策略，优先完成对新闻传播资源的提档升级再考虑能在多大程度上接入县域范围内的其他服务资源。从实践的角度来看，上述策略具备较强的可操作性，可以帮助县级融媒体中心很快正式投入运行。然而，该策略很大程度上是难以充分回应“国家治理”这个战略定位的，某种意义上仅是后者的“一期工程”。毋庸置疑，县域新闻宣传工作的一个指向，便是要在网络这个“主阵地”吸引最广泛的县域群众，并增强用户黏性。而在商业媒体如此发达的当下，县级融媒体中心不可替代的竞争力在哪里？可能正在于它通过党委政府对执政资源的注入创造了一个用户要享受各种服务就必须接入的客观需求。其间确实存在一个突出问题，那就是如何理顺融媒体中心和其他党委政府部门的权益关系？解决的关键在于提升后者既有的产品和服务价值。比如，尽管各部门掌握的平台积累了大量的用户数据，但在如何解读和使用这些数据，特别是如何挖掘出酝酿中的舆情或者设计相应治理方案回应群众诉求时，融媒体中心的专业优势就得以凸显。

在移动互联网的用户红利衰竭的大背景下，如何盘活存量，扩大增量，县级媒体融合无疑是打通信息“最后一公里”的重要手段。2018 年，以趣头条、拼多多等面向三、四、五线城市新兴市场的互联网公司实现了用户数量的快速增长，更多的用户通过互联网与外部世界建立起了更好的连接，数字鸿沟也逐步缩小，为我国数字经济的健康发展提供了更为扎实的基础。未来为给数字经济发展打下更为坚实的用户基础，既要求国家通过公共投入在经济不发达地区尤其是落后山区普及 4G 等基础通信设施，也要互联网公司通过产品创新来为用户提供更好的服务和用户体验。

（三）周期考量：“一劳永逸”还是“历时迭代”

目前较为常见的一种融媒体中心建设方案编制思路是假设待建的融媒体中心应力求尽善尽美，最好可以一劳永逸或者至少在相当长的一段时间内明显改善县级媒体融合成效或者妥善解决相应现存问题。在上述假设的前置下，融媒体中心往往就被认为需要购买最先进的技术设备、打造最齐全的产品序列和组建最庞大的从业队伍。该假设实际源自以下逻辑，即县级融媒体中心建设是一个短期性行为甚至一个运动式热潮，在规定时间内完成规定动作就标志着建设告一段落。多重证据表明，该前提假设是需要检视的。信息技术的高速更新必然呼应于相应运行设备的改造升级，但对于县级融媒体中心来说，一是它有无足够的资金来持续投入大宗设备的购买和维护，二是它是否有足够的能力来消化最新的技术成果并使其落地。更为重要的是，融媒体中心是一个治理主体且各县域治理所面对的课题又是千差万别、不断变化的，这些迥异、不定的治理课题才是融媒体中心选择技术、产品和人员的一个根本标准。从这个意义上来说，县级融媒体中心的建设必然存在一个周期考量，即该建设必然是一个历时迭代的过程，当下的建设方案首先应以县域未来三到五年的治理课题为依据，并在技术、产品和人力上保证足够的可扩展性，以便在新的治理课题或手段出现时可以及时调整。

四　下一阶段发展重心的解析与展望

（一）机制创新：整体统筹与专向突破

随着建设工作深入推进，基本的重视力度与建设资源等初期所面对的挑战预计将在很大程度上被解决，横亘于地方党委政府和县级融媒体中心面前的一个全新阶段性任务，是如何完成管理与实践层面的机制创新来盘活全局。

在管理层面，首先，应加快成立以县委县政府主要领导为正副组长、相关部门负责人为成员的融媒体中心建设领导小组，统筹协调本县的建设工作。其次，县委县政府应将可开放的数据、信息和服务等优先向县级融媒体中心开放，加快推动融媒体中心与党政部门现有技术平台和服务资源进行对接。最后，县委县政府应从基层工作创新的实际困难出发，在制度红线范围内预留适度“容错”可能，划清县级融媒体中心建设和运行中“必须执行”“建议尝试”“自主探索”等不同“试水”程度的界限以及相应的处理办法。

在实践层面，一方面，需重点推进激励机制的创新。突破固有编制带来的壁垒和区隔，通过对定期的业绩考核结果给予相应奖励，营造出融媒体中心内部的良性竞争氛围，以提升工作的实际效率、效果和主动性。另一方面，需着重探索生产或相关协同机制的创新。针对传统的新闻传播业务，以组建生产小组或项目工作室的方式来局部先行试点推进内容生产的深度融合；针对非新闻传播业务，就需要探索和不同党政部门或社会机构间的合作规程与通道。

（二）产品研发：矩阵设计与平台打造

作为县域治理的实施载体，产品无疑是下一阶段乃至未来相当长的一段时间内县级融媒体中心建设的一个重心。有别于县级媒体过去在传统新闻传播业务中的各种“内容”产品，“治理”产品应有自己独特的矩阵排列和研发方式。

“治理”产品的矩阵至少应包括以下三层：首先，居于核心层的新闻传播业务类产品；其次，居于次核心层的政务服务、公共服务类型产品；最后，居于外围层的社会服务或其他增值服务类产品。该矩阵排列满足以下逻辑：对融媒体中心来说，首先应积极主动地强化受众黏性，强化地方群众社会生活、文化生活和产业发展等方面的服务功能；其次要最大限度地连接地方政府部门，以政府服务信息的整合和政务服务平台的打通巩固融媒体中心的竞争优势；最后凭借上述两者集聚的用户资源强化既有的新闻传播效果。

另外，考虑到县级融媒体中心相对薄弱的研发实力，首先，以市或省为单位整合域内相关资源，集中打造域内治理产品的研发平台即“产品实验室”。其次，以“实验室”为依托，重组既有产能、改造旧有产品。以“去除劣势、强化优势”的逻辑升级产品矩阵，适应当前需求和最新趋势。最后，以“实验室”为基础，创新产品形态、打造媒体品牌。以求该实验室内，可以从打通“最后一公里”以更好引导群众、服务群众这一根本要求出发，创造性地研发出一批满足治理定位的新型产品。

研发新型产品既需要了解产品特性也需要了解用户需求。区县级被誉为互联网新兴市场，如何把新兴市场用户紧密相关的健康、娱乐、体育以及与用户生活息息相关的本地内容深耕好是一个大的命题。面向三、四线城市的趣头条这两年迅速崛起，积累了新兴市场用户大数据，基于这些用户画像系统，不断发掘用户需求，布局产品生态矩阵。这其中，包括小说产品——米读，已经取得了不错的成绩。2018 年 5 月底米读小说正式上线，在半年的时间内就获得了 4000 万新增激活用户，截至 2018 年末，米读小说的平均日活跃用户突破 500 万，在网文阅读行业排名第三，日人均使用时长达 150 分钟。这种产品思维值得县级媒体融合在开发产品时借鉴。

（三）人才培养：技能提升与队伍调整

在前媒体融合时代，人才短板就严重制约了县级媒体的发展，由于融媒体中心的人才需求更加紧迫、标准更加严苛，如何培养所需人才就成为所有县级融媒体中心共同面对的一个现实挑战。应对这一挑战可从“短期—长期”两种策略展开，前者对应于技能提升、后者呼应于队伍调整。

在如何提升人员所需的专业技能水平方面，可参考以下建议：第一，以省或市为单位建立专门的培训体系，将各县（市）委宣传部部长、融媒体中心主任和从业人员，作为相关培训的首期对象。第二，坚持“互联网 +”思维，与本省、市乃至全国的权威媒体单位及互联网企业建立合作关系，实现培训的线上展开与业务的远程参与。第三，联合域内知名高校、科研院所或其他相关机构，共建县级融媒体中心建设的科研平台与实习基地，保证先进理念与新生力量的持续注入。在如何调整队伍上，一方面，通过人才“梯度”划分逐步实现生产队伍全面转型。在全面测评现有人才队伍能力水平的基础上，将其按照适应媒体融合生产和运作的程度划分为不同梯度，并对其进行不同强度、不同要求的目标设定。同时可建立人才的专门共享机制，将省、市级媒体业务骨干短期借调至融媒体中心以提供直接支持。另一方面，可利用县级融媒体中心建设这一重要革新举措的契机，由省、市级相关部门统一部署专项人才引进计划，弥补县级融媒体中心在媒体融合人才方面的严重不足。

（四）督导评估：指标筛选与结果反馈

在建设工作全面铺开之后，对建设的督导评估也自然成为未来一到三年中相关工作的一个重心。作为一种政策杠杆，督导评估的目标在于以督促建、以督促效，前者即核查县级融媒体的建设资源、力度及周期等是否合规，必要时也可成为激励地方党委政府展开相应作为的外部力量；后者即核查县级融媒体中心在多大程度上实现了县域治理的功能预设。搭建督导评估所依据的相应指标体系时，以下两个原则与三个维度是需要被关注的：就原则而言，指标体系一方面，需要具备足够的灵活性，至少可以匹配县域空间的多样和建设时间的变化。另一方面，需要具备相当的便捷性，考虑到县级融媒体中心数量规模的庞大和业务类型的多元，应在最大化使用技术手段的同时减少人力的工作量。

就维度而言，则首先应督查组织结构、技术模式是否符合既有标准要求；其次督查产品类型与生产模式是否符合功能与目标重构后的融媒体运行模式，是否满足了当地社会发展的复合型需求；最后则督查建设后的使用效果是否达到基本预期。至于如何展开督导，特别是如何使用和反馈评估信息，则建议由省、市宣传管理部门联合当地高校、科研机构组成专项督查指导小组，以实地调研、书面通报等方式，反馈督导意见和整改建议，并将意见和建议与当地党委政府工作考评尤其是意识形态责任制落实工作挂钩。

参考文献

［1］〔丹〕克劳斯·延森：《媒介融合：网络传播、大众传播和人际传播的三重维度》，刘君译，复旦大学出版社，2012。

［2］〔美〕亨利·詹金斯：《融合文化：新媒体和旧媒体的冲突地带》，杜永明译，商务印书馆，2012。

［3］邓建国：《媒体融合：基础理论与前沿实践》，复旦大学出版社，2017。

［4］段鹏：《中国主流媒体融合创新研究》，中国传媒大学出版社，2018。

［5］王文科编《中国县域媒体融合发展的现行探索：长兴传媒集团变革启示录》，浙江大学出版社，2017。

［6］王平编《区域传统媒体如何救亡图存：以萧山日报为样板解读媒体融合与跨界发展的实践和探索》，中国广播影视出版社，2017。

［7］黄旦、李暄：《从业态转向社会形态：媒介融合再理解》，《现代传播》2016年第1期。

［8］严三九：《中国传统媒体与新兴媒体内容融合发展研究》，《新闻与传播研究》2017年第3期。

［9］朱春阳：《县级融媒体中心建设：经验坐标、发展机遇与路径创新》，《新闻界》2018年第9期。

［10］谢新洲、黄扬：《我国县级融媒体建设的现状与问题》，《中国记者》2018年第10期。

B.5
2018年区块链媒体发展现状、存在问题及对策研究

欧阳日辉　张　伍*

摘　要： 真正的区块链媒体并不是报道区块链的媒体，而是依托区块链技术应用将给媒体内容领域带来革命性变化的新型媒体业态。我国区块链媒体处于报道区块链资讯的形态，经历了2018年融资由热趋冷的变化，区块链媒体在国家监管趋严的形势下结束野蛮生长。区块链媒体存在技术不够完善、商业模式不清晰、内容质量不高、信任程度待提升、人才缺乏和发展环境待改善等问题。针对区块链媒体继续市场出清、推动传统媒体和新媒体改革、重塑媒体生态的发展趋势，政府应该加强产业引导、改善监管和加大人才培养力度。

关键词： 区块链技术　区块链媒体　大数据

区块链技术（Blockchain Technology）也被称为分布式账本（Distributed ledger）。广义的区块链技术是"利用加密链式区块结构来验证与存储数据、利用分布式节点共识算法来生成和更新数据、利用自动化脚本代码（智能合约）来编程和操作数据的一种全新的去中心化基础架构与分布式计算范式"①。区块链具有去中心化、不可篡改、分布式共享、可溯源、可确权和匿名性等特

* 欧阳日辉，博士，教授，中央财经大学中国互联网经济研究院副院长，桂林旅游学院数字经济研究院院长，永州众智数字经济研究院院长，主要研究方向为数字经济、互联网金融、电子商务；张伍，博士，桂林旅游学院国际商学院讲师，主要研究方向为大数据分析。

① 工信部发布《中国区块链技术和应用发展白皮书》，搜狐网，2018年2月27日。

点，构建的是价值互联网。所以，区块链不仅仅是一项技术、一个工具，更是一种思想。① 针对新闻行业假新闻泛滥、公众对媒体的信任度和支持率日益降低、新闻受众对于新闻的参与度或者互动效率较低、支持新闻业的传统广告模式式微，② 媒体行业试图利用区块链技术创造性地解决新闻产业的版权保护、内容同质化严重、信息安全、盈利变现形式单一等痛点。

一　区块链媒体的发展现状与发展特点

2017 年底以来，区块链媒体受到投资者的追捧，2018 年上半年区块链媒体行业快速发展。国家监管趋紧后行业骤冷，2018 年底大批相关平台倒闭，整个产业呈现出大起大落的态势，当前行业整体正经受煎熬并进入市场出清的阶段。

（一）“报道区块链的媒体”与“区块链媒体”

区块链技术是一种在分布式分类账上共享和存储信息的方法，解决了在不必相互信任的情况下就单一事实来源达成一致的问题。随着区块链技术的走红，区块链媒体“大热”，或者说，区块链热离不开媒体的宣传。

杰罗姆在有影响力的区块链媒体平台“币问”上提了一个问题：据说区块链媒体最近很火，但“区块链媒体”究竟指什么呢？报道区块链的媒体？币问大咖@风青萍给出了一个相当精彩的答复：“区块链媒体，我觉得还是指：运用区块链的分布式、去中心化、匿名、共同维护的技术特征，能发放 token 的媒体，而不是报道区块链题材的媒体，否则人民网下的人民创投也开设了区块链板块，岂不也是区块链媒体，也能发币？”③

当下，业内对区块链媒体有以下两种解读。

报道区块链的媒体（Blockchain Report），是以区块链技术及相关应用为主

① 张健：《区块链：定义未来金融与经济新格局》，机械工业出版社，2016。

② 张建中编译《区块链能为新闻业带来什么》，《青年记者》，2018 年 4 月。

③ 杰罗姆新新媒体观察：《从“报道区块链的媒体”到“区块链媒体”，路有多远?》，http://baijiahao.baidu.com/s? id = 1599588636427953424&wfr = spider&for = pc，2018 年 5 月 5 日。

要报道对象主营区块链资讯的平台区块链媒体。这种媒体门槛极低，媒体人、自媒体人、创投圈人士都可以做。它可以是区块链技术的旁观者，而非参与者。这样的区块链媒体的内容生成、验证、分发、保全运用传统媒体的技术，可以与区块链技术与应用完全无关，其实并不是区块链媒体。

区块链媒体（Blockchain Journalism），是指以区块链技术的开发与应用为基础打造的区块链媒体平台。这种媒体运用区块链的分布式、去中心化、匿名、共同维护的技术特征，是能发放通证（token）的媒体，可以不以区块链技术与应用为主要报道对象。它是区块链技术的参与者，而非旁观者。其内容生成、验证、分发、保全，与区块链技术与应用紧密相连，并切实解决版权、知识付费等传统媒体存在的问题，通过区块链技术应用聚合海量的用户，自然地衍生出“区块链媒体”。这才是区块链媒体真正的面目。

本文作者认为，区块链媒体是指将区块链技术应用于媒体的内容生产、传播、验证、保全、监管等关键环节，全面解决当前媒体行业平台垄断、数据信息确权、假新闻泛滥、用户付费等问题，实现内容信息上链确权化、基于通证激励的价值协同化、价值信息资产化、内容转化和交易合约化的新型媒体业态。

分清“区块链媒体”与“报道区块链的媒体”很重要。区块链的高速发展，导致链圈币圈媒体泛滥成灾，大部分都是“报道区块链的媒体”。早在2017年9月4日，中国央行、银监会和证监会等七部委就联合发布《关于防范代币发行融资风险的公告》，宣布取缔ICO（首次代币发行）。一些之前做行情资讯的公众号纷纷转型，2018年春节之后开始出现爆发性增长。经过半年不到的时间，报道链圈的媒体成为一个被高热度吹出来的巨大泡沫。[①]

（二）区块链技术在媒体中的主要应用场景

区块链技术与新闻传播结合，利用区块链技术的核心优势——去中心化、公开透明、可溯源验证、账本（数据库）不可篡改，能够围绕通证构建内容

---

① 疯狂财经News：《你是“区块链媒体”还是“报道区块链的媒体”?》，http://dy.163.com/v2/article/detail/DM8UQR290517UF1H.html，2018年7月9日。

激励与变现体系。通过多渠道的内容创造与传播，提高内容呈现的可信度和完整度；利用区块链的通证激励思维，内容的生产和传播将越来越社交化、资产化、生态化，生态成员的内容创作、内容传播、点赞、更新、纠正等都可在全域无边界进行，如此，传媒产业生态和外部商业生态以及社会生态之间将会呈现出更加无缝融合的态势。①

2018 年 6 月，在《区块链：改变媒体的游戏规则》（Blockchain @ Media A New Game Changer for the Media）中，德勤分析了区块链技术在变革媒体行业方面的五种可能：第一，区块链技术将加速碎片化内容的货币化进程，助推内容变现；第二，广告营销会省去更多中间环节，进一步垂直化；第三，版权问题将会得到规范，创作者的经济权利和精神权利将会得到更好的保护；第四，行业将会向更加安全和更加透明的方向迈进，假新闻和盗版等问题将会得到解决；② 第五，区块链技术完全普及后，媒体业有望形成一个“无边界的付费内容市场”，用户订阅和数字版权管理格局将会得到根本性变革。③

我国学者李飞鹏认为，区块链技术在传媒领域有如下应用场景：①媒体信源认证；②公民新闻审核；③数字版权保护；④付费内容订阅；⑤传播效果统计；⑥用户隐私保护；⑦数字资产管理。此外，区块链技术在新闻投票、网络问政等方面也有广泛应用。④

我国利用区块链技术在版权保护方面取得了积极的效果。例如，2017 年 3 月上线的“版全家”应用平台，构建了以版权保护服务、版权大数据、版权授权交易、IP 孵化开发为核心的业务体系。围绕“版权家”品牌，形成了以

① 人民创投区块链研究院：《传媒行业区块链应用发展研究报告》，http：//blockchain. people. com. cn/NMediaFile/2018/1108/MAIN201811081636000407802071444. pdf，2018 年 11 月。

② 比如，在新闻生产过程中，Userfeeds 与 PressCoin 两家机构将区块链技术用于打击和消除假新闻，取得了一定成效。前者采用独特的排名系统及配套算法，显著降低了假新闻的曝光度；后者将新闻内容的质量与收入挂钩，颠覆了媒体的传统商业模式。详见吴果中、李泰儒《用区块链技术打击虚假新闻——Userfeeds 与 PressCoin 模式介绍》，《新闻战线》2018 年第 13 期；栾心怡《传媒业中的区块链：虚假新闻的天敌》，《青年记者》2018 年第 20 期。

③ Bitcoin. com，鸵鸟区块链编译整合，https：//www. tuoniaox. com/news/p－249007. html。

④ 李鹏飞：《基于区块链技术的媒体融合路径探索》，《新闻战线》2017 年第 8 期。

版权区块链技术和版权大数据技术为支撑，以版权的保护、管理、交易、运营为主线，涵盖软件产品、互联网平台、线上线下服务、解决方案实施的版权综合服务能力。①

除了上线版权相关的应用平台，2018 年，我国还首次尝试利用区块链技术解决著作权侵权案件。2018 年 6 月 28 日，杭州互联网法院针对杭州华泰一媒文化传媒有限公司起诉深圳市道同科技发展有限公司侵犯信息网络传播权纠纷案做出一审判决，判令道同科技公司赔偿华泰一媒公司经济损失等。在此案件中，原告华泰一媒公司通过第三方存证平台对被告方同道科技有限公司的侵权网页进行取证，并利用区块链存储电子数据的方式证明了电子数据的完整性及未被篡改性。杭州互联网法院在审理中，首次确认了以区块链技术存证的电子数据的法律效力，并且明确了区块链电子存证的审查判断方法。②

目前，区块链技术在新闻业中的应用正处于探索阶段。北美和欧洲的一些新闻网站，例如 DNN、Civil 和 PUBLIQ，是这方面的先行者。2016 年，DNN 在美国成立，2017 年，Civil 和 PUBLIQ 分别成立于美国和瑞士。③

作为基于区块链技术的新闻出版发行平台，Civil 旨在为新闻业创造一个可持续的全球市场，摆脱广告、假新闻和其他外部因素的影响。Civil 目前的尝试可以划分为新闻编辑室、新闻台和事实核查三个部分。新闻编辑室主要由用户驱动，即用户可以自由发起新闻主题，其他用户可以通过贡献“CVL”代币附议该新闻主题，当集资金额达到一定限度时，记者或新闻机构将会对该主题进行认领，组织报道。新闻台主要由记者或新闻机构驱动，即媒体可以将报道放置在 Civil 市场上寻求用户支持。此外，Civil 市场内的所有报道都需要划拨部分“CVL”代币用于事实核查，该项工作将由专业记者和用户共同完成。④

① 来自版权家官网介绍，https：//www. bqj. cn/index. html#/index/aboutUs。

② 冯飞：《著作权起纠纷　区块链当“证人”》，《中国知识产权报》2018 年 7 月 24 日。

③ 赵云泽、杨启鹏：《区块链技术推动新闻业变革》，《中国社会科学报》2018 年 7 月 5 日。

④ 邵鹏、魏丽丽：《为新闻业创造一个“自我维持的”市场——区块链新闻平台 Civil 的“理想国”》，《传媒评论》2018 年第 4 期；腾讯传媒：《都说区块链媒体不靠谱？从爆发到现在，国外媒体都进行了这些尝试》，全媒派，2018 年 6 月 25 日。

表1　Civil 模式

角色	描述	市场	权限
新闻顾问团	批准/拒绝新闻编辑室申请;仲裁重大争端	供给市场/需求市场	初期:Civil 委派;后期:去中心化
管理者	参与新闻编辑室管理	供给市场/需求市场	任何人都可以申请,需由顾问团批准
新闻创作者	创作新闻内容与市民建立联系;通过新闻编辑室收入获利	供给市场	由管理者批准后即可发布内容
市民	通过赞助等方式支持新闻报道	需求市场	任何人都可以加入 Civil
事实核查者	标记违反 Civil 规程的内容	未知	任何人都可以为 Civil 做出贡献

（三）我国区块链媒体仍处于报道区块链的形态

国内最早的区块链媒体是创立于2015 年初的区块链网（QKLW），最早也只提供数字货币相关资讯，后来转型为专门从事区块链打假。2016 年，区块链网获得风投公司天使轮 550 万元人民币资本投资后，网站主营业务转型至区块链项目价值评分业务（简称“区值”）。2017 年 10 月，风投公司原计划进行的 Pre-A 轮融资被意外停止后，区块链网在 2018 年 3 月正常宣布破产清算，公司总部搬出了北京中关村。2018 年 6 月，正式并入广州金财域科技公司。

当前大部分区块链媒体都是报道区块链的媒体（Blockchain Report）。2017 年底已出现了近 200 家区块链垂直自媒体，互联网科技公司、金融行业从业人员、媒体人纷纷转身拥抱区块链。比如，钛媒体上线的“链得得”，腾讯科技推出的区块链账号“区块链探长”，36 氪 APP 上线区块链栏目。传统媒体，如人民网、信网先后上线了区块链频道。媒体转型做区块链报道的也不乏案例，例如，科技媒体 IT 耳朵已更名为耳朵财经，专注区块链报道。①

2018 年上半年区块链媒体企业数量快速增加。2018 年随着资本入场，区块链垂直媒体开始井喷般涌现，带“链”“币”字眼的公众号比比皆是。2018 年初短短三个月，新成立的区块链媒体企业近千家。然后，下半年行情急转直下，

① 薛超、陈浩洲：《区块链媒体调查：一夜激增千家　质量良莠不齐》，传媒大观察，2018 年 3 月 13 日。

2018 年 8 月，大量区块链公众号被封，到 2018 年底超过一年以上的区块链媒体 APP 不超过 10 家，近一个月来还在开发应用端程序的只有 20 家。[①] 区块链媒体快速发展的主要原因是政府鼓励和扶持，整个 2018 年全国有 30 余个省市两级政府颁布了 40 余项政策措施扶持区块链应用，有力地促进了区块链产业发展。

"以区块链技术研发与应用为基础打造的媒体"还在襁褓之中，目前尚无真正的区块链媒体。有一些社交媒体在试水建立内容社区，比如，币看（BitKan）打造"行情 + 内容 + 社群"，在全球范围内推广新推出的付费内容社区"K 站"。"K 站"设置共享经济机制，支持多样化主流数字货币支付；将社区内容的鉴定和评价权利交给专家；鼓励以小社群形式建立端到端的优质粉丝群，沉淀高质量内容，同时保证信息的时效性。同时还将提供微博、长短文、视频、问答等功能，做成开放式 API。在内容价值激励方面，K 站在社区中设计了平台币 KAN，主要用于内容付费的手续费折扣、钱包中币币交换的手续费支付等场景。

总之，从"报道区块链的媒体"到"区块链媒体"，还有很长的路要走。"打造区块链时代的传媒新形态"[②] 刚刚开始。但是，区块链技术的应用已引起国内媒体的高度重视，主流媒体对媒体区块链项目积极探索。2017 年 3 月 19 日，人民日报"中央厨房"与中国通信工业协会区块链专业委员会（CCIAPCB）达成共识，就区块链研究、版权保护、信息安全技术、区块链技术融媒应用等方面开展紧密合作。2017 年 6 月 9 日，在首届中国版权大会上，中国报业协会、深圳报业集团等 100 家机构发起倡议成立中国数字内容区块链版权联盟，利用区块链技术实现数字内容的版权自动登记、自动验权、自动获权、自动结算、自动备案，形成一个去中心化的、可信的、可追溯的数字版权内容流通生态。

（四）2018年我国区块链媒体融资由热趋冷

资金是驱动区块链行业发展不可或缺的因素。IT 桔子数据库显示，2018 年

① 达令智库：《2018 年度区块链媒体行业报告》，http：//www.sohu.com/a/291997442_100217347，2019 年 1 月 28 日。

② 人民创投区块链研究院：《传媒行业区块链应用发展研究报告》，http：//blockchain.people.com.cn/NMediaFile/2018/1108/MAIN201811081636000407802071444.pdf，2018 年 11 月。

国内区块链领域共发生了363起投资，估算金额为174亿元人民币，与上年同期相比，投资事件数量增长率超过212%，金额增长更是达到了上年的4.7倍以上，如图1所示。2017年底到2018年上半年，区块链媒体投融资出现狂热状态。2018年共有90余起投资事件发生在区块链媒体领域，比2017年增长4倍多；总投资额近17亿元人民币，相较2017年同期增加了750%。① 其中，链得得(ChainDD)、火星财经和布洛克财经获得三次以上投资，链得得APP融资额超过1200万美金，Trip. io、预言家Prophet等企业成立不足一个月便获得大额投资。

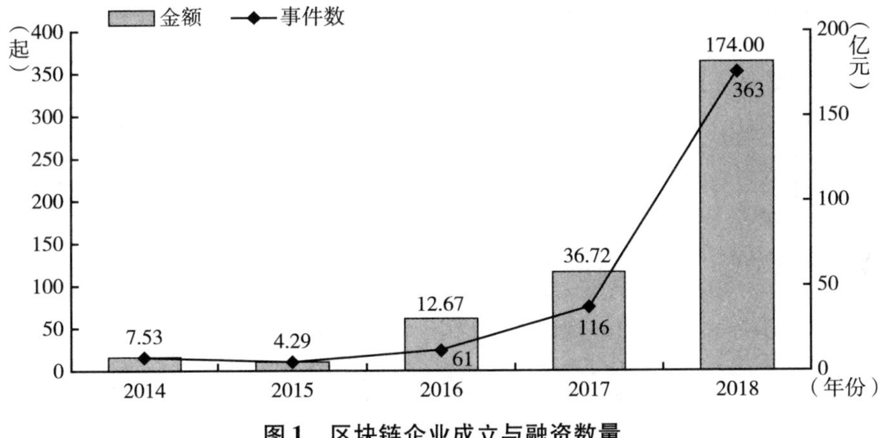

图1　区块链企业成立与融资数量

资料来源：来自于IT桔子，数据截至2018年12月31日，https：//www. itjuzi. com/。

达令数据统计显示，2018年区块链媒体获得8亿元左右的融资额度，大部分都是在2018年6月底之前获得，其中，火星财经先后获得两轮融资，金额达4.8亿元，占据全行业融资一半以上。2018年7月以后，全行业仅获得4笔融资。在全球媒体区块链峰会上公布的一组数据显示，区块链媒体数量占据整个区块链机构总量的14%；来自IT桔子的数据，区块链媒体里尚未获得投资的占50.31%，天使轮融资占25.16%，A轮融资占8.81%。②

① 杜博：《投资同比增213%，金额翻近五倍——2018年的区块链示范什么是真“风口”》，IT桔子（ID：itjuzi521），https：//www. sohu. com/a/289603553_ 355020。

② 张虹蕾：《区块链媒体占行业机构总量14%　却有一半以上未获融资》，《每日经济新闻》2018年7月25日。

表 2　2018 年度区块链媒体融资情况（不完全统计）

行业媒体	融资时间	融资轮次	融资金额
果味财经	2018 年 2 月 8 日	天使轮	1000 万元
深链财经	2018 年 3 月 1 日	天使轮	1000 万元
区块之家	2018 年 3 月 1 日	种子轮	100 万元
虎尔财经	2018 年 3 月 2 日	天使轮	数千万元
巴比特	2018 年 3 月 2 日	A 轮	1 亿元
火星财经	2018 年 3 月 6 日	A 轮	1. 5 亿元
陀螺财经	2018 年 3 月 9 日	天使轮	700 万元
币世界	2018 年 3 月 13 日	天使轮	数千万元
链接财经	2018 年 3 月 20 日	天使轮	400 万元
链虎财经	2018 年 4 月 17 日	Pre – A 轮	2000 万元
一本区块链	2018 年 5 月 28 日	天使轮	1000 万元
耳朵财经	2018 年 6 月 1 日	Pre – A 轮	数百万元
财链社	2018 年 6 月 2 日	天使轮	数百万元
火星财经	2018 年 6 月 8 日	A + 轮	3. 3 亿元
币快报	2018 年 6 月 11 日	A 轮	2000 万元
布洛克区块链	2018 年 7 月 6 日	天使轮	1000 万元
布洛克财经	2018 年 7 月 23 日	B 轮	2000 万元
牛币财经	2018 年 8 月 5 日	A 轮	数百万元
币圈邦德	2018 年 8 月 11 日	天使轮	300 万元
北纬 31 度	2018 年 12 月 22 日	Pre – A 轮	数百万元

资料来源：达令智库：《2018 年度区块链媒体行业报告》，https：//www. useit. com. cn/thread – 21242 – 1 – 1. html，2019 年 1 月 28 日。

区块链媒体融资由热趋冷与整个区块链行业的市场变化是一致的。据链塔智库数据平台的数据显示，由于受到政策及大环境影响，2018 年区块链新增项目量总体呈逐月下降趋势。第一季度新增项目 235 个；第二季度新增项目 167 个，环比下降 28. 9%；进入 7 月，新增项目数量骤减，第三季度新增项目 82 个，环比下降 50. 9%。区块链项目融资也呈下降趋势。第一季度融资项目占 29. 41%；第二季度融资项目占 24. 02%，环比下降 18. 33%；第三季度融资项目占 19. 12%，环比下降 20. 41%。①

① 链塔智库：《2018 年中国区块链产业发展蓝皮书》，https：//www. useit. com. cn/thread – 21242 – 1 – 1. html，2018 年 11 月 22 日。

（五）区块链媒体野蛮生长，国家监管趋严趋紧

区块链媒体处于起始阶段，产业的发展还是野蛮生长阶段，产业乱象丛生，极大地影响了产业的进一步健康发展。这种乱象主要体现在以下方面。

一是目前国内还没有实质上的区块链媒体。国内一些媒体主要是撰写区块链行业报道、区块链观察评论及访谈、专题、调查等，属于“报道区块链的媒体”。这些媒体和自媒体拉投资，通过项目方广告、付费培训、线下活动、论坛峰会等方式挣钱，甚至是为代币发行大肆宣传鼓噪，为跑路项目站台，直接触犯了《广告法》《刑法》等相关法律。[①] 区块链媒体行业还处于起步阶段。

二是区块链媒体企业“三无”现象问题严重。绝大部分“无互联网新闻信息服务许可、无网络出版许可、无新闻工作者职业道德准则”，属于典型的“三无”媒体，只是区块链信息整合平台，随时有被取缔的风险。[②] 对于什么是区块链媒体企业，政府和行业协会还没有统一的标准。

三是打着“区块链媒体”招牌非法炒作ICO。大量数字货币和区块链相关的自媒体与交易所、项目方一起组成了地下“黑市”，发布大量涉及介绍区块链ICO项目的信息，有些平台甚至以介绍“炒币”为主。2018年8月21日，金色财经、火币资讯等区块链媒体公众号大号被封，被责令屏蔽所有内容，原因是“涉嫌发布ICO和虚拟货币交易炒作信息”[③]，违反了《即时通信工具公众信息服务发展管理暂行规定》。依靠给区块链技术公司进行宣传而赚取服务费的区块链媒体，面临严重的生存危机。

在区块链媒体发展政策不明朗的环境下，一些平台自发组织起来加强行业建设和自律。2018年3月7日，链得得、核财经、深链财经、砍柴网、鸵鸟区块链等近20家区块链行业媒体共同声明：禁止以负面报道为由要挟收取任何

① 大风号：《命运多舛，区块链媒体如何突围?》，https：//feng. ifeng. com/c/7ithoRVAAd3，2018年12月24日。

② 人民创投：《令人眼红的泡沫破灭大势已定，币圈“媒体”还能一直浪吗?》，http：//www. sohu. com/a/225754778_ 117373，2018年3月17日。

③ 《金色财经等多个币圈微信大号被永久封禁　涉嫌发布ico信息》，《每日经济新闻》2018年8月22日。

一方费用；禁止项目方自行直接发布信息；决不蓄意散布虚假信息（无论利空还是利好）误导或欺骗投资者；严格建立信息发布规范，付费信息均应标注出“广告”“推广”等，清晰用户告知；严格区分内容团队和经营团队，设立防火墙机制；严格做好员工数字货币持币规范；严格遵守版权规范，尊重他人版权，不抄袭不剽窃。[①] 3 月 15 日，多家行业媒体共同发起的“区块链行业媒体自律公约组织”正式缔结《区块链行业媒体自律公约》。已有超过 40 家媒体在自己的官方网站发布了自律公约声明。

监管层及时出手整治包括区块链媒体在内的区块链信息服务行业乱象。2018 年 8 月 24 日，中国银保监会与公安部等五部委发布《关于防范以“虚拟货币”“区块链”名义进行非法集资的风险提示》。10 月 19 日，网信办发布了关于《区块链信息服务管理规定（征求意见稿）》公开征求意见的通知。2019 年 1 月 10 日，《区块链信息服务管理规定》经国家互联网信息办公室室务会议审议通过，正式公布，并于 2019 年 2 月 15 日起施行。按照《区块链信息服务管理规定》，“报道区块链的媒体”并非基于区块链技术，不属于新规监管的范围；但是，“报道区块链的媒体”是基于互联网技术的，应该遵守原来已有的《互联网信息服务管理办法》《互联网应用程序信息服务管理规定》。基于区块链技术或系统的“区块链媒体”属于新规的监管范围，应遵守备案登记、网络安全、用户管理、配合监管的义务。区块链媒体野蛮生长的政策空窗期结束了，开启了合法合规经营时期。

二　区块链媒体发展面临的问题

2018 年 2 月 26 日的《人民日报》曾用整版的篇幅讨论区块链，发表了《三问区块链》《做数字经济领跑者》《抓住区块链这个机遇》三篇文章。虽然区块链技术能解决很多领域的痛点难点，创造很大的价值，但是区块链并非是万能的，也需要很多适用条件。[②] 区块链媒体合规经营政策明确以后，生态环

---

① 《链得得发布〈区块链媒体自律声明及公约发起函〉》，https：//www. sohu. com/a/225038936_116132，2018 年 3 月 7 日。

② 王观：《三问区块链》，《人民日报》2018 年 2 月 26 日。

境将逐步改善，但从“报道区块链的媒体”到“区块链媒体”还面临一些问题。

（一）区块链媒体的技术需进一步发展

真正的区块链媒体是以区块链技术和应用为基础，运用区块链的分布式、不可篡改、公开透明、共识机制和智能合约等特征，构建内容激励、社群生态、变现体系，为内容存储和相关资产、交易方式和信任建立提供独特方法，用区块链的思维和方式经营的全新区块链分布式媒体平台。目前，区块链技术还处于初级发展阶段，中国信通院发布的《区块链白皮书（2018年）》认为，区块链技术在系统稳定性、应用安全性、业务模式等方面尚未成熟，主要在性能、能耗、生态、安全、监管方面存在问题。① 区块链真正运用于新闻业，亟待新闻业内人士与技术人员共同攻克难关研发适合媒体的应用技术，降低技术使用成本。比如，如何引入区块链技术保障新闻的真实性，受制于区块链的计算能力和反应速度。再如，在设计匿名评审机制上，如何使得专业性较强的报道得到专业“评审员”的评判，也应该成为区块链技术应用到新闻业时必须思考的问题。②

（二）区块链媒体的商业模式不清晰

区块链媒体赖以生存的商业逻辑不是“为新兴区块链技术公司做宣传”。当下“报道区块链的媒体”的盈利模式并不十分清晰，只是沿用传统的广告、软文、知识收费等模式，这种盈利模式虽然在短期内可能有效，流量红利消退后必将带来新一轮的行业洗牌。③ 越来越多的用户开始愿意为订阅付费，平衡广告收入和订阅收费、内容赞助和订阅付费将会是区块链媒体最好的盈利模式。④ 未来，依靠专业的新闻从业经验为用户提供深度、优质内容，用户为优

---

① 中国信通院、可信区块链推进计划：《区块链白皮书（2018年）》，http://www.caict.ac.cn/kxyj/qwfb/bps/201809/t20180905_184515.htm，2018年9月。

② 杨启鹏：《区块链：可能影响新闻业的新技术因素》，人民网研究院，2019年1月17日。

③ 黄晓君：《融资扩张后，“区块链媒体”下一步要往哪里走?》，https://mp.weixin.qq.com/s/6-jILM05GrC9uqF1EGnm3w，2018年4月10日。

④ 环球链：《打造区块链媒体最佳商业模式，须记七大要诀》，https://baijiahao.baidu.com/s?id=1616919256247307090&wfr=spider&for=pc，2018年11月12日。

质内容付费，解决内容产出与内容呈现平台收益不对等问题，减少对广告和软文的依赖，打造区块链媒体盈利模式的道路还很远。区块链媒体的商业模式也在探索之中，一是受制于技术不成熟，区块链技术在媒体领域还不具备商业可用性；二是区块链并没有在媒体领域发挥不可替代的优势，未找到具有更高价值的应用场景。在盈利模式和商业模式不清晰的情形下，区块链媒体只能依赖融资输血生存。

（三）区块链媒体内容建设亟须加强

区块链媒体的内容生产能力并没有跟随行业发展同步提升，存在以下问题：平台生产的内容以区块链技术的资讯类和科普类为主，专业化研究型内容和行业深度分析的生产媒体较少，主流媒体参与报道较少；“报道区块链的媒体”普遍存在把关不严、抄袭严重的行业弊端，有抢占风口和投机性质，没有达到区块链媒体保护版权的效果；大多数“报道区块链的媒体”内容以转载为主，原创内容占比很小，不少区块链媒体编辑甚至连分辨信息都存在问题，严重缺乏准确、客观、优质、深度、有效、可持续的内容。①

（四）构建用户对区块链媒体的信任尚待时日

目前，公众普遍对于区块链技术了解的不足，使得区块链技术在新闻业的应用上也存在一些隐患。业内不少人士认为，比特币等数字货币市场存在巨大泡沫，一旦这样的泡沫破灭，用户对于区块链技术产生的怀疑也会对相关的应用造成巨大的打击。区块链上的用户越多、信息量越大，区块链媒体的价值也就越大。所以，如何说服用户都参与使用同一个平台成为所有使用区块链技术的新闻平台所面对的一大问题。许多区块链技术平台为了吸引用户加入，纷纷采用了发行代币、炒作代币的手段。使用这样饮鸩止渴的手段，进一步加剧了区块链技术应用的浮躁，让区块链技术的实际“落地”更加困难。②

---

① 薛超、陈浩洲：《区块链媒体调查：一夜激增千家　质量良莠不齐》，传媒大观察，2018 年 3 月 13 日。

② 杨启鹏：《区块链：可能影响新闻业的新技术因素》，人民网研究院，2019 年 1 月 17 日。

（五）区块链媒体人才存在巨大缺口

从当前区块链人才的全球分布来看，美国占据25%，其次是印度占7%以及英国占6%；我国相关人才基数还较小，主要集中在北京、上海、深圳和杭州。[①] 智联招聘发布的《2018年区块链人才供需与发展研究报告》显示，2018年以来，区块链人才需求增长飞速。如果以2017年第三季度的人才需求量为基数，2018年第二季度的区块链人才较2017年第三季度增长636.83%。[②] 区块链人才需求与供给严重失衡，真正具备区块链开发和相关技能的求职者很少，只占需求量的7%；国内核心达标人才总数不到200人，呈“重灾人才荒”。[③] 更为严重的是，区块链技术更新迭代快，当前区块链人才培养体系不完善，高校区块链相关课程缺乏标准化，师资力量极度匮乏，满足不了区块链人才培养的需要。

（六）区块链媒体的发展环境亟待改善

区块链媒体的外部环境尚不成熟，发展区块链技术的法律法规、治理体系、监管和标准等仍不健全，主要体现在以下四方面：一是国家对区块链媒体的发展指导不够，产业政策还不清晰；二是区块链媒体的发展势必对各大传媒巨头垄断和既得利益者的收益造成冲击，将对传统的新闻监管体制提出挑战，监管层平衡创新与治理需要政治智慧；三是区块链媒体在平台使用虚拟货币，与当前央行对非官方的数字货币的监管政策有冲突；四是在使用区块链技术的智能合约进行内容付费、版权追踪时，可能会涉及一些个人隐私的问题，对于这些信息记录的使用权力的规范，目前也需要法律法规及时跟上。[④]

① 中国信通院、可信区块链推进计划：《区块链白皮书（2018年）》，http：//www.caict.ac.cn/kxyj/qwfb/bps/201809/t20180905_184515.htm，2018年9月。

② 智联招聘：《2018年区块链人才供需与发展研究报告》，http：//www.sohu.com/a/260209762_114775，2018年10月18日。

③ 火币中国、链塔智库等：《全球区块链行业人才报告暨数字经济人才报告》，http：//www.neeqm.cn/content/2019-01-24/267071.html，2019年1月10日。

④ 杨启鹏：《区块链：可能影响新闻业的新技术因素》，人民网研究院，2019年1月17日。

三　我国区块链媒体发展趋势

区块链将成为未来几年变革的重要推动力，媒体和新闻机构有很多机会。① Nic Newman 调查全球200 位媒体主管、高级编辑、数字平台负责人后撰写的《2019 年新闻、媒体与技术趋势和预测》也提出，可折叠手机和5G 手机、无人驾驶、区块链都将为新闻业未来发展带来更多潜能。人工智能将提供更多个性化新闻服务、报道的新方法以及更有效的包装和分发内容的方式，区块链最终将创造新的支付和验证形式，而语音助理可以成为访问所有类型媒体的主要新门户。② 理论上，区块链还可用于核查新闻事实、打击假新闻、保护版权、信源认证，但操作起来存在争议。区块链是否有更多用途？是否能够拯救新闻业的未来？

（一）区块链媒体进入市场出清阶段

“报道区块链的媒体”可以算作区块链媒体的初级阶段，2018 年下半年“报道区块链的媒体”持续低迷，正经历严寒和市场出清。2019 年 2 月 15 日起施行《区块链信息服务管理规定》，没有融到资的区块链媒体将继续断臂出局。

（二）区块链与大数据协同推动媒体变革

传统的门户网站形式的互联网新闻时代已经过去，以用户为核心生产高质量的内容，运用大数据分析实现精准传播，已经成为当今新闻与传播的主流。“区块链 + 大数据”技术驱动的利益分配格局，让人们对媒体变革充满了期待。当前，区块链媒体正处于创新扩散的早期采纳阶段，在变革新闻生产流程、提升用户活跃度、优化组织结构、重构商业模式等方面展现出破坏性创新的特质。虽然区块链媒体很可能改变传媒业的未来生态格局，但区块链媒体这

---

① 今日未来研究所：《2019 年新闻、媒体与技术趋势报告》（2019 Trend Report for Journalism, Media & Technology），2018 年 9 月 17 日。

② Nic Newman：《2019 年新闻、媒体和技术趋势预测》，2019 年 2 月 18 日。

种创新性扩散进程受制于兼容性欠缺、复杂度过高以及可试性不足等瓶颈问题，存在“天花板效应”和潜在风险。所以，短期内区块链媒体无法取代传统的主流媒体机构和现有的社交网络产品。未来随着入局者的增加，整个新闻传播行业将进入洗牌期。①

（三）区块链媒体推动新媒体进入新时代

区块链技术虽然不能从根本上解决自媒体新闻业所面临的虚假内容、冗余信息、侵权盗版、盈利艰难等难题，但是分布式记账保证了自媒体新闻的客观公正、“时间戳”能够实现自媒体新闻的版权追踪和保护、“共识机制”下的智能合约重塑了自媒体新闻的价值分发体系，开启了新的经营模式，自媒体新闻业在区块链日益成熟的技术助力下发展前景看好。② 互联网发展历程中，互联网媒体发生过三次变革③，区块链将开启第四次互联网媒体革命——Web 4.0 时代（2019 年开始）。不同于前三次主要围绕降低传播内容成本的变革，区块链开启的第四次媒体内容变革以新闻内容低成本产权化、产权交易数字化、低成本交易化为特征，将会大大激活媒体内容行业的生产力，促进内容价值转向两端——使用者和创作者。④ 这是媒体内容领域的革命，实现内容为王，真正的自媒体时代正在来临。

（四）区块链媒体重塑媒体生态

区块链媒体分布式的永久性信息记录，不能被删除或者更改，内容发布方（包括媒体）拥有了更多的控制权，平台的权力和优势受到削弱，监管的信息

---

① 张淑玲：《基于破坏性创新的区块链媒体扩散瓶颈与衍化路径分析》，《中国出版》2018 年第 21 期。

② 邓家鑫：《基于区块链技术下的自媒体新闻业发展探究》，《新闻世界》2019 年第 1 期。

③ 第一次是 Web 1.0 时代（1997 ~ 2008 年），以新浪、搜狐、网易、腾讯等门户网站为典型代表，主要特征是海量的内容突破了传统媒体的版面限制，大大丰富了内容和信息，给传统媒体带来了一定的影响；第二次是 Web 2.0 时代（2009 ~ 2015 年），以博客自媒体、新浪微博、腾讯微信等为代表，主要特征是互动、及时，给传统媒体带来了巨大影响；第三次是 Web 3.0 时代（2015 ~ 2018 年），以今日头条等为代表，主要特点是数据化、智能化，给传统媒体带来了颠覆性影响。

④ 小辣椒区块链：《“百度已死”，内容永生——区块链将开启第四次媒体内容革命》，https：//www. 8btc. com/article/351275，2019 年 1 月 25 日。

限制更难以施行。区块链为用户（撰稿人和自媒体）与读者建立直接联系、摆脱广告商业模式提供了条件，[①] 用户行为在内容平台生态做贡献后获得相应的报酬，用户注册、转发内容可以获得收益（注册贡献了活跃用户数，转发贡献了阅读量），出现在用户视野里的广告全都要给用户付广告费（看到广告贡献了广告曝光量）；用户可以给自己主页的广告位定价，通过智能合约对内容自主定价，绕过媒体平台直接和“粉丝”互动，获取内容赞助和订阅费用；用户可以用手中的收益去支持优秀的作者，吸引更多的用户和广告主，促进整个生态的良性循环。这就是区块链媒体平台的典型生态，区块链将让所有内容生产者直接面对用户，冲击平台的垄断收割模式，媒体（内容生产者）和用户将与平台共享利益。[②]

四　区块链媒体发展的政策建议

“报道区块链的媒体”不是区块链媒体的方向，为了打造基于区块链技术应用的区块链媒体，本文提出如下建议。

（一）加强对区块链媒体产业的引导

一是加快完善区块链媒体的相关法律法规，通过立法将区块链媒体纳入合适的监管体系；二是及时出台区块链技术和产业发展政策，重点扶持一些在传媒领域探索区块链技术落地的企业和团队，探讨联盟链与公有链在新闻媒体行业可能的落地方案；[③] 三是加强支持区块链媒体的基础技术和核心关键技术研发攻关，完善智能合约标准和使用规范，避免由于技术的不足出现负面影响。

（二）加强和改善区块链媒体监管

一是引入监管沙盒模式，在区块链监管沙盒区域内，摸索一条可复制的区块链媒体企业的运行机制、经济模式和管理模式；二是加强监管，不仅要对区

---

① 邓建国：《新闻 = 真相？区块链技术与新闻业的未来》，《新闻记者》2018 年第 5 期。

② 文白：《区块链与大数据正推动媒体行业新变革》，荣格财经，2018 年 7 月 1 日。

③ 申屠晓明：《传媒行业区块链应用模式与技术方案解析》，《传媒评论》2018 年第 4 期。

块链媒体平台进行监管，还要建立起对区块链用户—中介平台的连带责任监管体系，① 有效威慑、制止区块链媒体上的不法行为；三是加强区块链媒体信息传播的监管，建立大数据和人工智能监管体系，实行技术监管和人工审核相结合的机制。

（三）加大区块链媒体人才的培养和培训力度

在相关院校推动区块链媒体人才培养工作，为区块链媒体发展提供人才保障。针对缺乏区块链媒体行业复合人才匮乏的痛点，鼓励学校开设区块链媒体行业的相关教学课程，加大学校和企业的合作力度，通过订单式培养模式，培养行业急需的学科交叉、知识融合、技术集成的复合人才，构建行业领军人才、高端人才、专业人才梯队；清理社会上的区块链培训乱象，规范社会培训，加强对社会培训的监管，为区块链媒体行业的发展提供人才支撑。

参考文献

[1] Nic Newman：《2019 年新闻、媒体和技术趋势预测》，2019 年 2 月 18 日。

[2] 达令智库：《2018 年度区块链媒体行业报告》，http：//www. sohu. com/a/291997442_ 100217347，2019 年 1 月 28 日。

[3] 邓家鑫：《基于区块链技术下的自媒体新闻业发展探究》，《新闻世界》2019 年第 1 期。

[4] 邓建国：《新闻 = 真相？区块链技术与新闻业的未来》，《新闻记者》2018 年第 5 期。

[5] 冯飞：《著作权起纠纷　区块链当“证人”》，《中国知识产权报》2018 年 7 月 24 日。

[6] 火币中国、链塔智库等：《全球区块链行业人才报告暨数字经济人才报告》，http：//www. neeqm. cn/content/2019 – 01 – 24/267071. html，2019 年 1 月 10 日。

[7] 今日未来研究所（Future Today Institute）：《2019 年新闻、媒体与技术趋势报告》（2019 Trend Report For Journalism，Media & Technology），2018 年 9 月 17 日。

[8] 李鹏飞：《基于区块链技术的媒体融合路径探索》，《新闻战线》2017 年第 8 期。

① 王文、刘玉书：《区块链发展亟待有效监管》，《经济日报》2018 年 10 月 11 日。

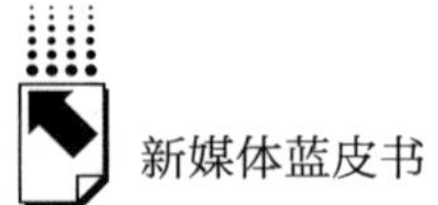

[9] 链塔智库:《2018 年中国区块链产业发展蓝皮书》, https: //www. useit. com. cn/thread - 21242 - 1 - 1. html, 2018 年 11 月 22 日。

[10] 栾心怡:《传媒业中的区块链: 虚假新闻的天敌》,《青年记者》2018 年第 20 期。

[11] 人民创投区块链研究院:《传媒行业区块链应用发展研究报告》, http: //blockchain. people. com. cn/NMediaFile/2018/1108/MAIN201811081636000407802071444. pdf, 2018 年 11 月。

[12] 邵鹏、魏丽丽:《为新闻业创造一个"自我维持的"市场——区块链新闻平台 Civil 的"理想国"》,《传媒评论》2018 年第 4 期。

[13] 申屠晓明:《传媒行业区块链应用模式与技术方案解析》,《传媒评论》2018 年第 4 期。

[14] 王观:《三问区块链》,《人民日报》2018 年 2 月 26 日。

[15] 王文、刘玉书:《区块链发展亟待有效监管》,《经济日报》2018 年 10 月 11 日。

[16] 吴果中、李泰儒:《用区块链技术打击虚假新闻——Userfeeds 与 PressCoin 模式介绍》,《新闻战线》2018 年第 13 期。

[17] 薛超、陈浩洲:《区块链媒体调查: 一夜激增千家　质量良莠不齐》, 传媒大观察, 2018 年 3 月 13 日。

[18] 杨启鹏:《区块链: 可能影响新闻业的新技术因素》, 人民网研究院, 2019 年 1 月 17 日。

[19] 袁勇、王飞跃:《区块链技术发展现状与展望》,《自动化学报》2016 年第 4 期。

[20] 张建中编译《区块链能为新闻业带来什么》,《青年记者》2018 年 4 月。

[21] 张健:《区块链: 定义未来金融与经济新格局》, 机械工业出版社, 2016。

[22] 张淑玲:《基于破坏性创新的区块链媒体扩散瓶颈与衍化路径分析》,《中国出版》2018 年第 21 期。

[23] 赵云泽、杨启鹏:《区块链技术推动新闻业变革》,《中国社会科学报》2018 年 7 月 5 日。

[24] 智联招聘:《2018 年区块链人才供需与发展研究报告》, http: //www. sohu. com/a/260209762_ 114775, 2018 年 10 月 18 日。

[25] 中国信通院、可信区块链推进计划:《区块链白皮书 (2018 年)》, http: //www. caict. ac. cn/kxyj/qwfb/bps/201809/t20180905_ 184515. htm, 2018 年 9 月。

B.6

2018年网络强国战略下中国社会治理发展报告

侯 锷*

摘 要： 2018 年，习近平网络强国战略思想作为新时代中国特色社会主义思想的重要内容体系正式形成。国务院办公厅印发《关于推进政务新媒体健康有序发展的意见》，首次对“政务新媒体”功能定位明确做出“政府网上履职能力”“指尖上的网上政府”的界定，并赋予政务新媒体“治国理政”的使命责任，政务新媒体在网络强国战略指导下继续取得社会治理的进步成效。但与此同时，政务新媒体和县级融媒体中心在实践中所存在的理念认知误区、顶层设计不完善和组织运营管理不规范等问题，也凸显实践中的偏差。在政务新媒体和县级融媒体中心建设进程中，平台姓“商”姓“政”之争论形成前进的“绊脚石”，亟待厘清战略思维，轻装上阵。

关键词： 网络强国战略 社会治理 政务新媒体 县级融媒体中心

一 当前网络强国战略推进与实践的态势

（一）宏观层面：习近平网络强国战略思想正式形成

2018 年 4 月 20 ~ 21 日，全国网络安全和信息化工作会议在北京召开。在

---

* 侯锷，博士，中国传媒大学媒介与公共事务研究院高级研究员，公共关系与战略传播研究所副所长，政务新媒体实验室主任，主要研究方向为政务新媒体、网络强国战略与治国理政。

这次十八大以来首次冠以“全国”的“网信”专项议题大会上，习近平同志高度凝练地提出了“五个明确”，即明确网信工作在党和国家事业全局中的重要地位、明确网络强国建设的战略目标、明确网络强国建设的原则要求、明确互联网发展治理的国际主张、明确做好网信工作的基本方法，深刻回答了当前和今后一个时期我国网信事业发展的一系列方向性、全局性、根本性、战略性问题，是指导新时代网络安全和信息化发展的纲领性文献，[①] 标志着习近平网络强国战略思想正式形成。

2018 年 8 月 21 ~22 日，十八大以来的第二次“全国宣传思想工作会议”在北京召开，习近平同志对网络强国思想做出了重要的发展论述。他强调，必须科学认识网络传播规律，提高用网治网水平，使互联网这个“最大变量”变成事业发展的“最大增量”。“最大增量”与 2013 年 8 月 19 日首次全国宣传思想工作会议习近平同志发出的警示性命题“最大变量”形成了承前启后、既破又立、以立为本、立破并举的呼应和互联网治理发展观，这一网络政治定位的全新转变，不仅显示出五年来依法治网由“被动”走向“主动”的探索成就，更彰显出中央面对网络社会发展与治理的自信从容。同时，在此次会议上，习近平同志首次提出“既解决实际问题又解决思想问题”，“要扎实抓好县级融媒体中心建设，更好引导群众、服务群众”，再一次与“网信事业要发展，必须贯彻以人民为中心的发展思想”的重要论述形成理论闭环，——这既是在互联网新媒体新闻舆论环境下继承“支部建在连上”光荣传统的党建理论重大创新和发展，又是坚定网络群众路线，以网络强国战略将互联网时代的治国理政全面扎根落地的一个重大战略部署和安排。

本报告认为，社会治理是国家治理的重要体现，也是党执政的重要内容，加强互联网时代的社会治理创新更是不断转变和完善党的执政方式的具体体现。“郡县治，天下安”。“县级融媒体中心”是网络强国战略对治国理政思维的重要支撑，它的提出，是新时代习近平网络强国战略思想经由互联网传播手段和话语方式创新的“媒体融合”走向“媒介执政”，进一步创新党委领导、政府负责、社会协同、公众参与的社会治理新格局，打通全党与全国人民信息沟通“最后一公里”的基层网络政权组织建设的一个重大突破和变革之举。

---

① 《习近平系统阐述网络强国战略思想》，《人民日报》2018 年 4 月 22 日。

（二）政策层面：政务新媒体站位“网络强国战略”和“社会治理”全新定位

政务新媒体参与并主导社会治理，是当代社会公共管理职能社会化和大众传媒社会化共同作用的必然结果。自2009年社交媒体微博诞生后，以党委政府这一特定身份的政治主体不断追随人民群众上网的脚步，“政务新媒体”走上网络群众路线，融入网络社会传播生态。但是近十年来，关于“政务新媒体”的概念与定义、内涵和外延、功能与定位，在发展实践中经历了一番探索和争鸣——遵循新媒体传播规律的“政务新媒体”，其根本属性究竟是“媒体”还是“政务”，政务新媒体的主业是革故鼎新地转型媒体职能，还是在网络社会生态中延伸于线上的“新媒体政务”……2017年4月21日，“全国政务微博矩阵学术研讨会”发表的“成都共识十条”对此阐述认为，“政务新媒体不（仅仅）是媒体”，必须坚持“以发布为基础、互动为核心、服务为根本”。[①] 2018年，国办新政频出，对政务新媒体做出“实施网络强国战略”和“创新社会治理”的全新赋能定位。

2018年4月8日，国务院办公厅印发了《2018年政务公开工作要点》（国办发〔2018〕23号），首次提出政务新媒体要进一步“增强公开实效，提升服务水平”，将政务新媒体的综合功能拓展为“政务服务平台”，并重申“不得发布与政府职能没有直接关联的信息”。2018年6月10日，国务院办公厅印发《关于进一步深化“互联网＋政务服务”推进政务服务“一网、一门、一次”改革实施方案》（国办发〔2018〕45号）的通知，进一步提出要“推动政务服务向‘两微一端’等延伸拓展，为群众提供多样性、多渠道、便利化服务”，强调“加强政务新媒体监管，提升服务水平”。

2018年12月27日，国务院办公厅印发《关于推进政务新媒体健康有序发展的意见》（国办发〔2018〕123号，后文提及统一简称“国办123号文件”），对“政务新媒体”首次进行了全面、规范、系统的概念表述和功能定位。意见明确，“政务新媒体是移动互联网时代党和政府联系群众、服务群众、凝聚群众的重要渠道，是加快转变政府职能、建设服务型政府的重要手

---

① 《全国政务微博矩阵发展学术研讨会发布“成都共识十条”》，人民网，2017年4月26日。

段，是引导网上舆论、构建清朗网络空间的重要阵地，是探索社会治理新模式、提高社会治理能力的重要途径”。意见要求，以“实施网络强国战略，落实网络意识形态责任制，大力推进政务新媒体工作，明确功能定位，加强统筹规划，完善体制机制，规范运营管理，持续提升政府网上履职能力”“努力建设利企便民、亮点纷呈、人民满意的‘指尖上的网上政府’”为指导思想，加强政务新媒体的“功能建设”：“（一）推进政务公开，强化解读回应。（二）加强政民互动，创新社会治理。（三）突出民生事项，优化掌上服务。”① 这是国办规范性文件中首次对“政务新媒体”明确匹配以“社会治理”功能的职能设定，且全文词频多达5次。

由此，中国政务新媒体在2018年全面厘清了其“政府网上履职能力”“指尖上的网上政府”的功能回归和“社会治理”的职责认定，彰显出政务新媒体“为人民服务”的发展初心和“执政为民”的工作理念，这也是求真务实、科学回答在习近平网络强国战略思想指导下政务新媒体“发展为了谁”“发展依靠谁”“发展成果由谁共享”的具体表现。

（三）实践层面：政务新媒体继续纵深影响和促进中国社会治理

习近平同志在十九大报告中指出，要“提高保障和改善民生水平，加强和创新社会治理。全党必须牢记，为什么人的问题，是检验一个政党、一个政权性质的试金石”。2018年，随着社会治理进一步与依法治网大环境下不断成熟的网络社会、新媒体传播生态共生共存共融，作为勇于担当“责任伦理”② 的中国政务新媒体先行者，对网络社会形态和网络社会生态及其传播规律有了进一步的洞察和认知。实践表明，良好的社会舆论根本上依托于公权力在网络新媒体空间继续依法行政和在线履职尽责所习得的最广泛民意的积极口碑评价，再强大的新媒体创意宣传攻势也并不能全然取代线上线下因为责任伦理而法定存在的党委政府服务职能。只有继续加强新媒体空间的政民互动，听民

① 《国务院办公厅关于推进政务新媒体健康有序发展的意见》，中国政府网，2018年12月27日。

② 早在1919年马克斯·韦伯就提出了“责任伦理”的概念。他认为责任伦理要求行动者对客观世界及其规律性有所认知，要审时度势地做出选择，并对其后果承担责任。参见田秀云、白臣《当代中国责任伦理研究的回顾与展望》，《伦理学研究》2010年第3期。

意、惠民生、解民忧，才能从根本上引导主流舆论，化解和消解网络社会中的幽怨杂音，画好“同心圆”，凝心聚力铸梦前行。

2018年4月17日，新组建的生态环境部官方网站和官方微博同步公布《关于环保系统官方微博、微信公众号存在“零发稿”或久未更新情况的通报》（环办宣教函〔2018〕142号），对截至2018年4月2日环境保护系统政务微博微信“零发稿”或久未更新情况进行了“点名式”通报，并明确要求各地“将本通报转发至相关地市（含区县）人民政府及环境保护局，并督促相关环保部门进行整改”。这是自2013年“政务新媒体”正式确立以来，来自中央部委一级单位对政务新媒体管理和整饬发出的第一份正式通报。[①] 2018年5月30日，生态环境部部长李干杰在全国生态环境宣传工作会议上的讲话中指出，“必须统筹好生态环境正面宣传和舆论监督的关系，既要正面宣传保护生态环境的坚定决心和决策部署、各地区各部门的不懈努力和工作成效，也要主动曝光损害群众健康和影响高质量发展的突出生态环境问题，以及一些地区和部门党政领导干部不作为、慢作为、乱作为的问题”，“事实雄辩地印证了这样一个道理：主动曝光生态环境问题也是正面宣传”。李干杰要求，“既要学会与媒体直接打交道，敢于‘面对面’；又要学会与网友间接沟通交流，勤于‘键对键’”。他特别强调，“新闻宣传是生态环境宣传的重心，要以帮助解决群众身边突出生态环境问题、改善生态环境质量、实现经济高质量发展为出发点，以提升群众环境获得感幸福感为落脚点”。此外，他还提出“要加强新闻发言人制度建设，用好政务新媒体，用好新媒体矩阵”。[②] 这些在实践中凝结的政务新媒体新理念，赢得了舆论广泛的赞同和共鸣。

继续以本报告人持续八年对国内政务新媒体微博最佳实践的追踪观察和调研数据为例。自2011年以来，中共宁夏回族自治区银川市委市政府基于微博建立了机制化体制化保障管理运营的政务微博矩阵，已经成为融党务政务公开、政策发布解读、互动回应关切、引导社会舆论、沟通化解矛盾、创新社会治理于一体的媒介执政平台。2018年，银川政务微博矩阵在

---

① 侯锷：《中国政务新媒体（微博）年鉴（2009～2018）》，社会科学文献出版社，2019，第3186页。

② 《关于舆论监督这件事，生态环境部部长李干杰这么说》，生态环境部官方微博“@生态环境部”，2018年5月30日。

线直接受理网民诉求的总量，连续第三年保持稳步回落（见表1），银川社会治理已从网络生态上显现出根治、良治和善治的趋势。① 这种在新媒体空间党政联袂在线行政的组织方式，不仅加强了党的领导，更实现了党委政府公信力的提升。

表1 银川市政务微博矩阵服务绩效

年度	线上受理			线下治理
	受理事项(件)	办结量(件)	办结率(%)	信访总量(较上一年度)
2012	15781	14046	89.01	下降12%
2013	24769	23324	94.17	下降14%
2014	21805	20644	94.68	下降15%
2015	30281	29373	97.00	下降13%
2016	25196	23936	94.99	下降15.4%
2017	19109	18566	97.16	总批次下降18.9% 总人数下降39.8%
2018	17832	17487	98.06	总批次上升7.62% 总人次下降29.02%

注：根据中央统一部署，2018年2月23日至5月22日，中央第八巡视组对宁夏回族自治区进行了巡视，经由中央第八巡视组交办的群众来信信访数量增多。

资料来源：中国传媒大学媒介与公共事务研究院政务新媒体实验室（GovLab）定向追踪调研数据，2019年3月。

同时，2018年，中国传媒大学政务新媒体实验室（GovLab）继续对全国最佳实践政务微博参与创新社会治理的服务绩效表现进行了追踪调研，有数据可鉴的城市/单位实验室样本数量由2017年的7个追加到13个（见表2），流失1个（流失城市：河南商丘；流失原因：缺乏机制保障，人事异动、人走政息）。其中，被誉为“线上战狼”的湖南省公安厅官方微博“@湖南公安”在2018年度实现微博在线跨国救助中国公民23起，较2017年增长130%。辽宁省交通厅官方微博“@辽宁交通”在线受理行业投诉并协调民意诉求，线下实体信访在2017年下降20.41%的基础上，2018年再次下降46.15%，为辽宁

① 侯锷：《2017年网络强国战略下社会新治理体系研究报告》，载唐绪军主编《新媒体蓝皮书：中国新媒体发展报告 *No.9*（2018）》，社会科学文献出版社，2018。

省交通运输发展营造了良好的网络舆论环境。与此同时，政务微博“@平安北京”“@天津交警”“@辽宁交通”“@湖南公安”“@马鞍山发布”“@新疆检察”2018年在线受理网民服务诉求的“接单量”实现了较大幅度的攀升，显示出网络社会治理空间巨大的政民互动生命力。

表2　2017～2018年部分城市政务微博矩阵服务绩效数据统计

单位：件，%

城市/单位	受理民意诉求事项		办结事项		办结率		备注（矩阵核心账号）
	2017年	2018年	2017年	2018年	2017年	2018年	
四川成都	267903	162266	251653	154639	93.93	95.30	@成都服务
宁夏银川	19109	17832	18566	17487	97.16	98.06	@问政银川
云南昆明	14651	14101	9855	11506	67.27	81.60	@昆明发布
北京公安*	9200	10900	7820	9810	85.00	90.00	@平安北京
天津交警	3852	12505	3821	11857	99.20	94.81	@天津交警
宁夏银川公安*	7970	7935	6801	6792	99.56	99.87	@平安银川
辽宁交通*	6377	7512	5929	6963	92.97	92.69	@辽宁交通
湖南公安*	6022	6205	5656	5840	93.92	94.12	@湖南公安
河南洛阳公安	4025	3941	4025	3906	100.00	99.11	@平安洛阳
安徽马鞍山	684	1863	653	1795	95.47	96.34	@马鞍山发布
宁夏固原	804	561	757	557	94.15	99.29	@固原发布
郑州城管*	—	3010	—	2769	—	91.99	@郑州市城市管理局
新疆检察*	57	195	57	171	100.00	87.69	@新疆检察

注：“宁夏银川公安”数据为“@平安银川”公安微博矩阵直接受理网友反映诉求事项的独立数据，不包含经由“@问政银川”批转督办的诉求事项。“*”标注为新增追踪数据城市/单位。

资料来源：中国传媒大学媒介与公共事务研究院政务新媒体实验室（GovLab）调研统计。数据截至2018年12月31日。

二　网络强国战略下政务新媒体在推进创新社会治理实践中存在的相关问题

2019年，面对网络强国战略下社会治理的新发展格局，中国政务新媒体既需要勇往直前，更需要注意警惕“来时路”上已经被实践验证的“偏颇”和“死胡同”。本报告对政务新媒体实践中已经出现的“雷区”“误区”“盲区”进行相关梳理和盘点，着力矫正和解决好以下三大方面历史遗留的“十大问题清单”，助力政务新媒体走上健康有序发展的快车道。

（一）理念认知方面

1. “政务新媒体”的核心“客户”是对外沟通社会服务群众而不是上级领导

新媒体是社会化传播的新兴媒体。在人民群众的期盼定位中，以党政机构为运营主体的“政务新媒体”是令自已期待和满意的“指尖上的网上政府”，而某些政务新媒体却未能发挥“（与网友）互动、（让群众）体验、（让社会）分享”① 的最大传播优势、优化用户体验、提升服务水平、增强群众获得感，偏颇地理解并执行为旧媒体的单向灌输和宣传发布，不互动无服务，以“内刊”“简报”定位，“唯上”而办成了令上级领导满意的“大喇叭”，自我边缘化，沦为“体制内的狂欢”。政务新媒体需要围绕中心、服务大局工作中进一步解决“为了谁、依靠谁、我是谁”的根本问题，找准定位。

2. “政务新媒体”的科学舆情观问题

“老百姓上了网，民意就上了网”，随后“政务新媒体”上网。这是基于互联网发展的政务新媒体成长的一个客观历程。网上“舆情”来自于网下人民群众对更加美好生活期盼的社情民意表达，“舆情”带来的更是完善社会治理的升级空间和政治改良机遇，要从根本上化解“舆情”，首先需要围绕公众需求，立足政府职能，主动担当履职，建立网上舆情引导与网下实际工作处置相同步、相协调的工作机制，网上网下同心聚力、齐抓共管，共同防范社会风险、共同构筑同心圆。但是当前一些地方领导干部偏颇地理解“舆情”来自“网上”，并将其定义为“坏消息”甚至于放大为“敌情”，就网治网、扬汤止沸而不是釜底抽薪。面对网络舆情“需求侧”凸显出的社会主要矛盾，缺乏“供给侧”的系统治理思维和责任担当。

---

① 遵循习近平同志 2016 年 10 月 9 日在中共中央政治局第三十六次集体学习会议上关于对“网络传播优势”的关键词定义讲话：“要发挥网络传播互动、体验、分享的优势，听民意、惠民生、解民忧，凝聚社会共识。”

3. 关于政务新媒体的亲民性和权威性的问题

当前，一些政务新媒体将“卖萌”偏颇地理解为“亲民”的全部，却忽视了“互动服务”才是赢得民心的最佳亲民捷径。互动是传播的引擎，以群众满意的政务服务驱动网络民意的口碑自传播，是政治传播的至高境界和理想追求。同时，一些政务新媒体为了追逐表面强大的“权威”，片面强调传播数据，存在购买“粉丝”、购买虚拟传播数据的“政绩”造假行为，甚至于强制要求群众下载移动客户端、关注、点赞或转发信息，却忽视了关注并解决群众为何未能自觉自愿、自动自发参与背后的真正原因。

（二）顶层设计与机制体制方面

1. 党委宣传、网信执法和政府服务在顶层设计上未厘清分工协同

“政务新媒体，是指各级行政机关、承担行政职能的事业单位及其内设机构在微博、微信等第三方平台上开设的政务账号或应用，以及自行开发建设的移动客户端等。”这是国办 123 号文件首次对“政务新媒体”下达的一个官方定义。但是从社会公众的认知层面来看，“政务新媒体”并非特定的“政府新媒体（New Media For Government Affairs）”，而是以政治体制和公权力归属为单一标准划分的“泛政治新媒体”（Pan-Political New Media）的统称，既包括党委和政府，也涵盖了一切由执政党主持工作的政治组织。如人大、军队、法院、检察院、共青团、妇联、工会等。老百姓的这种对“政务新媒体”的笼统界定，恰恰提出了现状之下“政务新媒体”在体制内部顶层设计上亟待解决的党政协作的组织性和科学性的迫切命题。

我国现行的党政关系已经形成了在中国共产党领导下，党政分工不分开、党政有机联结作为国家治理主体的施政机制。新时期，国家治理过程中面临的政治、经济、社会事务日趋复杂化和专业化，重点领域改革迈出新步伐，市场准入负面清单制度全面实行，简政放权、放管结合、优化服务改革力度加大，国家治理主体的链条既离不开政党、政府，也离不开各类市场力量、社会组织的协同共治。因此，“系统治理”“依法治理”“综合治理”“源头治理”，①“打造共建共治共享的社会治理格局，加强社会治理制度建设，完善党委领

① 《中共中央关于全面深化改革若干重大问题的决定》，《人民日报》2013 年 11 月 16 日。

导、政府负责、社会协同、公众参与、法治保障的社会治理体制，提高社会治理社会化、法治化、智能化、专业化水平”① 的切实要求也就摆在了面前。这也对新时代政务新媒体空间三大主要责任主体党委宣传、网信执法和政府服务的职责分工、业务协作提出了刻不容缓的组织要求。但是从当前的实践来看，三大政务主体职能分工不清、权责不明、业务协作机制不畅，具体表现在：三者皆倾向于单向发布的媒体职能，与网民互动性不足；政府服务产生的积极舆论正能量和好故事缺乏组织宣传，党委宣传发布评论区的民意诉求表达无法受理，热点舆论事件面前因等待、推诿、缺位失语而滋生舆论不满后只求网信执法删帖，网信执法却又疑似佑护了懒政怠政者，最终成为政务新媒体业务链上的被舆论误会最大的“背锅侠”。

2. 政务新媒体的运营管理机制体制不健全

近年来，中办、国办多次发文，不断重申，要求加强政务新媒体组织领导、人才培养和考核评价工作，“建立完善与宣传、网信、公安等部门的沟通协调机制，共同做好发布引导、舆情应对、网络安全等工作”（国办发〔2018〕123 号）。但是从当前的实践来看，各类问题依然未得到系统解决。在涉及政务活动重要舆情和公众关注社会热点问题的“舆论饥渴”面前，该发布时候不能抢占先机、先声夺人，不敢发甚至“不让发”，常态下的内容发布却无人审核把关，随意发、随性发。同时，当前政务新媒体的考核评价体系、各类激励排行榜单完全由提供新媒体服务的平台运营商独立操作，对政务新媒体健康有序发展存在极大误导，而相关党政责任主体和部门又以“商业平台”为由，退避三舍，不参与、不指导、不把关、不审核，无法保障政务新媒体在网络强国战略下实现科学的施政治理。

3. “政务 + 新媒体”本末倒置，业务融合与协作机制亟待贯通

“政务新媒体”的本质是“新媒体政务”，其核心业务是“政务”，履职方是“新媒体”。在实践中，绝大多数“政务新媒体”一般均授权归口由本单位本部门的宣传科处室负责运营管理，以求在“说”的层面体现优势。但是，

① 《习近平：不忘初心　牢记使命　高举中国特色社会主义伟大旗帜　决胜全面建成小康社会　夺取新时代中国特色社会主义伟大胜利　为实现中华民族伟大复兴的中国梦不懈奋斗——在中国共产党第十九次全国代表大会上的报告》，2017 年 10 月 18 日。

宣传处室将这一代表组织官方的“政务新媒体”，自我缩小政务功能、自我压缩部门职能、自我设限施政效能，办成了科处室的“小部门新媒体”。甚至为了以示“亲民”，一些负责政务新媒体后台运营的工作人员走向面对社会公众的“前台”，口口声声以“小编”自称而忽略了“我们”这一联结党群、政民的组织称谓，使“政务新媒体”矮化成为“小编的（个人）微博”，甚至擅自发布代表个人观点、意见及情绪的“代言组织”，造成政治传播事故频发。

究其根本，造成这种窘境的原因在于，政务新媒体前台的宣传职能未能与后台的业务部门和业务功能实现有机融合与衔接贯通，造成“说”与“做”的言行不一，负责“做”的没机会说，负责“说”的没机会了解“做”，面对线上网友提出的政务服务诉求，无法实现政民互动和线上线下的业务协同。线下的“只做不说”难以使服务效果扩散传播，与线上的“只说不做”又被网友斥为“不务政业”，由此产生巨大的舆论误解。同时，线下业务部门偏颇地将“网络舆情”曲解并归责于“万能的宣传部”甚至“网信终结者”，而忽视了绝大多数的“舆情”发轫主要根源是线下执法和服务的不规范、不到位。

4. 政务新媒体普遍性存在“在网不在岗”“有账号无作为”现象

对于不断出现的新媒体业态，政务新媒体存在“赶时髦”盲目跟风，缺乏媒介与政务适配性的理性分析评估规划。比如，关联民生需求紧密的窗口服务部门该开设未开设造成“缺位”，甚至出现假冒党政部门的“李鬼账号”，政务新媒体（微博）矩阵难以建立并发挥协同功效；已开设的政务新媒体不互动、不作为，甚至久不更新而导致不少披挂党政官方认证的“僵尸账号”被盗号而发布不当内容、虚假内容的传播事故屡见不鲜。政务新媒体“生而不教不养”，直接损害了党政网络的公众形象和公信力。

5. 政务新媒体欠缺“激浊扬清”“惩前毖后”的信息通报机制

“一个党员就是一面旗帜。”同理，一个政务新媒体账号也代言了一个党中央和中央政府。近十年来，政务新媒体的实践在全国欠缺典型先进经验推广和失误警示通报机制。好的标兵、优秀的经验做法得不到树立和复制普及，失误和错误的教训却可以在全国重复无数、轮番上演。

（三）组织协作与运营操作方面

1. 政务新媒体的传播自信不足，错失治理效应最大化的传播良机

政务新媒体与网友的公开互动、答疑解惑、督导转办诉求是最好的“政务公开”，而绝大多数政务新媒体却选择了“私信”处理，错失了积极舆论社会化传播和扩散的社会效益。好故事无传播，正能量无人知。这也是另一种“只做不说”。

2. 闭关自守，出现不该有的“信息孤岛”

“互动”是具有互联网开放基因的新媒体区别于其他媒体形态的根本特质。政务新媒体尤其是政务微博的核心价值，体现于其与全网络社会生态的行为互动、信息互联、信用互通，而许多的政务新媒体却在信息枢纽最为交错开放的“传播特区”闭关自守，建设“信息孤岛”。这是一种低级错误。

三　网络强国战略下政务媒体推进中国社会治理的思考与建议

（一）政务新媒体是治国理政、推进网络强国战略的重要抓手和关键主体

近年来，伴随中国社会转型与经济大发展的挑战和机遇，互联网尤其是最具组织动员活力和传播风险因子的新媒体，其社会化、多元化、丛林化的舆论生态环境，对党的意识形态领导和新闻舆论、宣传思想工作领导等传统媒体时期执政的话语优势构成了前所未有的竞争。甚至一些网络大 V 可以在键盘上轻轻松松地通过一帖虚假杜撰的网文而撩拨公众情绪，扰乱舆论视听，“决胜千里之外”。这种现状，无形中弱化和稀释了党的传统执政优势和执政话语主导权。2014 年 8 月 18 日，中央全面深化改革领导小组第四次会议通过了《关于推动传统媒体和新兴媒体融合发展的指导意见》。习近平指出，整合新闻媒体资源，推动传统媒体和新兴媒体融合发展，是落实中央全面深化改革部署、推进宣传文化领域改革创新的一项重要任务，是适应媒体格局深刻变化、提升主流媒体传播力公信力影响力和舆论引导能力的重要举

措。因此，传播渠道媒体融合、传播队伍组织再造、传播话语能力提升、传播生态舆论主导，已成为新媒体时代党执政、国家治理体系和治理能力现代化的关键能力。[①]

治理来源于失效。[②] 任何时期，执政党绝不是媒体集团，但任何时期的执政党却必然也首先是一个媒体化的政治集团。对此，学者杜刚等也认为，维持执政党与民众、政府与社会的良性互动，确保党的执政取向公众认同、执政过程全民参与、执政秩序规范有序、执政绩效群众公认，需要党和政府具备超强的执政能力，而现代传媒时代，媒介执政能力是我们党一项十分重要的执政能力。[③] 学者刘玉瑛也建议，执政党要“先发制人”来适应新媒体环境的变化，实现四大转变：在政治思维上，要完成由“革命党思维”向“执政党思维”的转变；在执政方式上，要实现由“封闭式执政”向“开放式执政”的转变；在沟通方式上，要实现由“自说自话”向“平等交流”的转变；在管理方式上，要实现从“严密监控”向“主动引导”的转变。[④] 与时俱进地适应新媒体时代的社会变革，根据执政环境和社会舆论生态、对象的变化及时优化改进执政方式，提高执政水平。

做好网上舆论工作是一项长期任务，要创新改进网上宣传，运用网络传播规律，弘扬主旋律，激发正能量，大力培育和践行社会主义核心价值观，把握好网上舆论引导的时、度、效，使网络空间清朗起来。[⑤] 而这一工作必须积极运用和发挥以党政为主体的政务新媒体，进行“同域传播”“同场作战”，直接向人民群众传播党和政府权威声音，做大做强正面宣传，巩固拓展主流舆论阵地。政务新媒体也就必然成为新时代网络强国战略下治国理政

---

① 侯锷：《新时代网络强国战略下的中国社会新治理体系（2009～2018）》，载《中国政务新媒体（微博）年鉴（2009～2018）》，社会科学文献出版社，2019。

② 李黎明、王桂芸：《习近平社会治理思想新内涵（2013～2018）》，载《经济新常态下社会治理研究》，社会科学文献出版社，2017。

③ 杜刚、徐友龙：《媒介执政：中国共产党领导新闻舆论工作规律的深化与发展》，《观察与思考》2017年第7期。

④ 刘玉瑛：《新媒体环境下执政党需实现四大转变》，《中国党政干部论坛》2013年第4期。

⑤ 2014年2月27日习近平在主持召开中央网络安全和信息化领导小组第一次会议时的重要讲话。

的重要抓手和关键主体。缺席缺位无异于拱手相让，缺声失语更意味着放弃民心的胜利。

（二）“县级融媒体”是新型政务新媒体，根本在于“融心”

“县级融媒体中心”是党中央和习近平总书记直接安排部署的新型政务新媒体，是通过渠道下沉和资源整合，以内容融合、渠道融合、平台融合、经营融合、管理融合、业务融合来全面建设现代传播体系，最终“引导群众，服务群众”，并以此加强党的执政领导的一项网络强国战略部署。具体而言，就是实现跨层级、跨地域、跨系统、跨部门、跨业务的信息协同和管理服务，“利用互联网扁平化、交互式、快捷性优势，推进政府决策科学化、社会治理精准化、公共服务高效化，用信息化手段更好感知社会态势、畅通沟通渠道、辅助决策施政”①。中国人民大学新闻学院教授、中宣部媒体融合专家组成员宋建武也指出：“‘县级融媒体中心’不是广电的，也不是报业的，而一定是我们党和政府基于互联网的融媒体中心，其功能是让人民群众聚合在我们主流媒体的自主可控平台之上，在这个过程中，这一中心将会成为我们党重要的执政手段。因为在这个中心里面既有引导功能，又有政务服务功能，这就将治国和理政结合在一起了。”②

由此可见，“县级融媒体中心”非常明确的服务对象定位就是基层人民群众，而不是体制的内网。“宣传思想工作是做人的工作的，人在哪儿重点就应该在哪儿。”③ 但是当前，在“县级融媒体中心”的基层实践中，“房地产化”的倾向较为突出，重硬件而轻软件，重数据政绩而轻治理实效，重信息发布和渠道“分流”而轻群众民意的“回流”，重领导表扬而轻民意褒奖。这显然是有悖于“县级融媒体中心”的战略意图和建设初衷的。

---

① 《习近平：在中共中央政治局就实施网络强国战略进行第三十六次集体学习会议上的讲话》，2016 年 10 月 9 日。

② 《宋建武：县级融媒体中心建设要重点在移动端做增量》（注：该文为 2019 年 1 月 11 日，中国人民大学新闻学院教授、中宣部媒体融合专家组成员宋建武在“和合相融·服务赋能”第二届广电融媒发展论坛暨市县融媒体中心建设实战研讨大会上所作《县级融媒体中心的历史方位与路径》的主题分享实录），人民网，http://media.people.com.cn/n1/2019/0128/c425268-30594593.html。

③ 《习近平：在全国宣传思想工作会议上的讲话》，2013 年 8 月 19 日。

（三）搁置政务新媒体平台姓“商”姓“政”之争，“空谈误国，实干兴邦”

当前，我国依法治网持续推进，已经初步形成了党委领导、政府管理、企业履责、社会监督、网民自律等多主体参与，经济、法律、技术等多种手段相结合的综合治网格局，网络空间不断清朗，网络秩序回归理性。但是在“政务新媒体”和“县级融媒体中心”的发展建设过程中，也出现了一些无谓的分歧辩论声音。有人认为，在微博微信这一类的社交媒体平台上无法实现新闻舆论工作的“可管可控”，理由是它们是互联网企业的“商业平台”而不是党政主管主办的“自有平台”，出现了政务新媒体究竟应该姓“商”还是姓“政”的争议。不得不说，这与40年前中国改革开放初期姓“资”姓“社”的分歧争论逻辑如出一辙。

舆论环境源于社会环境，是社会多数人基于公开、聚合而表达生成的具有一定倾向性、代表性的态度、情绪、意见和要求，这种社会化的“公共声音”通过相关媒介传播进行交互碰撞和感染影响，最终整合呈现出现实社会中不同领域、地域、阶层、群体的利益诉求和意识形态氛围。[①] 舆论聚合之地，必是政民沟通之所。我们面对的核心问题是对话沟通、消除误会以增进共识，而不应“失焦”回避矛盾而纠结于声音发生的具体场所。1992年1月18日，邓小平同志在武汉谈话中说：“空谈误国，实干兴邦，不要再进行所谓的争论了。”正是这一睿智果断的声音，把全体中国人民从姓“资”姓“社”的无谓争论中彻底唤醒，中国改革开放阔步走上了新征程。对于这种争论，邓小平同志曾提出了“不争论”原则，他说：“不搞争论，是我的一个发明。不争论，是为了争取时间干。一争论就复杂了，把时间都争掉了，什么也干不成。不争论，大胆地试，大胆地闯。”[②] 他认为：“如果在这个时候开展一个什么理论问题的讨论，比如对市场、计划等问题的讨论，提出这类问题，不但不利于稳定，还会误事。现在需要聚精会神地做几件使人民满意、高兴的事情，同时要赶快注

① 侯锷：《中国公共关系舆论环境研究报告》，载《中国公共关系发展报告（2016）》，社会科学文献出版社，2016。

② 《邓小平文选》（第3卷），人民出版社，1993，第374页。

意那些对我们前进不利的事情。"① 这与当下新媒体蓬勃发展的大背景下，我们所面对的新闻舆论工作形势和语境全然相似。2012 年 11 月 29 日，在党的十八大刚刚闭幕之际，习近平总书记带领中央政治局常委全体同志，在借参观《复兴之路》展览之机发表新一届班子施政宣言时，再次谈到"空谈误国，实干兴邦"，也显示了新一届中央领导集体治国理政思路的求真务实和继往开来。

有谚语说，"你可以把马儿牵到河边，但不能也无法强迫它喝水"。同理，自建政务新媒体 APP 容易，但是在国民经济生活和城市流通日益快速便捷的网络化、全球化时代，跨时空、边社交边"吐槽"已经成为网络社会生活和舆论生成交互的基本范式。尤其是"坏消息"的发轫者更愿意在全球融通的网络空间发表，以试图舆论施压催告问题重视和解决。如果要求公众反映心声诉求必须专程下载官方自建自有的 APP，前往指定的网络空间表达，这无疑是一种理想化了的一厢情愿。其结果，必然是政民各行其是而分道扬镳，政务新媒体进一步地自我边缘化，舆论局面也必然更加复杂甚至失控，因为这意味着官方的"退场"。

对此，习近平同志早就明确告诫指出："很多人特别是年轻人基本不看主流媒体，大部分信息都从网上获取。必须正视这个事实，加大力量投入，尽快掌握这个舆论战场上的主动权，不能被边缘化了。"②"阵地是意识形态工作的基本依托。人在哪里，新闻舆论阵地就应该在哪里。对新媒体，我们不能停留在管控上，必须参与进去、深入进去、运用起来。"③ 因此，无论政务新媒体存在于商业平台，或党政官方自建自有的"县级融媒体中心"，都必须坚持正确导向、坚持需求引领、坚持互联融合、坚持创新发展，一切回归到以人民为中心的发展初心和治理原点。已经有了便捷的"连心桥"，就不必再去执拗地"修路"或者再"摸着石头过河"，再去制造一个如何解决"公众参与意愿"的新难题。

当下，网络强国战略下的政务新媒体、县级融媒体中心，作为互联网时代党和政府线上线下媒介执政与治国理政的重要抓手，其核心定位是一个网络信息融合中心、互动治理中心、督导协作中心和指挥作战中心，而并非简易的

---

① 《邓小平文选》（第 3 卷），人民出版社，1993，第 312 页。

② 《习近平：在全国宣传思想工作会议上的讲话》，2013 年 8 月 19 日。

③ 《习近平：在党的新闻舆论工作座谈会上的讲话》，2016 年 2 月 19 日。

“新媒体（发布）中心”。我们需要的是以习近平新时代中国特色社会主义思想为指导，不懈怠、不折腾，以坚定坚决的执行力贯彻落实网络强国战略思想，充分利用互联网新媒体的互动体验分享的优势，精准、高效并令人民群众满意地对接和沟通社会舆论与民意诉求，在发布中解读回应，在互动中体察民意，在服务中凝心聚力，让网络强国战略成为新时代治国理政的重要引擎。

参考文献

[1]《习近平关于全面深化改革论述摘编》，中共中央文献研究室，2014。

[2]《习近平谈治国理政》，外文出版社，2014。

[3]《习近平谈治国理政》（第二卷），外文出版社，2017。

[4]《邓小平文选》（第3卷），人民出版社，1993。

[5]《中国新媒体发展报告（2017）》，社会科学文献出版社，2017。

[6]《中国新媒体发展报告（2018）》，社会科学文献出版社，2018。

[7]《中国公共关系发展报告（2016）》，社会科学文献出版社，2016。

[8] 侯锷：《中国政务新媒体（微博）年鉴（2009～2018）》，社会科学文献出版社，2019。

[9] 张真继、张润彤：《网络社会生态学》，电子工业出版社，2008。

[10] 李友梅等：《中国社会治理转型（1978～2018）》，社会科学文献出版社，2018。

[11]《经济新常态下社会治理研究》，社会科学文献出版社，2017。

[12] 沈国麟等：《善治安心：中国网络理政的理念的实践》，华夏出版社，2017。

[13] 弥尔顿·L. 穆勒：《网络与国家：互联网治理的全球政治学》，上海交通大学出版社，2015。

[14] 黄楚新：《新媒体：微传播与融媒发展》，人民日报出版社，2018。

[15] 王金水：《网络政治参与与政治稳定机制研究》，中国社会科学出版社，2013。

[16] 魏礼群：《创新社会治理案例选2018》，中国言实出版社，2018。

[17] 中国社会科学院国家法治指数研究中心、中国社会科学院法学研究所法治指数创新工程项目组：《社会治理：新时代“枫桥经验”的线上实践》，中国社会科学出版社，2019。

[18] 唐绪军、黄楚新、彭韵佳：《中国媒体融合发展报告（2016～2017）》，中国社会科学出版社，2018。

[19] 国务院发展研究中心公共管理与人力资源研究所“我国社会治理创新发展研究”课题组：《我国社会治理的制度与实践创新》，中国发展出版社，2018。

B.7

2018年中国互联网舆论场发展研究报告

刘鹏飞　曲晓程*

摘　要： 2018年互联网用户和舆论场结构出现新变化，舆情源头更加多元。经济民生、国际话题、意识形态、科技话题成为新热点，突发事件应急管理体系提升。数据安全和用户隐私成为企业舆情滋生来源。媒体融合和县级融媒体建设深入推进，正能量传播成为主旋律。政务新媒体加速发展，大数据与社会治理有机结合。依法治网稳步推进，互联网综合治理体系更加完善。

关键词： 舆情　舆论场　媒体融合　政务新媒体

一　全媒体时代的互联网生态

截至2018年12月，网民规模达8.29亿，全年新增网民5653万，互联网普及率为59.6%，较2017年底提升了3.8个百分点。截至2018年12月，手机网民规模达8.17亿，全年新增手机网民6433万。① 移动互联网已经成为网民上网的重要途径。中国接入互联网已有25年，从PC端到智能手机、从新闻站点到客户端、从文字报道到全媒呈现，新闻资讯的生产、传播、分发等过程

* 刘鹏飞，人民网新媒体智库高级研究员，人民在线副总编辑，新媒体智库主任，研究方向为网络舆情、新媒体传播、危机管理；曲晓程，人民网新媒体智库助理研究员，研究方向为网络舆情、网络治理。

① CNNIC：《第43次中国互联网络发展状况统计报告》，2019年2月28日。

经历了翻天覆地的变化。

2019 年 1 月 25 日，中共中央政治局在人民日报社就全媒体时代和媒体融合发展举行第十二次集体学习。习近平总书记指出："全媒体不断发展，出现了全程媒体、全息媒体、全员媒体、全效媒体，信息无处不在、无所不及、无人不用，导致舆论生态、媒体格局、传播方式发生深刻变化，新闻舆论工作面临新的挑战。"

截至 2018 年 12 月，我国在线政务服务用户规模达 3.94 亿，占整体网民的 47.5%。2018 年，我国"互联网+政务服务"深化发展。① "大数据+政务服务"，如何打破政务服务的"最后一公里""最后一米"，让"数据多跑路"，实现"群众少跑腿"，已经成为主要方向。各地相继开展县级融媒体中心建设，将整合县广播电视台、县党报、县属网站等媒体单位统筹发展，推动形成新的传播格局。

习近平总书记曾指出："推动媒体融合发展，要统筹处理好传统媒体和新兴媒体、中央媒体和地方媒体、主流媒体和商业平台、大众化媒体和专业性媒体的关系，形成资源集约、结构合理、差异发展、协同高效的全媒体传播体系。"当前，大数据、人工智能、物联网、云计算等技术不断融合，"万物互联""移动互联"随之到来，AI 赋能政务服务数字化、社会治理现代化将为互联网舆论场格局演变带来新挑战，也会成为建设智慧社会的新机遇。

二　互联网舆论场基本面分析

本报告对 2018 年 1 月 1 日至 12 月 31 日共计 637 件热点事件进行统计分析，通过网络新闻、论坛、博客、报刊、微博、微信、客户端七个维度进行数据统计，综合计算出每项事件的热度值，并从时间、空间、媒介类型、事件类型、人群画像五个角度分析 2018 年互联网舆论场的演变规律及态势。

① CNNIC：《第 43 次中国互联网络发展状况统计报告》，2019 年 2 月 28 日。

表1　2018 年中国互联网舆论场 20 件热点事件

单位：篇/条

序号	热点事件	新闻	论坛	博客	报刊	微博	微信	APP	热度值
1	中美经贸摩擦	714465	135677	50245	31718	53567	362889	262944	256591.6
2	问题疫苗事件	390973	59341	30888	20781	118617	482205	292793	210776.3
3	电影《我不是药神》热映	204557	67763	23404	4279	161012	340606	314898	157616.4
4	2018 年个税改革	332803	33891	13683	15800	32337	357892	176177	150630.1
5	超强台风“山竹”登陆	153558	38948	10140	10936	130883	240736	212714	114821.9
6	多地爆发非洲猪瘟疫情	166795	15829	5443	6743	37140	215955	127868	87585.85
7	多地城市“人才争夺战”	150151	17856	8937	3689	2571	101604	88129	57886.45
8	明星“阴阳合同”及涉税话题	63662	12798	12448	972	38752	134692	89564	50424.4
9	P2P“爆雷”潮	118817	19545	8111	1321	18389	87987	74972	50246.8
10	高铁霸座系列事件	60366	16103	8728	2235	73168	89158	90227	48374.9
11	滴滴顺风车乘客遇害事件	78978	15531	11030	2434	35426	80218	97780	46063.1
12	重庆万州公交坠江事故	35997	7981	1378	2527	38083	57288	42437	27190.05
13	短视频与直播治理	40022	28869	10236	1249	2432	46658	40536	23581.8
14	基因编辑婴儿事件	22727	3251	1341	736	40258	27484	22676	17580.7
15	泉港碳九泄漏事件	9181	1665	285	508	59143	18949	8115	14658.1
16	五星酒店卫生乱象	14813	1829	421	430	13381	34705	14417	11928.2
17	昆山街头砍人案	11784	7422	1066	591	20455	23065	20021	11853.9
18	丁香医生起底权健骗局	14878	1684	255	234	20826	18304	15453	10631.1
19	鸿茅药酒事件	16546	4320	2188	518	19753	14425	12212	10411.5
20	泰国普吉岛翻船事件	14712	1756	760	864	18035	6697	12086	8285.2

注：①本表通过人民在线舆情综合管理系统为主要数据检索平台，针对全年统计的 637 个案例，设置每个舆情热点的关键词，统计其新闻资讯（网络新闻）、报刊、论坛、博客、微博、微信、APP 采集等七类信息。②本表通过新闻、报刊、论坛、博客、微博、微信、APP 的统计量按照 0.2∶0.1∶0.1∶0.2∶0.15∶0.15∶0.1 的比例加权累计，进行了热度排行。热度值算法公式为：总热度 =（新闻 + 报刊）×0.2 +（论坛 + 博客 + APP）×0.1 +（微博 + 微信）×0.15。

（一）时间分布：事件量持续上升

2018 年月度热点事件数量呈上升趋势，下半年事件量较上半年有所增加，其中第一季度事件数量逐月下降，第二季度事件则在 5 月集中爆发，第三、四季度舆情发生开始出现更高频率。

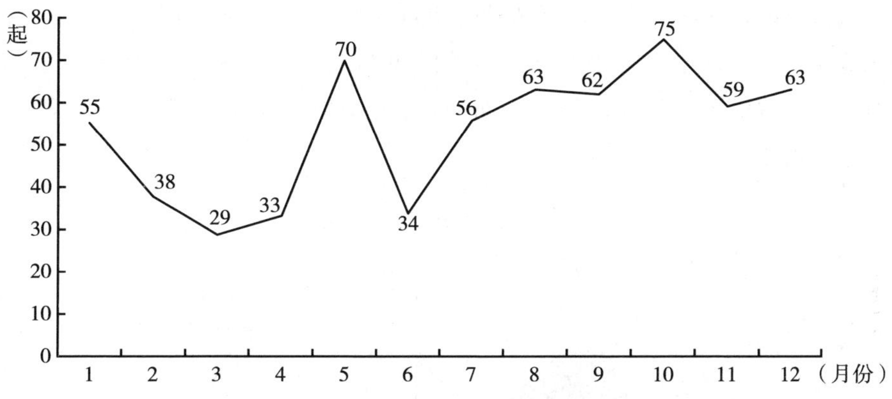

图1 2018年中国互联网舆论场月度事件量变化

（二）空间分布：线上线下互相渗透

就空间分布而言，全国性热点事件依旧占据主导，中美贸易摩擦，长生生物疫苗造假事件，电影《我不是药神》的热映，明星“阴阳合同”事件，“佛系”“丧”“娘炮”等网络社会心态分别在不同时间内成为全网讨论的焦点话题。回顾2018年，数字空间热点事件地域分界变得较为模糊，线上线下的分界不再明晰，无论是“未成年妈妈”“假货视频”还是网民“人肉曝光”“大数据杀熟”，虚拟空间“反噬”现实逐步显露端倪。

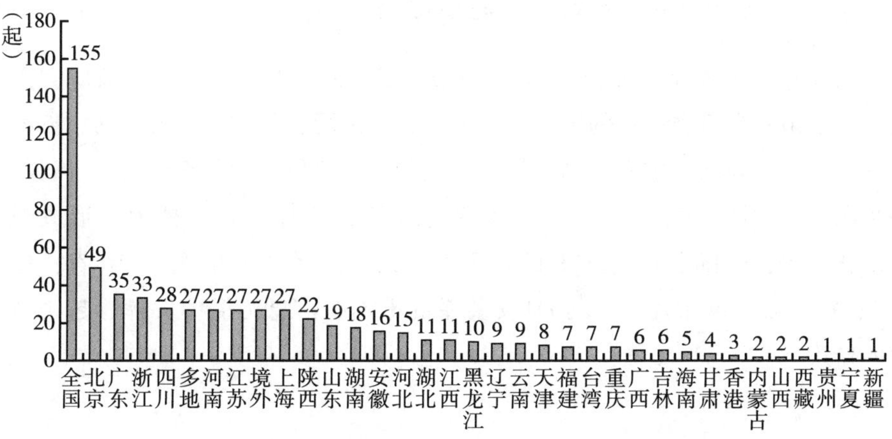

图2 2018年中国互联网舆论场地域事件量变化

从行政区划来看，华东地区依然是焦点区域，事件多发且易被全网关注。华北地区热点事件主要集中在北京，但同2017年相比，占比有所下降。[①] 西部地区总体占比较上年浮动不大，而四川、陕西等省份热点事件数量排在前位，且舆情热度有升高的趋势。

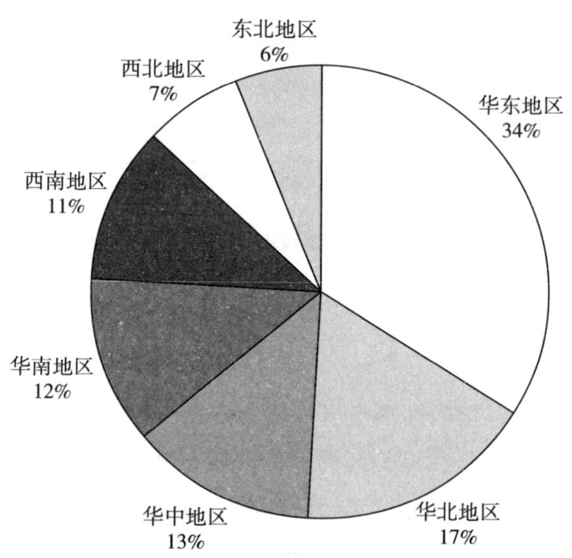

图3　2018年中国互联网舆论场行政区划事件量占比

（三）媒介分布：新兴媒介逐步提高声量

从媒介分布来看，网络、APP、微信占据新闻主要来源，其中政府官方网站主要承担着政策类信息的发布，新华社、人民网、环球网、央广网、参考消息网、中国新闻网等重点新闻网站也扮演着重要角色。随着媒体融合进程的进一步深入，微博、微信、客户端、短视频等不同媒体平台传播力量形成圈层化深化的趋势。随着移动APP的影响力扩大，微博“广场式”、微信“包厢式”、短视频“瀑布式”，受强社交关系的影响在信息传播中发挥着越来越突出的作用。

---

① 人民网舆情数据中心《2017年中国互联网舆论场发展报告》统计显示，华北地区占比25.19%。

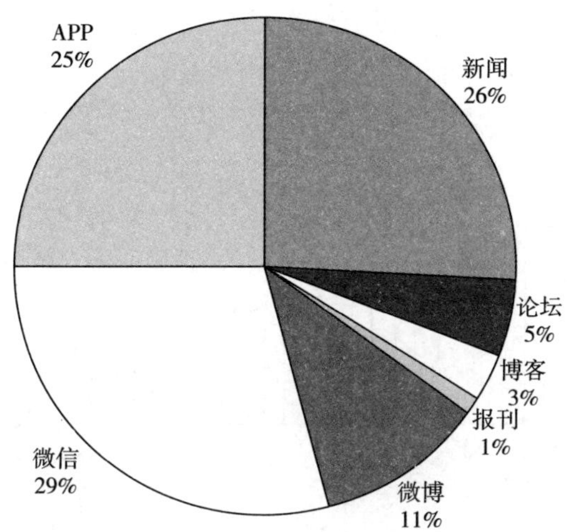

图4　2018 年中国互联网舆论场媒介平台报道量占比

注：来源于人民在线综合管理系统，由分析师根据全年舆情事件逐个设定关键词和时间范围，于 2019 年 2 月底通过在平台数据库中搜索 2018 年全年数据，得出事件相关的不同信息源类型的文章数量，然后就全部事件数量按照“微信、微博、APP、新闻、论坛、博客、报刊”进行累计，并求出热点议题在七类信息源中的数量分布百分比。2017 年相关图表数据以此类推。

（四）类型分布：“代入感”引发网民共振

从话题类型来看，2018 年，网民参与社会热点事件讨论热情高涨。2018 年舆情热点更多围绕经济社会民生、自身安全、切身利益等话题展开。社会安全领域，舆论关系群众生命财产安全的事件更是占据多数。“全国多地非洲猪瘟疫情”“滴滴顺风车遇害系列事件”“疫苗安全”等话题刷新历史热度。而“高铁霸座系列事件”“重庆公交坠江事件”“短视频平台涉未成年人低俗信息”等也深刻反映着公众对规则秩序与道德平衡的公共诉求。2018 年舆论“代入感”情绪共振，在事件得到有效解决的同时，也暴露出相关领域治理的紧迫性。

（五）人群分布：中等收入群体走入聚光灯

本报告在综合 2018 年热点事件基础上，划分出 68 种人群身份标签，以此来分析事件所涉及的群体特征（见图 6）。从网民画像来看，学生、游客、教

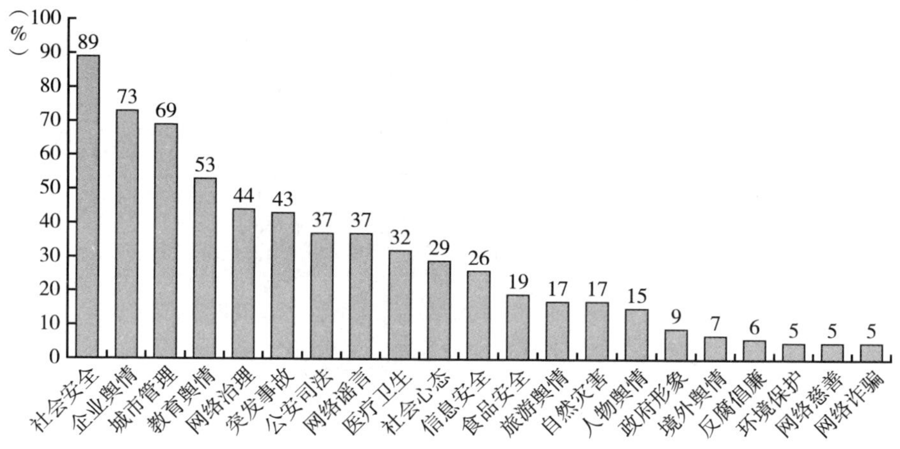

图5　2018 年中国互联网舆论场事件类型占比

师等群体多受舆论瞩目。无论是长春长生疫苗事件、拼多多引发的有关“消费分级”的讨论，以及社会热点引发的集体焦虑与反思的并存，都有中等收入群体话题特征。特别是涉及人身安全、财产安全、教育公平、阶层流动等，易形成热点话题、造成群体焦虑的氛围。由于移动互联网和全媒体环境，大众更善于使用网络表达，热衷阐发诉求，且易感于相关群体，形成心理感染和闭环传播。

图6　2018 年中国互联网舆论场人群画像

三　互联网舆情结构发生的新变化

据统计，2018 年以来，我国互联网舆论场结构出现新的变化。经济民生舆情、国际舆情、意识形态舆情、规则秩序舆情、食品药品舆情、环保舆情、税务舆情、科技舆情、应急管理舆情等出现上升态势。

（一）国际话题和意识形态议题增多

中美贸易摩擦成为全年影响最大的经济和涉外舆情之一，伴随着大国关系、全球经济走势和周边环境变化等，如何处理好中美间诸多关切和政策走向，一直是各方高度关注的焦点。随着我国综合国力和国际影响力的提升，涉外热点也不断出现，从不同侧面反映了国民心态和对外交流中的文化差异。

比如，中国游客瑞典酒店涉警事件等引发两国外交和媒体机构交锋，舆论场中出现不同观点，游客文明素养和自律自尊意识引发讨论。面对海外购物中遇到“歧视”现象则往往引发网络纠纷。而在一些国外企业官网客服系统或国际品牌广告出现地图错误、“辱华”等严重行为时，往往激起我国网民更大范围的抵制和批评。在普吉岛翻船事件、日本机场滞留旅客等多起事件中，中国公民海外安全成为政府和民间共同努力解决的问题。近年《战狼 2》《红海行动》等电影的热播，也反映出民众爱国的心态。

伴随国内外局势的变化，民粹主义、民族主义有可能抬头，个别事件泛意识形态解读出现。网上出现的借历史事件侮辱英烈、歪曲党史国史军史、散播历史虚无主义言论也引发公愤和司法介入。2018 年南京、厦门等多地出现“精日”事件或不当言论，个别短视频和网络直播账号因“改编国歌”、否认“南京大屠杀”等严重失德违法行为被关闭账号。

（二）科技科普科幻话题成为热点

2018 年最值得关注的现象还包括科技话题热度持续上升，网民对于科普科幻作品的兴趣也出现现象级事件。超级工程、中兴事件、“核心技术”话题、华为 5G 标准及相关事件、嫦娥四号探测器月背登陆、《流浪地球》电影上映等都成为热点。

全国两会期间，我国近年建成的多项超级工程和科技攻关项目受到舆论关注和肯定。2018 年 12 月 8 日，我国发出嫦娥四号月球探测器，并于 2019 年 1 月 3 日在月球背面成功着陆，传回了人类探测器在月球背面拍摄的第一张月背影像图。此次通过自主研发和开放式合作，赢得国际同行欢迎和全球媒体关注。

近年随着我国科学技术发展，人民经济生活和教育文化水平不断上升，科普科幻和文博文创等领域越来越受关注。由星云奖获得者、科幻作家刘慈欣作品改编的同名电影《流浪地球》于 2019 年春节上映成功，被网民称为具有里程碑意义的作品。

而伴随中美贸易话题的升温，2018 年 4 月 16 日，中兴事件引发有关“核心技术”的争议。华为 5G 技术、孟晚舟事件成为国际关注焦点。中兴事件、华为事件牵动着越来越多人的目光。5G 手机、折叠屏手机的出现，新华社人工智能主播、机器人的上线，引发网络传播和人工智能科技的想象。

4 月 20～21 日召开的全国网络安全和信息化工作会议，不少媒体关注有关“核心技术”议题。[①] 4 月 19 日，《科技日报》开始推出新专栏“亟待攻克的核心技术”。6 月 21 日下午，科技日报总编辑刘亚东的演讲引发网络关注。7 月 2～4 日，人民网观点频道发出三评浮夸自大文风，引发网络共鸣。

我国科研规范方面也不断出现热点。2018 年 11 月底一度沸沸扬扬的“基因编辑婴儿事件”，引发了国际科学伦理讨论和社会各界的警惕。2019 年 1 月 21 日，成立了 55 天的联合调查组公布了初步结果：基因编辑实验严重违反国家有关规定，相关部门随后进行了查处。此案也成为近年具有典型意义的科研伦理事件。

（三）经济民生话题身份代入感增强

社会民生领域，教育、医疗、安全、收入分配、环保领域舆情不断增多。由于个税社保、教育、房价物价等民生话题与人民群众黏合度较高，爆点多、传播快、代入感强，网民较为敏感。

① 《习近平在全国网络安全和信息化工作会议上发表重要讲话　为加快推进网络强国建设指明方向》，央广网，2018 年 4 月 22 日。

2018 年受国内外营商政策环境等方面的影响，企业家心态受到一定影响。在“房住不炒”政策基调下，经济下行压力仍然存在，房产税政策和取消“公摊”都成为关注点。部分地区“因城施策”与户籍改革并行。而明星“阴阳合同”与偷漏税问题的曝光，成为相关行业税务整治的开端。对于普通人来说，个税改革和社保话题热度更高。

医疗卫生方面，电影《我不是药神》热映，成为我国健全社会医疗保障和抗癌平价药新政的引爆点。长生生物、武汉生物等疫苗造假事件等引发公众对我国公共卫生防疫体系的反思，中央和地方有关部门以“零容忍”态度严肃追查涉事企业、监管机构及有关责任人，完善监管体系，弥补机制漏洞。

教育舆情仍高居不下，教育类 APP 出现游戏和低俗内容引发质疑、校外培训机构存在的问题、中国青年报《这块屏幕可能改变命运》一文引发讨论。《中共中央 国务院关于学前教育深化改革规范发展的若干意见》提出，民办园一律不准单独或作为一部分资产打包上市。中国经济网评论，禁止民办幼儿园上市，确保学前教育回归本性。回顾 2018 年，多地部分学校教师讨薪事件和待遇话题引发关注。高校有教师被曝出学术不端事件被“撤稿”，师风师德话题、校园性骚扰事件曝光有所增加，有多地发生伤害学生的校园暴力案件及营养餐等话题引发舆论关注。

（四）突发事件应急管理体系的提升

2018 年 3 月，全国两会后，中共中央印发了《深化党和国家机构改革方案》。随着应急管理部、生态环境部等部门的成立，在各地爆发的重大安全生产事故、交通事故、环境生态事故和自然灾害事故中，政府的突发公共事件应急处置和综合救灾、防灾、减灾的能力得到提升，生态环境污染的常规治理和巡视力度加强。天津、河北、四川、吉林、黑龙江等地发生化工厂或仓库燃爆，局部地质灾害、山体滑坡造成一定损失，相关企业均存在安全生产的主体责任落实不到位、相关部门监管不严等问题。北京、山东和广东等地暴雨灾害，超强台风“山竹”登陆、多地非洲猪瘟疫情等有效应对，检验了各地防风险和应急救灾能力，城市公共交通和电力设施安全引发关注。泉港碳九泄露事故中涉事企业被查出瞒报，重庆万州公交坠江事故引发司机乘客安全素养讨论，阻拦高铁发车、霸座等事件更是引发公众对于公共规则意识的深思。此

外，“5·14”川航紧急迫降事件引发国内外关注，此次事件不仅表现出航空公司、当班机组、机长、民航指挥和机场地面安全保障等应急管理专业能力，也为我国航空安全保障积累了经验。

当前，把握社会风险的基本特征，适应新形势，提高预防和处置突发公共事件的能力，将注重事后处置前移至事前评测，不仅关系全局，也是做好应急管理和舆论环境评估工作的重要实践。比如，2018 年人民网舆情数据中心曾提出舆评中心建设构想，舆情应对是突发事件的善后处置，舆评是把社会心理承受力计入决策成本，将舆论风险评估作为政府重大项目实施的前置程序。①

从舆情应对来看，2018 年自然灾害类事件的舆情处置及时有效。比如，在台风“山竹”登陆前，国家和南方各省气象部门均保持高度关注，准确进行天气灾害的预报，并对行进路线、位移时间、预警级别、影响区域有了较为准确的判断。在应急响应启动的同时，停止渔业、铁路、航空、高速等交通运行，并发布停工、停业、停市、停课等相应举措，避免严重灾害天气期间造成人员及财产的损失及出现大规模次生灾害。

（五）司法舆情凸显网络“罗宾汉情结”

2018 年网上热度较高的司法案例往往涉及量刑和舆情的反差。比如，2018 年 8 月 27 日，江苏昆山市开发区路口发生一起被网民称为“宝马男砍人被反杀”的刑事案件。随后昆山一案因监控视频曝光而在社交媒体刷屏，引发了不少网民和专业人士关于“正当防卫”的热议。

再如，2018 年 9 月，有网友发现，河南省平顶山市鲁山县人民检察院官方微博发表文章《鲁山一初中生一时冲动犯错　检察官介入下双方冰释前嫌》。文章迅速被网友大量转载，激起大量网友和法律人士的质疑。10 月 9 日，河南省人民检察院微博发布“关于被告人赵某强奸一案的情况通报”，当日鲁山县人民检察院依法将被告人赵某强奸一案向鲁山县人民法院提起公诉。

在这些案例中，网民通过围观聚焦法律公平正义，带有一定道德诉求的“罗宾汉情结”，成为舆情上升的主要因子，在大量传统媒体介入后，往往形

---

① 《人民网第一个舆评中心落户延庆》，人民网舆情数据中心，2018 年 5 月 29 日。

成巨大舆论监督力量。大多数司法案件往往“默默无闻”，并不具有网络传播的显著特质。相关司法机关如果对舆论心理把握失准，也可能造成不当传播的反效果。一些司法舆情的出现，常常成为司法公开课。

四　互联网舆论传播关系规律变化

通过比较2017年和2018年全国舆情事件信息源数量比例分布发现，2018年微信、APP的比例呈现上升趋势，分别增加为7个和15个百分点。而新闻、微博、论坛、报刊都有明显下降，分别下降为12个、5个、4个和1个百分点。在全年热点舆情文章数量方面，增幅最大的是APP，降幅最大的是新闻网站。

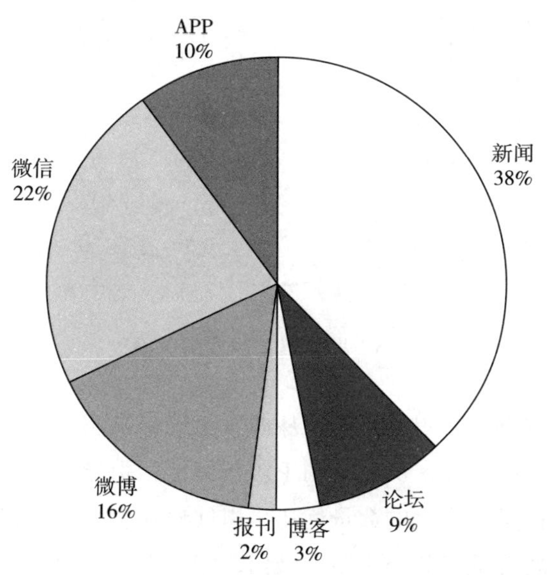

图7　2017年全国舆情事件媒介平台文章数量比例分布

值得关注的是，2018年因自媒体爆料而引发的舆情事件比例有明显的上升趋势，如鸿茅药酒事件、伊利谣言事件、长春长生疫苗造假事件、出租房甲醛超标及隐藏摄像头事件、五星酒店卫生问题、丁香医生曝光权健涉传销事件等，都源自微信公众号、微博、短视频和客户端等社交媒体爆料，引发全国舆论关注。在自媒体爆料类舆情中，往往因事实调查是否属实出现不同走向，爆料属实则有助于问题的查处解决，而一些自媒体因利益驱使不惜制造和传播网络谣言的行为则受到严肃追责。

（一）传播链条：舆情发酵多源头并行传播

近年来，随着移动互联网发展，网络曝光不断增长。综合全年舆情事件研究表明，当前舆情发酵源头可分成五个方面：媒体监督、自媒体爆料、常规报道引发解读、不当言论和境外信息。

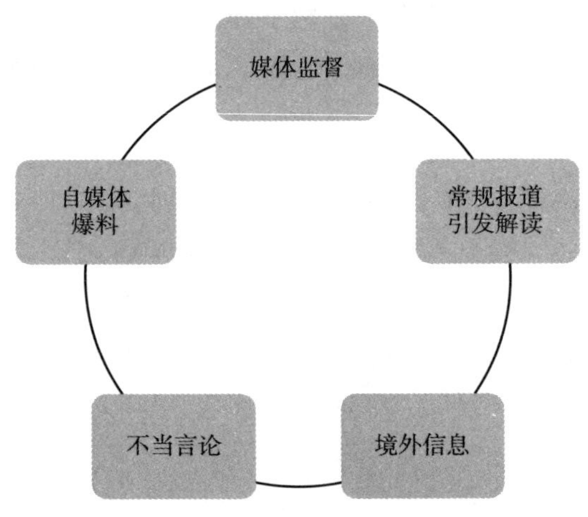

图 8　舆情信息源发酵关系

传统媒体的主动监督曝光，不仅从源头上确保真实性和影响力，通过跟踪报道引起相关部门的关注，从而有利于辨析舆情，引导舆论，促进社会问题的解决。网络自媒体具有庞大的数量优势，以往论坛发帖、博客发文、问答社区的交流互动是主要阵地，如今微博、微信、客户端、短视频、直播等新兴传播平台的出现，使得观点和感性内容的传播速度可以达到“瞬间”扩散，煽动情绪类的帖文甚至网络谣言最易引发广泛传播。比如，《五星级酒店，你们为什么不换床单?》《王凤雅小朋友之死》等文章均在网络上掀起一阵讨论热潮。

传统报道引发网民不同观点时有出现，一方面反映社会关切，另一方面涉及误解误读，也可能受现实利益或立场影响产生偏差。比如，2018 年有城市推出关于养狗文明方面政策引发不同群体热议。

不当言论也容易滋生舆情。在移动互联网和社交媒体时代，网络监督无处不在、无时不有，舆论场也带有更多风险社会特征。政府和企业日常新闻发布，接受采访和舆情回应，变成专业门槛较高的事务。“政务双微”成为政府的标配，直播、短视频等新型传播媒介也成为发力的主要阵地。如果出现政务人士发言不当，容易引发次生舆情。

境外舆情和国际舆论的国内影响力呈现上升态势。例如，冬奥会期间中国队遭争议性判罚就在国内掀起一波争议。“泰国普吉岛翻船事件”“游客遭遇歧视”等话题的热度很高。

后真相时代，观点和情感而非事实往往成为话题先导因素，而网络爆料与新闻反转也成为常见现象。区块链、人工智能、大数据等新技术的出现，除了带给舆论场新变化，也带来一些不确定因素。

（二）网络地图：新增用户与网民圈层变化

我国互联网网民总量增速放缓。有观点认为，将年龄与城市阶梯作为主要分类，人口红利可分为三波：一是核心互联网网民，即一、二线城市的互联网原住民；二是小城青年，即三、四、五线城市青年群体；三是小城主流人群，即三、四、五线城市主流人群。①

互联网平台用户增长模式出现了一些新的变化。“新增市场”潜力巨大，快手、拼多多与趣头条、水滴筹等开始出现。三、四、五线城市和广大农村地区新增网民的庞大需求、服务缺口和市场空间，具有巨大的发展价值。② 与此同时，有6000多万中老年人也成为互联网用户。一类是初代互联网网民进入中老年阶段，二类是新进入互联网的“新住民”。我国中老年网民群体规模也在不断扩大，呈缓慢增长的势头。

随着资讯平台迎来爆发期，这些平台在扩大用户规模的同时，也提升了信息传播的范围和速度。当前的互联网消费和文化现象，层次愈加丰富，声音更加多元。但网上也出现盲目迎合用户趣味，加剧低俗化、娱乐化、同质化等问题。

---

① 《李开复：当前环境下　中国市场仍有新的增长机会》，央广网，2018年12月5日。

② 人民网新媒体智库：《互联网平台用户增长模式发展趋势观察报告》，人民网舆情频道，2019年1月。

（三）具象内容：从具象“人设”到网红城市

短视频化是近两年互联网发展的主要风口之一，已引发一场互联网生态变革。“有视频有真相”成为网民关注的焦点。这里的视频可以有两种解释：一是拍客视频录像，例如五星级酒店被曝卫生乱象；二是监控视频录像，例如昆山“8·27”事件中，正是由于监控视频被公布引发公众对于正当防卫的热议。不过，在修图软件盛行的年代，图片的真实与否已然存疑，随着人工智能的不断进步，AI主播的出镜成为可能，“有视频有真相”的说法也可能遭遇挑战。

短视频在打破“官方”神秘或刻板印象方面也凸显了优势。“两微一端”时期，部分政务账号以塑造“人设”的方式与网友互动，随着抖音、快手、秒拍、小咖秀等短视频平台占据庞大市场，政务短视频账号在获取网民认同度过程中，除了基本的信息公开、舆情回应之外，记录日常、正经科普、搞笑短剧、Rap歌曲种种“七十二般变化”，让网友觉得原来大家都在为生活而奋斗。①

短视频“具象化”的特征更多地在城市文创、品牌营销和文化传播方面发挥着突出的优势。短视频的兴起则为人们提供了一种更为生动地了解城市的新途径，也为城市挖掘自身文化特色提供了新方法。无论是“跟着抖音玩西安”还是“跟着抖音游敦煌”，平台的活动项目都为城市文化开创了网络机遇。随着网友们纷纷加入“古城打卡”，不仅带动了城市旅游业的发展，更是弘扬了地方城市文化，使“贵妃醉酒”“大漠黄沙”“泡儿油糕”等美景与美食相结合，从而引发“网红效应”，引发网民共鸣，激发网民热情，在火爆的传播过程中，形成了独特的城市IP。

五　互联网舆论场的治理趋势

（一）基层需求爆发与内容质量待提升

网络市场开始向三、四线城市下沉开拓，网络信息的接受者相较而言更

① 人民网舆情数据中心：《短视频“正能量”传播研究报告》，人民网舆情频道，2018年。

“接地气”。不少互联网新兴企业将矛头转向三、四、五线城市和乡镇，追求新用户，获取新流量。规范化的网络治理必然要跟上新技术、新业态的发展步伐。

（二）媒体融合与正能量传播成主旋律

中央和地方主流媒体、各大互联网社交平台的正能量传播也成为热点现象。2018 年以来，主流媒体推出的融媒体互动作品，以及各地政府部门推出的政务新媒体、政务号短视频、H5 作品等深受网民喜爱。人民日报新媒体中心推出《中国很赞》手指舞、“时光博物馆”等广受好评的作品。2018 年全国宣传思想工作会议提出，要求各地要加强县级融媒体中心建设。

（三）推进政务新媒体健康有序发展

经过十多年的发展，政务新媒体经历了政府网站、网民留言板、政务微博、政务微信公众号、政务头条号、短视频政务号、政务 APP、政务小程序轻应用开发等不同的立体化、多样化的形态，覆盖了文字、图片、声音、视频、应用等不同的表现元素和连接形态，使建设无处不在、无时不有的“互联网上的政府”成为可能。

当前，政务新媒体已经进入规模化、专业化、矩阵化、立体化的发展阶段。截至 2018 年底，经过认证的政务微博达到 17.6 万个，影响力继续扩大，阅读量达 3800 多亿，较上年增长 750 亿。政务微信公众号数倍于政务微博，各类政务号、视频政务号的数量更是数以万计。规模的扩大，同系统或同地区的政务号也更多地形成矩阵，加强了部门联动，提升了内部交流和整体运营水平。

2018 年 4 月，国务院办公厅印发《2018 年政务公开工作要点》。12 月，国务院办公厅出台《关于推进政务新媒体健康有序发展的意见》。综合来看，政务新媒体的规模化和矩阵化，对我国网络舆论场结构的影响力不言而喻，同时也为专业化、职业化的发展提供了前提和基础。《人民政协报》称，“政务新媒体是解决政务公开、应对政务舆情、提高群众满意度和提升国家治理能力的一把金钥匙，依托互联网时代，政务新媒体更是反映民意的一个窗口”。

很多政务新媒体在党政信息发布、新闻宣传、形象展示、普法教育、政务服务、督促办理、群众工作等方面，根据自身特点合理定位，出现不同的分工和专业方向。同时，周期性的科学评估以及大量优秀政务新媒体账号及其团队脱颖而出，是政务新媒体专业化的体现。政务新媒体运营绩效评估和指数研究受到社会各界的广泛关注。

（四）数据安全隐私保护呼吁联动规范

移动互联网“社交 +”的声音日益高涨，“社交 +”在资讯、教育、健身、餐饮、知识付费、电商等领域已经成为互联网新风口。社交泛化的时代，网民信息安全和数据隐私保护的风险意识也逐步增强，数据安全话题持续升温。2018 年 6 月，一位 ID 为“f666666”的用户在暗网上开始兜售圆通 10 亿条快递数据；8 月，华住旗下多个连锁酒店开房信息数据在暗网出售，数据总数接近 5 亿条，引发用户忧虑。2018 年，从一些交通出行和消费类 APP“大数据杀熟”到航旅纵横的“虚拟客舱”功能等都曾引发争议。共享经济也因社交安全与平台经营问题遭遇风波，如 ofo 退押金、顺风车女乘客遇害、P2P 爆雷等成为共享经济发展中的插曲。

如何加强用户数据隐私的保护，已经成为全球性问题。数据隐私暴露问题的影响日渐扩大，而数据泄露的途径并不仅限于数据买卖，衍生成网络暴力时有发生。2018 年 5 月 26 日，欧盟率先通过制定《通用数据保护条例》，影响着全球个人数据保护立法，同时也对欧盟之外国家的数据产业产生了巨大的制约效应。美国通过反对数据本地化，推进合法使用境外数据明确法，以期在全球领域获取更多的数据利益。

随着我国关于《个人信息保护法》出台的呼声日益高涨。据报道，在十三届全国人大常委会 2018 年 9 月公布的立法规划中，将《个人信息保护法》和《数据安全法》列入第一类项目。2019 年 1 月 25 日，中央网信办、工信部、公安部、市场监管总局四部门联合发布《关于开展 APP 违法违规收集使用个人信息专项治理的公告》，决定于 2019 年 1 ~ 12 月在全国范围组织开展 APP 违法违规收集使用个人信息专项治理。

（五）营造清朗空间，构建综合治理体系

2018 年 3 月，国务院机构改革方案对外发布，对于互联网监管分工更加

集中清晰。2018 年，中央宣传部门、网信部门与文旅、工信、公安、广电、工商、一行两会等相对垂直的监管机构联动频繁，互联网监管的专门化、专业化持续提升。① 2018 年，通过开展“剑网”等专项行动，出台 10 多个法规及政策文件，我国互联网治理精细化、科学化、法治化水平不断提升，形成了中国特色综合治网新格局。

据不完全统计，2018 年以来全网舆论关注较高的互联网监管、媒体监督案例共 117 起，平均每月 9.75 起。主管部门主动发起专项整治行动或相关通知共 22 次，平均每月 1.83 次。内涵段子等互联网平台、直播博主“陈一发儿”等违规账号被永久关闭下线。

据报道，自 2018 年 10 月 20 日针对自媒体展开专案整治行动，一个月内全网处置（查封）9800 多个自媒体账号，并对微信、微博等自媒体平台提出严重警告。2019 年 1 月 29 日，因刊发一篇极具争议的文章《一个出身寒门的状元之死》，微信公众号“咪蒙”和“才华有限青年”致歉，并于 2 月 21 日显示自主注销，很快登上当日热搜榜。

人民网舆情数据中心微信公众号发布的报告显示，从数量、频次、力度上看，2018 年互联网监管涵盖内容、社交、电商、短视频、金融等 10 个领域，其中“泛娱乐”方向是监管重点。此外，金融、搜索引擎也受到关注。②

另外，我国对于网络谣言的治理也全面纳入法治化轨道。比如，中央网信办违法和不良信息举报中心主办的中国互联网联合辟谣平台自上线以来，已整合接入全国各地 40 余家辟谣平台辟谣数据 3 万余条。同时，通过自身的技术优势搭建辟谣平台，也成为各网络平台的重要标配。

参考文献

［1］中共中央宣传部编《习近平新闻思想讲义（2018 年版）》，人民出版社、学习

① 荀正瑜：《2018 年互联网监管舆情态势分析报告》，人民网舆情数据中心微信号，2019 年 1 月 7 日。

② 荀正瑜：《2018 年互联网监管舆情态势分析报告》，人民网舆情数据中心微信号，2019 年 1 月 7 日。

出版社，2018。

［2］唐绪军主编《新媒体蓝皮书：中国新媒体发展报告（2018）》，社会科学文献出版社，2018。

［3］刘鹏飞、张力、杨卫娜著《世界形象地图——中国网民眼中的多元世界》，新华出版社，2018。

［4］罗昕、支庭荣主编《互联网治理蓝皮书：中国网络社会治理研究报告（2018）》，社会科学文献出版社，2018。

B.8

人工智能发展及其在新闻领域的应用

雷　霞*

摘　要： 人工智能及其在新闻领域的应用具有巨大潜力，智能听、说、读、写、翻译及信息处理等技术的提升，虚拟现实与人工智能结合的沉浸式新闻及个性化体验，以及基于深度学习的定制化信息服务等，都将为新闻的制造、传播与互动带来重大变革。与此同时，需要警惕算法偏见与智能推荐造成的“信息茧房”效应等问题。结合当前人工智能技术发展水平，本文认为人工智能的互通性和可更新性，结合人类的人文素养与人性化关怀，即人、机结合，各取所长，是新闻领域理性化应用和发展人工智能的有效途径。

关键词： 人工智能　新闻机器人　智能推荐　算法偏差

一　人工智能发展现状

在大数据与深度学习的基础上，互联网人工智能时代来临。基于互联网海量的大数据和时时刻刻与现实世界的信息交互，包括亚马逊、Facebook、百度、腾讯、阿里巴巴、微软、英特尔、IBM 等公司纷纷进入 AI 领域。

（一）中国人工智能主要细分领域

《中国人工智能发展报告 2018》指出，以生物识别、图像识别、视频识别

---

* 雷霞，博士，中国社会科学院新闻与传播研究所副研究员，研究方向为新媒体传播、谣言传播和组织文化传播等。

等技术为核心的计算机视觉市场规模最大，达到82.8亿元，占比为34.9%，语音识别占比24.8%，自然语言处理占比21%，硬件占比11.3%，算法占比8%（见图1）。但从细分的研究领域来看，最受国际人工智能人才青睐的研究细分领域为机器学习、数据挖掘和模式识别。中国人工智能人才则倾向于投入遗传算法、神经网络和故障诊断方面。①②

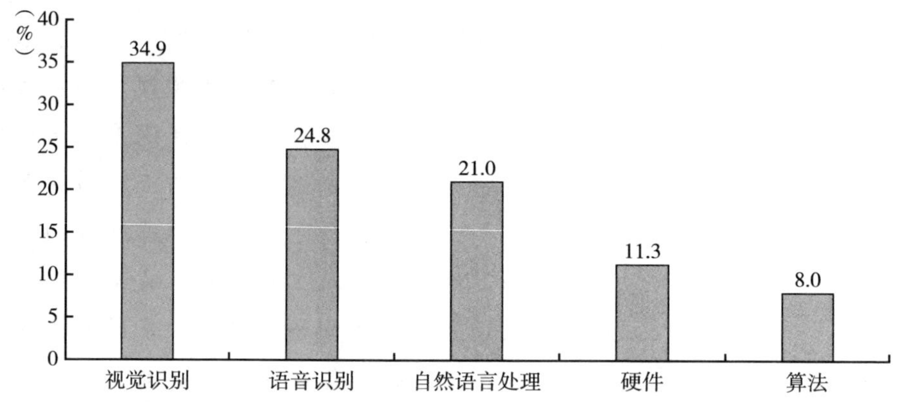

图1　中国人工智能市场结构及占比

资料来源：笔者根据清华大学中国科技政策研究中心发布的《中国人工智能发展报告2018》整理。

（二）中国人工智能市场及投融资规模

清华大学中国科技政策研究中心《中国人工智能发展报告2018》指出，自2013年以来，全球和中国人工智能领域投融资规模都呈现出明显的上升趋势。2017年其市场规模达237.4亿元，同比增长67%。2017年全球人工智能领域投融资规模达395亿美元，中国融资总额达277.1亿美元，占70%；全球人工智能领域共发生融资事件1208笔，中国占31%。从2013年到2018年第一季度，中国人工智能领域的投融资占全球的60%。截至2018年6月，全球

① 马文·明斯基：《心智社会：从细胞到人工智能，人类思维的优雅解读》，任楠译，机械工业出版社，2016，第76页。

② 清华大学中国科技政策研究中心：《中国人工智能发展报告2018》，http://www.clii.com.cn/lhrh/hyxx/201807/t20180724_3922939.html，2018年7月13日。

范围内共检测到人工智能企业4025家，其中，美国2028家，居世界首位，中国1011家，居世界第二位。其中，北京是全球人工智能企业最集中的城市。中国人工智能市场增长迅速，中国人工智能市场的整体融资规模处于全球领先地位。①

（三）中国人工智能技术发展与行业应用

从技术领域来看，中国人工智能企业的应用技术更集中于视觉和语音，而基础硬件占比偏小；从人工智能的行业应用场景来看，包括智能驾驶、无人机、AR/VR、大数据及数据服务等垂直领域的应用是国内外人工智能企业的主攻方向，但在占比上国外要比国内高出31%。② 算法的日益精进，语音技术与计算机识别技术的落地已经初见成效，而以AI芯片、人工智能开源平台为代表的“基础建设”也越来越得到重视。③

表1　人工智能主要行业应用场景

行业	应用场景
金融	智能支付、智能风控、量化投资、保险科技
汽车	自动驾驶算法、激光雷达、ADAS系统、车载交互
大健康	智能影像诊疗、药物挖掘、健康管理、医学数据挖掘、导诊机器人
安防	智能摄像机、人像识别、车辆大数据、虹膜识别、人脸闸机
互联网服务	语音转写、翻译、修图、鉴黄、智能推荐
零售	自助结算、自动售货机、仓储管理、物流管理
企业服务	智能营销、智能客服、IT基础设施、供应链管理、智能招聘
教育	自适应系统、智能评测、拍照搜题、智能排课、教育机器人
工业制造	AI芯片、视觉检测、预防性维修、生产优化、机器人视觉

资料来源：笔者根据中国互联网络信息中心（CNNIC）：《第42次中国互联网络发展状况统计报告》整理。

---

① 马文·明斯基：《心智社会：从细胞到人工智能，人类思维的优雅解读》，任楠译，机械工业出版社，2016，第76页。

② 马文·明斯基：《心智社会：从细胞到人工智能，人类思维的优雅解读》，任楠译，机械工业出版社，2016，第76页。

③ 中国互联网络信息中心（CNNIC）：《第42次中国互联网络发展状况统计报告》，2018年8月20日。

产业应用方面，人工智能技术的快速发展，对传统行业具有重塑性功能，并且通过改良创新，为行业提供新的辅助性工具，促进行业进步，在金融、交通、健康、安全等诸多领域起到积极作用。

二 人工智能在新闻业的应用

2017 年 12 月 26 日，新华社与阿里巴巴集团的合资公司新华智云发布“媒体大脑”，这是中国第一个为媒体服务的人工智能平台。编辑室使用人工智能，可以提高创作效率，减少重复工作和节省时间成本。

（一）AI 正在不断赋能记者

人工智能的采用，使得美联社可以释放记者多达 20% 的时间。① 通过使用人工智能，记者可以专注于内容并将更多时间花在核心专业技能上。

1. 智能速记

据科大讯飞 AI 研究院常务副院长、AI 资源部总经理刘聪介绍，科大讯飞语音识别的目标是“能听、会说”。2010 年，科大讯飞语音识别准确率在 60% 左右，经历后续数年的深度学习之后，即基于大数据和算法两个因素，2018 年准确率提高到 98%，而合成的智能语音，听起来像是自然的人声了。只是目前还需要提升在不同输入法场景下的识别，尤其是对方言的识别。②

2. 车载智能信息系统

人工智能技术除了将汽车的中控屏、仪表、电池等的设备与功能进行智能化的整合与控制之外，其信息检索和实时信息对话，以及包括与智能手机在内的其他智能媒体终端的连接，都提供了个性化与定制化以及智能化的贴身服务，无论是对专业的新闻制作人员，还是对普通大众来说，都可以实现一边开车一边在人工智能的协助下阅读、处理、制作、合成和传播新闻信息，并与同事与受众互动。

---

① 腾讯媒体研究院：《斯坦福新闻研究员：AI 改变新闻业的 10 个方向》，https：//www.qianzhan.com/analyst/detail/329/181227 - 59139918.html，2018 年 12 月 27 日。

② 观视频工作室：《科技袁人 · 年终盛典》，https：//v.qq.com/x/page/w0831p4mpp5.html，2019 年 1 月 18 日。

3. 音视频及文字智能识别与转换

Trint 或 Recordly 等工具可以将语音转录为文字，这使得记者省出大量以前用来记录采访语音的时间；Clarifai 或 Vidrovr 等公司成功实现了利用计算机视觉技术来自动识别图片的功能，大大提高了记者对图片的辨识力，加快了图像编辑处理效率；以色列公司 Wibbitz 创建了一个"text-to-video"平台，使用图像识别技术创建可以自动匹配文本的视频，从而加快了粗略裁剪的速度。①这使得视频任务、音频任务和文字任务之间相互转换变得便捷，并且错误率低，大大降低了制作成本。

4. 智能翻译

对于语言的分析、学习和辨识，人工智能的处理能力远远超过人类，并且可以迅速反应，生成不同种类的语言和文字。人工智能对采访现场以及录音、录像中的翻译任务的处理能够大大节省人工成本。

5. 核查事实

互联网海量信息鱼龙混杂，真实信息和不实信息混杂其中，用户难以辨认，而专业的新闻结构和公益组织人工的辨识与发布不仅成本高，效率也低。而人工智能提供了检测文本、音视频各种类型信息的真实性，并减少错误信息传播的途径和方案。

6. 监控和提醒

在指定的数据范围类，人工智能快速的整理、检索和高效处理能力能够帮助新闻生产和发布机构监控新闻。当出现不实信息、不当信息、拼写错误、个性化推荐不准进而影响了新闻的精准化和针对性投放时，人工智能能够实时监控和提醒。

（二）人工智能正在创造新的新闻报道形式

人工智能写稿、审稿、审查等都有较高的精准性和效率，同时，信息处理及合成主播等技术大大降低了新闻报道的成本。

1. 客观即时的自动化写作与报道

2015 年 9 月，腾讯财经推出新闻写作机器人"Dearmwriter"；2015 年 11

① 腾讯媒体研究院：《斯坦福新闻研究员：AI 改变新闻业的 10 个方向》，https：//www.qianzhan.com/analyst/detail/329/181227－59139918.html，2018 年 12 月 27 日。

月，新华社推出以体育赛事报道和财经新闻为主要任务的新闻写作机器人“快笔小新”；2016 年 5 月，阿里巴巴与第一财经联合推出用于政府、媒体、体育、金融、法律、电商等领域的“DT 稿王”。① 四川日报报业集团副总编、华西都市报报社社长、封面传媒董事长兼 CEO 李鹏指出，机器写作大大提高了生产效率，人工智能写稿能够达到一天 5000 篇，远大于人工写作的速度。② 许多媒体公司已经在使用自然语言生成（NLG）将结构化数据转换为书面故事，如华盛顿邮报使用的 Heliograf，腾讯的 Dreamwriter、Bloomberg 和美联社用的 Wordsmith 等。在美联社，机器写稿使新闻数量翻了 12 倍。③

2. 合成主播等技术降低新闻报道成本

2019 年 2 月 19 日，新华社联合搜狗公司在京发布全新升级的站立式 AI 合成主播“新小浩”（其原型为新华社新闻主播邱浩），并推出全球首个 AI 合成女主播“新小萌”（其原型为新华社新闻主播屈萌）。AI 合成女主播即将在全国两会报道中正式上岗。男主播在 2018 年 11 月 7 日首次推出，已经被运用到进博会、世界互联网大会、春运等重要新闻事件，以及突发、科技、社会、文化等各领域的新闻报道，已发稿 3400 余篇，累计时长达 10000 多分钟。④ 人工智能技术的发展使得智能化编辑部成为可能，并在大数据新闻采写、无人机航拍多终端信息发布、一体化协同等方面降低报道成本，推动媒体融合进一步发展。

3. 发现新的新闻线索，拓展新的调查报道形式

大数据的快速处理能力能够让人工智能做到迅速收集数据、比对信息，发现新闻线索，挖掘新闻话题，从而拓展新的调查报道内容和形式。比如非营利性组织 Cortico 正在建立一个系统，可以将被忽视的社区声音、观点和故事带到一个更健康的公众对话中心，记者可以利用这一点来制作突出不同政治观点的公民之间的共同点的报道；Newswhip 或 Graphext 等工具可以通过将机器学

---

① 郑雅君、袁利欣：《人工智能在新闻业的发展与思考》，《新媒体研究》2018 年第 12 期。

② 李鹏：《迈向智媒体》，北京师范大学新闻传播学院讲座，2018 年 6 月 5 日。

③ 腾讯媒体研究院：《斯坦福新闻研究员：AI 改变新闻业的 10 个方向》，https：//www.qianzhan.com/analyst/detail/329/181227 – 59139918.html，2018 年 12 月 27 日。

④ 《媒体融合向纵深推进　新华社 AI 合成主播全新升级》，新华社，2019 年 2 月 19 日。

习应用于社交媒体数据来查找新闻主题。路透社的 News Tracer 正在实时分析推特，并抢在其他媒体报道前发现新闻线索。①

（三）人工智能正在创造个性化的用户体验

人工智能可以依据用户个人身份、喜好，甚至心情来量身定做内容，针对一篇新闻做出无限多个不同版本，推送给不同的用户，并助推受众与新闻的互动包括对话。

1. 智能推荐

人工智能在新闻策划、写作、播报、报道、推送等方面，与受众互动越来越多。在信息自动推送方面，基于算法，人工智能可以通过数据库中的大数据进行模拟演算，对复杂问题、趋势等进行分析，推演出可能出现结果的所有情况，进而给出合理的解决路径与对策，然后推荐给用户更加想要和更加感兴趣的信息；在智能检索方面，人工智能也能迅速给出更加个性化、有针对性的推荐。通过智能检索，用户可以获得更加准确的需求信息，同时还可以回答相关信息所涉及的问题。②

2. 机器聊天

机器聊天使得用户与新闻之间形成了“对话”，或者问答的互动关系，为用户带来全新体验。如微软小冰，它将新闻变成对话，将看新闻变成问新闻、答新闻，用户就新闻涉及的人物、地点和事件进行询问，聊天机器人迅速给出回答，“聊新闻”个性化体验成为现实。同时，基于人工智能语音技术的语音播报也为用户带来新的信息接收模式。不过，目前“聊新闻”还仅限于对新闻信息的呈现，没有到达深入互动交流的地步。

3. 沉浸式新闻体验

人工智能可以赋予沉浸式新闻更具身临其境的沉浸式感受和交互式体验。人工智能与虚拟现实技术的结合，能够让新闻机器人的新闻报道更加智慧，更具独立思考和完成任务的能力，更能创造出具有沉浸感的新闻事件场所。同

---

① 腾讯媒体研究院：《斯坦福新闻研究员：AI 改变新闻业的 10 个方向》，https：//www.qianzhan.com/analyst/detail/329/181227－59139918.html，2018 年 12 月 27 日。

② 郑雅君、袁利欣：《人工智能在新闻业的发展与思考》，《新媒体研究》2018 年第 12 期。

时，通过虚拟现实模拟的各种新闻现场，可以开发和培养新闻机器人应对各种突发事件和新闻场景的应变能力。

三　人工智能在新闻业应用中的问题

各种移动终端以及物联网信息平台技术的发展，人工智能及其在新闻领域的应用具有的巨大潜力，新闻的制造、传播与互动都发生着巨大的变化。与此同时，适应人工智能发展的理论研究和技术水平的提升及其监管、设施、法规、标准等的完善也亟须关注。

（一）自主性思考与人性化的缺席

目前人工智能的发展还不足以达到人性化的自主选择、信息甄别与思考的程度。

1. 处理非结构化数据的挑战

目前人工智能在特定的模式化写作、基于算法的结构化数据处理等方面比较占优势，但是在非结构化数据的处理，尤其是涉及艺术性、创新性、复杂性信息方面，其整合能力还远远不够。

2. 无法解释写作内容的挑战

首先，人工智能写作基于一定的算法与模型，因此其完成写作内容的同时无法理解和解释写作内容，这就带来人性化与社会责任和伦理规范方面的监管问题；其次，与真人记者撰写的深度报道相比，新闻机器人在书写中难以提炼出深刻而独到的观点。

3. 区分真实数据和非真实数据的挑战

人工智能深度学习离不开数据，因此其在新闻领域的成效受数据质量影响较大。数据质量是人工智能技术面临的挑战之一，而在海量信息当中，区分信息的真实性对人工智能来说是更大的挑战。人工智能很难区分接收到的数据是否真实，如果采纳的数据是非真实数据，那么以此产出的新闻内容也可能是不真实的。

（二）过度依赖算法可能带来的偏差

人工智能虽然给新闻业带来巨大的变化与变革的契机，但对算法的高度依赖也将带来诸多问题。

1. 算法只能完成简单任务

大数据集成和深度学习加速卡等智能芯片技术已经大大提升了人工智能在行业应用中的效能，也大大减少了新闻制作的成本，但基于算法，目前只能完成相对单一的任务。与大部分人认为很容易的问题相比，如用儿童积木搭建一个玩具房子，让机器去解决一些只有受过教育的人通过努力思考才能解决的特殊问题反而更容易一些，如下棋、证明逻辑或几何定理。①

2. 算法在法律与伦理上的缺席

人工智能基于计算、数据、推理，而不是主动性思考。新闻机器人写稿只能在特定的模式中按照已有编程模式进行，涉及人性化判断和道德伦理方面的内容则需要人工介入。机器审稿，敏感词、网友自创词、图片等总是在增加和变化，所以总是需要人工介入，不能完全依赖机器审稿。据封面传媒董事长兼CEO 李鹏介绍，封面的机器审稿目前仅限于初审，并且还在不断探索中，需要编辑部工作人员来进行终审。② 因此，在涉及法律与伦理等环节时，人工智能还无法自主辨识与回应。

3. 算法容易产生偏差

人工智能的悖论在于，其是人设计的程序，因此也不可能真正实现人的智能。人工智能可以实现深度学习、增强学习、小样本学习，但有缺陷，只能模拟近似的，并不是和人类的智能一样。而且人工智能容易被干扰和被欺骗。编程之后的程式化，甚至猫脸经过修饰，也可能被人工智能识别为人脸。这些都将带来算法导致的偏差。另外，算法本身由人来设置和建构，因此也不可避免地夹杂有人的局限与偏见。而这一切都隐藏在技术背后，甚至在“客观、公正、透明”的数据呈现中隐秘不见。

4. 算法推荐与“信息茧房”效应

人工智能通过深度学习，分析用户互联网使用的各类数据，依赖大数据与算法，将用户归类，并为用户提供个性化与定制化的新闻产品与信息推荐服

---

① 马文·明斯基：《心智社会：从细胞到人工智能，人类思维的优雅解读》，任楠译，机械工业出版社，2016，第 77 页。

② 四川日报报业集团副总编辑、华西都市报报社社长、封面传媒董事长兼 CEO 李鹏：《迈向智媒体》，北京师范大学新闻传播学院讲座，2018 年 6 月 5 日。

务，但与此同时，也必将带来“信息茧房”效应。而旧有的数据又会成为分析的对象及新产品提供的依据，从而用户的标签往往形成圈内循环，那么“信息茧房”效应将被强化。

（三）技术更迭快，新闻业面临系列新挑战

目前人工智能的发展离不开深度学习，而深度学习建立在大数据及神经网络等技术基础之上，该领域的知识与技术更迭快，如果缺少领先的知识技能及原创理论，就跟不上技术的更迭与需求。

1. 产学研技术磨合不够

研究机构、新闻生产机构、传播机构、学习机构等都还没有形成成熟的生态圈和产业链，科研机构发表的关于人工智能的科研成果并未能与新闻机构在采用人工智能方面的实践紧密结合，新闻生产机构与学术研究和学习机构在新闻生产理念及文化认同方面有很大的差异，人工智能技术若要在新闻领域得到更好的应用，需要产学研进一步的磨合。

2. 复合型高级人才缺乏

人工智能技术人才需要紧跟技术的发展才不致落伍，但如果要将人工智能很好地应用于新闻业，这些技术性人才还必须对新闻业有着很好的理解与认识。反过来说，新闻业的专业人才对新闻业有着较深的认识，但对人工智能技术缺乏了解。目前较多的是媒体机构与科技公司合作共同研发人工智能新闻业务与产品，但复合型高级人才比较缺乏。

3. 版权问题

人工智能参与创作、撰写文章、拍摄视频和画面等等，这些人工智能生产的产品是否拥有产权，如何界定，是否需要保护，如何保护，以及人工智能在创作的过程中是否利用和侵犯了受到版权保护的已有文章、图片、音频和视频等等，这都给版权法提出新的挑战。

4. 数据安全与隐私保护问题

人工智能高度依赖数据，人工智能应用的过程中必然涉及数据的安全和保护问题。如何保护数据、如何评估风险、如何监控、如何保密、如何防止数据泄露、如何保护用户隐私等都亟待完善。

5. 新的鸿沟和技术巨头带来的截留

人工智能新闻产品的开发需要大的人力和财力的投入，因此只有那些大的媒体机构有能力开发。结果很可能是大的媒体机构因此更加巩固了其在新闻传播领域的话语权，从而带来信息的截留，同时也在新闻制作领域更进一步拉大了新的技术鸿沟。

四　人工智能在新闻业应用的展望及对策

在国家战略布局的重视与指导、科学的研究与推动和技术领域的实践与探索中，人工智能的发展迎来又一次的热潮，人工智能的融入也为各行各业的发展带来新的变革。

（一）努力提升人工智能在新闻领域的应用创新技术与平台

有效提升人工智能的深度学习能力和智能识别技术，完善新闻信息数据并提升数据质量，挖掘具有社会、文化、经济和专业价值的信息，提高人工智能对数据的分析处理和甄别能力，增强人工智能对不同场景的信息识别和应对能力，以及人工智能与用户之间的互动和交流能力，将为人工智能在新闻行业的应用拓展新的可能。这就要求：第一，要提升精准计算与信息服务技术；第二，要增强信息分析与推理能力；第三，要拓展群体智能信息共享技术；第四，要提升沉浸式新闻体验。

（二）制定促进人工智能发展的法律法规和伦理规范

人工智能目前不承担法律责任，也无法自主遵守伦理规范，这就要求在新闻生产中加入新闻伦理规范来平衡人工智能可能产生的偏差。2017 年在美国阿西罗马召开的 Beneficial AI 会议上，全球2000 多人，包括844 名人工智能和机器人领域的专家联合签署的“阿西罗马人工智能原则”强调，应以安全、透明、负责、可解释、为人类做贡献和多数人受益等方式开发人工智能。这一系列原则目前共 23 项，分为三大类，分别为科研问题（Research Issues）、伦理和价值（Ethics and values）、更长期的问题（Longer-term Issues）。呼吁全世界的人工智能领域在发展 AI 的同时严格遵守这些原则，共同保障人类未来的利益和安全。[①] 在信息处理速度和对数据的精准分析方面，人工智能明显优于记者，但是在信息甄别以及对人性化、个性化、创造性等信息的分析能力方面，人工智能暂时无法取代记者。这就要在法律、法规和伦理层面制定出适应人工智能在新闻行业应用和发展的条例来确保其发挥正向作用。

（三）打造便捷高效的智能信息检索和生成服务体系

媒体机构可以充分利用人工智能技术来打造便捷高效的智能信息检索和生成服务体系，以智能化方式提供服务。人工智能系统可以根据用户使用习惯及其数据来为用户画像，推测出用户需要和喜好的信息，也会根据用户提供的筛选条件迅速检索出相关信息。其中，在海量信息中做到对信息真实性的辨识，对人工智能来说还是一个难题。但在一定的编程模式中，引入人工智能来辨识信息的真伪，已有成功的尝试。路透社为了解决真假信息辨识的问题，他们使用新的新闻追踪系统叫作 News Tracer，针对每天 5 亿则 Twitter 信息进行演算，从假新闻、不合理的新闻、广告、杂音中找到真的新闻事件，有了算法的辅助，记者可以从社交媒体众多信息中脱身，把更重要的时间用来挖掘故事。[②] 未来，人工智能有望达到更加自主性和人性化的信息辨识，以提供更加智能化的信息检索与生成服务。

（四）建立人工智能信息发布安全监管和评估体系

社会生活千变万化，不能仅仅用逻辑推理与数据化分析和建模来界定与应对，而人工智能还不能对其创作和生成的内容进行人性化的解读和阐释，因此，我们需要通过内在与外在两种方式来建立人工智能信息发布安全监管和评估体系，以避免可能触犯法律法规和影响新闻伦理的内容的发布与传播，外在的监管和评估体系需要引进人的作用，而内在的监管和评估体系可以引入诸如“抑制器”和“审查员”这样的人工智能程序。“抑制器”是智能体会在想到某个“坏主意”的时候出现抑制，以阻止做出相应的不当行为；“审查员”是

---

① 王晓兰、徐艳、张庆芳、刘孝赵、蒋中：《人工智能的潜在风险及预防对策研究》，《电脑知识与技术》2018 年第 27 期。

② 《AI 给新闻业带来致命威胁？哥大新闻学院权威报告给你答案》，雷锋网，2017 年 11 月 4 日。

指智能体不需要等到一个“坏主意”形成后才有所行动，它们可以对不良思维形成之前的那个思维状态进行拦截。①

（五）依据社交网络建立实时增长与更新的智慧学习数据库

机器学习依赖足够大量并且具有较高质量的数据，依据社交网络建立实时增长与更新的智慧学习数据库，可以提高人工智能对情感感知与分析，以及对不同场景下的信息判断与交互的能力和对非结构化数据的处理能力。“下一阶段将结合 UGC 新闻来源认证技术，逐步提高机器人采写 UGC 新闻的范围，更好地为编辑记者服务。”② 未来，搭载 5G 增强技术的研发与应用和物联网的智能化架构，将实现移动互联、社交网络与人工智能的深度融合发展。值得注意的是，在确保数据质量的同时，要保护好诸如身份识别、消费记录等用户的隐私数据。

（六）加快培养人工智能综合性高端人才

马文·明斯基认为，现代计算机的发明激发了始于 20 世纪 50 年代的当代人工智能科学研究。要创造出具有人类能力诸如野心、嫉妒和幽默感等的机器，还差得很远，但这只能说明我们还需要更好的理论来解释思维的运作方式。③ 加快培养和引进人工智能综合性高端人才，提供研发、学习及其与新闻业实践相结合的平台，完善人工智能专业设置与科学布局，加强产学研互动交流，推动跨学科复合型人才的储备和队伍建设，是人工智能助力新闻业的关键。

参考文献

［1］马文·明斯基：《心智社会：从细胞到人工智能，人类思维的优雅解读》，任楠

---

① 马文·明斯基：《心智社会：从细胞到人工智能，人类思维的优雅解读》，任楠译，机械工业出版社，2016，第 348 页。

② 郑雅君、袁利欣：《人工智能在新闻业的发展与思考》，《新媒体研究》2018 年第 12 期。

③ 马文·明斯基：《心智社会：从细胞到人工智能，人类思维的优雅解读》，任楠译，机械工业出版社，2016，第 5 页。

译，机械工业出版社，2016。
[2] 刘峰、石勇、刘颖：《2017～2018 互联网类脑巨系统研究报告》，未来智能实验室，2018 年 1 月 2 日。
[3] 王晓兰、徐艳、张庆芳、刘孝赵、蒋中：《人工智能的潜在风险及预防对策研究》，《电脑知识与技术》2018 年第 27 期。
[4] 陈毅华、张静：《从媒体大脑看人工智能技术与媒体业态的融合》，《中国记者》2019 年第 2 期。
[5] 郑雅君、袁利欣：《人工智能在新闻业的发展与思考》，《新媒体研究》2018 年第 12 期。
[6] 李鹏：《迈向智媒体》，北京师范大学新闻传播学院讲座，2018 年 6 月 5 日。
[7] 中国互联网络信息中心（CNNIC）：《第 42 次中国互联网络发展状况统计报告》，2018 年 8 月 20 日。
[8] 《习近平：推进互联网、大数据、人工智能同实体经济深度融合，首提区块链》，新华社，2018 年 5 月 28 日。
[9] 国务院：《新一代人工智能发展规划》，https：//www.sohu.com/a/272640913_465915，2017 年 7 月 8 日。
[10] 清华大学中国科技政策研究中心：《中国人工智能发展报告 2018》，http：//www.clii.com.cn/lhrh/hyxx/201807/t20180724_3922939.html，2018 年 7 月 13 日。
[11] 腾讯媒体研究院：《斯坦福新闻研究员：AI 改变新闻业的 10 个方向》，https：//www.qianzhan.com/analyst/detail/329/181227-59139918.html，2018 年 12 月 27 日。

调　查　篇

Investigation Reports

B.9

2018年政务短视频内容生态发展报告

李明德　张园　高如*

摘　要： 2018年短视频借力政务传播迅速成为政务新媒体转型升级的新平台。本文引入信息生态理论，从动态视角建构含内容生产、组织、传播、消费、运营和规制等要素的政务短视频内容生态，以此为基础构建政务短视频内容生态评价体系。对49个政务抖音号的147条短视频进行内容分析发现，政务部门积极作为，原创爆款频现，政务短视频优势显现，成为正能量传播的重要平台，但也在定位和功能、传播方式、互动性、特色性、协作性等方面处于摸索阶段。本文提出深耕优质内容，凸显“本地”场景；提高视觉素养，优化用户体验；加强互动沟通，增强用户黏性；跨平台联动，发挥矩阵合力；

* 李明德，西安交通大学新闻与新媒体学院院长，教授，博士生导师，主要研究方向为新媒体与网络舆情；张园，西安交通大学马克思主义学院博士生，《西安交通大学学报（社科版）》编辑，主要研究方向为网络传播；高如，西安交通大学马克思主义学院博士生，咸阳师范学院副教授，主要研究方向为网络传播。

严格监管，适度激励等优化策略。

关键词： 政务新媒体　政务短视频　内容生态　抖音　构成要素　评价

如果说2016年短视频实现井喷式发展，那么2018年对短视频来说，无论是从平台净化，还是从用户规模，都是在不断健康自身机体的过程中稳步前进的一年。数据显示，截至2018年6月，各大短视频平台的用户规模达5.94亿，占网络视频用户总量的97.5%，占国内网民总量的74.1%。2018年短视频借力政务传播驶上快车道，迅速成为政务新媒体转型升级的新平台，政务短视频在抖音、快手平台呈现井喷式增长。在政策、用户、平台、运营等多重作用下，政务新媒体亟须由野蛮生长期步入深耕内容的下半场。构建政务短视频内容生态的影响因素和评价维度，不仅有利于促进政务短视频的良性发展，也为打造政务新媒体良好生态、提升服务效能提供参考。

一　政务短视频的缘起

（一）短视频

短视频源于美国，是以网络和移动智能终端为平台呈现，由用户自主拍摄、剪辑、制作的时长短（国内以秒计，国外以分计）、可即时传播、内容形式灵活多样的移动视频新媒体。国内虽然比国外起步稍晚，但依托庞大的用户规模，表现出强劲的发展势头。从宏观的动态发展过程来看，可划分三代：第一代奠定用户基础，以秒拍、小咖秀、美拍为代表；第二代借势巨头加盟迅速崛起，如快手、梨视频；第三代全面开启垂直细分模式，早期靠美女、网红“跑马圈地”、争取流量，后期创作者逐渐细化，定位日渐明晰，向专业领域垂直过渡，变现能力随之增强。从平台用途来看，有社交、资讯、BBS、SNS、电商、工具等功能分类。从内容生产来看，有再现（奇行、奇艺、表演、工艺）、创作（模仿、改编、采访、解读）等模式。短视频如此风生水起，得益于网络技术和移动通信技术的升级和普及，操作简易、主打娱乐、题材丰富等吸引了年轻受众，满足了用户自我表达、释放情感的内在多重需求。王晓红[①]认为，短视频已经超越了简单的“观看”层次，发展成为一种社会形态。

（二）抖音与政务短视频

抖音，2016 年 9 月上线，主要面向 35 岁以下年轻人的音乐性创意类短视频应用平台，2017 年下半年持续发力、异军突起。截至 2018 年 12 月，抖音的国内日活跃用户已突破 2.5 亿，月活跃用户突破 5 亿，超过其他同类平台，成为短视频行业的头部平台。抖音至今已经过 50 余次的版本更新，求新求快，追求自由个性，为“记录美好生活”提供更便捷更好的体验：操作简易的视频生成和剪辑、丰富新颖的特效场景，迎合了年轻群体在节奏快、压力大的现实生活中表达个性自我的需要。从百度指数看，抖音关注度已经从 2017 年初的 100 突进到目前的超 7 万，高峰时甚至超过 16 万，成为 2018 年名副其实的最强短视频爆款。

为充分发挥短视频平台在政务信息传播中的作用，适应公众需求变化，政务部门积极入驻各大短视频平台，构建政务短视频矩阵。2018 年 9 月 14 日，我国公安系统内省级、地市级 170 家网警单位集体入驻抖音平台，运用短视频随时分享执法、救灾等工作活动，由此正式拉开了政务部门和短视频平台携手共进的大幕。截至 2018 年 12 月，已经有 5724 家政府机构完成抖音号认证，发布了 25.8 万个短视频，累计获赞 43 亿，成为政务传播新平台。政务短视频的发展经历了从原始积累阶段到定位与风格塑造风格阶段，再到目前的全方位发展阶段。[②] 目前“两微一端”阵地的流量红利收紧，对比之下，政务短视频极有可能助力政务新媒体突破既存困局。冯帆等[③]认为，短视频贴近受众、突出个性、注重内容、视听同步、强调互动的优势在一定程度上可以消弭已有政务新媒体平台的问题，但也需谨慎对待“两微一端”曾经遭遇的雷区。王佳

① 王晓红：《网络视频：超越“观看”的新形态》，《青年记者》2018 年第 7 期。

② 邵泽宇、谭天：《2018 年政务短视频的发展、问题与建议》，《新闻爱好者》2018 年第 12 期。

③ 冯帆、马睿姗：《政务短视频：政务 3.0 时代的创新与突围——以抖音平台政务短视频为中心的考察》，《新闻战线》2018 年第 10 期。

航等[①]从主题分布、视频画面、话语特征等方面分析，发现抖音政务号的有益实践和探索，部分抖音号仍存在传播效果不理想、定位不清、运营不善、原创不足等问题，显示出严肃与娱乐之间的矛盾尚未很好解决。跨越政务信息的严肃性与平台的娱乐性之间的界限并非易事。

二　政务短视频内容生态构建和评价

中国互联网络信息中心（CNNIC）发布的《第43次中国互联网络发展状况统计报告》显示，截至2018年12月，我国网民规模为8.29亿，手机网民规模为8.17亿，[②] 网民中使用手机上网人群的占比达98.6%，较上年的98.3%略有上升，普及将很快达到饱和，导致近几年的增长幅度已不显著。“移动互联网应用的主要存量将保持在相对稳定的空间，增量带来的红利可能进一步缩减，存量竞争将日趋激烈。”[③] 在这种形式下，“内容为王”、内容的价值回归，尤其是优质的内容，将成为破解互联网发展僵局的摩斯密码。谁掌握了这个核心，生产出满足用户需求的优质内容，吸引住用户的注意力，谁就将成为最大的赢家。

“内容为王”并非当下的新提法，传统媒体亦是依赖并强调于此。新媒体语境下，“内容为王”又被赋予新的生命和新的含义。技术的赋权与加持使内容生产与消费界限变得模糊，生产内容已不是一个孤立的环节，内容消费、传播、运营等多维度的加入，一如自然生态一般，形成了以内容为核心的生态系统。甚至可以说，即使生产出优质的内容，如果不注重传播、运营等环节，优质内容仍然可能无法被用户“看见”，无法到达用户又何谈认同、变现?!

内容生态概念体现的是一种动态中的全局观、系统观，不仅仅强调内容本身，更强调系统内各要素的有机配合和可持续发展。关于内容生态的构成，很

① 王佳航、张希臣：《抖音政务号的话语方式与社会效果探析》，《新闻论坛》2018年第5期。

② 《第43次中国互联网络发展状况统计报告》，https：//www. cnnic. net. cn/hlwfzyj/hlwxzbg/hlwtjbg/201902/P020190228510533388308. pdf，2019年3月1日。

③ 丁伟：《新媒体内容生态演进的8个方向》，《新闻与写作》2018年第11期。

多学者为本研究提供了很好的借鉴。彭兰①认为，内容生产、分发与消费构成全新的内容生态。丁伟②认为，内容生态包括生产和传播，具体又包含发布主体、与受众关系、主流传播形态、产业拓展、阅读模式、平台优势、人工智能、信息传播等等。杜智涛等③认为，内容生态包括内容生产者、内容平台以及内容本身等。这与张志安等④的观点相似，“互联网内容生态与技术驱动、用户社会化生产以及新闻生态系统多元行动者有密切联系”。以上对“内容生态”的研究大多基于宏观层面的整个互联网来说，互联网系统内存在不同媒介形态、不同平台类型的区别，作用机制不尽相同，需将“生态”概念引入具体，而不仅仅是表面的判断和认知，才能真正起到指导实践、发展实践的作用。而且从以往对政务短视频内容的研究来看，尚未形成系统性的研究。

因此，本研究针对政务短视频内容生态，引入信息生态理论，建构政务短视频内容生态构成要素。信息生态系统是信息人和信息环境之间相互联系、相互作用而形成的具有信息流动、信息转化和信息共享等功能的有机整体，具有整体性、多样性、协同演化性、动态平衡性等特征。⑤ 信息生态理论认为整个系统组成成分主要包括信息、信息人、信息环境，而其中信息人一般包括生产者、组织者、传播者、消费者和分解者这五个角色，本文认为将此定义为信息生态系统的五大主体，因此基于主体的行为角度，从动态视角重新定义信息生态系统的构成，具体如图 1 所示。

切换到新媒体语境下，结合动态视角信息生态系统构成和传媒经济学的相关概念，由此建构针对政务短视频的内容生态及其构成要素，如图 2 所示。整个动态过程以内容为核心，以生产为起点：新媒体环境下，技术的突飞猛进、信息的几何数级增长、主体的多元化等使得内容生产已经不再是简单的“一句话”呈现，在主题、题材、类型上等均呈现多样化、专业化的特征，展现出情节、情景的兼备。内容组织主要是策划选题、组织话题，在引起讨论和共

① 彭兰：《智能时代的新内容革命》，《国际新闻界》2018 年第 6 期。

② 丁伟：《新媒体内容生态演进的 8 个方向》，《新闻与写作》2018 年第 11 期。

③ 杜智涛、张丹丹：《互联网内容生态：嬗变、反思与重构》，《青年记者》2018 年第 16 期。

④ 张志安、聂鑫：《互联网内容生态变化：历程、路径与反思》，《新闻与写作》2018 年第 10 期。

⑤ 娄策群、周承聪：《信息生态链：概念、本质和类型》，《图书情报工作》2007 年第 9 期。

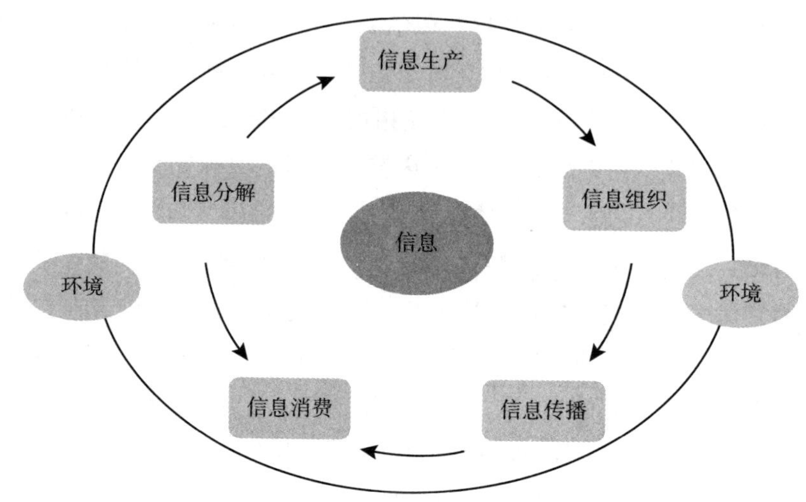

图 1　动态视角信息生态构成

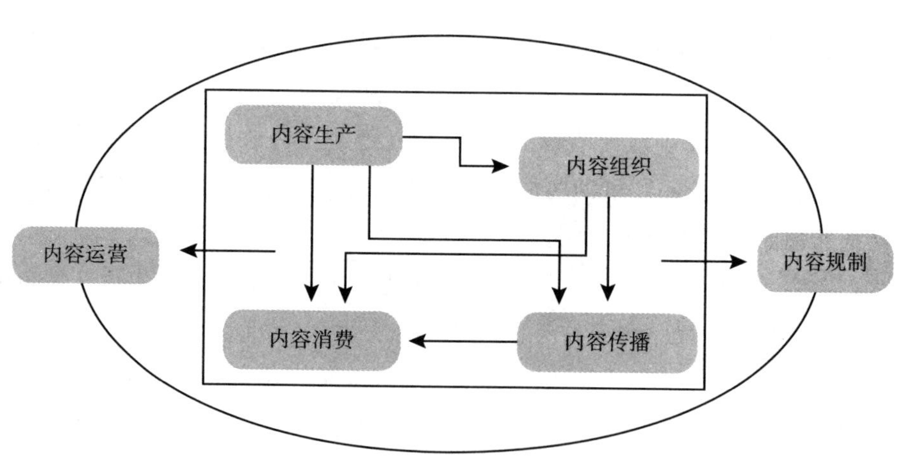

图 2　短视频内容生态构成

鸣的同时实现传播与消费。内容传播是主体采取多样手段提高传播力，进而扩大影响力。内容消费是用户的观看、关注、转发、评论、点赞等行为。内容规制是内容分解的传播学视角的表达，主要是对内容的监管，剔除不良信息，净化内容生态环境，保持良性发展。新增的“内容运营”是由于传媒产业化、市场化、商品化发展，仅仅关注内容的生产已远远不够，如何更好地销售内容受到越来越多的关注，其重要性越来越凸显。广义上来说，策划加工、编辑组织、发布呈现等促使内容发挥最大价值的活动都可以划归到广义的运营范畴，而本研究将内容运营的含义定义为“定位和功能”，定位和功能是账号主体对其从事的内容生产、组织、传播等一系列行为的顶层设计和战略指导，决定了生产什么样的内容、传播给什么样的受众群体等关键性问题，定位清晰、功能明确的账号往往生产的内容是精准的，是个性化、定制化的，能满足用户的个性需求，至于如何呈现往往是下游技术层面要解决的问题。

由此，本研究构建出政务短视频内容生态评价类目，如表1所示。需要说明的是，评价要素中未列示内容规制这一环节，是因为平台对账号的规制大多数遵循国家统一对平台的规制政策，差异性不大。目前大多数平台尚未形成并公开基于国家政策而制定的平台自身的管理规定，随着资料的进一步翔实，以后的研究中可在此方面有所深入。

表1　政务短视频内容生态评价类目建构

要素	类目	编号
内容生产	来源	①原创;②媒体来源;③核心来源
	题材	①情景型;②内容型
	主题	①服务类;②宣传类;③娱乐类;④报道类
	类型	①资讯类;②人物类;③推广类;④音乐类
	素材	①图片、音频、字幕的合成;②监控画面;③二次加工视频;④现场直播
	用途	①怀念;②记录;③警示;④励志;⑤感恩;⑥搞笑
内容组织	#话题标签	①关联或创建相关话题;②没有关联或创建任何话题
	号内策划系列片	①开展主题策划;②没有主题策划
内容传播	与平台联动	①@抖音小助手;②没有@抖音小助手
	与同类账号联动	①@同类账号;②没有@同类账号
	与微博平台或账号联动	①显示微博平台或账号相关信息;②没有显示微博的任何信息
	与微信公众号联动	①显示相关微信公众号信息;②没有显示微信公众号任何信息
	与所属网站/网页联动	①显示部门网站相关信息;②没有显示部门网站任何信息
内容消费	评论的内容指向	①与主题相关;②与主题不相关
	评论的态度	①肯定;②质疑;③忧虑;④悲伤;⑤愤怒;⑥无明显态度
内容运营	定位	①有上线视频;②无上线视频;③账号界面有定位;④账号界面无定位
	功能	①账号界面有功能介绍;②账号界面无功能介绍

三　政务短视频内容生态发展现状

（一）样本收集和信度检验

本文选取清博数据 2018 年 12 月 20～25 日政务抖音号周榜单传播力指数① 排名前 50 位的政务抖音号，以各抖音号 2018 年度点赞数②排名前三的作品内容为样本，剔除无动态账号，最终得到 49 个账号共 147 个视频作品。类目建构和编码工作完成后，我们随机抽取 50 个样本进行信度检验，KA 值为 93.6%，表明信度较高，可以进行后续工作。采用 SPSS 进行数据分析，主要方法为频数统计、描述统计等，并根据需要交叉分析相关类目。

（二）数据分析

在 49 个政务抖音号 147 个作品中，91.8% 来自政务部门，这其中又有 73.3% 的账号来自地方，行政级别涵盖省级、地市级，甚至县级、村镇级。地方政务部门对于开通政务短视频账号表现出极大的热情，布置专人负责账号相关工作，积极探索政务信息传播的新途径，重塑政府部门新形象。虽然地方开设的账号数量占优势，但从内容发布来看，全国性的账号内容资源丰富，占领头部，地方级账号多重复转发，内容创作难以突出，陪伴效应不显著。从账号主体归属系统来看，公安、消防等政法类账号居多，占 79.6%，这与前文所述的公安系统集体入驻相符。从开设时间来看，样本中开设时间③最早的是 2018 年 3 月 9 日上线的@ 中国长安网，大部分政务号于 2018 年的 5～7 月发布首条视频作品。从发布频率上来看，截至 2018 年 12 月 31 日，样本中发布作

① DCI 传播力指数是清博大数据平台以作品数、播放量、点赞数、评论数、分享数为基础数据，通过设置不同权重而计算账号传播力的综合数据，是账号传播力的综合量化。本研究以此为依据弥补了表 1 列示的“内容传播”以内容分析测度的不足，代表选取的样本本身就已经具备了一定的传播力。量化的 DCI 指数偏向于传播力结果的数字呈现，而本研究的内容传播重点观察传播过程中的一些表现。

② 本研究选择点赞数作为样本选择的依据，是因为点赞行为不仅代表了“观看”，而且说明了用户的一种较深层次的“认同”。

③ 账号开设时间以账号第一个视频作品发布的时间为准。

品数量最多的是@浙有正能量，平均每天发布6个，账号之间的发布频率不尽相同，但基本能维持自身的发布规律，但也有些账号发布不能保持常态，有些甚至长时间不更新，“僵尸”现象仍然存在。

1. 视频来源和素材方面：政务部门积极创作作品，原创质量良莠不齐

抖音平台支持原创，在账号页面显示中，作品数一栏仅显示原创性视屏，转发视频只在动态栏显示。从49个抖音号来看，作品数绝大多数与动态数基本一致，这也验证了视频来源项考察中，87.1%的视频属于原创（见图3）。一个视频的生成是内容、影像、人物、环境共同作用的结果，缺一不可。依赖于技术的进步，除了原创性作品，大众传媒、中心网站、微博、微信上的视频内容经过一定的转化也可发布到短视频平台上，实现联动播放。比如，@中国军网依托的是中国人民解放军新闻传播中心，@中国军视网依托的是中央电视台军事节目中心，@中国长安网依托的是中央政法委官方新闻网站。尽管“背靠大树”，但分别仅有6.1%和6.8%的视频来源于媒体和账号背后的核心平台，联播略显不足，影响到传播范围。

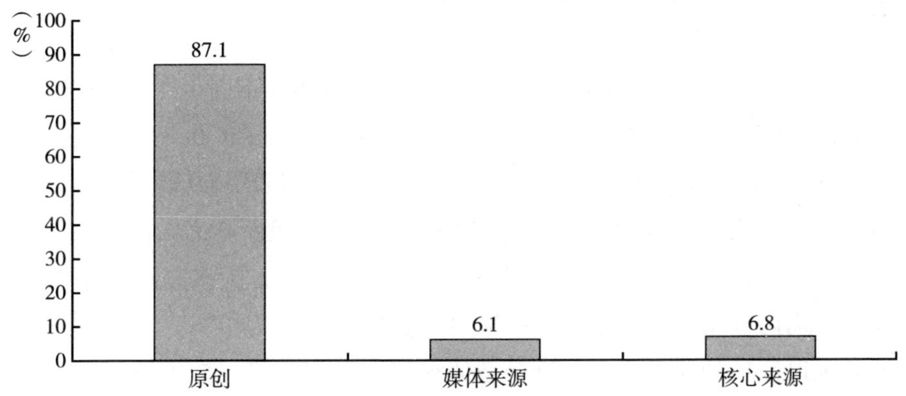

图3　政务短视频来源分布

从政务短视频的素材来看，录像的二次加工占40.1%，现场直播占32.7%，监控画面占18.4%，图片、音频、字幕等的合成占8.8%。由于抖音平台仅支持短时15秒的短视频播放（少量等级较高的账号支持3~5分钟完整版视频），需要对长视频进行加工和精简，截取关键性信息或者精彩片段，简短且不影响用户理解。为了方便用户理解，二次加工往往配以字幕解释。虽然

具有一定的原创性，但也并非严格意义上的原创，二次加工的画面质量、内容质量不尽如人意，有些画面模糊不清，造成用户感官体验不佳。

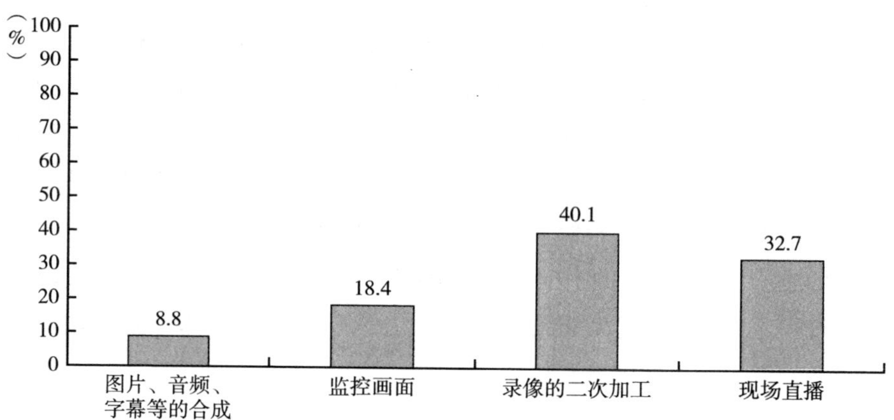

图4　政务短视频素材分布

2. 题材和用途方面：短视频优势已见端倪，严肃和娱乐融合之题仍未解

视频资料包括影像、声音、文字等多重信息刺激，可充分调动眼睛、耳朵等感官体验，比纯文本更易吸引用户关注，而短视频又不同于电影电视，短视频的影像与现实界限模糊、无限逼近，50%以上是现场的1:1还原，能带给用户现场感。但这一优势在政务短视频平台上并未充分显现。从题材上看，情景型占54.4%，内容型占45.6%（见图5），二者之间差距不大。时长限制和细节呈现的要求，情景型视频多采用快速切换镜头手法，大多是近景拍摄和特写镜头。而内容型偏重文本内容的输出，表现手法较为单一，大多是图片加字幕并配以简单的伴奏音乐。情景型的视频资料创作仍有较大发展空间。从用途上看，记录占35.4%，警示占23.8%，感恩和怀念均占12.9%，搞笑占12.2%，励志占2.7%（见图6）。需要特别指出的是，通过搞笑的滑稽表演来警示大众的占6.8%，比如@四平警示账号策划的“谁能告诉我他用什么测的酒驾?”“有没有小伙伴能看清信上写的是什么”，通过警官和两名“违法者”演员的无厘头演绎，告诫人们酒驾、伪造警察身份的恶劣后果，都是当下比较热议的话题，于诙谐幽默中传递法律法规，此类视频都创造了相当高的点赞数。

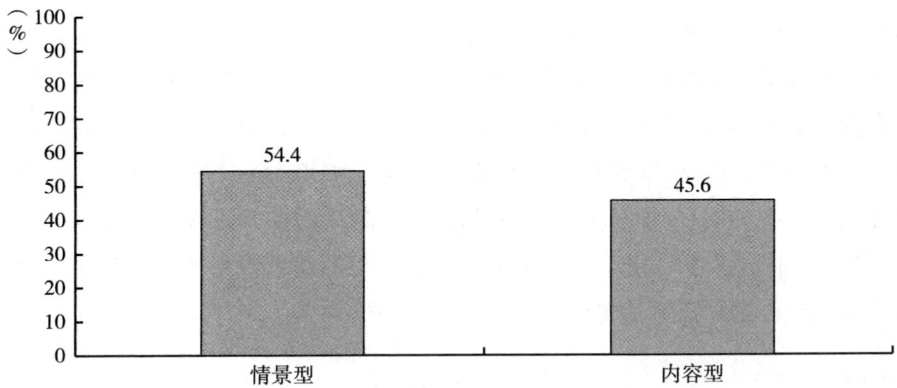

图5　政务短视频题材分布

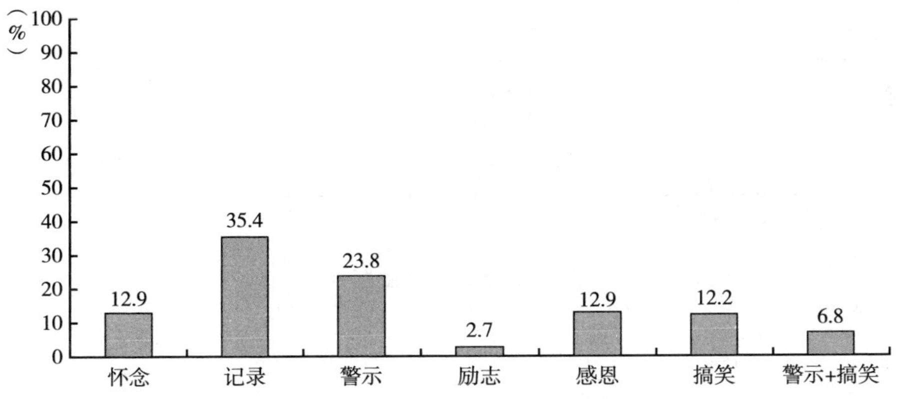

图6　政务短视频用途分布

3. 主题和类型方面：正能量宣传报道占主流，传播内容略显传统和单一

政务短视频内容绝大部分是满满正能量，但呈现的内容仍以传统的宣传报道为主，还未脱离传统媒体窠臼。经统计分析，主题方面，宣传类有绝对优势，占比高达45.6%，其次是报道类，占31.3%，服务类占19.7%，娱乐类占3.4%（见图7）。宣传类主要是塑造正面的政务人员形象，比如舍身救战友的英雄王成龙、与死神赛跑的救人交警、为保护人民生命财产而不畏牺牲的消防员、把青春献给部队的老兵等，报道类主要是报道社会上的正能量事件、政

务部门当下的热门行动，比如#黔南州抗凝冻保平安，#江淮风暴执行攻坚战、扫黑除恶行动等。服务类不同于微信、微博的网上办事服务平台，主要是信息服务：传授防骗小技巧、消防车避让知识、寻人启事、如何应对歹徒等，以真实案例、真人表演视频再现情境，易懂易学。由以上主题分布规律导致了在类型上，人物类占比达 58.5%，其次是资讯类，占 30.6%，推广类和音乐视频类分别占 7.5% 和 3.4%（见图 8），与大家一致认为的娱乐性是抖音的最大特点、“无娱乐不抖音”相反，以美女、帅哥出镜的娱乐性视频并未引起想象中的大量关注，这一反差值得注意。

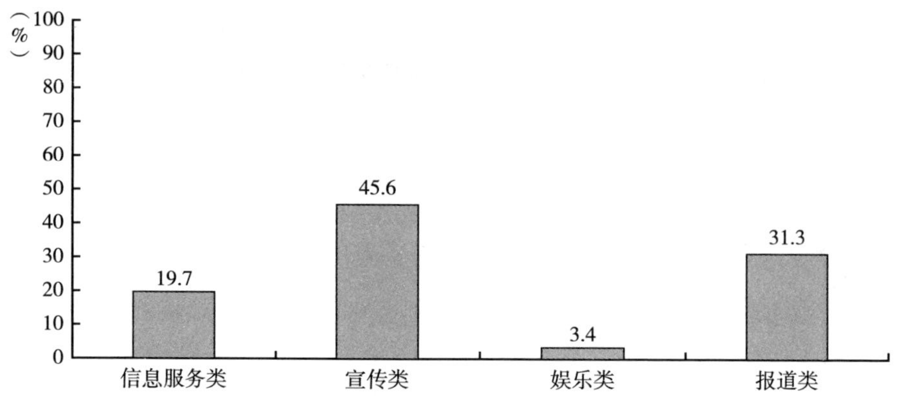

图 7　政务短视频主题分布

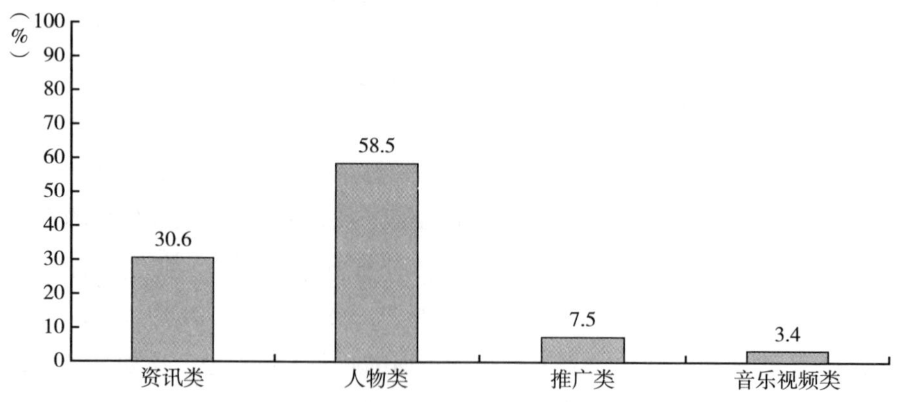

图 8　政务短视频类型分布

4. 内容组织方面：账号多独立运作，略显保守和封闭

策划代表了账号主体基于定位和功能对账号内容、呈现方式的理念和思路，带有一定的全局性、设计性、策略性和主观性。但就目前来看，经过策划的作品仅占23.1%，近80%的作品基于模糊的发展认知而发布（见图9），随意性较大，造成账号呈现内容整体看起来比较杂乱，特色不突出，内容同质化，用户的精准信息需求无法得到很好的满足，对账号的传播产生了负面影响。带话题标签的作品仅占33.3%，与抖音平台联动的仅占14.3%，与同类账号联动的仅占8.2%（见图10）。在内容组织和传播上整体比较闭塞，各个账号独立运作，单打独斗，抖音平台移植今日头条的智能算法和推荐功能未能得到充分发挥和利用，忽视了平台的传播作用和新闻传播规律。

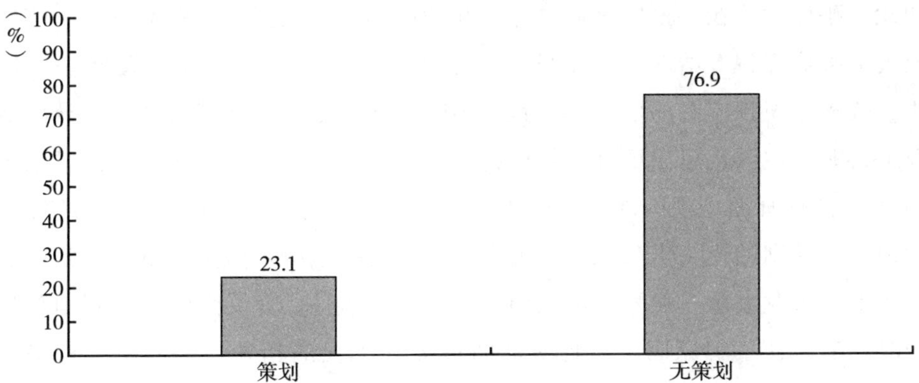

图9　政务短视频策划情况

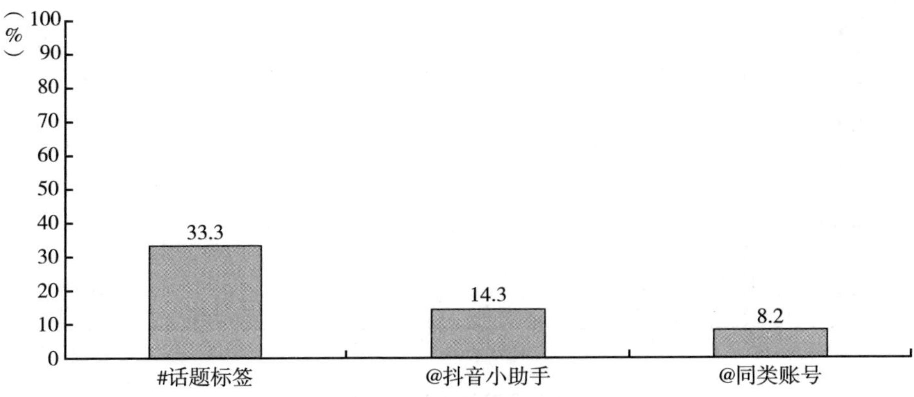

图10　政务短视频平台联动情况

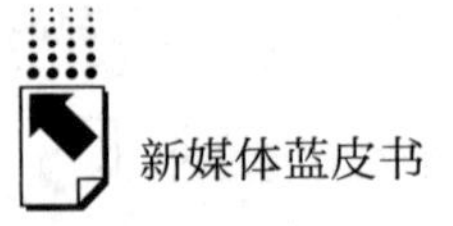

5. 用户评论方面：评论指向切题，互动性不足

从信息生态论的视角来看，用户评论代表用户对信息的一种消费，相较于浏览量、转发数、点赞数等数字化呈现，通过用户的评论文本可以更直接地洞察用户的观后感和价值取向。通过对评论文本的内容分析，从评论的内容指向和视频主题的关联度来看，90.5%的评论直接针对视频呈现的内容，未出现较大偏离。从评论文本的态度归属来看，77.6%表示肯定态度，这与政务短视频绝大部分是正能量传播的主题相关（见图11），说明用户正确感知到了信息的价值。政务短视频也有一些对社会丑恶现象的披露，比如受邪教蛊惑的母亲对发烧生病女儿的非人对待、溺爱造成孩子殴打母亲等，受众也跟随表现出愤怒和忧虑，表明用户的理性，而不是“审丑”横行。尽管如此，账号主体在评论区表现欠佳，互动性不足。在视频模糊不清造成信息缺失、影响理解等情况下，账号主体未能及时“到场”回应，疑问一旦堆积，政务短视频应有的信息传递就会中断。即使是在受众理性占据主导的情况下，账号主体也可以更胜一筹地将正能量传播引向深入，而不仅仅局限于15秒短视频画面呈现的内容，比如@中国消防一则“看到最后，你会明白”的视频，模糊的镜头下只隐约呈现了一位痛苦嘶吼的消防员，单看视频无法了解事情来龙去脉，账号主体利用评论区阐明事件，让受众既感受到消防员当时的痛苦并了解原因，而且对消防员无私无畏的精神油然而生一种崇敬之情。

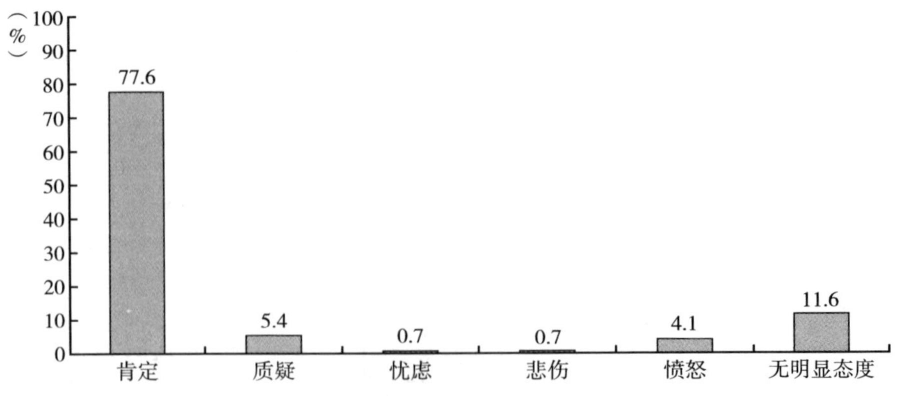

图11　政务短视频评论内容态度分布

6. 内容运营方面：定位和功能仍处于摸索阶段

政务微博和政务微信经过较长时间的发展已进入稳定期，它们的定位也比较明晰且有所区别。“政务微博强调网络问政和社会治理，政务微信突出打造政务服务平台。”① 而作为政务新媒体的新成员，政务短视频由于上线时间短，绝大部分是2018年下半年才刚刚开通，所以其定位和功能还未明晰，大多处于探索阶段，如何与政务微博、政务微信的定位和功能既有区别又有协同是目前政务短视频发展中的瓶颈。我们对49个账号界面的认证内容逐一观察统计来看，地方性抖音政务号和全国性抖音政务号在定位和功能上还不能有效区分，以表2列示的账号为例，像@中国军网、@中国法院网这样的全国性账号比较容易找准定位和功能，而地方性账号一味追随和模仿，导致内容上缺少本地特色，发布的内容反而与本地无关，内容来自天南海北，连本地用户都很难留住。从运营主体来看，个人运营的账号相比部门运营的账号，在找准定位和特色方面，应该是比较有优势的，政务人员既是工作人员又是社会成员，双重身份更能帮助他们找到与众不同的切入点，@大漠警示、@明Sir反骗局相对来说运营较好，就是因为找到了工作专业所长和社会关注的契合点，塑造了良好的公务人员形象，很好地配合了政务工作的开展。而绝大部分政务人员运营的账号还停留在记录个人生活、工作场景的阶段，认识和观念上有待深入。

表2　部分政务抖音号相关信息梳理

抖音号	开通时间	级别	定位	功能	首发介绍视频
中国军网	2018年10月30日	全国	中国人民解放军新闻传播中心网络部官方抖音号	精神抖擞，记录强军新时代，有关军事的一切，看这里没错	有
绿色天府	2018年6月9日	省级	绿色天府官方抖音号	绿水青山就是金山银山	无
四平警事	2018年5月14日	地市级	四平市公安局官方抖音号	讲述正能量满满的故事	无
青春大邑	2018年8月30日	县级	共青团成都市大邑县委员会	你身边的团团	无
浙有正能量	2018年5月11日	省级	正能量人气账号	为中国正能量发声	无

① 王佳航、张希臣：《抖音政务号的话语方式与社会效果探析》，《新闻论坛》2018年第5期。

续表

抖音号	开通时间	级别	定位	功能	首发介绍视频
冰城巡特警	2018 年 5 月 22 日	个人	BCXTJ	冰城巡特警	无
中国法院网	2018 年 7 月 27 日	全国	全国法院门户网站	普及法律知识弘扬社会正气	无
滨州文化旅游	2018 年 5 月 10 日	地市级	滨州市文化和旅游局官方抖音	孙子故里,生态滨州,欢迎您的到来	有
南京消防	2018 年 12 月 11 日	地市级	南京消防官方认证	谢谢您的关注	有
大漠警示	2018 年 5 月 24 日	个人	正能量人气账号	Vlog,辟谣技术牛,反封建反邪。用镜头讲述正能量的故事	无

注：所选账号为 2018 年 12 月 20 ~ 25 日抖音 DCI 传播力指数排名前十的账号；账号内首条视频的发布时间即为开通时间；首发介绍视频指账号第一条视频宣布账号开通并介绍账号主要内容、功能等。

四　政务短视频内容生态优化策略

（一）深耕优质内容，凸显“本地”场景

信息爆炸，人们周遭被各类信息环绕，但优质内容仍然是稀缺资源。在国家监管政策收紧、平台加强自身净化的情况下，政务抖音号在传播正能量、引导社会主义核心价值观方面表现出相当积极的一面，但如前所述也存在内容同质化、表面化的问题，急需以优质内容更新换代、充实机体。由于地方性政务抖音号占据相当大的比例，政务短视频内容的同质化主要表现在地方账号对全国性账号内容的重复发布，虽然有些是稍作剪辑和加工，但未有创新性改编。本文认为，这可能与同系统政务部门的执法内容相似有关，同时受传统的部门层级观念的束缚。这种重复发布，可以产生一定的教育意义，但因缺乏临场感而很难落实到实践中。政务短视频内容表面化，是指短视频只起到一定的记录作用，发布者一比一还原现场，简单标注基本的时间、地点、事件等事实信息，虽给人现场的即视感，但显得生硬、粗糙，缺乏艺术性与人文性。

因此，政务短视频仍需深耕优质内容，加强前期的调研和策划，精准定位用户群体，了解用户所需所求，生产出优质的、有深度的视频。由于短视频以秒计时长，影响到内容的深入呈现，可通过策划系列微剧等方式，层层深入和渗透。由于地方性政务账号占大多数，凸显“本地”场景和特色，为创作提供了广阔而明确的挖掘空间。从广义角度来看，“场景”一词可以概括人类行为发生的特定环境，包含时间、地点、人物、事件、连接方式等要素。而在当下，“场景”更特指一种思维，强调覆盖用户移动和碎片式消费，强调以人的体验为中心，强调契合或者引领新生活方式。[①] 除了宣传英雄人物，树立正面形象，还要深入了解当地风土人情、生产生活，为百姓发声，引领健康生活方式。

（二）提高视觉素养，优化用户体验

视觉素养是指人类通过观看，同时整合其他感觉经验，发展出一组视觉能力的素质，这种素养包括视觉感受能力、视觉审美能力、视觉解读能力和视觉表达能力。[②] 可见，视觉素养作为媒介素养的重要部分，其本身就是一种综合素质和能力。从图像到影像，图像时代继续纵深发展，短视频的爆发标志着社交媒体从纯文本、图文并行到视频社交时代的来临，单靠视觉的图像时代发展到视听觉并行的短视频时代，“观看”对象的进化，对于视觉素养的要求变得更高。目前每个政务抖音号背后都有专人负责维护，对于政务抖音号的各大主体而言，更应该做好模范带头作用，提高自身的视觉素养，参加相关培训和学习，引领整个社会视觉素养的提高。针对目前政务短视频存在的画面不清晰、镜头单一等问题导致的用户体验不佳，从技术的角度来看，要提高视频制作和加工能力，重视视觉文化传播能力的培养。然而技术背后更深层次的人文素养、艺术审美能力的提高更应该受到重视。提高选题策划和脚本制作能力，通过主动设置议程，策划系列微剧，借助戏剧化的手段，通过塑造特定人物角色和设置故事化的结构和情节，达到叙事的目的，这方面@四平警事做出了有益

① 腾讯传媒研究院：《众媒时代——文字、图像与声音的新世界秩序》，中信出版集团，2016，第50页。

② 孟建：《图像时代：视觉文化传播的理论诠释》，复旦大学出版社，2005。

的探索。切忌说套话、喊口号，重蹈“新闻八股控”之覆辙，以主题的鲜明性、故事的演绎性和对白的个性化（方言化）等多方面全方位优化用户的视听觉体验。为此也可以借鉴非政务类抖音号的内容生产模式的多样化，由单纯的 UGC（用户生产）逐渐引进 PGC（专业生产内容）、PUGC（专业用户生产内容）的内容生产模式。

（三）加强互动沟通，增强用户黏性

用户黏性体现了用户持续使用的一种意愿，对同一账户重复访问而不受外部环境的变化以及营销策略的影响，可以看作是一种持续使用的带有某种依赖心理的惯性行为。用户黏性代表着用户的忠诚程度。然而用户黏性的形成并非一蹴而就，也不是一成不变。有用性、易用性、使用效果等会使用户产生不同的感受，主观上的信任度、趣味性、满意度也会使用户做出持续使用与否的决定，甚至走向推荐或抱怨的两个极端。① 值得注意的一点是，在对 49 个政务抖音号的每个账号的点赞数排名前三的统计中，从时间分布上来看，绝大多数赞誉度较高的视频都发布于账号开通的早期，后期则表现平平，难见“爆款”踪影，这似乎可以部分说明政务抖音号在保持用户黏性持久度方面的欠缺。为此，本文特别强调评论区的互动交流。纵观整个抖音账号界面，评论区是政务人员可以直接和视频观看者进行互动交流的区域，一方面这里可以更直接地紧扣视频主题进行交流和引导，另一方面这里面对的用户都是观看过视频且对视频感兴趣、针对视频有疑问、有感想要分享的，是比智能算法匹配得更精准的用户。利用好评论区的互动，主动建立与用户的联系，势必达到更好的传播效果。

（四）跨平台联动，发挥矩阵合力

跨平台联动有两方面的含义：自建平台联动和站外平台联动。自建平台联动是利用抖音背靠今日头条，与西瓜视频、火山小视频等不同定位的短视频平台联合，形成文字、图片、不同类型视频的站内平台生态系统，更完整地呈现

---

① 赵青、张利、薛君：《网络用户黏性行为形成机理及实证分析》，《情报理论与实践》2012 年第 10 期。

内容。“抖音”早期就与今日头条打通内容导流，实现内部社交、内容生产的生态闭环，也完全移植了今日头条的算法推荐技术。这些都是政务抖音号可以利用的传播优势。站外平台联动主要将内容转发到网页、微信公众号、微博等外部平台，以融合之势，借力不同平台、媒体，形成共生共荣的信息生态循环。

基于短视频的特点，政务短视频矩阵有横向和纵向两方面的理解：横向来看，是指各职能部门的政务短视频以集群的形式联合在一起，形成矩阵，通过统筹安排，打通城市信息链条，实现各部门间的协同发展，避免信息不对称的“孤岛效应”，为社会提供安全可靠的信息与服务；纵向来看，是指某一职能部门内部上下级、全国和地方甚至个人与部门之间政务短视频的协同发展，协同并非重复和模仿，而是基于相同职能基础上的有差异的合作，如前所述的“本地场景”的凸显就与此一脉相承，也是现在地方政务新媒体发展存在的最大问题，需要打破既有的思路和层级观念，重新审视和思考自身的功能定位。多维视角的矩阵协同式政务短视频的建设无论从社会治理角度，还是从便民惠民角度，都有着积极的意义。

（五）严格监管，适度激励

政务短视频的内容规制，无论是从国家层面的引导还是从平台自身的管理，都属于“禁令性的规范管理”，包括《互联网视听节目服务管理规定》《信息网络传播视听节目许可证》《网络视听节目内容审核通则》等规定和约谈、勒令关停、整改等动作，“单纯禁令性质的治理在解决问题上有一定效用，但是这种治理更多是问题出现之后的一种手段”①，而互联网病毒式传播留给政务部门事后处理的时间是极少的，“删帖”等处置手段的单一和强硬，严重影响了政务部门的形象，甚至是欲盖弥彰、欲压更强的反弹。因此，在严格监管下，适度的鼓励和奖励措施，通过评选优秀短视频作品的方式规范和引导短视频内容生态的良性发展。这种激励可以在不同级别展开，可以是某一职能系统组织的，可以是地方组织的跨职能部门的，可以是某一账号或者几个账号联合组织的，但必须是适度的、规范的。

---

① 吕鹏、王明漩：《短视频平台的互联网治理：问题及对策》，《新闻记者》2018 年第 3 期。

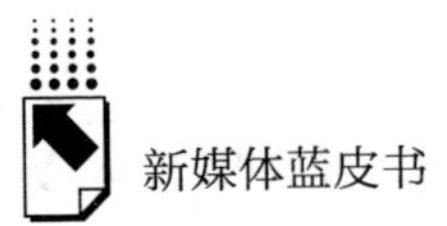

五　结语

习近平总书记要求各级领导干部要真正成为运用现代传媒新手段、新方法的行家，解决好“本领恐慌”的问题。短视频是技术跃进下产生的新的媒介形态，受众面广、图文声并茂，有着良好的群众基础，应该为、也可以为政务公开和传播发挥重要作用，与“政务两微一端”形成完备协同的政务新媒体链。令人可喜的是，通过本研究的分析，我们发现了政务部门和政务人员在短视频应用中的积极作为和不断探索创新，创造了不少“爆款”，对政务新形象的塑造起到了重要的推动作用。同时也不得不保持清醒认识，正视新生事物成长中存在的问题，以更为积极开拓的精神面貌、更为专业创新的方法技术开创政务短视频，乃至整个政务新媒体发展的新局面。

参考文献

[1] 谢新洲、朱垚颖：《短视频火爆背后的问题分析》，《出版科学》2019 年第 27 期。

[2] 彭兰：《短视频：视频生产力的“转基因”与再培育》，《新闻界》2019 年第 1 期。

[3] 黄楚新、王丹丹：《2018 年中国新媒体发展特点和趋势》，《新闻战线》2019 年第 1 期。

[4] 申林、赵菁菁：《移动短视频重复观看的传播特点研究——以“抖音”短视频为例》，《新媒体研究》2018 年第 22 期。

[5] 郭小平、张小芸：《计算传播学视角下短视频的类型化推荐及优化策略》，《电视研究》2018 年第 12 期。

[6] 常江、田浩：《迷因理论视域下的短视频文化——基于抖音的个案研究》，《新闻与写作》2018 年第 12 期。

[7] 靖鸣：《短视频传播伦理失范及其对策》，《中国广播电视学刊》2018 年第 12 期。

[8] 匡文波：《移动互联下的内容生产规律与传播规律》，《新闻与写作》2018 年第 7 期。

[9] 陈亦新：《短视频用户的准社会交往分析——以抖音 APP 为例》，《东南传播》2018 年第 11 期。

[10] 张志安、聂鑫：《互联网内容生态变化：历程、路径与反思》，《新闻与写作》2018 年第 10 期。

[11] 唐绪军、黄楚新、王丹：《新时代中国新媒体发展现状、趋势与对策》，《中国报业》2018 年第 15 期。

[12] 朱杰、崔永鹏：《短视频：移动视觉场景下的新媒介形态——技术、社交、内容与反思》，《新闻界》2018 年第 7 期。

[13] 彭兰：《智能时代的新内容革命》，《国际新闻界》2018 年第 6 期。

[14] 杜智涛、张丹丹：《互联网内容生态：嬗变、反思与重构》，《青年记者》2018 年第 16 期。

[15] 王益成、王萍、张璐等：《网络信息生态链视域下内容智能分发平台“信息茧房”研究》，《图书馆学研究》2018 年第 9 期。

[16] 崔金栋、杜文强、宋伟杰：《信息生态视角下微博信息传播机理研究——以里约奥运会中国女排夺冠为例》，《情报理论与实践》2018 年第 8 期。

[17] 姬德强、杜学志：《短视频平台：交往的新常态与规制的新可能》，《电视研究》2017 年第 12 期。

[18] 方毅华、姜琳琳：《短视频生态现状及优化研究》，《新闻论坛》2017 年第 4 期。

[19] 谭云明、全嘉琪：《矩阵协同式政务新媒体发展研究》，《中国出版》2017 年第 16 期。

[20] 常江、徐帅：《短视频新闻：从事实导向到体验导向》，《青年记者》2017 年第 21 期。

[21] 唐绪军、黄楚新、王丹：《中国新媒体发展趋势：智能化与视频化》，《新闻与写作》2017 年第 7 期。

[22] 赵青、薛君：《网络用户黏性行为测评研究》，《统计与信息论坛》2014 年第 10 期。

[23] 董丽梅、宋微、戴磊：《宏观信息生态系统的概念、构成与功能研究》，《情报科学》2014 年第 8 期。

[24] 娄策群、周承聪：《信息生态链：概念、本质和类型》，《图书情报工作》2007 年第 9 期。

B.10
2018年新媒体平台舆情传播的对比呈现
——以微博和微信公众号为例

匡文波　周　倜*

摘　要：　当下，微博和微信在中国作为舆情发声、发展、传播的重要新媒体平台，在舆论传播中发挥了至关重要的作用。本文基于对微博和微信公众号中评论数量、文章阅读量和分享量等大数据统计和问卷调查筛选出的2018年度重点舆情事件的例证分析，将微信公众号和微博两个不同的新媒体平台呈现的舆情特点、传播方式等进行分析论述。并通过对比今日头条的舆论平台，分析“正能量信息池”和“算法推荐”对积极引导舆论的意义。

关键词：　微信　微博　舆情传播

随着新媒体技术的不断发展与普及，各类新媒体平台逐渐成为汇聚网民言论、反馈网民态度的重要舆情阵地。每当发生热点事件或重点舆情时，网民都能及时从微博热搜榜、拥有众多粉丝的大型微信公众号头条或微信朋友圈的转发在微博、微信等不同类型的新媒体平台得以及时关注。但不同的新媒体平台和不同类型的舆情事件在舆情传播、舆论发展和舆论动员方面体现出不同的特

* 匡文波，中国人民大学新闻学院教授，博士生导师，中国人民大学新闻与社会发展研究中心研究员，主要研究方向为新媒体传播、网络传播等；周倜，中国人民大学新闻学院博士生，主要研究方向为新媒体传播、网络舆情、城市形象传播。

点和性质，应采用不同的应对策略加以引导和监管。

基于对评论数量、文章阅读量和分享量等大数据统计和问卷调查，笔者筛选出 122 件 2018 年度重点舆情事件，包括如长生生物疫苗造假事件、范冰冰逃漏税事件、自如甲醛事件、重庆万州公交坠江事件、中美贸易摩擦等。本文将结合 2018 年重点舆情案例对不同新媒体平台呈现的舆情特点、传播方式等进行分析论述。

一　类型不一的新媒体舆论发展模式

新媒体平台的舆论动态发展模式与传统的舆情有着很大的不同，它是通过互联网表达和传播的各种不同情绪、态度和意见交错的总和，新媒体平台中的发声主体更加多元化，内容更加多样化，负面热点也更多情境化，具有极大的不确定性。概括而言，新媒体平台上的舆论发展模式主要有以下几种。

（一）历史激活型

历史激活，顾名思义，就是指已经发生过的热点或具有话题争议性的事件重新出现，引发网络平台上网民的讨论，从而形成新的舆情。一般而言，历史激活可以细分为两种类型：一种是旧有的事件独立出现，如“木瓜可以丰胸”“裹保鲜膜可以瘦腿”等毫无科学依据的谣言几乎每隔几年就会“死而复生”，或者说大众并未得到真正的科普而依旧相信这些谣言，并且总有一些不负责任的微信公众号撰写子虚乌有的文章让这类谣言不断扩大，2018 年，就有超过 130 个账号的相关文章阅读数超过 10 万，带来的负面影响可想而知。另一种是新出现的事件激活了某些旧有热点事件，导致网民用集体记忆开始挖掘相类似的事件，从而加剧催化情绪，如前些年但凡出现老人摔倒不扶的事件总能让网民将 2006 年南京徐老太摔倒事件，即“彭宇案”，重新翻出来炒一盘“回锅肉”。又如 2018 年“高铁霸座事件”就在微博和微信中形成了一个“霸座”事件的连环小高潮（见图 1）。

2018 年 8 月 21 日，在从济南站开往北京南的 G334 次列车上，一男子霸占他人座位拒绝归还，并对劝阻的工作人员胡搅蛮缠，当时就有人用手机录下了现场视频。随后，该视频经微信群、微博@北京青年报爆出，后经由@澎湃新闻等多家媒体的微博转发；录制该视频的网友吐槽道："今天早上开往北京南站的 G334 次列车上，一名男子霸着靠窗的座位，不肯坐到自己车票上的座位，被他强占了座位的姑娘只能站着劝他，男子还趾高气扬地对姑娘说：'谁规定一定要按号入座？现在你有三个选择：要么你自己站着，要么你坐在我那个座位上，要么你自己去餐车上坐着去！'乘务长来了之后，男子开始耍无赖装病，依旧不肯起来……"使得媒体很快根据场景再现，进行跟进转发和报道，形成该事件传播的第一个高潮。

8 月 22 日，霸座男子孙某的个人信息被网友人肉出来，其疑伪造房东委托书、派发流氓传单、论文造假的信息也被网友曝光，媒体（电视、报纸、网媒等全部开动）的调查和评论持续跟进；22 日 22：25，@ 大爱缘 - 李庆亮声称受孙某委托，代为发布了道歉声明，并配发疑似两人微信对话截图。孙某也录制道歉视频，因其实名@ 孙赫的微博被加 V 认证为"高铁占座事件当事人"，还引发争议。"孙博士""座霸"等字眼持续成为微博热搜，该事件迅速传播成为全民话题。

2018 年 8 月 23 日，@ 头条新闻、@ 中国日报等媒体微博对该事件进展的报道和评论，形成该事件传播的第一个高潮，引起多个媒体转发。活跃的微信号为人民日报、占豪、新闻哥、新华社、拾遗、央视新闻、冷兔、环球时报、参考消息等。

2018 年 8 月 24 日 14：59，@ 济南铁路公布铁路公安部门已对"霸座"事件调查、取证完结，公示对孙某的处罚结果，形成此次事件的第二个高潮。随后该事件在"两微"上逐渐淡出用户视野，但随着引发媒体对类似霸座事件的报道变得极度敏感，"霸座男"在随后新的霸座事件中被反复关联提及。

2018 年 8 月 24 日，@ 央视新闻、@ 人民日报等媒体发布对事件当事人孙某的处罚结果，形成该事件传播的第三个高潮。

2018 年 9 月 19 日起，高铁"霸座女"的视频在网上刷屏，引发了用户对一个月前霸座男事件的关联，以事件联想和追溯的形式构成了该事件的第四个高潮。

历史激活型的舆论发展模式，若是对不良社会现象进行的批判，则通常会将这一类事件进行自动归类并加以批判，反而会使得网民在网上表现出来的社会公民素质得以提升。

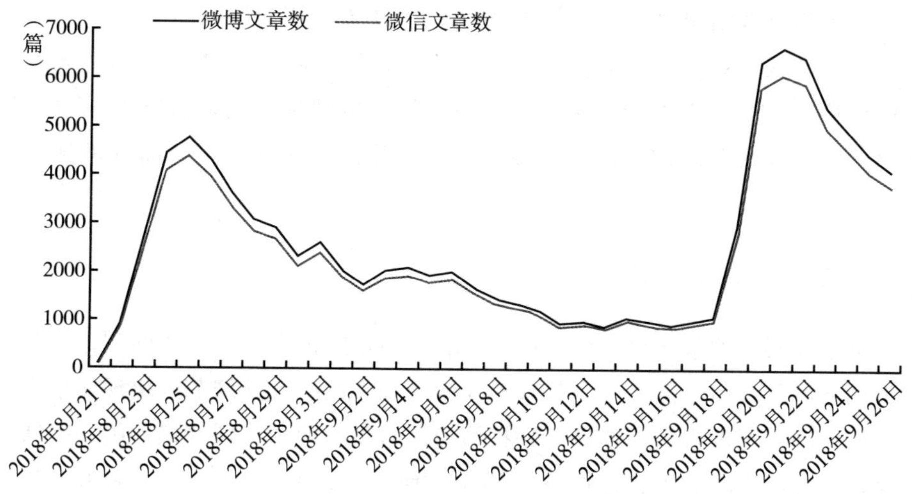

图1　“高铁霸座男”事件微信、微博传播趋势

（二）话题衍生型

话题衍生，即一个热点话题随着时间推移和事件的发展，往往能引发出多个话题和多次讨论。话题衍生导致的结果就是舆情衍生，“原始舆情演变过程中出现信息异化，特别是虚假性、误导性、爆料性信息元素，使得原始网络舆情偏离演变规律，产生衍生舆情，对原始舆情形成‘二次影响’，成为支配原始舆情发展的重要力量……”①

网络的虚拟性和开放性本就会让网络舆情存在反复波动的特点，人们在不断追踪话题的同时，会通过资料搜集、调查分析来挖掘出更多信息，而这些信息很可能都是碎片性的，网络用户在辨别信息的时候并不能完全地、考究地确保信息的真实性、契合性，这样产出的新信息也就经常会与原始信息有出入，进而使得话题的焦点发生变化和迁移。② 而这其中“焦点偏移”有时是有利于舆论发展的，如2018 年7 月5 日上映的电影《我不是药神》，也是2018 年

① 王慧、兰月新、潘樱心：《基于信息异化动力视角的网络衍生舆情成因研究》，《现代情报》2013 年第7 期。

② 陈福集、马梅兰：《网络舆情事件的话题演化分析——以成都女司机为例》，《情报科学》2016 年第5 期。

度娱乐类热点舆情事件之一，因电影取材于真实案例，反映了一部分人的生存现状，激起了观众的共鸣，引发网民热议，但是随着媒体的报道，大家的关注点从最初的电影本身到主人公原型人物，再到抗癌药业现状与前景，最终演变为呼吁改善医疗环境。每一次焦点偏移其实都是舆情向前推进到一个新的阶段。

（三）平息复起型

平息复起，即某一个舆情事件，已经经历过舆情发展的完整周期，在步入衰退期之后，又由于某一个事件被提及或者是新情况、新细节的出现而重新被网民所关注，再次进入爆发期。这种情形最常见于舆情反转的事件中，舆情反转通常是说用户在获得特定信息后对事件做出相反论定，而用户在各个阶段所表现出的观点也存在较大的差异。①

之所以会出现舆情的反转，一方面是因为舆论议题的转换，网民对事件的判断往往简单而粗暴，从先入为主的信息、投射自身经历的共情效用以及简单的情绪等，都很容易影响判断，因此总会随着事件的发展而不断被引发新的讨论，舆情也出现新的高潮。另一方面是因为舆论对象会出现转移，但在演化过程中，由于新信息的刺激、用户在平台上的社交互动，大家“口诛笔伐”的新目标出现，成为大家发泄的对象。当然，另一个不容忽视的原因就是媒体良莠不齐的传播环境，在微博、微信平台上有太多不具备新闻专业主义、新闻职业素养的用户或组织充当“新闻机构”，利用不完整的信息来加工渲染写出一些博人眼球的偏激文章，而这些信息总是可以引发大量的用户共鸣，从而生成子虚乌有的新舆情。

例如发生在2018年10月28日的重庆万州公交坠江事件，在当日10时08分，重庆市万州区万州长江二桥桥面上，一公交车与小轿车发生碰撞后坠入江中；13时，据万州区交巡警支队通报，与公交车碰撞的私家车女司机邝某娟已被警方控制。此时微信和微博上都是对“女司机”这一形象的声讨，网友纷纷通过讲述自身经历描绘对“女司机”是“马路杀手”的刻板印象。10月31日0时50分，车内黑匣子被打捞出水并移交给当地公安部门。11月2

① 张相涛：《基于传播学的角度看舆论反转的构成因素》，《传播与版权》2015年第7期。

日，黑匣子监控视频曝光，公交车坠江的原因浮出水面——乘客与司机发生激烈争执，相互殴打致车辆失控。此时，微信与微博的舆情又反转到不该误会女司机，而是声讨闹事乘客和冷漠相对的乘客身上，题如《保护别人，就是保护自己》的微信公众号发布的文章又遭到了疯狂转发。事件出现了若干次反转，伴随而来的是新媒体平台上舆情跌宕起伏，也出现了若干次平息和复起。

二　舆情热点在微博与微信中的传播

本部分以2018年11月的舆情热点“基层干部李忠凯”事件为例对比分析舆情热点在微信与微博中传播方式、特点、时间等异同。

（一）事件回顾

2018年11月15日，云南省楚雄州发布州管干部任前公示公告，其中，一位拟提名为大姚县政协副主席的候选人——李忠凯引起了人们的关注。因为李忠凯的公示照片头发花白，整个人像是60岁老人，而实际上是一名“80后”。

2018年11月16日，该事件经微博@西安房房房率先爆出，后经由多位微博大V转发。

2018年11月17日，@中国新闻周刊、《长沙晚报》微信公众号对该事件进行评论转发，形成该事件传播的第一个高潮，引起多个媒体转发；@中国新闻网、@中国之声几大媒体对事件的评论转载，形成该事件传播的第二个高潮。

2018年11月19日，@应届生校园招聘再次转发，形成此次事件的最后一个小高潮。随后，该事件在两微上逐渐淡出用户视野。

（二）传播分析

1. 舆情趋势

第一个高潮：2018年11月17日，@中国新闻周刊、《长沙晚报》微信公众号对该事件进行评论转发，形成该事件传播的第一个高潮，引起多个媒体转发。

第二个高潮：2018 年 11 月 17 日，@中国新闻网、@中国之声几大媒体通过微博主体对事件的评论转载，形成该事件传播的第二个高潮。

此外，从图 2 中可以看出，微博舆情的影响范围比微信更广，尤其是在事件讨论度和影响度最高的时候，微博的影响力更大。

2. 传播平台分析

从文章数、阅读数来看，微博高于微信；但是就评论数和总分享数而言，微信高于微博。微博对于热点事件的传播力、影响力更大，微博已成为很多热点事件的传播平台。但是基于微信的小圈层、强关系特性，人们对所处群体的影响更大，会在群体压力下进行分享；而对于微博而言，其大圈层、弱关系特点，分享数和评论数会高于微信平台。根据弱关系优势理论，微博会促进事件传播范围上的扩大。

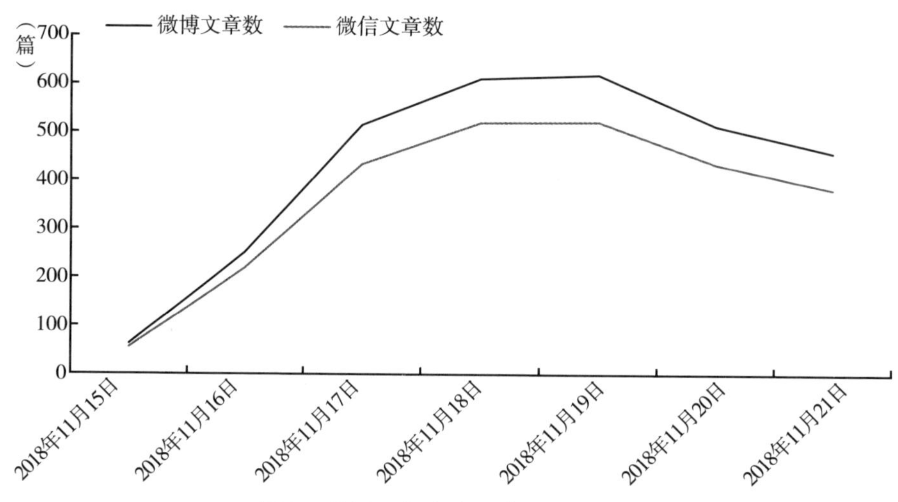

图 2　基层干部李忠凯事件舆情分析

3. 传播人群分析

（1）性别渗透度

微信公众号往往属于私人账号，隐私性更强，后台数据难以取样，因此我们采用了今日头条有关该事件的用户人群画像①，与微博的关注人群进行比较。

① 用户人群画像用 TGI 指数这种方法进行统计，如在统计期间男性关注微博平台某事件的数量时，公式是：关注度 = 某性别阅读某事件的数量/该性别全平台所有阅读量。

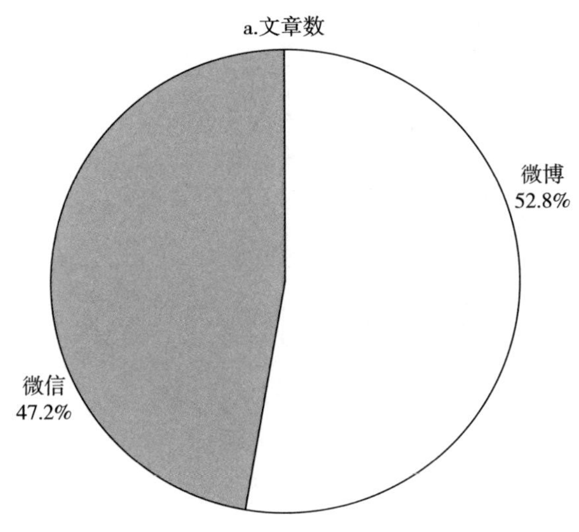
a.文章数
微博
52.8%
微信
47.2%

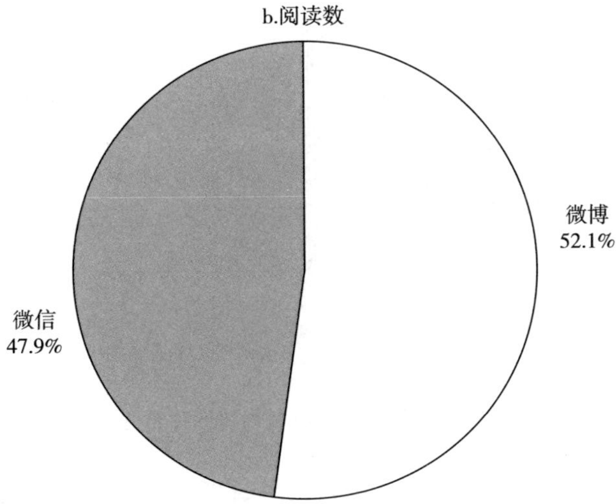
b.阅读数
微博
52.1%
微信
47.9%

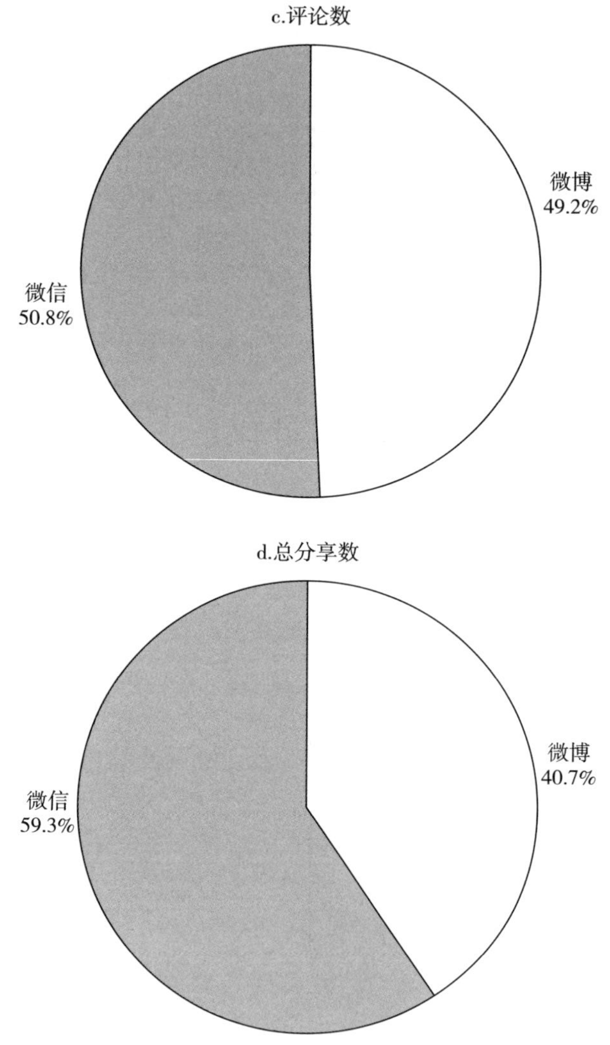

图3　基层干部李忠凯事件传播平台分析

从图4可以看出，微博总体上对于人群的渗透度①更高，虽然总体而言，两个平台相差较小，但是仍然可以看到男性对于此类社会类事件的关注度更高一些。

① 渗透度指在某一平台上阅读该类内容的人数占此时总阅读人数的比例。

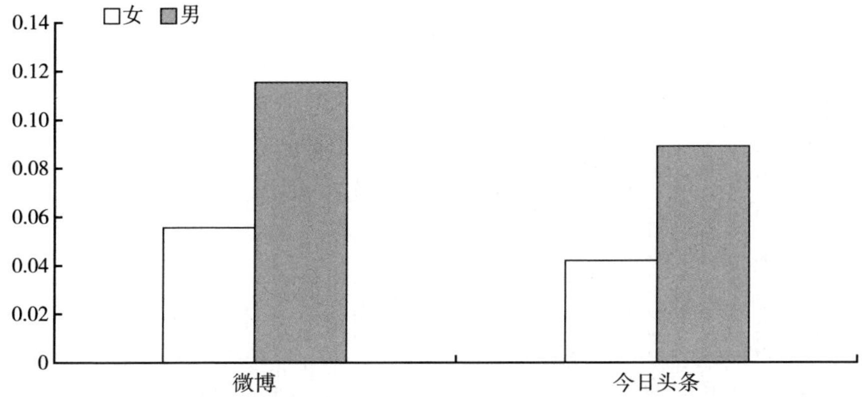

图 4 基层干部李忠凯事件性别渗透度

（2）年龄渗透度

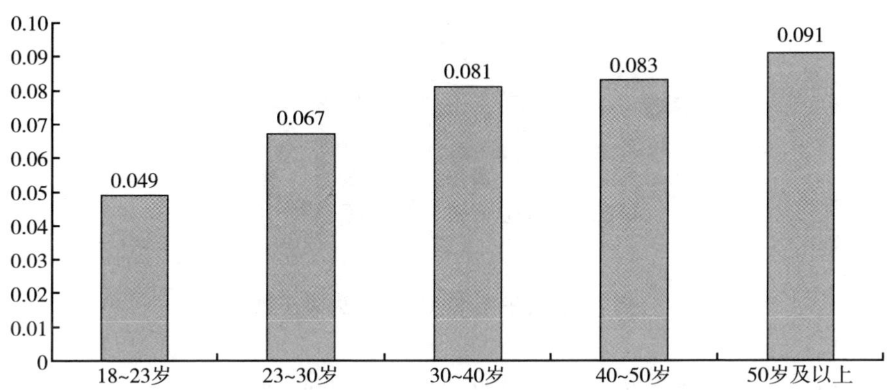

图 5 基层干部李忠凯事件各年龄渗透度

（3）地域渗透度

就省份的渗透度而言，北京、云南、安徽渗透度排名前三，反映出三地对于该事件的关注度和敏感度较高，新闻事件的地理接近性影响用户对其的关注度（见图6）。

（4）热词云图

就两个平台热词而言，出现最多的是“干部”一词，原因在于“干部”本身就带有一定的热度，能够引发用户讨论（见图7）。此外，“云南”“年

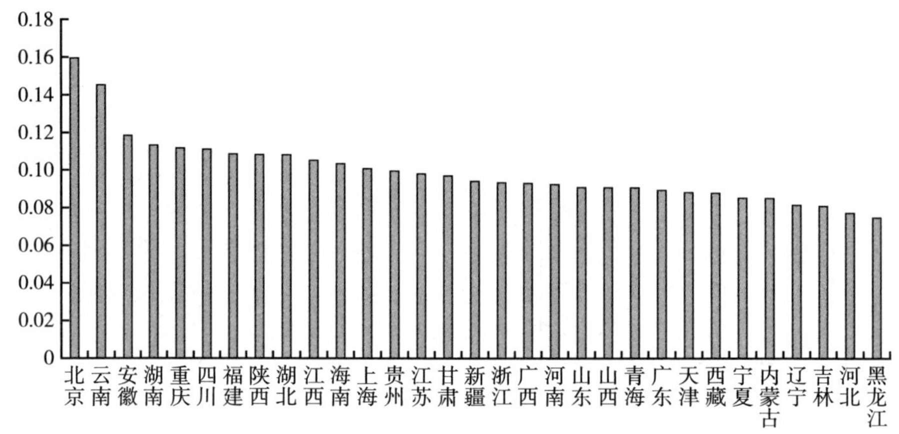

图 6　基层干部李忠凯事件地域渗透度

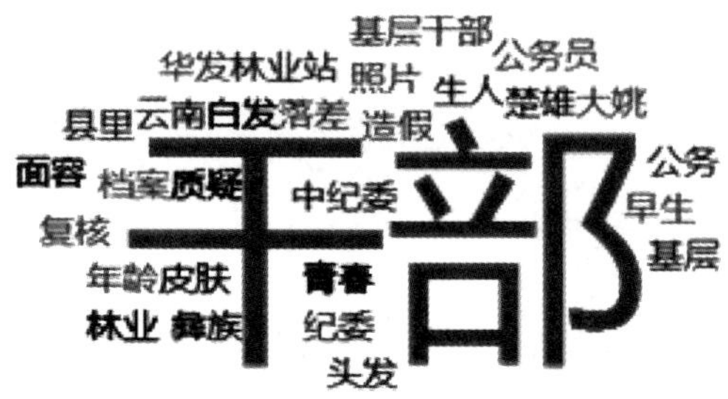

图 7　基层干部李忠凯事件热词云图

龄”“白发”等词热度也比较高，用户因为事件的心理或者地理接近性而去关注干部所在的地区；由于干部的“年龄”与“白发”之间形成大的反差，该词出现频度也很高。

微博对于该事件的叙述多为形容词，以及带有感情色彩的词语，无论是普通用户还是媒体，在微博这个平台上的报道都可能会有失偏颇，缺少平衡性。

通过以上案例，我们可以总结如下：一是微博经常性成为热点事件出现与传播的第一平台。以微博为代表的社交媒体成为新环境下热点事件出现与传播的第一平台，其传播力和影响力远高于部分资讯类 APP，充分显示出社交媒体在信息传播与扩散上的强大优势。把控好社交媒体上的信息传播，才能从源头上对于热点事件进行把关。二是微博具有明显的情感倾向。用户因为事件的心理或者地理接近性而去关注干部所在的地区；由于干部的“年龄”与“白发”之间形成大的反差，该词出现频度也很高。三是微博极易形成互动反馈，若不加小心则容易产生谣言，需积极回应，引导舆论走向正能量方向。如这条热点起初也是由于网友对白发苍老面容和年龄的质疑，才引发网民对基层公务员艰辛工作的关注。

三　微信、微博适应新媒体舆论的发展之路

网络舆情的酝酿、爆发和衰退都是基于一定的媒介载体，而媒介载体的把关审核方式、社交关系逻辑等一旦出现变化必将影响舆情的发展变化。在此，本报告选择微信、微博两大主要新媒体平台，分析它们战略调整对舆情带来的影响，并与作为新闻客户端代表的今日头条进行对比，分析新媒体平台在舆情引导和规制上的优势，以期为提升网络平台舆论引导力以思考。

（一）微信战略调整对舆情的影响

自2018年底起，微信平台逐渐进行了战略性调整，更加强调社交平台与资讯、短视频、长视频等内容的整合，加强技术中台建设，更加重视社交广告的商业化。据媒体报道，微信的调整中包括已经开展的微信和公众号改变，在传统的社交中心之外开始结合算法推荐；在微信朋友圈发布中加入“用微视拍摄”等推广入口，并单独给予微视在朋友圈分享的权利，以此将朋友圈熟人信息分享与短视频信息（更多是适合全网公开展示）两种场景“无缝对接”。

事实上，这一次战略调整是微信在被字节跳动公司旗下今日头条和抖音两大聚流量APP不断追击的必然结果，从上文可知，此次微信的战略调整有两个关键点：一是引入了算法推荐，二是引入了视频。具有强大社交功能的微信这两点调整将影响微信这一网络平台的舆论治理。

众所周知，作为一种社会化媒体，微信最基本的特征就是UGC（用户生产内容）和基于社会关系的传播。2019年1月9日，微信官方发布《2018年微信数据报告》，截至2018年9月，微信月活跃用户数达10.82亿，其中55岁以上用户数达6300万，微信进一步向年长用户渗透；每天有450亿次信息

发送出，有 4.1 亿次音视频呼叫成功。其中，视频通话用户比三年前多了 570%，随时随地“微信见面”成为一种日常。微信公众号数量超2000 万，月活跃账号达 350 万，月活跃粉丝约 8 亿。这意味着每天微信上面都会有大量来自 UGC 的内容，并通过自己的社会关系网迅速传播。

值得注意的是，与另一大社会化媒体微博不同，对于微信而言，这种社会关系还是更“近”的强关系，强关系中的信息传播会让信息接收者更容易被说服，并参与下一轮的信息转发和传播过程。

一方面，一旦引入算法推荐之后，这一展现过程将从原本的不可控制变为可以控制，甚至可以通过算法实现具体的计量，之后我们看到的微信公众号内容推荐和朋友圈的信息推荐都将是经过算法推荐过滤的。在舆情事件爆发过程中，可以通过算法推荐的形式，过滤掉负面信息，最大化降低负面情绪的渲染，降低偏激泄愤的可能性。但这是基于一种理想化情况，前提是微信平台有效做好内容过滤，否则会出现将负面信息更加精准推送给对负面信息更为“喜好”的用户的情况。

另一方面，视频的引入使得微信彻底从原本的文本、图片内容社交平台转变为文字、图片、视频的社交平台。这无疑会吸引更多的 C 端用户，也会聚合更多的 B 端流量。流量增大对于微信而言虽是能看到商业化发展的新空间，但由于视频的审核无法实现全部机器工业化般的自动审核，仍然需要大量的人工劳力来进行审核，这将会让微信的舆情引导面临新的挑战。

（二）微博战略调整对舆情的影响

微博从 2010 年诞生以来，在网络舆论场中始终扮演着重要的角色。在社交关系上与微信相比，微博社交关系更多的是弱关系，这决定了其传播信息的迅捷性，再者微博是双向关注（好友）和单向关注（用户关注大 V/机构号）并存，是一个几乎完全开放的平台，用户看到的内容几乎都是关注对象的原创或是转发内容，在微博这一社会化媒体上不会像微信般需要获得对方的同意才能看到对方所发布的信息和朋友圈。这就决定了微博的舆情表达和扩散是一种“万向互动”的传播模式。它相比于树状、网状、病毒式的传播模式更加 360 度无死角，也正因此在微博上才会有无影灯效应。

近年来，微博将内容展示的逻辑从“关注对象的内容按更新时间排列”

变成“关注对象近期发布的内容中用算法挑选一部分”，同时在运营层面将内容导向娱乐、购物而非公共问题的讨论。这种战略调整，一方面引入“算法挑选”会让微博的舆情传播过程和内容的呈现过程变得更加可控，通过适当的引导和恰当的介入来改变舆论的负面走向，避免了负面信息和负面情绪的持续扩大，更多来传递正能量，这无疑是提升微博舆论引导能力的有益之举。但另一方面，公共问题的淡出，娱乐化信息的泛滥，更容易让微博沦为“娱乐至死”的空间，微博上的舆情走向更易出现文字的曲解与恶搞、严肃的新闻配搞笑的图片、低俗化表情包的滥用，更易强调平面化、快餐化、非理性的情绪化体验，凸显“形象感性化”，从而缺乏理性的思考，助长了不良流行文化的流行。如果在微博平台上的内容中大量充斥娱乐性话题，并且信息接收者和传播者即微博用户用更为娱乐化的方式来做解码和再编码，这必然会增加所传播信息的不确定性，流言很可能会通过裂变式的传播和沉默螺旋式来扩散产生谣言，导致微博上对于热点事件的舆情发展更容易偏离正轨走向负面，这无疑增加了微博舆情出现危机的可能性。

（三）与移动资讯客户端的对比：以今日头条为例

今日头条是北京字节跳动科技有限公司开发的一款基于数据挖掘的推荐引擎产品，在该平台上，用户看到的内容大部分情况下都是由其背后的推荐算法进行的个性化推荐。该平台上的舆情走向，依赖于用户的关注。如果用户在某一个时间段大量阅读甚至是搜索某一热点事件就会使得他在这一时间段会被系统自动推荐分配多条相关的新闻报道。但值得关注的是，在头条号或者是其余机构发文之前，今日头条会有一次前置的审核流程，这就充当了把关人的角色，能够有利于从源头进行控制，以防止负面信息的过度传播、负面情绪的持续放大。与此同时，在今日头条的平台上很难会像微博和微信平台上依赖社交关系链形成共同体意识和意见领袖，从而放大某种情绪或者加快某个信息的传播，因为在今日头条的模式下，用户之间的关系是相对独立的、原子化的，这样使得平台出现群体性影响的概率大大降低，从而也减少了群体极化的形象，更有利于舆情的引导。

综上，笔者认为有以下几种方式可以用于新媒体平台引导舆情。

一是设置正能量文章池，加强要闻和正能量内容人工干预。人工标注精品内容（主要是指正能量内容），设置“正能量要闻池”，通过“人工标注+算法推荐”，完善首屏要闻推荐模式，提高正能量内容的传播力和到达率。二是要增加正面内容弹窗比例，实现正能量内容的强效抵达。加强正能量人工干预，每天向用户弹窗推送正能量信息，用户每次打开弹窗推送的新闻后，用户模型中的正能量维度将加权，之后在信息流中更易刷出相关内容。三是全力打压涉嫌违规低俗自媒体账号。依据“自媒体八大乱象”标准，对低俗内容和账号采取强力打压，每月定期对外公布处罚账号名单，对违法违规、涉色情低俗和“标题党”内容采取“零容忍”，号召同业禁入已封禁账号。四是建立正能量模型数据库，提供更多优质内容供给；建立低俗模型数据库，通过人工标注+机器学习强力打压低俗内容；建立谣言数据库，通过站内外数据建立模型，打老谣、辟新谣，通过回溯、弹窗等方式进行精准辟谣。

认清网络舆论平台战略调整的影响之后，提升舆论引导能力会变得更加有的放矢。对于政府而言，要能够在各大网络平台上构建起畅通的民众诉求渠道，充分利用互联网平台自身的优势，不断加强管理者与用户之间的互动和交流，才能够在热点舆情爆发时成为“意见领袖”；而对于传统媒体而言，要摆脱因循守旧的思维，多用擅用网络舆论平台，在热点事件中能够早发声、敢发声，掌握主动权，寻求用户之间的情感认同。总体而言，舆论引导需要的是对于网络舆论传播模式和演化规律的深入理解，在此基础之上才能建立起网络舆情的应急机制，在网络热点事件发起、展开、爆发、衰退的各个环节都能给出有针对性的引导方案。

参考文献

［1］甘险峰、赵鹏：《技术驱动与内容加码：新媒体发展持续强劲——2018 年中国新闻业事件盘点》，《编辑之友》2019 年第 2 期。

［2］李晓峥、史丽萍：《新型政务服务中新媒体建设与舆论危机应对研究——以阳江市为例》，《新媒体研究》2018 年第 4 期。

［3］黄楚新、王丹：《智能互联与数字中国：中国新媒体发展现状与趋势分析》，《出版发行研究》2018 年第 9 期。

［4］赵振祥：《微媒体时代舆情生成与演变特点》，《中国社会科学报》2017 年 1 月

19 日。
[5] 钱江：《网络舆论场及“两微”差异性探析》，《中国报业》2019 年第 4 期。
[6] 张帆：《微信舆论特点及其监管研究》，《新闻采编》2019 年第 1 期。
[7] 王珩、纪文亮：《微信传播特征与舆论引导策略》，《青年记者》2019 年第 2 期。
[8] 周依苒：《突发事件中“两微”舆论传播差异及引导》，《青年记者》2019 年第 2 期。

B.11 2018年美国政治精英社交网络大数据研究

赵曙光*

摘　要： 互联网时代的“框架”理论研究是传播学理论研究的热点问题之一。本研究通过爬虫程序抓取600多位美国政治精英的社交网络用户数据和内容信息，围绕媒体“框架”进行了较为深入的研究，认为用户基础的弱势使媒体“框架”受到了根本性的动摇，越来越多的政治精英开始去媒体化。政治精英从媒体“框架”开始转向直面个人“框架”，并与个人“框架”形成了互相强化的“螺旋”，进一步弱化了媒体的“框架”效应，促进了民粹主义的发展。

关键词： 框架　政治精英　社交网络

“框架”（Framing）是一个在社会科学各个学科中被广泛讨论的概念，尤其是在传播学中的媒体效果（Media Effects）研究和对大众舆论（Public Opinion）的研究中。框架的概念被广泛应用于解释大众传播（Mass Communication）怎样塑造公众的舆论和对公共议题的看法。在遇到新闻事件时，新闻媒体能够决定受众的认知框架。但是，随着各类社交媒体的兴起，媒体为受众提供“框架”的能力受到了质疑。本研究通过对美国政治精英的社交媒体传播数据分

---

* 赵曙光，南京大学新闻传播学院教授、博士生导师，南京大学紫金传媒研究院（北京）副院长，中国新闻史学会传播学研究委员会副会长，主要研究方向为媒介经济学、数据挖掘、民意调查等。

析，探讨在互联网传播的语境下，媒体“框架”是否受到影响、主要受到哪些影响。

一　文献综述

（一）“框架”：概念与分类

根据Scheufele的定义，框架通过强调某个议题的特定部分，将信息进行组织，引导受众认为该议题中哪一部分是值得关注的，以此使得受众对此议题能够形成特定的意见或看法。

媒体效果是框架理论的前提，“媒体对受众有着显著的影响”这一论断是构建大众传媒研究的基石。在过去的数十年中，媒体效果研究经历了数次的范式转移。McQuail认为媒体效果研究的历史有四个阶段：20世纪的前三十年中，战略宣传是审视第一次世界大战后媒体效果的主要视角；在1940年代到1960年代末期，强媒体效果是第二个阶段的主流范式，研究主要关注的重点在于受众（选民）的态度如何变化——人际之间的影响能够导致态度改变，而竞选活动只能加强原本已有的态度；到了1970年代，强媒体效果将重点转移到大众媒体的认知效应（Cognitive Effects）；从1980年代早期至今，社会建构主义（Social Constructivism）主导了媒体效果研究，这一阶段的范式一方面包含了大众媒体的强媒体效果对社会现实的建构，另一方面也涵盖了影响大众媒体与受众之间互动的有限媒体效果（Limited Media Effects）。

在建构主义的媒体效果模型中，受众和其他人互动的个人体验结合由大众媒体提供的被选择过的信息，一起构成了受众版本的（部分的）现实。建构主义模型需要解释受众与大众媒体之间的互动，因此需要多层次的分析。

在建构主义政治传播研究的视角下，新闻一方面被大众媒体呈现，另一方面也被受众理解。Scheufele区分了媒体框架（Media Frames）与个人框架（Individual Frames）的概念。媒体框架解释大众媒体如何将事件和新闻展现给受众，解释事件的模式（Schemas）会帮助受众理解事件，也会影响受众对一个议题形成或巩固态度。而个人框架指的是个人拥有的一系列想法，而这些想法会引导个人对接收到的信息的处理。

框架的分类上，Druckman 从 7 种不同的定义中，区分出了两种框架：“发声者在向他人传递信息时使用”的传播中的框架（Frames in Communication）；思维中的框架（Frames in Thought）“个人对某个特定情境的（认知的）理解”。传播中的框架重点在于发生者提供的内容，而思维中的框架关注个人处理了哪些信息。Druckman（2001）的“传播中的框架”基本等同于 Scheufele 的“媒体框架”，同样“思维中的框架”和“个人框架”可以等同。

框架的分类方法还有 Scheufele 和 Iyengar 区分的等价框架（Equivalence Framing）和强调框架（Emphasis Framing）。等价框架是“包含了操纵逻辑上同样重要（等价）的信息的呈现方式”的框架；而强调框架囊括了对传播内容的操纵。Druckman 将等价框架效应定义为“通过对不同但逻辑上同等重要的语言或概念的使用，以引起个人改变其偏好”的过程；而强调媒体效果意味着受众在构建其意见时，发声者可以通过“强调潜在有关的讨论的某一部分”引导受众去关注那些特定的讨论。一些针对等价框架的研究通过实验，检验了相同的信息被正面或负面地呈现产生的不同效果；也有一些研究通过调查问卷测量了措辞的效果（Wording Effects）。对于研究强调框架效应的学者来说，关注点有两个面向：①受众如何在不同的框架引导下，以不同的讨论和考虑为基础忽视完整的看法，而形成特定的意见；②考察“不同的框架如何改变整体的意见，而较少关注到某些潜在的考虑因素”。

在实证研究中，试图测量框架的学者发现框架是一些特定的文本和视觉要素，或成为“框架设备”（Framing Devices），在这些要素和新闻事实之间存在本质的区别（De Vreese，2005）。在框架效应的操作化上，研究者普遍采纳了对框架携带要素（Frame-carrying Elements）和核心新闻事实要素（Frame-carrying Elements）的区别；在实验研究设计中，对框架效应的测量取决于何种框架出现了，也取决于接收者如何处理信息。

（二）框架研究的限制：概念模糊

虽然在传播学和其他学科“框架”这一概念被广泛采用，但是这一概念的模糊性使得定义缺乏必需的一致性，这导致了框架的操作或与其他媒体效果模型混淆，如议程设置（Agenda-setting）、启动（Priming）和劝说（Persuasion）（Cacciatore，Scheufele 和 Iyengar，2016）。除了与其他概念模型的重叠，框架定义的多样性也说明对框架的构成存在共识，这在多种对框架的操作方式上十分常见，特别是在等价框架和强调框架之间。

概念混淆的原因在于，框架研究的绝大多数严重依赖 Gamson 和 Modigliani 在社会学研究上提供的松散的定义——“为一个正在发生的事件提供意义的一个中心组织的想法或故事情节……框架表明了争议的内容和议题的本质”，而这仅仅涵盖了框架这一概念“强调”的部分，框架的等价模型的缺失，使得全面完整地观察框架效应更为困难。

框架理论、议程设置和启动效应是各不相同的理论途径，但是它们都属于广义的认知媒体效果（Cognitive Media Effects）的类别。因此这三种途径常常被不同的研究以同样的研究设计采用，抑或被同一个研究同时采用。因此，Scheufele 认为框架研究应该采用一种更窄的定义（如上文所示）。

通过展现关于议程设置、启动效应和框架模型研究的数量，Weaver 讨论了这些媒体效果之间的异同，认为框架和第二层次的议程设置（Second-level Agenda Setting）（第二层次的议程设置关注于议题的属性的相对显著性，而第一层次关注议题或主题本身的显著性）并非是同一过程，因为框架拥有更广泛的认知过程。

虽然通常作为媒体效果模型被一起讨论，然而框架理论、议程设置和启动效应并非基于同样的理论前提。Scheufele 和 Iyengar 以这些媒体效果的理论前提为基础将其区别为两类模型，但是能做出这种区分的研究十分罕见：显著性基础的效应（Salience-based Effects），也被称为可接触性基础的效应（Accessibility-based Effects），包含启动效应和议程设置，它们所持的理论前提为媒体报道能够在受众中增加特定议题或议题属性的显著性，这导致受众需要做出决策或需要对某一议题表达态度或进行评估时，他们思维中相关的概念或记忆被激活。而适用性效应（Applicability Effects）（也就是框架）假定信息的呈现会在某种程度上影响处理信息时采用特定的思维模式。受众先前存在的模式会影响到适用性效应（框架）的强度，意味着如果受众群体中之前不存在特定的模式，框架效应可能不会出现。考虑到受众成员的思维模式，Scheufele 和 Iyengar 也把可接触性基础的效应定义为独立于思维模式的效应（Schema-independent Effects），适用性效应则是依赖思维模式的效应（Schema-dependent

Effects）。

以上述理论区分为基础，显著性基础的媒体效果可以被梳理为：议程设置解释大众媒体如何将显著性传递给受众，启动效应则是激活已经在受众脑海中显著的议题的过程。通过对两种不同理论前提的媒体效果模型的概念澄清，这些模型之间的概念模糊性可以被避免。

框架拥有适用性效应的前提：一条消息的效应取决于这一消息的某些方面适用于受众预先存在的潜在认知模式的程度。在此意义上，在面对一个新闻事件时，新闻记者和编辑能够在决定受众可以采用哪种认知模式。

总之，框架关注于议题的呈现，而议程设置重点在于议题或事件的显著性和突出性。Scheufele 和 Iyengar 建议框架研究应该转移方向，从强调框架转向关注等价框架，以此避免概念模糊。Cacciatore、Scheufele 和 Iyengar 认为传播领域的学者使用框架这一概念时，采用特定类别的框架，而非继续使用一个总体和广义的概念。

（三）新媒体与框架研究

除了概念的混淆，框架研究还需要适应最近媒体效果研究的发展。社交网络和其他形式的新媒体随着 Web 2.0 科技的出现而繁荣，这迫使传播学重新审视传统的媒体效果模型。

Cacciatore、Scheufele 和 Iyengar 提出框架研究应该重新关注原初的理论基础和框架概念能够实现的潜在的实证贡献。Leeper 和 Slothuus 呼吁未来的框架研究应该以更好的概念化为基础，并结合更精细的实验设计。他们建议媒体效果研究的结果应该具有更强的普适性，能够超越某一特定事件、个体、议题和框架；未来的研究应该考虑时间跨度的进程（Over-time Processes），以此回答“时间的动态如何影响框架的进程”；而且被不同行为者（如政党）使用的特定框架变为显著的进程应该成为未来研究的重点。

Leeper 和 Slothuus 还认为框架研究应该注意到政党竞争，更加关注互相竞争的框架。一些实验研究已经关注到竞争的框架，通过给予参与者针对目标现象一种以上的视角，研究者发现了竞争或互补的框架同时发生的效果，这些研究采用了追踪数据来考察参与者（在某一时间点）同时接触或反复接触。还有一些研究者开始考虑到政党政治的本质，尝试解释框架效应与政党来源的影响，以及与政党信息接收者的影响。

经历了 McQuail 定义的四个阶段的媒体效果范式，现在也许即将迎来媒体效果的第四次范式转移，第五个范式——以偏好为基础的媒体效果模型（Preference-based Effects Models）已经出现。Bennett 和 Iyengar 称之为最弱媒体效果的新时代，（网络）媒体环境变得越加碎片化，媒体提供的信息需符合受众先前的观念。在新出现的信息环境（如 Facebook、Twitter、Instagram 和其他社交媒体）中，已经有现象表明了更为有限的以加强为基础的效应（Reinforcement-based Effects）。例如，个人对信息的筛选和解释不只基于其先前的观念，也依靠被称为“回声房间”（Echo Chambers）或“过滤泡泡”（Filter Bubbles）的高度同质化的社会网络，这将导致个人信息的接收和解读更为狭隘。

二 研究方法

现代意义上的媒体诞生以来，“框架”效果的存在使得政治精英一般不愿意得罪新闻界，无论是“炉边谈话”，还是电视辩论，都显示媒体认同对于政治精英获得选民认同的重要性。但是，随着互联网的发展，政治精英越来越多地通过自媒体发表言论，与选民进行互动，媒体“框架”的效果受到了越来越多的质疑。

本研究通过爬虫程序抓取 2018 年下半年（2018 年 7 月 1 日 ~2018 年 12 月 31 日）美国总统、副总统、前总统、第一夫人、内阁部长、参议员、众议员、州长等600 多位美国政治精英社交媒体传播的内容和数据。重点以 Facebook、Twitter 社交媒体传播平台为主要数据来源，从曝光、传播、互动、认同四个方面计算每个美国政治精英的社交媒体传播影响力，并对其发文的内容进行分析。一方面，通过测量美国政治精英的社交媒体影响力（计算方式见表 1），对比传统媒体在受众和渠道方面提供“框架”能力。另一方面，通过对美国政治精英社交媒体传播内容的分析，比较其与传统媒体的内容“框架”差异。

表 1　美国政治精英的社交媒体传播影响力计算指标与权重

社交媒体	一级指标	二级指标	权重(%)	标准化方法
Facebook (30%)	曝光指数 (25%)	文章平均粉丝量 F	25	Ln(F+1)
		文章平均用户被 like 数 L	25	Ln(L+1)
		期间总发帖量 N	50	Ln(N+1)
	转发指数 (20%)	文章总转发量 R	20	Ln(R+1)
		文章平均转发量 R/N	25	Ln(R/N+1)
		最大单篇转发量 Rmax	55	Ln(Rmax+1)
	评论指数 (25%)	文章总评论量 C	25	Ln(C+1)
		文章平均评论量 C/N	25	Ln(C/N+1)
		最大单篇评论量 Cmax	50	Ln(Cmax+1)
	点赞指数 (30%)	文章总点赞量 Z	40	Ln(Z+1)
		文章平均点赞量 Z/N	20	Ln(Z/N+1)
		最大单篇点赞量 Zmax	40	Ln(Zmax+1)
Twitter (70%)	曝光指数 (20%)	日均用户 like 量 L	30	Ln(L+1)
		文章平均粉丝量 F	30	Ln(F+1)
		期间总发帖量 N①	40	70%×Ln(N1+1)+30%×Ln(N2+1)
	转发指数 (25%)②	文章总转发量 R	35	Ln(R+1)
		文章平均转发量 R/N	35	Ln(R/N+1)
		最大单篇转发量 Rmax	30	Ln(Rmax+1)
	评论指数 (30%)③	文章总评论量 C	30	Ln(C+1)
		文章平均评论量 C/N	55	Ln(C/N+1)
		最大单篇评论量 Cmax	15	Ln(Cmax+1)
	点赞指数 (25%)④	文章总点赞量 Z	34	Ln(Z+1)
		文章平均点赞量 Z/N	33	Ln(Z/N+1)
		最大单篇点赞量 Zmax	33	Ln(Zmax+1)

注：①N1 为“原创推文”“转推并评论的推文”数量，N2 仅指“转推的推文”数量。②仅统计账号的“原创推文”“转推并评论的推文”的转发量（即不统计“仅转推的推文”的转发量）。③仅统计账号的“原创推文”“转推并评论的推文”的评论量（即不统计“仅转推的推文”的评论量）。④仅统计账号的“原创推文”“转推并评论的推文”的点赞量（即不统计“仅转推的推文”的点赞量）。

三　去媒体化：政治精英的社交网络“框架”

媒体“框架”效果存在的前提条件是工业革命之后，媒体是任何传播者向公众传递信息的唯一规模化入口，政治精英需要通过媒体影响选民的认知、态度和行为。但是，互联网的发展使政治精英直接面对选民的规模化入口，媒体对于政治精英的入口价值大幅下降。越来越多的政治精英开始去媒体化，构建自己的社交网络“框架”，通过社交网络影响选民。

从表2和表3可以看出美国前总统Barack Obama的Twitter粉丝量超过了1亿，Facebook粉丝量达到了907.5万，而现任美国总统Donald J. Trump的Twitter和Facebook粉丝量分别达到了5327.5万和2417.8万。Twitter和Facebook影响力指数TOP10的政治精英与用户的互动强度较高。Twitter影响力指数TOP10的政治精英只有前总统Barack Obama的日均发文量低于1篇，Facebook影响力指数TOP10的政治精英日均发文量全部超过1篇，用户转发、评论、点赞积极性也较高。无论是用户覆盖的规模，还是转发、评论、点赞等形式的互动水平，政治精英的社交网络影响力都已经超过媒体。用户基础的弱势使媒体“框架”受到了根本性的动摇，也为政治精英“去媒体”提供了可能的选择。

美国总统Trump多次批评媒体发布“假新闻”，称媒体是“美国人民的公敌”“危险且病态”。2018年8月，美国约350家报刊以协调发表社论的方式，反对Trump攻击媒体是“假新闻”“人民公敌”。[①] 而对于媒体的批评，Trump选择通过社交媒体Twitter连发三条推文进行回应。以Trump为代表的美国政治精英通过社交网络发出自己的声音，塑造自我“框架”的平台，而不是依靠媒体“框架”影响公众。

作为政治精英，社交网络的使用不仅仅受个人偏好的影响，更取决于政治影响、政治参与和政治决策的需要。美国总统、副总统因为选举的需要，非常重视社交媒体的应用，但是内阁成员的任免很大程度上取决于总统的认可与提名，与其在选民中间的影响力关系较为松散，因此，内阁成员的社交媒体影响力远远低于总统和副总统。以Twitter为例，总统Trump和副总统Pence的粉丝量分别

---

① 陈小方：《全美数百家媒体联合炮轰特朗普》，《法制日报》2018年8月20日。

为 5327.5 万和 643.5 万，而内阁部长的粉丝量与总统和副总统存在量级的差距，除了住房和城市发展部长以外，其他部长的粉丝量均不到 10 万（见表 4）。

与内阁部长形成鲜明对比的是国会议员。由于议员需要通过选举产生，无论是参议员还是众议员，均比内阁部长更重视社交平台的运用。Twitter 影响力指数 TOP10 的参议员，除了 Lindsey Graham 之外，粉丝数量都在百万以上，众议员的粉丝也都在 10 万以上。参议员和众议员的发文数量以及用户的转发、评论、点赞数据也远远超过内阁部长（见表 5 和表 6）。

表 2　2018 年下半年美国政治精英的 Twitter 影响力指数 TOP10

排名	姓名	职位	Twitter 影响力	粉丝量	总文章量	平均转发量	平均评论量	平均点赞量
1	Donald J. Trump	总统	97.96	5327.5 万	3374	2.1 万	2 万	8.9 万
2	Barack Obama	前总统	89.82	10000 万 +	87	7.5 万	8321.62	38.5 万
3	Ted Lieu	众议员	84.70	68.7 万	4483	2873.35	331.74	8319.43
4	Kamala Harris	参议员	83.32	136 万	3625	3056.94	527.3	9130.99
5	Adam Schiff	众议员	82.98	63.3 万	951	8970.5	1366.72	2.5 万
6	Bernie Sanders	参议员	81.54	789.4 万	1480	3414.93	595.73	1.1 万
7	Chuck Schumer	参议员	80.85	146.9 万	1816	2146.97	743.03	5875.1
8	Jim Jordan	众议员	80.74	28.6 万	308	8728.97	2963.82	2.1 万
9	Melania Trump	第一夫人	80.73	1082.3 万	219	9040	4280.67	5.1 万
10	Eric Swalwell	众议员	80.63	18.8 万	2478	1938.65	338.03	5963.28

表 3　2018 年下半年美国政治精英的 Facebook 影响力指数 TOP10

排名	姓名	职位	Facebook 影响力	粉丝量	总文章量	平均转发量	平均评论量	平均点赞量	最大点赞量
1	Donald J. Trump	总统	99.25	2417.8 万	1981	5888.83	5583.68	3.4 万	48.1 万
2	Bernie Sanders	参议员	95.02	668.9 万	5697	3977.86	718.73	6356.18	13.6 万
3	Barack Obama	前总统	93.48	907.5 万	300	8613.24	1919.71	3 万	111.2 万
4	Elizabeth Warren	参议员	85.17	332.5 万	1206	1232.69	503.42	4213.36	5 万
5	Beto O'Rourke	众议员	84.86	39.2 万	3500	344.68	456.85	1602.65	5.5 万
6	Kamala Harris	参议员	84.62	97.4 万	2164	652.57	398.15	2213.03	3.7 万
7	J. Luis Correa	众议员	83.65	140 万	2117	834.86	223.27	2629.87	3.3 万
8	Ted Cruz	参议员	81.58	149.6 万	2403	347.24	258.61	1468.24	3.4 万
9	Melania Trump	第一夫人	81.54	154.5 万	208	2054.85	986.77	1.4 万	7.2 万
10	Cory Booker	参议员	81.41	114.7 万	615	955.76	464.52	2509.42	4.9 万

表 4　2018 年下半年美国政府领导的 Twitter 影响力指数 TOP10

排名	姓名	职位	粉丝量	总文章量	平均转发量	平均评论量	平均点赞量
1	Donald J. Trump	总统	5327.5 万	3374	2.1 万	2 万	8.9 万
2	Michael R. Pence	副总统	643.5 万	1918	1430.91	668.23	6341.1
3	Kirstjen Nielsen	国土安全部长	6.4 万	430	517.21	480.36	1718.51
4	Benjamin S. Carson Sr.	住房和城市发展部长	263.9 万	91	491.54	151.01	3456.56
5	Steven T. Mnuchin	财政部长	9 万	282	168.39	109.27	545.87
6	Elisabeth Prince DeVos	教育部长	8.7 万	140	139.3	295.4	488.37
7	Scott Pruitt	环境保护局局长	5.8 万	275	46.17	126.6	135.96
8	Alexander Acosta	劳工部长	1.9 万	679	74.39	21.5	227.97
9	Sonny Perdue	农业部长	4 万	994	56.33	0.32	185.13
10	Mick Mulvaney	行政管理和预算局局长	1.5 万	28	276.71	190.93	959.61

表 5　2018 年下半年美国参议院议员的 Twitter 影响力指数 TOP10

排名	姓名	职位	Twitter 影响力	粉丝量	总文章量	平均转发量	平均评论量	平均点赞量
1	Kamala Harris	参议员	83.32	136 万	3625	3056.94	527.3	9130.99
2	Bernie Sanders	参议员	81.54	789.4 万	1480	3414.93	595.73	1.1 万
3	Chuck Schumer	参议员	80.85	146.9 万	1816	2146.97	743.03	5875.1
4	Marco Rubio	参议员	80.41	365.5 万	2305	912.97	750.54	2571.58
5	Ted Cruz	参议员	79.21	201 万	3389	633.06	291.27	1790.46
6	Rand Paul	参议员	79.19	213.1 万	834	2425.17	650.41	6983.45
7	Elizabeth Warren	参议员	78.60	347.2 万	2045	1856.77	425.28	5952.66
8	John McCain	参议员	78.48	333.1 万	317	2907.72	982.65	1.1 万
9	Lindsey Graham	参议员	78.02	37.5 万	1368	1036.51	1270.41	3687.36
10	Cory Booker	参议员	78.01	252.6 万	1287	1388.88	299.01	4796.21

表 6　2018 年下半年美国众议院议员的 Twitter 影响力指数 TOP10

排名	姓名	职位	Twitter 影响力	粉丝量	总文章量	平均转发量	平均评论量	平均点赞量
1	Ted Lieu	众议员	84.70	68.7 万	4483	2873.35	331.74	8319.43
2	Adam Schiff	众议员	82.98	63.3 万	951	8970.5	1366.72	2.5 万
3	Jim Jordan	众议员	80.74	28.6 万	308	8728.97	2963.82	2.1 万

续表

排名	姓名	职位	Twitter影响力	粉丝量	总文章量	平均转发量	平均评论量	平均点赞量
4	Eric Swalwell	众议员	80.63	18.8万	2478	1938.65	338.03	5963.28
5	Beto O'Rourke	众议员	79.32	34.3万	2860	1550.6	132.57	5649
6	Nancy Pelosi	众议员	78.36	162.7万	1239	1912.86	757.82	5221.6
7	John Lewis	众议员	77.30	95.8万	92	1.1万	682.13	3.7万
8	Mark Meadows	众议员	76.98	10.8万	698	2802.2	538.88	6512.03
9	Joseph P. Kennedy Ⅲ	众议员	76.39	69万	598	4818.96	413.95	1.4万
10	Paul D. Ryan	众议员	76.25	366.3万	1091	388.9	1085.11	1549.71

四　政治精英：从媒体“框架”转向直面个人“框架”

媒体框架关注媒体如何将事件和新闻呈现给受众以及呈现的逻辑，个人框架关注的是个人拥有的内在想法和个人对所接收信息的处理。

社交平台的发展使得政治精英发现不再需要通过媒体传播信息与公众进行沟通，可以直接与公众对话。长期以来形成的媒体“框架”重要性开始下降，而公众的个人“框架”日益重要。相应的选择，政治精英开始公开地批评媒体“框架”、迎合个人“框架”，这在很大程度上使得民粹主义开始大范围地抬头。

近年来，美国政治精英开始打破了很多政治正确的媒体“框架”。Trump提名Haspel担任中情局长时，称“相信水刑有效，可以用它以毒攻毒”①。在《2018人权国别报告》的序言中，美国国务卿蓬佩奥写道：“这届政府的政策就是和那些能够推进美国利益的政府合作，不管他们（人权）记录如何。”② Trump多次指责媒体“都是假新闻，甚至妄图干扰政治议程”。

政治精英对媒体“框架”的批评和指责，并未对选民产生显著的负面影响。2018年8月，美国约350家报刊以协调发表社论的方式，反对Trump攻击媒体是“假新闻”“人民公敌”。随后，在美国某家调查机构的民意调查中显示，支持关闭CNN、《华盛顿邮报》和《纽约时报》等媒体的共和党选民

① 思齐：《职业特工出身的美国首位女中情局长》，《新京报》2018年5月20日。

② 《2018人权国别报告》，美国国务院网站。

达到43%。[①] 政治精英所发表的很多看起来“离经叛道”的言论，基础在于虽然背离了政治正确的媒体“框架”，但是，契合了公众的个人“框架”。公众发现个人“框架”不再为媒体“框架”所剪辑、过滤，能够对政治精英产生影响，也开始发出声音直接向政治精英“喊话”，形成了互相强化的“螺旋”，进一步弱化了媒体的“框架”效应。

五　结论与局限

社交网络的发展对媒体“框架”的影响如何？本研究通过抓取2018年下半年（2018年7月1日~2018年12月31日）美国总统、副总统、前总统、第一夫人、内阁部长、参议员、众议员、州长等600多位美国政治精英Twitter和Facebook的用户数据和内容信息进行研究，认为无论是用户覆盖的规模，还是转发、评论、点赞等形式的互动水平，政治精英的社交网络影响力已经超过媒体。用户基础的弱势使媒体“框架”受到了根本性的动摇，越来越多的政治精英开始去媒体化，构建自己的社交网络“框架”。同时，政治精英从媒体“框架”开始转向直面个人“框架”，而公众发现个人“框架”受到政治精英的重视，也开始直接与政治精英沟通，形成了互相强化的“螺旋”，进一步弱化了媒体的“框架”效应，成为民粹主义在全球抬头的重要逻辑之一。

本文研究的缺陷在于：一是受时间和成本的制约，政治精英的社交网络数据缺乏与媒体数据的比较，如果能够将两个平台的数据进行综合分析，对于媒体“框架”的研究结论将更具有说服力；二是个人“框架”缺乏较为系统的数据，没有将个人“框架”与媒体“框架”的异同进行梳理，在未来的研究中还可以进一步完善。

参考文献

[1] Bennett, W. Lance and Shanto Iyengar, “A New Era of Minimal Effects? The

① 陈小方：《全美数百家媒体联合炮轰特朗普》，《法制日报》2018年8月20日。

Changing Foundations of Political Communication", *Journal of Communication*, 2008 (4).

[2] Bisgaard, Martin and Rune Slothuus, "Partisan Elites as Culprits? How Party Cues Shape Partisan Perceptual Gaps", *American Journal of Political Science*, 2018 (2).

[3] Boudreau, Cheryl and Scott A. MacKenzie, "Informing the Electorate? How Party Cues and Policy Information Affect Public Opinion About Initiatives", *American Journal of Political Science*, 2014 (1).

[4] Bullock, John G., "Elite Influence on Public Opinion in an Informed Electorate", *American Political Science Review*, 2011 (3).

[5] Cacciatore, Michael A., Dietram A. Scheufele and Shanto Iyengar, "The End of Framing as We Know It and the Future of Media Effects", *Mass Communication and Society*, 2016 (1).

[6] Chong, Dennis and James N. Druckman, "A Theory of Framing and Opinion Formation in Competitive Elite Environments", *Journal of Communication*, 2007 (1).

[7] Chong, Dennis and James N. Druckman, "Dynamic Public Opinion: Communication Effects over Time", *American Political Science Review*, 2010 (4).

[8] De Vreese, Claes H., "News Framing: Theory and Typology", *Information Design Journal & Document Design*, 2005 (1).

[9] Druckman, James N. and Toby Bolsen, "Framing, Motivated Reasoning, and Opinions About Emergent Technologies", *Journal of Communication*, 2011 (4).

[10] Gamson, William A. and Andre Modigliani, "The Changing Culture of Affirmative Action", in *Research in Political Sociology*, edited by R. G. Braungart and M. M. Braungart, Greenwich, CT: JAI Press, 1987.

[11] Leeper, Thomas J. and Rune Slothuus, *How the News Media Persuades: Framing Effects and Beyond*, 2018.

[12] McQuail, Denis, *Mass Communication Theory: An Introduction*, CA: Sage, 1994.

[13] Neuman, W. Russell, Marion R. Just and Ann N. Crigler, *Common Knowledge: News and the Construction of Political Meaning*, University of Chicago Press, 1992.

[14] Pariser, Eli, *The Filter Bubble: What the Internet is Hiding from You*, Penguin UK, 2011.

[15] Petersen, Michael Bang, Rune Slothuus and Lise Togeby, "Political Parties and Value Consistency in Public Opinion Formation", *Public Opinion Quarterly*, 2010 (3).

[16] Price, Vincent and David Tewksbury, "News Values and Public Opinion: A Theoretical Account of Media Priming and Framing", *Progress in Communication Sciences*, 1997.

[17] Price, Vincent, David Tewksbury and Elizabeth Powers, "Switching Trains of Thought: The Impact of News Frames on Readers' Cognitive Responses", *Communication Research*, 1997 (5).

[18] Scheufele, Bertram, "Framing-Effects Approach: A Theoretical and Methodological Critique", *Communications*, 2004.

[19] Scheufele, Dietram A. and Shanto Iyengar, "The State of Framing Research: A Call for New Directions", *The Oxford Handbook of Political Communication Theories*, New York: Oxford University Press, 2012.

[20] Scheufele, Dietram A. and Matthew C. Nisbet, "Commentary: Online News and the Demise of Political Disagreement", *Annals of the International Communication Association*, 2013 (1).

[21] Scheufele, Dietram A., "Framing as a Theory of Media Effects", *Journal of Communication*, 1999 (1).

[22] Slothuus, Rune, "When Can Political Parties Lead Public Opinion? Evidence from a Natural Experiment", *Political Communication*, 2010 (2).

[23] Sustein, Cass R., *Republic Com 2.0*, Nova Jersey: Princeton University Press, 2009.

[24] Tewksbury, David, Dietram A. Scheufele, Jennings Bryant and Mary Beth Oliver, "News Framing Theory and Research", *Media Effects: Advances in Theory and Research*, 2009.

[25] Weaver, David H., "Thoughts on Agenda Setting, Framing, and Priming", *Journal of Communication*, 2007 (1).

[26] Yeo, Sara K., Michael A. Xenos, Dominique Brossard and Dietram A Scheufele, "Selecting Our Own Science: How Communication Contexts and Individual Traits Shape Information Seeking", *The Annals of the American Academy of Political and Social Science*, 2015 (1).

B.12
2018年海外华文新媒体影响力研究报告

卢永春　刘　珊　许志宏*

摘　要： 海外华文媒体是传播中华文化、促进中外交流、联系华人华侨的重要桥梁，也是帮助世界认识中国、了解中国的信息渠道。近年来，全球移动互联网快速发展，海内外受众日趋分化，传播生态日益丰富。新形势下，海外华文媒体积极顺应时代趋势，不断推进媒体融合发展，拓展新兴传播渠道，努力提高媒介传播深度，初步形成了以网站、移动APP、社交媒体账号为主体的新媒体传播矩阵，国际影响力不断增强。与此同时，海外华文新媒体整体上也面临着原创内容生产能力有限、受众辐射力较弱等问题。

关键词： 华文新媒体　媒体融合　影响力　中国故事

一　前言

海外华文媒体是讲好中国故事、传递中国声音的重要力量，也是创新发展融合传播的重要载体。中共中央政治局委员、中宣部部长黄坤明在北京会见出席第三届海外华文新媒体高峰论坛的部分代表时表示，海外华文媒体及其新媒体，是中华文化海外传播的重要使者、帮助世界认知中国的重要窗口。希望海

* 卢永春，人民日报海外网数据研究中心主任，研究员；刘珊，人民日报海外网数据研究中心研究员；许志宏，人民日报海外网数据研究中心研究员。

外华文媒体积极关注、充分反映新时代中国的发展变化，做中国故事的生动讲述者、中华文化的热情传播者、中外交流的积极推动者。①

与国内媒体对外宣传的方式相比，海外华文媒体传播中华文化的方式丰富、路径多样，而且更加贴近当地受众的习惯，不仅在海外华人圈中具有强大的影响力，而且对当地人也有较强的吸引力。② 近年来，移动互联网技术变革带来新媒体的蓬勃发展，新媒体传播速度快、范围广、受众多、互动强等特点给信息传播提供了便捷渠道。在新媒体的冲击下，海外华文媒体生存和发展面临更大的挑战。积极创新媒体话语体系、加快融合发展成为海外华文媒体转型的必然选择。《人民日报（海外版）》2018 年发布的《新时代中国形象与中国理念海外传播影响力报告》显示，如今，海外华人的代际交替正在进行，新生代华人圈受众正在崛起，新媒体已经成为国际传播的大方向、大趋势。海外华媒要想永葆发展活力，必须打造全媒体覆盖的传播矩阵，尤其需要加强在脸书、推特等社交媒体以及移动端上的布局。③ 目前，以移动网站、社交媒体账号为主体的海外华文新媒体传播矩阵逐渐成型。

为全面了解当前海外华文新媒体的发展趋势及其影响力，本文抽取了受众覆盖面比较大的 100 家重点华文媒体作为研究样本，着重分析其在网站、脸书（Facebook）、推特（Twitter）、微信、微博等新媒体平台的布局情况，通过指数评价体系量化评估综合影响力，为海外华文新媒体做好下一步融合传播提供参考。本文中的海外华文新媒体特指在中国大陆、香港、台湾、澳门以外创办以汉字为传播方式的新兴媒体，不包括外媒创办的中文网站或社交媒体账号。

二　海外华文新媒体融合发展与传播影响力

（一）海外华文新媒体发展概况

近些年，传统纸质媒体日渐衰落，海外华文媒体积极探索移动互联网时代

① 海外网，http：//ocnm. haiwainet. cn/n/2018/0602/c3543527 -31327463. html，2018 年 6 月 2 日。

② 彭伟步、焦彦晨：《海外华文传媒的文化影响力与中国文化软实力的建设》，《新闻界》2011 年第 5 期。

③ 海外网，http：//ocnm. haiwainet. cn/n/2018/0529/c3543528 - 31324900. html，2018 年 5 月 29 日。

下的华文传播新途径，全面布局网站、社交媒体、移动客户端，进一步向融媒体转型。统计数据显示，在研究选取的100家海外华文媒体中，媒体网站自有率达100%，在移动客户端APP方面，开通率已经达到23%。在社交媒体方面，海外华文媒体也不断做出尝试，拓展其在社交媒体上的影响力。接近六成的海外华文媒体开通了脸书账号，推特账号的开通率也接近三成。此外，微博和微信作为中国两大社交媒体平台也受到海外华文媒体的重视，开通率分别达到18%和45%（见图1）。相较于网站与社交媒体，海外华文媒体在移动客户端的潜力还有待继续深挖。

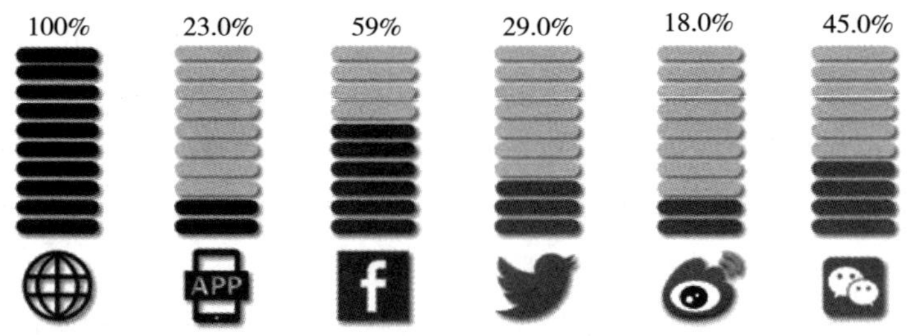

图1　海外华文新媒体布局情况（整体开通率）

注：样本为100家。

（二）海外华文媒体网站综合影响力

为考察海外华文媒体网站的全球影响力，本文从网站流量全球综合排名（Alexa）和谷歌搜索引擎对该媒体新闻信息的收录量两个维度出发，通过加权计算得出海外华文媒体网站影响力指数。排名前二十的网站见表1。

表1　海外华文媒体网站影响力榜TOP20

排序	媒体网站名称	国家/地区	网站流量全球综合排名(Alexa)	谷歌收录量（篇）	网站影响力综合指数值
1	联合早报网	新加坡	5144	353000	90.57
2	中国报(网)	马来西亚	11036	440000	90.52
3	星洲日报(网)	马来西亚	13687	520000	89.86
4	洛杉矶华人资讯网	美国	24166	604000	89.75
5	印尼星洲日报	印度尼西亚	13687	190500	87.30

续表

排序	媒体网站名称	国家/地区	网站流量全球综合排名(Alexa)	谷歌收录量(篇)	网站影响力综合指数值
6	南洋商报	马来西亚	56446	480700	86.34
7	奋斗在韩国	韩国	44473	85300	83.44
8	欧洲时报	法国	54672	97900	82.64
9	美国中文网	美国	46866	51200	81.74
10	泰国世界日报	泰国	400558	233000	81.41
11	澳华财经在线(ACBNews)	澳大利亚	33269	15600	79.96
12	新西兰天维网	新西兰	63675	44200	79.91
13	新欧洲	法国	39272	16100	79.61
14	缅华网	缅甸	388767	84800	79.11
15	迪拜中华网	阿联酋	287313	57100	78.68
16	西贡解放日报	越南	50691	14200	78.09
17	国际日报	美国	521521	82000	77.66
18	联合晚报	新加坡	327945	33600	77.03
19	加拿大华人网	加拿大	698425	75600	76.68
20	维加斯新闻网	美国	460203	43100	76.55

注：计算方法：网站影响力综合指数为网站流量全球综合排名和谷歌搜索引擎的收录量两个维度进行加权计算得出结果。权重方面，网站流量全球综合排名为0.7，谷歌搜索收录量为0.3。

资料来源：http：//alexa. chinaz. com，数据截至2019年2月28日。

统计数据显示，100家海外华文媒体网站整体表现良好，在综合影响力排名TOP20的海外华文媒体网站中，美国有4家，马来西亚有3家，法国与新加坡各有2家。新加坡的联合早报网、马来西亚的中国报（网）与星洲日报（网）综合影响力居前三。

从区域来看，东南亚地区的海外华文媒体网站影响力独树一帜。东南亚聚集了大批华人华侨，是海外华文媒体传播的重镇，其中，新加坡、马来西亚、印度尼西亚、泰国等国家的华文媒体尤为兴盛。在此次海外华文媒体网站影响力排行榜中，前十位中有6家来自东南亚，而在前五位中更是占据4个席位。

另外，除了主打时政新闻信息的网站，综合资讯类网站影响力不断提升，一些海外华文媒体网站积极为当地华人华侨、留学生，以及在当地工作、旅游的人群提供信息分享平台，满足日常的生活需求。网站通常包括求职招聘、房屋出租、二手商品等生活服务栏目。在网站影响力排行榜中，洛杉矶华人资讯网、奋斗在韩国、新西兰天维网、迪拜中华网、加拿大华人网都是这类华文网站的典型代表。值得注意的是，研究还发现有 32 家海外华文媒体网站影响力综合指数值低于 60，凸显网站影响力存在一定的不平衡。

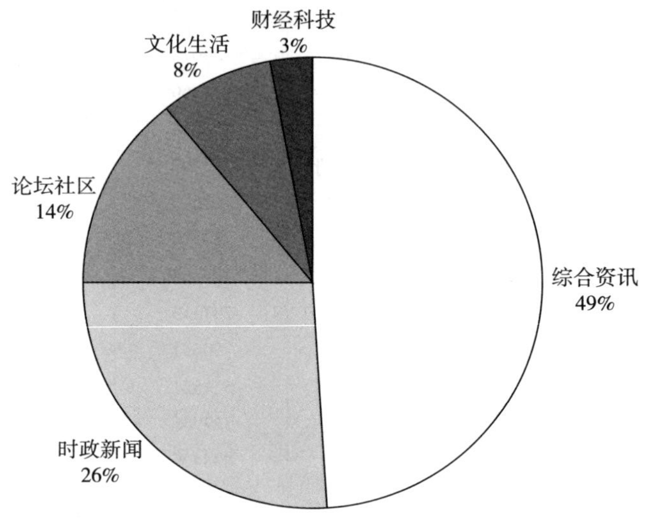

图 2　海外华文媒体网站类型分布

注：样本为 100 家。

海外华文媒体网站还积极开设中国专题，如柬埔寨《高棉日报》、日本《东方新报》、法国《欧洲时报》等媒体官网设有专题或栏目，重点报道与中国的友好关系、推介中国品牌，以及密切关注中国两会等重大活动，传播主流声音。作为面向华人华侨的重要平台，华文媒体网站还大力传播华人华侨文化交流活动，如荷兰一网的“一团荷气”栏目、《高棉日报》的“华人华侨”栏目、葡新报的“侨乡广东”栏目等，有利于团结海内外中华儿女，激发华人群体共有的民族情感。

（三）海外华文媒体脸书账号影响力

在本文分析的 100 家海外华文媒体中，有 59 家已开通脸书账号，总粉丝数超过 520 万人。这些账号覆盖了 26 个国家，其中美国、马来西亚、泰国、新西兰等国华文媒体开设的脸书账号数量居多。

图3　法国《欧洲时报》官网设有中国栏目

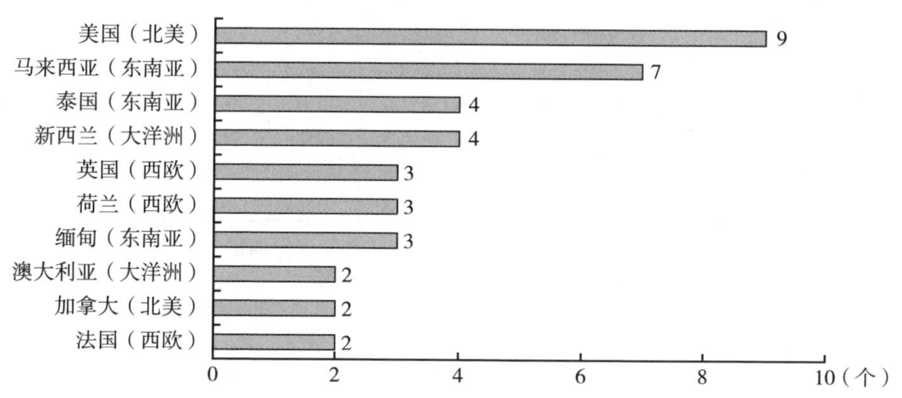

图4　海外华文媒体脸书账号人文地理分布 TOP10

通过对各大账号粉丝量、发文总量以及互动指数（平均每条帖文的转发量、点赞量和评论量）进行数据加权计算，得出华文媒体脸书账号影响力综合排名。

表2　2018 年海外华文媒体脸书账号影响力榜 TOP20

排序	媒体名称	脸书账号	国家	粉丝量（个）	发文总量（条）	互动指数	影响力综合指数值
1	星洲日报	@ SinChewDaily	马来西亚	1526259	11723	99. 73	99. 24
2	中国报	@ ChinaPressCP	马来西亚	1435209	21982	79. 59	95. 31
3	光华日报	@ kwongwah. my	马来西亚	1313047	2132	82. 58	86. 82

续表

排序	媒体名称	脸书账号	国家	粉丝量（个）	发文总量（条）	互动指数	影响力综合指数值
4	南洋商报	@ nanyang. nysp	马来西亚	298397	16576	49. 67	81. 43
5	联合早报	@ zaobaosg	新加坡	210334	12927	52. 53	80. 57
6	联合晚报	@ lianhewanbao	新加坡	229279	4946	61. 26	79. 69
7	新西兰先驱报中文网	@ cnzherald	新西兰	27774	6411	11. 28	60. 51
8	国际日报	@ InternationalDaily	美国	20620	1087	24. 81	57. 07
9	缅甸中文网	@ md0095	缅甸	31377	786	21. 64	55. 72
10	国际时报	@ InternationalTimes	马来西亚	13162	1223	22. 05	55. 69
11	亚洲时报	@ asiatimes. my	马来西亚	6527	404	39. 4	55. 2
12	柬华日報	@ Jianhuadaily	柬埔寨	18297	1890	10. 35	54. 48
13	金凤凰	@ mmgoldenphoenix	缅甸	16109	1309	10. 74	52. 87
14	洛杉矶华人资讯网	@ ChineseInLA	美国	3300	3422	7. 52	52. 2
15	高棉日报	@ 高棉日报	柬埔寨	12748	543	12. 52	49. 44
16	荷兰一网	@ hollandone	荷兰	1653	1298	9. 11	47. 36
17	缅华网	@ mhwmm2014	缅甸	1647	1483	7. 25	47. 3
18	菲龙网	@ flwph	菲律宾	2984	659	5. 46	44. 84
19	美国侨报网	@ qiaobaowang	美国	268	2906	1. 23	44. 12
20	葡新报	@ jornalpuxin	葡萄牙	3865	402	0. 42	41. 88

注：计算方法：脸书影响力综合指数为粉丝量、发文总量以及互动指数（平均每条帖文的转发量、点赞量和评论量）三个方面进行加权计算得出结果。计算公式：互动指数 =（平均每条帖文的点赞量 + 平均每条帖文的转发量 + 平均每条帖文的评论量）/3；综合指数各项权重方面，粉丝量为 0. 3、发文总量为 0. 4、互动指数为 0. 3。

资料来源：海外网全球媒体数据库，统计时间为 2018 年 1 月 1 日至 12 月 31 日。

排名前二十位的海外华文媒体脸书账号中，来自马来西亚、美国、缅甸、新加坡、柬埔寨等国家的华文媒体脸书影响力综合指数表现较好，其中马来西亚华文媒体脸书账号在脸书影响力指数前二十名中占据 6 个席位。就粉丝量而言，《星洲日报》《中国报》《光华日报》等头部账号的粉丝数均超过 100 万。

发帖量方面，海外华文媒体账号之间的总发文量差异较大。其中《中国报》脸书账号@ ChinaPressCP 发文量最多，累计高达 2 万余条，其他几个头部账号的发文量也比较可观，发文总量均在 1 万条以上。相比而言，发文数最少的账号@ jornalpuxin（《葡新报》）和@ asiatimes. my（《亚洲时报》）的发文数均仅有 400 多条，日均发帖量约为 1 条。互动指数方面，各账号之间的差异也比较显著。其中，帖文的点赞量、转发量最高的是@ SinChewDaily（《星洲日报》)，平均单条帖文点赞数高达 1082 个、平均转发量为 352 次。

以海外华文媒体脸书账号的粉丝量、账号发文总量、互动指数为依据，分别得出 2018 年度“最受关注十大账号”、“最勤奋十大账号”和“最活跃十大账号”。

表 3　2018 年海外华文媒体脸书账号三大分榜 TOP10

最受关注十大账号		最勤奋十大账号		最活跃十大账号	
媒体	脸书账号	媒体	脸书账号	媒体	脸书账号
星洲日报	@ SinChewDaily	中国报	@ ChinaPressCP	星洲日报	@ SinChewDaily
中国报	@ ChinaPressCP	南洋商报	@ nanyang. nysp	光华日报	@ kwongwah. my
光华日报	@ kwongwah. my	联合早报	@ zaobaosg	中国报	@ ChinaPressCP
南洋商报	@ nanyang. nysp	星洲日报	@ SinChewDaily	联合晚报	@ lianhewanbao
联合晚报	@ lianhewanbao	新西兰先驱中文网	@ cnzherald	联合早报	@ zaobaosg
联合早报	@ zaobaosg	联合晚报	@ lianhewanbao	南洋商报	@ nanyang. nysp
缅甸中文网	@ md0095	洛杉矶华人资讯网	@ ChineseInLA	亚洲时报	@ asiatimes. my
新西兰先驱中文网	@ cnzherald	美国侨报网	@ qiaobaowang	华侨新天地	@ AsianNL
国际日报	@ InternationalDaily	光华日报	@ kwongwah. my	国际日报	@ InternationalDaily
柬华日報	@ Jianhuadaily	柬华日報	@ Jianhuadaily	国际时报	@ InternationalTimes

（四）海外华文媒体推特账号影响力

统计的 100 家海外华文媒体中，开通推特账号的华文媒体有 29 家，占比 29%。整体而言，东南亚国家、欧洲国家的华文媒体推特账号数量较多。

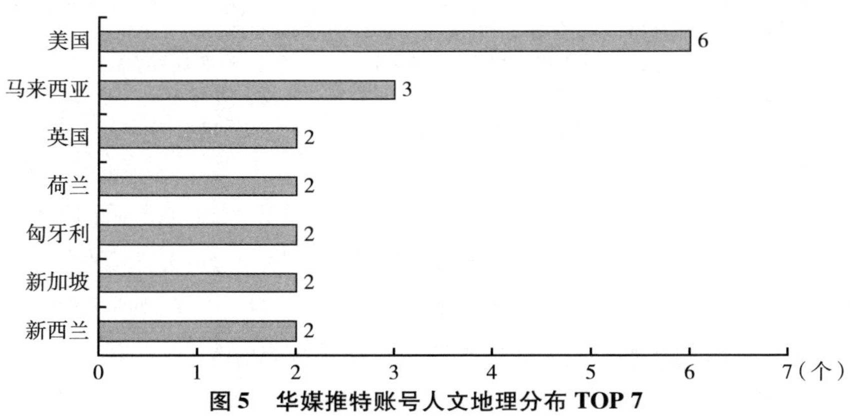

图 5　华媒推特账号人文地理分布 TOP 7

从账号粉丝量、发文总量、互动指数（平均单条帖文的转发量和点赞量）三个维度加权计算得出华媒推特账号影响力综合指数，如表4所示。

表4　2018年海外华文媒体推特账号影响力榜TOP20

排序	媒体	账号	国家	粉丝量（个）	发文总量（条）	互动指数	推特影响力综合指数
1	联合早报	@zaobaosg	新加坡	214105	10010	90.37	93.42
2	星洲日报	@SinChewPress	马来西亚	37140	2370	99.92	86.31
3	中国报	@mychinapress	马来西亚	19660	19158	19.52	69.02
4	南洋商报	@nanyangpress	马来西亚	15594	15480	23.52	68.82
5	新西兰先驱报中文网	@cnzherald	新西兰	3762	5824	10.09	57.47
6	非洲时报	@AfricanTimesSA	南非	4972	439	25.98	52.57
7	美国侨报网	@TheChinaPress	美国	2578	2912	1.71	51.27
8	葡新报	@puxinpt	葡萄牙	2440	1120	0.86	47.07
9	印度尼西亚商报	@shangbaoindo	印度尼西亚	263	3140	0.29	45.68
10	荷兰一网	@Helanyiwang	荷兰	299	2636	1.43	45.63
11	新西兰天维网	@skykiwidotcom	新西兰	359	261	19.52	42.25
12	国际日报	@mggjrb	美国	99	910	3.92	39.49
13	新岛传媒	@Emerald0086	爱尔兰	206	152	21.55	39.39
14	东方新报	@dongfangxinbao	日本	113	614	6.05	38.87
15	泰国中华网	@thaizhonghua	泰国	314	248	9.35	38.68
16	美国中文网	@Sinovision_News	美国	467	119	3.65	35
17	柬华日報	@jianhuadaily	柬埔寨	34	292	0	31.25
18	华侨新天地	@Asian_News_NL	荷兰	219	3	35.68	29.19
19	维加斯新闻网	@lvcnncom	美国	62	45	0	25.26
20	联合晚报	@LianheWanbao	新加坡	4454	0	0	20.16

注：计算方法：推特影响力综合指数为粉丝量、发文总量以及互动指数（平均每条帖文的转发量和点赞量）3个方面进行加权计算得出结果。计算公式：互动指数＝（平均每条帖文的点赞量＋平均每条帖文的转发量）/2；综合指数各项权重方面，粉丝量为0.3、发文总量为0.4、互动指数为0.3。

资料来源：海外网全球媒体数据库，统计时间：2018年1月1日至12月31日。

整体而言，海外华文媒体推特账号影响力榜单TOP20中，亚洲地区的华文媒体账号占比接近一半，其中马来西亚的华文媒体部分账号表现优异。从粉丝数、发文量和互动指数来看，华文媒体在推特上的运营表现略逊于脸书平台。就粉丝量而言，前二十家推特账号总粉丝只有30多万人，其中《联合早报》推特账号@zaobaosg拥有约21万粉丝，约占粉丝总数的70%；排在第二名的是@ SinChewPress，仅有3万多粉丝。粉丝量在1万以上的账号仅有4个。互动指数方面，账号之间的差异比较微弱，平均点赞量最高的《星洲日报》@ SinChewPress 仅为6.6个/条。

整体而言，华文媒体的推特账号呈现两个特征：一是由于推特具有明显的新闻属性，华媒账号多在此平台上发布硬性政经新闻报道，包括中国两会、涉华国际新闻、中国国内社会热点新闻、“一带一路”相关活动、领导人赴本地出访等。部分活跃账号利用当地民众喜闻乐见的接受方式，如采用当地的语言语种发布帖文。二是华媒在推特的海外传播能力仍有待提升，近七成社交账号内容更新缓慢，粉丝互动率也偏低。从更新情况看，部分华文媒体账号缺乏统一的规范化运营，存在注册时间早但已经停更、运营时间不规律、注册后仅发布数条推文等问题，影响华媒海外影响力的整体建设。推特平台上，有34.5%的华文媒体账号2018年以来没有更新过一条推文，37.9%的华媒账号在2018年年中的某个月开始逐渐停止更新。部分脸书账号粉丝已过千，甚至过万，一旦停止更新，其海外的传播能力也随之减弱。例如@ LianheWanbao（《联合晚报》）于2017年11月停止更新。此外，与脸书账号相比，华媒脸书账号无法与海外网民形成有效互动。

（五）海外华文媒体微博、微信账号影响力

100家海外华文媒体开通微博账号的有58家，覆盖26个国家，美国、加拿大、澳大利亚、新加坡、马来西亚，以及英国、法国等华文媒体开通微博账号数量居前列。

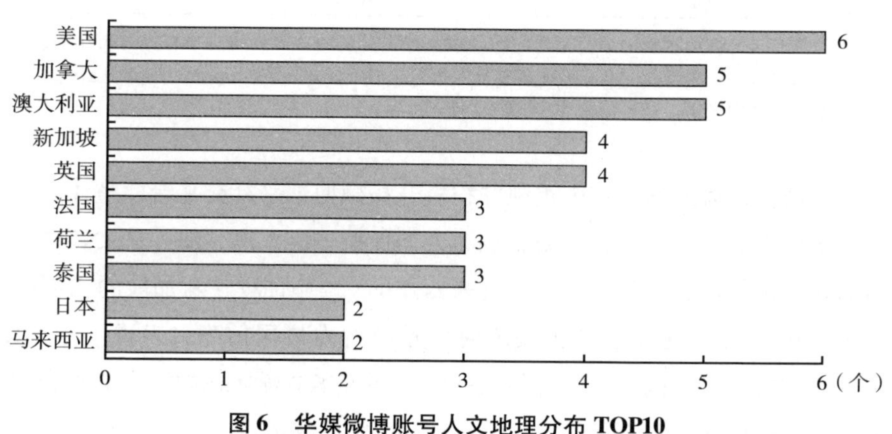

图6　华媒微博账号人文地理分布 TOP10

我们从账号粉丝量、发文总量两个维度加权计算得出海外华文媒体微博账号影响力综合指数，如表5所示。

表5　2018年海外华文媒体微博账号影响力榜TOP20

排序	微博账号名称	国家	粉丝数（个）	微博帖文数（条）	微博影响力综合指数
1	奋斗在韩国	韩国	5327635	78526	96.13
2	中国报微博	马来西亚	4271284	56545	94.05
3	早报网	新加坡	2226374	44717	91.01
4	泰国星暹传媒	泰国	1074601	23027	85.93
5	华闻周刊	英国	1028024	22578	85.71
6	美国侨报网	美国	438805	31134	84.38
7	欧洲时报	法国	590223	22542	83.95
8	南洋商报	新加坡	194438	43154	83.18
9	澳洲新快报	澳大利亚	274077	26643	82.24
10	新欧洲战法	法国	232877	28474	82.00
11	新西兰天维网	新西兰	84503	51936	81.34
12	英中时报	英国	351294	15429	80.73
13	洛杉矶华人资讯网	美国	66330	23328	77.21
14	澳洲网-大洋传媒	澳大利亚	74313	16131	76.02
15	狮城华人网	新加坡	65537	15900	75.57
16	星洲日报	马来西亚	861356	1964	74.89
17	新西兰先驱报中文网	新西兰	25038	21380	73.78
18	法国侨报	法国	53012	12156	73.77
19	萍聚社区德国热线	德国	20862	24215	73.73
20	澳大利亚时报	澳大利亚	48386	7138	71.25

注：计算方法：微博影响力综合指数为粉丝量、发文总量两个方面进行加权计算得出结果。综合指数各项权重方面，粉丝量为0.5、发文总量为0.5。

资料来源：新浪微博，数据截至2018年12月31日。

整体而言，海外华文媒体重视并积极开拓微博这一社交平台，整体表现良好。其中东南亚华文媒体在微博影响力方面保持较高水准，海外华文媒体微博账号影响力榜单前二十的账号中，马来西亚的《中国报》、新加坡的《联合早报》和泰国的《星暹日报》相关微博账号影响力位居前列，表现十分抢眼。以美国、加拿大、英国、法国为代表的西方国家华文媒体在微博影响力表现也可圈可点。就微博粉丝量而言，拥有百万级粉丝数量的华文媒体账号共有5

家，其中“@奋斗在韩国”更是拥有超过530万的微博粉丝居首位；“@中国报微博”和“@早报网”也分别拥有420多万和220多万的粉丝数量。在微博帖文数量方面，华文媒体账号之间的总发文量差异较大。“@奋斗在韩国”发文量最多，高达7.85万余条，多数账号发文量在2万~3万条。值得注意的是，个别华文媒体微博账号已经停止更新微博内容。

此外，一些海外华文媒体还开设微信公众号，构建起信息传播、价值传递的新途径。统计的100家华文媒体中，拥有微信公众号的华文媒体有45家。海外华文媒体微信影响力主要依据微信公众号总体阅读量进行排名，排名前二十的微信公众号如表6所示。

表6 2018年第四季度海外华文媒体微信公众号影响力榜TOP20

排序	微信公众号	国家	阅读总数（次）	好看总数（个）	文章总数（篇）
1	缅甸中文网	缅甸	12360000	13737	736
2	新欧洲	法国	5760000 +	18023	728
3	新西兰天维网	新西兰	3120000	8197	474
4	奋斗在韩国	韩国	2850000	6386	370
5	菲龙网	菲律宾	2320000	3689	735
6	欧时大参	法国	2030000 +	10224	736
7	缅甸金凤凰中文报社	缅甸	1140000	2965	680
8	美国中文网	美国	1110000	4963	337
9	华侨新天地	荷兰	920000 +	1554	370
10	西班牙欧华报	西班牙	820000	2794	692
11	泛欧资讯	法国	750000 +	4450	604
12	泰国世界日报	泰国	680000	1243	317
13	一网荷兰	荷兰	650000	1357	719
14	新西兰中文先驱	新西兰	610000	2036	283
15	德国热线	德国	500000	1284	375
16	巴西华人网	巴西	470000	612	364
17	新加坡狮城论坛	新加坡	370000	1091	606
18	非洲华侨周报	博茨瓦纳	350000	1560	444
19	葡华报	葡萄牙	313009	1819	639
20	迪拜中华网	阿联酋	297418	529	436

注：单篇文章阅读量超过10万次记为“10万+”。

资料来源：清博指数。数据统计时间为2018年10月1日~2018年12月31日。

抽取2018年第四季度45家海外华文媒体微信公众号运营数据显示，三个月累计发文15895篇，共计收获阅读量3973万+次，其中有7篇文章阅读量超过“10万+”，累计收获“好看”（点赞）100628个。其中，缅甸中文网、新欧洲微信公众号影响力位居前列，单篇文章平均阅读量分别达到16793次、7912次，展现出较好的发展势头。

三 海外华文新媒体融合发展建议

（一）适应国际传播环境，加快构建全媒体传播矩阵，打造现代传播体系

当前，移动互联网高速发展，信息消费市场分众化、垂直化、小众化已成趋势。《纽约时报》《卫报》等国际主要媒体率先实施了定制化、精准化传播策略；我国的《人民日报》、新华社、CGTN等主流媒体海外社交媒体账号也初步实现精准地提供个性化新闻服务。在海外社交媒体传播中，根据不同产品、不同受众、不同平台采取差异化的运营方式成为共识。

为适应新媒体时代的传播需求，不少华文媒体需要加快新媒体布局，借助新兴传播载体扩大海内外的影响力。如新加坡《联合早报》建立了包括报纸、网站、移动端、国内外社交媒体以及专门针对新加坡本地用户的手机新闻服务等在内的全媒体渠道，满足不同国家或地区、不同年龄、不同阶层背景的受众的需要，拉近与不同类型受众的距离。其中联合早报网站的《大拇指》和《早报逗号》两个栏目主要针对中学生，用“博客体”的形式传递教育类信息，得到学生和家长的一致好评。在华媒社交媒体账号运营方面，脸书、推特、优兔、照片墙等海外社交媒体在传播机制上各有特色，要实现差异化运营，制定分众化传播目标。

海外华文媒体转型发展，不仅要在占领新媒体阵地方面积极作为，更要在内容、渠道、技术、数据、平台、资源、管理等领域实现深度融合，增强造血能力和盈利能力，构建起海外华文新媒体生态圈，打造面向未来的现代传播体系。

（二）贴近海外用户，加强原创内容生产能力，实现内容的软传播

当前，一些海外华文新媒体在内容生产过程中主要扮演的是“信息搬运工”的角色，将中国国内新闻信息简单翻译，再发布到海外社交媒体平台，传播效果不理想。华文新媒体要讲好中国故事、传播好中国声音，首先要适应国际传播规律，分析研究受众信息阅读偏好，有针对性地设置议题，增加用户黏性，提高国际传播力。当前，华文媒体社交媒体账号积极传播与中国有关的帖文内容主要集中于：一是软性的中国特色符号，如中国民俗节日、科技娱乐、旅游文化等信息；二是当地旅游、留学、就业、租房、美食等生活资讯类服务内容。全方位、快节奏的内容推送，满足了移动用户多种多样的信息需求，增强用户黏性，实现专业、精准、规范化的用户运营。如中荷商报（@Chinatimesnl）、英国华商报（@CBGNews）、葡新报（@Jornalpuxin）等账号发布中国各地方以及当地华人华侨的春节、元宵节等传统节日的庆祝活动，既拉近了与当地华人用户的距离，向其他社交媒体用户传播了中国传统节日文化，又能适时贴近其他国际受众的文化生活，通过华人视角，传递多样化的中国声音，以趣味性、新颖性和文化性吸引更多网民的关注。在表达方式上，尽可能地使用地道的词语、句式、结构、语言风格；在形式上，结合直播等新媒体技术呈现方式，对外传递信息。

（三）加强全球资源整合，善用中国主流媒体新闻资讯出海资源

近年来，海外华文媒体与我国国内主流媒体的联系与合作也不断加强，包括采用国内媒体的新闻稿件、与国内媒体联合推出专题报道等形式。既可以满足海外华文媒体对新闻稿件的需求，又可以及时向华人社会准确地反映中国的发展情况。例如印尼《国际日报》与人民日报海外网合作，在内容制作与技术维护上进行合作。人民日报海外网还通过技术研发打造了海聚平台（“海外华文新媒体技术支撑和内容共享平台”），面向全球华文媒体，通过技术手段实现内容聚合、海外分发、技术支持等三大新媒体服务功能，吸引百余家海外华文媒体入驻，在海外数十个华侨华人、留学生聚集的国家和地区实现落地。中新社也积极打造“世界华文媒体合作联盟”，旨在促进海外华文媒体之间的相互联络和资源互动。在社交媒体方面，如加拿大《商报》脸书账号

@ Todaycommercialnews在发布中国国内时政新闻的相关帖文时经常转引《人民日报（海外版）》的报道文章。《光华日报》脸书账号@ kwongwah. my 则在报道中国两会相关新闻时也多次引用《人民日报》、新华社等国内主流媒体的最新报道。海外华文新媒体加强与国内媒体合作，有助于合力共筑中国好声音。

参考文献

[1] 程曼丽：《关于海外华文传媒的战略性思考》，《国际新闻界》2001 年第 3 期。

[2] 黄耀东：《东南亚华文媒体现状和出路》，《经济与社会发展》2006 年第 6 期。

B.13
2018年西方媒体发展报告

漆亚林　谯金苗　孙　敏*

摘　要： 技术主义、商业主义与政治生态的失衡引发了信息障碍和信任危机。2018 年西方媒体以信任为主轴，在内容生产上回归品质，创新呈现方式；不断升级技术开发，催生媒介业态健康融合；在平台分权中弱化聚合分发平台和社交媒体权力，分散平台渠道，缓解信任危机；为革新商业模式，西方媒体重点关注读者在线支付，试图在广告收入疲软的现实境况下重建以捐赠为主的新兴增长方式。从总体来看，2018 年，西方媒体遭遇信息障碍的媒体生态环境，面对虚假信息和数据泄露等问题，致力于提高自身媒介素养，与政府、公民通力合作，以求响应信息的可靠性，力争构建一个健康平衡且可持续发展的传媒生态圈。

关键词： 西方媒体　信息障碍　媒介素养　可持续发展

如今媒体的发展情况主要基于两个因素的影响，外在因素来自媒介生态环境，内在因素则是自身媒体情况。媒介随着时代发展处于不断的进化中，媒体的发展顺应媒介进化的轨迹而有所变化。2018 年，西方媒体立足媒介生态环境和传播语境，并基于自身专业素质，在内容、技术、平台、商业模式等多个维度和相关环节上都有所创新和突破，呈现出新的传媒动态，且这些业态变化仍在持续进行中。

---

* 漆亚林，中国社会科学院大学媒体学院执行院长，教授；谯金苗，中国传媒大学传媒经济学博士研究生；孙敏，中南大学新闻传播学硕士研究生。

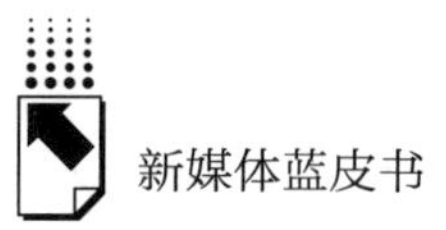

一　内容生产回归品质，创新呈现方式

传媒的生产机制是通过内容生产进入市场交换，因而媒介生产和交换的核心是传媒产品。只有满足或生产受众需要的传媒产品，才能保证媒体的扩大再生产。随着媒介技术的变迁和突破，传媒内容的地位和作用曾一度被唱衰，内容为王遭受质疑并陷入尴尬的境地。但是随着技术伦理失范等负面效应的大面积出现，时代的信任缺位更加衬托内容的重要性，重建专业、重树权威、重拾实用成为2018年西方媒体对抗行业“寒冬”的主要措施。然而，散点式、去中心、阴霾化的信息环境令西方媒体的发展举步维艰，深耕用户需求，加速信息产品的推陈出新，不断优化内容品质、扩展内容版图、创新产品模态，满足受众多元化的需求，是当前西方媒体的重心之举。

（一）聚焦建设性新闻，重建信息阳光链

“建设性新闻也被称为建构式新闻，指坚持新闻的核心功能，在新闻流程和产品中，运用积极心理策略，生产卓有成效、引人入胜和全面深刻的报道。”① 建设性新闻革新了新闻报道信源、题材、要素、宗旨等多方面内容，不仅创新了内容架构，突破了传统叙事机制，能够为受众提供更加真实客观的报道，更能降低假新闻、黄色新闻引发的阴霾化负面效应，帮助扫除读者的阅读障碍，推动媒体改善疲软的社会阅读现状，生产真正兼具价值与兴趣的新闻报道或信息产品，典型代表有《卫报》的Upside系列、BBC的World Hacks系列、Stuff网站的Westside Stories等。2018年以来，西方信息环境正饱受行业壁垒和信任流失的困扰，为了消除西方媒体生态环境中的障碍，建设性新闻将成为更多西方媒体的自救之举。正如Inma新闻总监Nicola 2018年4月在丹麦建构式新闻学会上所说的那样：“我们忍受了太久的消极资讯，我迫不及待想在电视上看到建设性新闻。为什么穷人还在忍受困苦？为什么没人做点什么？

---

① 晏青：《建设性新闻：一种正在崛起的新闻形式——对凯伦·麦金泰尔的学术访谈》，《编辑之友》2017年第8期。

为什么没有‘工作组会议’？这让人沮丧又生气。我太想看到一些解决问题为导向的积极报道了。”①

（二）权威信源凸显，提高传播的公信力和有效性

数字时代传播门槛的降低带来传播的普适性和大众化，精英文化和大众文化在技术的支撑下“冰释前嫌”，但也令信息的可信度更加堪忧，对于网络传播特别是移动互联网内的海量信息，不少受众从完全信任走向动摇，传播的公信力正在逐步下降。赢得消费者信任正成为西方媒体的核心问题，面对时刻转移焦点的受众，把握内容的权威性成为媒体企业持续盈利的关键。爱德曼信任晴雨表已经证明，许多机构以及新闻媒体的受众信任度一直在下降，但其数据在2018年总体呈现出一个相对稳定的局面，不到一半的受众（44%）在大多数时候都信任媒体，但更多的受众可能会信任他们自己使用的媒体（51%）。虽然西方受众的信任程度有时与政治局势有关，但建设有自己品牌公信力的内容平台可在日新月异的网络环境中持续吸引受众的目光。

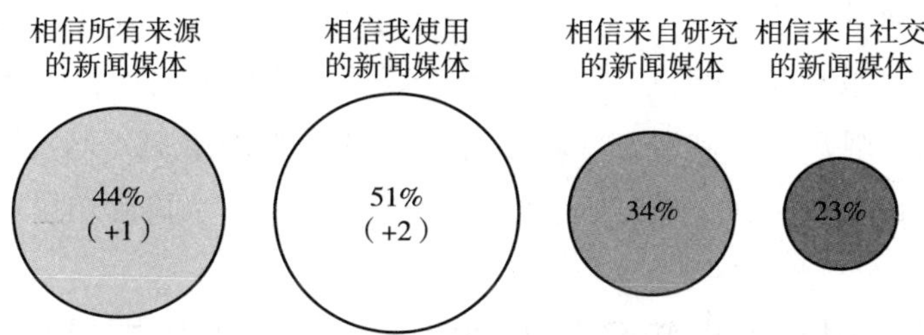

图1　受众对每个新闻来源的相信程度——基于所有市场

注：问题：请用以下陈述表明您的同意程度。我认为你在大多数时间里可以信任“大多数新闻”/“我消费的新闻”/“社交媒体新闻”/“搜索引擎新闻”；基数：所有市场的总样本=74194。

资料来源：《2018数字新闻报告》。

此外，根据对西方受众的调查，诸如《华尔街日报》、《华盛顿邮报》、《纽约时报》、《赫芬顿邮报》、CNN媒体等也是备受用户信赖的权威信源，对

① 《国外兴起“建构式新闻”：以解决问题为导向，拒绝情绪消耗》，全媒派微信公众号，2018年8月17日。

于平台和社交媒体来说，与老牌权威媒体的合作有利于挽回日益倾斜的品牌形象。

（三）创新传播语态和叙事机制，强化艺术呈现和表达效果

移动传播时代，爆炸式的增长数字资讯分散了受众注意力，持续吸引用户目光是西方媒体努力的目标。对此，西方媒体多措并举，希望在不同角度多点开花，扭转疲软的市场状态。一是在题材的选择上更加柔性，以融合内容和生活服务的方式迎合受众。《纽约时报》推出智慧生活项目“Smarter Living”，收获了不少铁杆读者。数据显示，2018 年人们在 Times iOS 应用程序中保存最多的 100 件事中有 33% 是原创的 Smarter Living 故事。① 二是创新叙事机制，倡导音视频叙事新形式。利用视觉响应、触觉反馈和语音交互等技术，报道者正在开发非传统的新型叙事来吸引读者。已经有新闻媒体和娱乐组织开始探索创意叙事形式，其中重点在于个性化、交互与沉浸。BBC 发布了可以在 Amazon 智能音箱 Echo 上播放的广播剧，听众可以通过直接与人物对话的方式来决定故事走向。同时，以 RYOT 为代表的公司也在尝试和主流新闻组织展开合作，比如《纽约时报》和 NPR 等，媒介组织开发了用 VR 形式观看的沉浸式纪录片视频片段，观众可对其展开 360°的全景探索。在网络交互剧《那个时刻》（that moment when）中，观众则可以决定主角的行动，实时改变故事线。

二　智能技术的普及与升级，催生媒介业态健康融合

数字化时代的受众深受技术的福利，技术的运用简化了受众获取信息的方式。目前的技术已经达到较为成熟的阶段，随着技术的演进，实现技术的渗透、融合和智能化改造成为重要方向。数字媒体的成功在于提高内容的传播效率，具体表现在将新闻资源和技术资源进行有效融合，从而促进媒体业态的融合。

① 《“没有其他人这样做”：纽约时报以更柔和的生活方式内容建立忠诚度》，https://digiday.com/media/no-one-else-new-york-times-builds-loyalty-softer-lifestyle-content/，2018 年 6 月 27 日。

（一）人工智能和人类智能的结合，有助于甄别错误的信息

AP 新闻合作伙伴关系主任 Lisa Gibbs 认为："我们总是需要更多的记者。但是，我们还必须投资技术，以帮助这些记者尽可能高效地开展工作。此外，人工智能投资将帮助我们为观众服务并打击错误信息。"2018 年，有 72% 的出版商表示正在试验人工智能，希望通过人工智能对内容进行个性化选择，同时为受众提供更好的建议，这一技术将为记者处理信息过载提供帮助或支持工具。芬兰广播公司 YL 正在开发的智能助手 Voitto，能够直接在锁屏上收集有关人工智能驱动建议的反馈，这一技术的目的在于与用户形成持续的对话，了解他们所做出的选择。DataMinr 使用 AI 来筛选数百万条推文。它的算法有助于发现不寻常的模式，帮助新闻编辑部门掌握突发新闻。AP 开发了一种内部验证工具，可帮助记者实时验证多媒体内容。路透社建立了人工智能工具来帮助记者分析大数据并提出构思，这一方式有助于编写新闻故事。也许最好的例子来自 BBC Africa Eye 对喀麦隆杀害妇女和儿童的调查。该团队使用开源技术，结合谷歌地球等工具来显示暴行发生的地点和时间，并指出可能的罪魁祸首。类似的技术和协作方法激发了 Bureau Local——代表英国的一系列本地新闻合作伙伴为数据收集做了大量工作。该网络已经推出 30 多个独家报道，其中包括对理事会财务状况的调查。

（二）语音助手和人工智能融合，势头强劲

语音有可能从根本上改变人们与新闻业互动的方式。语音助手的便捷性使其成为许多用户搜索新闻的新选择，有数据显示，"美国、德国和英国，语音的使用率增加了一倍多，其中大约一半的人使用这些语音设备用于新闻和信息"①。随着移动化的推进，新的 iOS 和 Android 操作系统使得语音功能在手机上的应用优势更加突出，访问现有的线性收音机、播客、有声读物和流媒体音乐显得更为便捷。另外，更多定制音频服务，如语音搜索、语音激活游戏和音频配方也在逐步推进。Google Hub 是一款基于屏幕的智能扬声器，为语音驱动

① 《2018 数字新闻报告》，http：//www. digitalnewsreport. org/survey/2018/overview – key – findings – 201。

体验增添了视觉层，多模式的语音体验也正在兴起，如可以使用 Amazon Echo 或 Google Home 询问有关电影放映时间的信息并发送至用户手机以便完成预订。同样，用户可以在喜欢的新闻应用中保存文章，然后在需要时通过演讲者将其读出来。①

（三）“区块链 +智能媒体”的融合，具有革命性的保护作用

在信任危机加剧的西方媒体社会，区块链技术的应用具有革命性的作用。首先，区块链开辟了内容变现新领域，去中介化的传播路径可以被直白呈献给内容生产者和消费者；其次，它有助于彻底清除盗版、侵权等现象，填补行业漏洞。区块链技术带来新思维。尽管“区块链 + 智能媒体”的未来生态还没有完全成型，但将颠覆既有的关系体系，虚拟数字空间中的价值信任将被重塑。Civil Media Company 是一家初创公司，旨在通过销售加密货币来支持高质量新闻网络。现在，它正试图应用支撑数字货币的区块链来保护新闻业。② 另一家以媒体为重点的初创公司 po. et 专注于将区块链和加密货币映射到媒体和出版业的当前行业标准，以允许以这种方式许可的文本、视频或图片。这可以使联合和管理不同地区的内容变得更加容易，管理权限的过程有效地实现了自动化。③

三　平台媒体合作“蜜月期”已过，新型商业模式初现锋芒

（一）社交平台：新闻分发降低新闻应用抽离

路透研究院发布的《2018 数字新闻报告》显示，通过社交媒体浏览新闻

---

① 《2019 年新闻、媒体与技术趋势和预测》，http：//www. digitalnewsreport. org/publications/2019/journalism – media – technology – trends – predictions – 2019/。

② 《美联社与新闻区块链创业公司 Civil 签约》，https：//digiday. com/media/associated – press – signs – journalism – blockchain – startup – civil/，2018 年 8 月 28 日。

③ 《2019 年新闻、媒体与技术趋势和预测》，http：//www. digitalnewsreport. org/publications/2019/journalism – media – technology – trends – predictions – 2019/#2 – 3 – ai – and – the – newsroom。

的用户正在减少。曾经人们习惯通过社交媒体接收新闻，但在2018年，不少地区或国家的社交媒体新闻用户增长量已经停滞，甚至出现下滑趋势。“美国用户的每周社交媒体新闻使用量从2013年的27%攀升至51%，又大幅回落到45%。英国使用量则从2017年就开始回落，巴西的下降似乎更早，数据显示2016年就有开始下滑的趋势。”西方社交平台或媒体已经意识到，技术、政治、经济、文化等因素将令平台本身与新闻资讯逐步分离，因此，降低新闻内容在社交渠道中的分发，另辟蹊径为用户提供专门化的信息服务将成为挽救自身资讯定位的选择。许多社交平台已经找到了行之有效的分散措施：Snapchat宣布将分离聊天功能与媒体新闻资讯；Facebook也将仅含新闻、抽离好友功能的应用版本投入测试，并推出了名为Watch的视频门户，用以供给合作媒体的优质内容；Instagram则将聊天功能集中于旗下的聊天应用Instagram Direct。①社交平台迫于形势让权新闻发布，削减新闻内容似乎已成定局。而此时，在相对封闭的空间获取新闻消息的应用程序在此背景下应运而生，人们越来越倾向于通过更为狭窄和封闭的私人空间来保护自身的隐私。

（二）平台分权：大刀阔斧破除垄断，合作共赢重建平衡

Facebook、Google两大平台曾在西方形成双子争霸的局面，但在信任危机阴影的笼罩下，媒体纷纷意识到单一的平台依赖具有过高风险。另外，寡头平台的权力过度使传播生态重回“封建”，媒体难以维持可观的经济收入。或许，分权寡头、多元化分发渠道，才是构建可持续平衡状态和稳定受众群的高效措施。Brooklinen、Thinx、Roman和Curology等DTC公司因为Facebook库存成本高且管理混乱，已经削减了在Facebook的广告支出，转而支持传统渠道。此外，虽然Facebook的平均使用率仍然保持在相对稳定的水平（65%），但WhatsApp、Instagram和Snapchat等平台的增长趋势日益明显，其增长速度也不可忽视。多平台的导流夹击将动摇Facebook的用户忠诚度，可以预见，社交媒体“一超多强”的局面也在形成，寡头媒体或平台的优势正在被第二梯队媒体或平台瓜分，具体表现在WhatsApp对新闻流量的持续吸

① 《2018年社交媒体将与新闻割裂：年末特辑之尼曼新闻实验室语言》，德外5号微信公众号，2017年12月30日。

纳、Instagram 在部分亚洲地区和拉丁美洲的流行，以及年轻用户对 Snapchat 的青睐等。

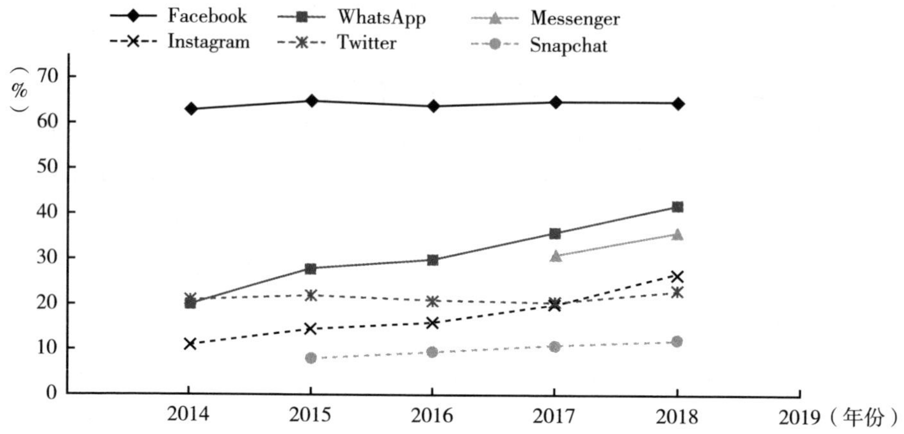

图 2　在上周使用过社交媒体的比例（基于任何目的）——选定的市场

资料来源：《2018 数字新闻报告》。

多平台分流寡头媒体对平衡信息行业有着极为重要的意义，一方面，受众注意力的转移可以防止行业垄断对其他媒体企业的侵害，另一方面，百花竞放的局面有利于激励媒体创新内容生产，保持行业活力，对于用户而言，拥有替代媒体或平台则能够帮助自我获得多渠道信息，避免算法构建的信息茧房禁锢个人思维，闭塞社会信息渠道，更在某一程度上形成了对数字信息把关人的抵抗。平台分权的趋势是媒介发展的必然，也是市场规律作用下主体的积极自觉，这也表明西方媒体和受众在对网络信息竞争的认识上已迈开相对前沿的一步。

（三）传统媒体：优势渐趋凸显，价值有所回升

由于过多的虚假新闻和网络谣言，互联网媒体信任度的下降趋势不可阻挡，这令老牌媒体成为受益者，因为对网络新闻失望的受众往往会回想起传统媒体时代新闻的可靠性和权威度，从而更加信任诸如 BBC、《纽约时报》一类的传统大牌媒体，在媒体行业的“寒冬”阶段，传统媒体反而凭借其有序的新闻生产流程、严谨的新闻态度和一直以来的良好口碑赢得了受众的尊重，而

以权威老牌媒体为标杆的品质内容产品更成为备受追捧的对象，对比互联网信息产品的浮夸、虚假、低劣，传统媒体优良的新闻报道似乎比碎片新闻更能给读者留下深刻印象。当下的传播环境充斥着信任阴霾，移动互联网生态下的权威影响显得弥足珍贵，但网络新媒体在影响力方面显然不如传统媒体更具权威性，因此，传统媒体的信任优势在危机四伏的信息生态中得以凸显。对于直接面向用户的西方媒体公司而言，将营销从 Facebook 等平台转移回电视、广播等传统媒体是新的发展机会。一些已经在电视上试验了几年的 DTC 公司表示，它在网络流量和销售方面取得了成效。① 随着平台试图抢占快速增长的 OTT（过度顶级）市场的份额，在线视频将成为一个关键的战场。

（四）商业模式：聚焦受众在线支付，捐赠模式成为“新宠”

对于许多传统媒体公司而言，印刷收入的急剧下降已经到了底线，数字无法弥补差异。尽管在线广告仍在快速增长，但很少有人能够向出版商发展，因为像谷歌和 Facebook 这样的巨型技术平台可以更有效地以更大的规模定位受众，并且能够提供更低的费率。尽管广告市场中的这些赢家通吃动态已经打击了数字出生的品牌，但似乎也无能为力。因此，多元化的收入来源成为它们的选择。就目前媒体的盈利模式来看，以往主要依靠广告等商业模式已经不足以支撑当下的媒体发展，探寻其他的收入方式才是根本。随着广告收入的萎缩，订阅和捐赠逐步兴起。数据报告显示，2018 年西方媒体行业的重要明显转变是媒体更注重通过订阅制、会员制、捐赠和单片付费来增加消费者的新闻在线支付量。② 老牌媒体如《纽约时报》《华盛顿邮报》《卫报》等已经率先在读者订阅收入上开疆拓土，大大改变了传统单一的盈利模式，其中卫报传媒集团通过订阅、报纸销售和资源捐款已经筹集了大约 1.3 亿美元资金。但同时订阅方式的单一化，使得在订阅上也存在一些限制。更多的媒体公司正在利用捆绑策略增加现有订阅的价值，以便在面对准备支付的读者的竞争加剧时减少客户流失。伦敦泰晤士报为现有用户增加了为期一年的《华尔街日报》订阅，而

---

① 《直接面向消费者的品牌看到了传统电视的收益》，https：//digiday. com/marketing/direct - consumer - brands - see - gains - traditional - tv，2018 年 6 月 20 日。

② 《2018 数字新闻报告》，http：//www. digitalnewsreport. org/survey/2018/overview - key - findings - 2018/，2018。

电信和 OTT 视频提供商也尝试向它们的捆绑添加新闻。亚马逊 Prime 会员则在美国提供为期六个月的《华盛顿邮报》免费试读，并降低了其订阅成本。

由于订阅不太适合所有国家，对替代模型的兴趣正在增长，结合商业和公共模式、慈善与捐赠的模式正在流行，这类捐赠形式可能正在成为维持现有遗留新闻组织和资助新企业的一种方式。数据显示，45 岁以下的中青年人群更愿意为新闻媒体或软件捐款，原因在于这一代人的诞生伴随着互联网的成长，其文化水平、教育经历和生活经验决定了对在线支付的信赖，同时年轻人的精力往往比较分散，因而选择订阅多个媒体号，以供其挑选出最适合自身的新闻内容，更开放、更多元、更丰富的信息组成相对适合中青年人群，因此任何具有意义的信息都将吸引这一人群的注意，并促使他们保留该媒体或激发其捐款意愿。《卫报》通过呼吁忠实读者的捐款来保持互联网畅通的策略引起了很多关注。在过去三年中，超过 100 万人发起过一次性或持续捐赠。与此同时，来自非政府组织和慈善家的贡献已经成为出版商的主要收入来源，12% 的受访者表示 2019 年非常重要。欧洲各地的新闻室已开始聘请专门的筹款人并设立慈善事业单位。欧洲新闻中心主任 Adam Thomas 认为，2019 年，我们将看到更多基金会支持新闻业，这不是公关或沟通战略的一部分，而是作为对所有依赖

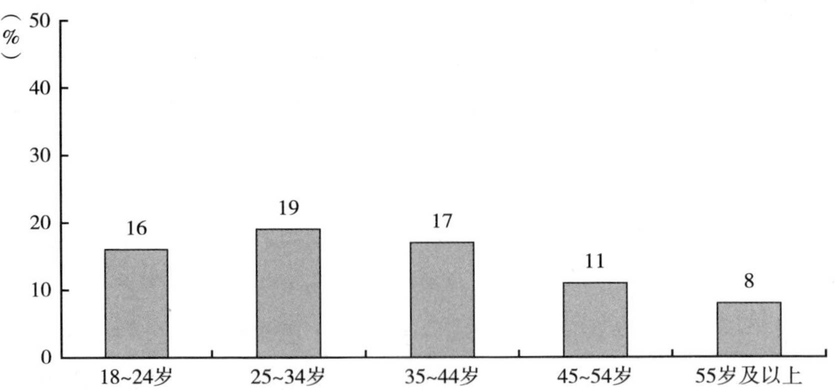

图 3　不同年龄人群使用在线新闻支付的比例——所有市场

注：45 岁以下人群更倾向于在线支付。问题：如果你过去一年访问过在线新闻，并为其进行过支付，那么以下哪些方式是您曾经使用过的支付方式？基础：18 ~ 24 岁/25 ~ 34 岁/35 ~ 44 岁/45 ~ 54 岁/55 岁及以上。上年向在线新闻支付的人：所有市场 = 1197/2280/2060/1578/2962。

资料来源：《2018 数字新闻报告》。

基础设施的投资。同样，更多新闻机构将意识到，慈善投资可以为收入模型实验提供喘息空间，或资助资源不足的报告领域（通常是科学、健康或调查）。捐赠模式通过政府的引导可能会出现增强的趋势。

四　媒介治理：扭转技术主义下的传播失范

融媒体时代，新闻业的结构一再被颠覆，这一方面为新闻业的发展带来机遇，另一方面也意味着持续不断的变革和挑战。随着新闻媒体的数字化转型和社交媒体的兴起，虚假信息、错误信息泛滥，用户数据泄露严重，信息障碍充斥着数字时代的媒体行业。关于新闻媒体指标报告显示，受访者认为媒体报道准确性和公信力是最重要的因素。透明度也成为影响信任因素封闭式评级中的一个重要因素：71% 表示对透明度的承诺非常重要。[①] 媒体要恢复受众的信任，提高新闻报道的准确性、透明度和减少偏见是重要途径。英国广播公司世界服务集团总监杰米·安格斯表示，打击假新闻已经成为“2018 年我的绝对优先事项”，并且他特别关注聊天服务问题的增加。[②] 出于对假新闻的愤慨，不少西方受众同意政府插手干预信息的治理，在问题更严重的欧洲，受众的要求尤为激烈（对比美国及欧洲诸国），这一方面令人惊讶，另一方面也突出了网络信息的混乱已令人难以忍耐。

西方媒体意识到并纷纷致力于清朗网络空间，试图从信源、传播链、人才构成、技术支持和把关机制等方面来扫除技术主义主导下的虚假新闻。Facebook 已经部署了先进技术以及增加人力资源来识别和删除虚假账户。它加强了政治和“基于问题”广告的规则，提高了认证的新要求和对广告投放者联系的明确性，将继续与事实检查员合作，以识别有问题的内容。与此同时，根据对 Facebook 用户的调查，在算法中提升了“可信新闻来源”的重要性。WhatsApp 试图通过限制转发量来减少虚假新闻的病毒性传播。YouTube 已采

① 《新闻媒体信任的指标报告》，https：//www. knightfoundation. org/reports/indicators - of - news - media - trust，2018 年 9 月 11 日。

② 《聊天机器人和骗子：英国广播公司如何打击假新闻》，https：//www. thedrum. com/opinion/2018/04/26/chatbots - and - charlatans - how - the - bbc - cracking - down - fake - news，2018 年 4 月 26 日。

取新措施来打击阴谋视频和虚假新闻，将优先考虑使用可靠的新闻来源作为突发新闻的报道，同时计划在新闻采购和围绕历史阴谋理论（如“假月球登陆”）中增加更多的背景信息。YouTube 还通过将有问题的视频标记为不可监控的视频来打击假新闻，并邀请了杰出的 YouTubers 帮助提高数字素养。Twitter 已经着手打击假账户并引入了识别冒充人类的机器人的新方法。在美国中期选举中，它删除了 10000 多个账户，并为官方候选人引入了新的标签制度。社交和搜索平台以及其他聚合器将在 2019 年更加关注出版商在决定展示时的可信度和跟踪记录。这已被证明是减少虚假新闻的最有效方式之一，2019 年我们可能会开始看到更多的系统方法获得牵引力。大约 120 个新闻网站已开始在其网页上显示信任指标，并提供有关道德、事实核查的详细政策的链接。希望这些将提供一些客观标准，将信誉良好的新闻网站与不可靠的新闻网站分开。Newsguard 是一个新的企业，旨在评估美国的每个重要网站。它还在 4500 个英语网站上提供了更详细的“营养标签”。这些标签是由研究人员创建的，并且具有在某种程度上的偏向性。这个过程可能引起争议，尤其是因为许多被评为“不可靠”的网站都属于政治权利。例如，Breitbart 被标记为红色，因为它“有时会扭曲或忽略事实以适应其议程”。另外，福克斯新闻被评估为维持“基本准确度标准”（绿色），即使更详细的标签批评其不纠正错误。这预计 2019 年会有更多的标签举措，但它们将不可避免地受到党派攻击，并且可能难以扩大规模并保持最新状态。平台正在寻求自己的媒体评级计划，并将寻找可跨国家和语言扩展的解决方案。① 在对隐私的保护上，剑桥 Analytica 数据泄漏对公众对个人信息安全的关注做出了重大贡献，他们进行了一项民意调查显示，近一半（44%）的人改变了他们的 Facebook 隐私设置。同时苹果 CEO 蒂姆·库克曾呼吁美国新的数字隐私法，并警告说海量个人数据的公司集合会危害社会。然而，平台需要主动响应可能影响创新或利润的关闭监管。预计科技公司 2019 年将对数据提供更多更清晰的控制。

媒介技术的过度发展导致了人文主义的失落，假新闻、网络谣言等以破坏文化为代价的畸形传播是目前最为严峻的问题之一，工具理性与价值传承严重

---

① 《2019 年新闻、媒体与技术趋势和预测》，http：//www. digitalnewsreport. org/publications/2019/journalism - media - technology - trends - predictions - 2019/#footnote - 21019 - 15。

失衡，技术滥用严重威胁了传播生态的良性循环，因此，规范技术发展，防止机器失温迫在眉睫。BBC 的比什尔谈到整个技术的进步时说道：“我们都是为了创新，但我认为关于规范政策的讨论需要以同样的速度进行。”① 为了防止数据泄露，欧盟于 2018 年 5 月 25 日出台了专门保护数据隐私的《通用数据保护法规》，规定了科技公司如何收集、存储和使用个人数据，并设置了相应权限，旨在确保用户的数据安全，防止过度收集个人信息。② 法规还指明了社交平台在数据控制和数据处理方面的关键性位置。此外，加利福尼亚州也颁布了与用户隐私保护相关的消费者法案。在消除虚假信息方面，法国总统马克龙力主通过立法的途径遏制虚假信息的传播和泛滥，尤其针对社交媒体或平台。德国 2018 年也正式施行 NetzDG 法案。该法案强制要求 Facebook、Twitter 和 YouTube 平台严格监管平台内容，特别是发现带有仇恨性质、暴力性质等不当言论后，平台应在 24 小时内删除所有相关的恶性内容，否则将被处以高达 5000 万欧元的罚款。目前，德国官员正在考虑对该法案进行修订，用以推动社交媒体设立专门机构进行内容审查等。③ 在立法保护之外，先进的技术支持能够进一步帮助提高新闻内容的有效性、正面性和信任度，这表示区块链技术将在媒体行业发挥着越来越重要的作用，而与区块链功能相似的有利于数据保护和版权维护的新兴信息技术也正在开发中，相信这将为媒体行业带来新的生机。

总而言之，西方媒体的技术发展虽然远超其他地区，但技术枷锁带来的痛苦也十分明显，虚假信息层出不穷，在工具理性和价值判断中出现了失衡。西方媒体应当遵循人性化趋势的媒介进化理论，满足用户需求，尽力将媒介进化的趋势把控在人类理性可以控制的范围内。针对错误信息和虚假信息的问题，就目前而言，西方媒体仍然还是从微观层面去解决当前遇到的各种问题，虽然有对症下药的姿态，但很多还是治标不治本的状态，并未找到一条真正契合的

---

① 《BBC 和 Al Jazeera 的数字化领导者如何计划人工智能的道德规范》，http：//www.niemanlab.org/2018/03/how－digital－leaders－from－the－bbc－and－al－jazeera－are－planning－for－the－ethics－of－ai/，2018 年 3 月 19 日。

② 《Facebook 和谷歌如何从欧洲新隐私法 GDPR 中受益》，《纽约时报》2018 年 4 月 23 日。

③ 《世界各国反假新闻行动指南出炉，要征谣言税这事儿还成真了》，全媒派微信公众号，2018 年 7 月 23 日。

道路。因此，需要重建信任和信誉，在第三方网络中建立可信内容的标签和优先级，并得到新的道德和事实检查标准的支持，以帮助区分真实新闻与谣言。同时，平台正在重新配置其算法，以更加尊重有意义内容的信号。这些变化不会在一夜之间解决错误信息的问题，但它们提供了最终可能发生的基础。与此同时，从业者也应意识到，信任危机的出现不只是技术革新下的附加影响，政府不作为、媒体滥用传播权、公民缺乏媒介素养等都是引发信任危机的重要因素。面对当下诡谲多变的传播环境，政府应进行宏观把控，媒体需要加强自我规范，用户也需要进一步提高媒介素养，合力打造值得信任的媒体生态环境。

参考文献

[1] 晏青：《建设性新闻：一种正在崛起的新闻形式——对凯伦·麦金泰尔的学术访谈》，《编辑之友》2017 年第 8 期。

[2]《2018 数字新闻报告》，http：//www. digitalnewsreport. org/survey/2018/overview - key - findings - 201。

[3]《2019 年新闻、媒体与技术趋势和预测》，http：//www. digitalnewsreport. org/publications/2019/journalism - media - technology - trends - predictions - 2019/。

[4]《新闻媒体信任的指标报告》，https：//www. knightfoundation. org/reports/indicators - of - news - media - trust，2018 年 9 月 11 日。

B.14
2018年中国互联网治理特征、问题及对策报告

钱晓文*

摘　要： 2018年以来，中国互联网发展和治理在习近平网络强国战略思想指导下，不断开创新局面，取得了显著的成效，呈现出构建多主体有机协作的网络治理结构、完善网络强国战略的理论建构、加强内容监管和网络意识形态工作、依法治网完善法律法规政策框架、网络安全状况有所改善及保障能力有所提升、创新技术治理手段和能力等特征。本文对2018年我国互联网治理现状、存在的问题及对策做了分析和探讨。

关键词： 中国互联网治理　特征　网络强国战略

一　2018年我国互联网治理的主要特征

互联网治理是推进国家治理体系和治理能力现代化的必然要求，也是牢牢掌握网络意识形态工作领导权的迫切需要。2018年以来，我国互联网发展和治理不断开创新局面，网络治理力度不断加大，确立网络强国战略和理论建构，完成管理体制顶层设计，内容监管特别是网络意识形态安全工作进一步加强，网络安全保障能力有所提升，创新技术治理手段和能力，依法治网完善政

* 钱晓文，上海师范大学人文与传播学院教授、博士，研究方向为媒介融合与传媒转型、传播政治经济学、媒介史。

策法规，构建网上网下同心圆，大力推进网络综合治理体系建设，网络空间日趋清朗，信息化成果惠及亿万人民，网络安全保障能力不断增强，“网络空间命运共同体”主张获得国际社会广泛认可。总之，网络综合治理取得了显著的成就和成效，呈现出以下几个具体特点。

（一）构建多主体有机协作的网络治理结构

我国的互联网治理长期处于分散治理的状态，缺乏有效的协同运作机制。随着互联网媒体属性越来越强，网上媒体管理和产业管理远远跟不上形势发展的需要。在以习近平同志为核心的党中央领导下，我国互联网管理体制顶层设计完成。2018 年 3 月，成立中共中央网络安全和信息化委员会办公室，负责相关领域重大工作的顶层设计、总体布局、统筹协调、整体推进、督促落实。互联网管理体制改革的突破为克服多头管理、职责交叉的弊端确立了保障，是中国从互联网大国加速迈向网络强国战略的重要步骤，基本形成了党委领导、政府管理、企业履责、社会监督、网民自律等多主体参与，经济、法律、技术等多种手段相结合的综合治网格局。互联网带来治理变革，推动网络空间治理从单一主体的政府管理向多元互动的综合治理转变。

（二）完善网络强国战略的理论建构

党的十八大以来，以习近平同志为核心的党中央深刻把握信息革命发展大势，运用马克思主义立场、观点、方法，科学总结我国互联网波澜壮阔的发展实践，提出了关于互联网发展治理的一系列新思想、新观点、新论断，形成了网络强国战略思想。

2018 年 4 月 20 ~ 21 日，党中央首次召开全国网络安全和信息化工作会议，规格之高，在我国网信领域前所未有。习近平同志发表重要讲话，深刻阐述了网络强国战略思想的丰富内涵，推动网络强国战略思想更加成熟和完善。针对我国网络治理能力有待进一步提升的问题，网络强国战略思想强调要加强党中央对网信工作的集中统一领导，推动建立网络综合治理体系，各地区各部门领导要高度重视网信工作、主动提高用网能力，同时充分发挥企业、院校、智库以及社会组织的作用，汇聚全社会力量齐心协力推动网信工作的进步。

（三）加强内容监管和网络意识形态工作

党的十九大报告明确指出："加强互联网内容建设，建立网络综合治理体系，营造清朗的网络空间。"不塞不流，不止不行。加强对网络低俗内容的治理力度、积极引导网络传播正能量，加强网络意识形态工作是2018年互联网治理引起关注最多的焦点之一。主要表现在以下几个方面。

1. 依法整治自媒体乱象

从10月20日开始，中央网信办会同有关部门，针对自媒体账号存在的一系列乱象问题，开展了集中清理整治专项行动。至11月12日，已依法依规全网处置"唐纳德说""傅首尔""紫竹张先生""有束光""万能福利吧""野史秘闻""深夜视频"等9800多个自媒体账号。中央网信办有关负责人介绍，此次专项整治行动，将坚持标本兼治、管建并举的原则，创新工作思路，探索用新办法新举措管理新业态、解决新问题，对自媒体账号实施分级分类管理、属地管理和全流程管理，形成依法严格管理自媒体的工作常态。

2. 严打网络谣言、网络非法采编或违规转载新闻信息等问题

2018年8月29日，由中央网信办违法和不良信息举报中心主办的中国互联网联合辟谣平台上线。据悉，中国互联网联合辟谣平台有27家以国家部委为核心的指导单位，设置了部委发布、地方回应、媒体求证、专家视角、辟谣课堂等栏目，具备举报谣言、查证谣言的功能，主要强调联动——"联动发现、联动处置、联动辟谣"，这种多方联动和联合，在专家和业界看来，对于治理网络谣言非常必要。

2018年第三季度，各级网信部门会同属地电信主管部门依法关闭"法治山东网""战神军事网""法讯网""亮剑网"等违规从事互联网新闻信息服务网站；关闭"五五时空""搜美播""无痕网"等传播淫秽色情信息网站；关闭"意彩娱乐""名门国际""乐博现金网""威尼斯人"等聚众赌博违法网站；关闭"四川新闻网""合肥新闻在线"等侵权假冒网站。针对网易近段时间以来出现的违规自采、违规转载、篡改标题等突出现象，北京市网信办约谈网易相关负责人，责令其深刻反思，大力整顿违规行为，对财经频道暂停更新两周，进行全面深入整改。

3. 坚持价值引领　传播网络正能量

随着互联网内容建设工作的不断深入，以及网上网下资源的融合共享，在网络空间弘扬时代主旋律、传播壮大正能量的任务也日益艰巨。传播时代正能量，需要有新的平台和载体。近年来，一系列正能量活动正以广泛的参与度、丰富的呈现形式、深入人心的渗透度在广大网民中打响品牌，成为传播正能量的重要平台和载体。建军 90 周年之际，H5《快看呐！这是我的军装照》刷爆微信朋友圈，激起全国网友的爱国热情；微视频《大道之行》带领观众走进“一带一路”倡议的多彩空间；全媒体报道《开往春天的扶贫列车》直戳泪点、感染力强，传递出人间“真情大义”……正能量宣传已经不再是“我写你读”的单调形式，报网微端一齐发力，线上线下全民互动，正是当下媒体深度融合带来的新现象。从 H5 到短视频，从现场直播到在线答题，顺应当下传播社交化、个性化的新趋势，中央和地方媒体、各级政务新媒体矩阵成为新闻宣传和网络正能量传播的主力军，不断创新传播形态和内容，让主旋律更响亮，正能量更强劲。

（四）依法治网，完善法律法规政策框架

网络强国战略思想坚持把依法治网作为网络空间治理的基础性手段，确立了法治在网络空间的主导地位。近年来，随着《网络安全法》的建立，《“十三五”国家网络安全规划》的发布，《国家网络空间安全战略》和《网络空间国际合作战略》的出台，一系列法规和规范性文件的发布，一整套标准化体系的逐步完善，以《网络安全法》为核心的网络安全法律政策框架已经基本形成。2018 年依法治网取得新的成效，即电子商务法治化管理基础更加坚实，互联网信息服务管理制度日益健全，网络空间专项治理活动的开展营造了健康环境。

1. 电子商务法治化管理基础更加坚实

电子商务是数字经济中最具创新和活力的领域之一，需要依法促进其健康有序发展。2018 年 8 月，《电子商务法》正式颁布，成为我国电子商务领域第一部综合性法律，从规范管理和鼓励创新两个维度，较好回应社会关切和行业需求：一方面明确经营者的相关义务，为规范行业发展提供依据；另一方面规定相关违法行为的处罚标准，进一步营造了线上线下公平竞争的市场秩序。2018 年以来，《反不正当竞争法》正式实施，规定网络经营者不得利用技术手

段，破坏其他经营者合法提供的网络产品或服务正常运行。此外，国家发展改革委、中央网信办等八部门联合发布《关于加强对电子商务领域失信问题专项治理工作的通知》，要求加大对电子商务失信主体的惩戒力度，制定地方电子商务失信主体认定标准，将认定后的电子商务领域黑名单纳入联合惩戒，进一步保护消费者合法权益。

2. 互联网信息服务管理制度日益健全

为充分维护国家安全、社会秩序和公共利益，保护公民、法人和其他组织的合法权益，国家互联网信息办公室等部门陆续制定一系列互联网信息服务管理相关规定。2018 年 2 月，发布《微博客信息服务管理规定》，明确微博客服务提供者主体责任、真实身份信息认证、分级分类管理、辟谣机制、行业自律、社会监督及行政管理等相关规定。10 月，发布《区块链信息服务管理规定（征求意见稿）》，旨在规范区块链信息服务活动，促进区块链技术及相关服务的健康有序发展。11 月，发布《具有舆论属性或社会动员能力的互联网信息服务安全评估规定》，旨在督促指导具有舆论属性或社会动员能力的信息服务提供者履行法律规定的安全管理义务，维护网上信息安全、秩序稳定，防范谣言和虚假信息等违法信息传播带来危害。12 月，发布《金融信息服务管理规定》，旨在加强金融信息服务内容管理，提高金融信息服务质量，促进金融信息服务健康有序发展。

3. 网络专项治理营造健康环境

国家相关主管部门针对网络空间违法违规行为开展专项治理活动，规范行业健康发展，构建良好的网络空间秩序。

一是网络文化市场更加健康。文化和旅游部通过组织展开网络表演市场集中执法检查，清理网络文化市场违规内容，规范网络文化市场经营秩序。据统计，2018 年，全国取缔关闭淫秽色情等网站 1. 2 万个，处置网络淫秽色情等有害信息 218 万条，挂牌督办网络淫秽色情直播大案要案 44 起，抓获犯罪嫌疑人 900 余名。

二是自媒体发展更加规范。国家互联网信息办公室通过对自媒体账号实施分级分类管理、属地管理和全流程管理，形成依法严格管理自媒体的工作态势。

三是网络版权保护力度大幅提升。国家版权局针对重点短视频平台企业存在的网络侵权现象，责令相关企业进一步提高版权保护意识，短视频版权保护取得显著成效。2018 年 7 月，国家版权局等多部门联合开展打击网络侵权盗版“剑网 2018”专项行动。国家版权局进一步加强对大型视频、音乐、文学网站的版权重点监管，共抽查 16 家网站的 2389 部作品版权文件，责令下架侵权作品 150 余部；公布 7 批 72 部重点作品版权保护预警名单，对春晚节目以及《红海行动》等优秀国产电影进行重点预警版权保护。

4. 互联网企业社会责任的倡导和压实

12 月 19 日，阿里巴巴、腾讯、百度、京东、美团等 36 家互联网企业在北京签订《2018 中国互联网企业履行社会责任倡议》，努力共同营造健康的网络生态环境，促进行业长远健康发展。发布了《中国互联网行业社会责任报告(2017～2018 年度)》。该报告从服务国家战略、落实创新发展理念，激发创新活力、践行创新发展理念，加强网络建设、强化网络空间治理，扩大开放合作、推动行业责任发展，健全管理机制、实现行业责任发展五个方面对互联网企业履行社会责任情况进行了总结和梳理。

（五）网络安全状况有所改善及保障能力有所提升

1. 互联网基础资源安全状况不容乐观

根据《第 43 次中国互联网络发展状况统计报告》，从域名安全整体态势看，DNS 作为互联网关键基础资源，其安全问题受到广泛关注。虽然在 2018 年内域名系统并未出现如 DNS 根域名服务器于 2016 年遭受大规模 DDoS 攻击等影响较大的规模性安全事件，但最新研究数据表明，2018 年有 77% 的组织至少经历过一次基于 DNS 的网络攻击，23% 的 DNS 网络攻击会对目标组织的声誉产生明显影响，安全形势依然严峻。除 DNSSEC 以外，业界使用多种手段推进域名系统安全加固。2018 年召开的两次 DNS 运行分析与研究中心（Domain Name System Operations Analysis and Research Center，简称 DNS OARC）会议中提出了多项加固 DNS 安全的提议，如对 DNS over HTTPS（简称为 DoH）和 DNS over TLS（简称为 DoT）等协议的应用，DNS 服务器隐私保护、国际化域名（Internationalized Domain Names，简称 IDNs）滥用监测以及加强 DNSSEC 验证效率等多方面改善域名安全的提案。CNCERT 监测发现利用僵尸网络发起 DDoS 攻击的事件数量在年初呈现上涨趋势，在 8 月开始下滑。

2. 网络安全保障能力有所提升

随着人工智能、云计算、大数据、物联网等技术发展，安全问题日益凸显，面临从各种意想不到的维度影响用户安全的新挑战。2018 年以来，国内外连续发生多起网络安全事件。中央网信办会同工信部、公安部等有关部门针对社会反映强烈、侵害用户权益的恶意移动应用程序开展专项整治，发现并清理 7000 多款存在恶意扣费、信息窃取等高危恶意行为的移动应用程序，并督促电信运营商、云服务提供商等机构关停相关服务。2018 年我国网民在上网过程中遇到安全问题的比例进一步下降。数据显示，49.2%的网民表示在过去半年中未遇到过任何网络安全问题，较 2017 年底提升 1.8 个百分点。此外，网络购物诈骗和钓鱼网站诈骗的发生比例较 2017 年底也有所降低。

网络病毒传播、网站安全和漏洞状况也呈现出同样的趋势。2018 年 CNCERT 共监测发现我国境内感染网络病毒终端累计 616 万个，较 2017 年下降了 70.6%。2018 年 CNCERT 共监测发现我国境内被篡改网站数量累计 23459 个，较 2017 年下降 61.3%。2018 年 CNCERT 共监测发现我国境内被植入后门的政府网站数量累计 843 个，较 2017 年下降 59.1%。2018 年国家信息安全漏洞共享平台收集整理的信息系统安全漏洞累计 14216 个，较 2017 年减少 11.0%。其中，高危系统安全漏洞累计 4899 个，较 2017 年减少 13.7%。2018 年相关部门对于电信诈骗、网络谣言等网络安全问题高度重视，相应整顿措施持续推进。电信诈骗方面，6.1 万条违规语音专线被关停，“400”涉案号码从 2016 年月均 700 余个下降至个位数，用户举报和公安通报封停号码总量较 2017 年分别下降 55%和 66%。

（六）创新技术治理手段和能力

1. 基础资源技术进步提升自主可控能力

作为互联网重要的基础资源，域名、IP 地址及其服务系统提供核心的互联网服务。截至 2018 年 12 月，我国 IPv6 地址数量为 41079 块/32，域名总数为 3792.8 万个，其中“.CN”域名总数为 2124.3 万个。加强对域名系统等互联网基础资源的管理，提升以域名服务为核心的关键信息基础设施服务能力、技术创新能力和安全保障能力，是信息领域核心技术自主可控能力建设的重要组成部分。2018 年 10 月，ICANN 宣布启动新一轮域名注册管理后端应急运行机构（Emergency Back-End Registry Operator，简称 EBERO）服务提案征询，进一步完善并提供稳定、健康、弹性的域名标识符生态系统。

2. 5G 技术研发和标准制定取得综合优势

截至 2018 年 3 月，我国提交的 5G 国际标准文稿占全球的 32%，主导标准化项目占比达 40%，多项技术方案进入国际核心标准规范，推进速度、质量均位居世界前列。12 月，我国三大基础电信运营商获得 5G 系统中低频段试验频率使用许可，这将为基础电信运营企业开展 5G 系统试验提供频率资源保障，进一步推动我国 5G 产业链的成熟与发展。可以预期，我国 5G 业务应用将呈现全面爆发的态势，这个规模庞大的体系需要由多方力量形成综合实力，5G 的发展将对资源配置效率提高、社会运行成本降低、国家治理能力现代化起到巨大促进作用。

3. 人工智能与云计算搭建智慧社会框架

2018 年 10 月 31 日，中共中央政治局就人工智能发展现状和趋势举行第九次集体学习，要求通过主攻关键核心技术，全面增强人工智能科技创新能力，加快建立新一代人工智能关键共性技术体系，确保人工智能关键核心技术牢牢掌握在自己手里。在专利申请方面，我国在人工智能领域科研能力不断增强，截至 2018 年 11 月，我国人工智能相关专利申请量已超过 14.4 万件，占全球申请总量的 43.4%，居全球首位。与此同时，边缘计算与云计算的协同将极大提升对海量数据的及时处理能力、数据存储能力和深度学习能力，从而促进物联网的进一步发展。我国云计算应用正从互联网行业向政务、金融、工业等传统行业加速渗透，这为我国智慧社会的发展搭建起基础框架体系。

4. 网络安全标准化稳步推进

保障网络安全需要标准化支撑和规范，我国《网络安全法》中 12 次提到标准，涵盖了标准的制定、实施、体系建设等各个方面。2018 年 1 月，全国信息安全标准化技术委员会秘书处针对 CPU 熔断（Meltdown）和幽灵（Spectre）漏洞，组织相关厂商和安全专家，编制发布了《网络安全实践指南——CPU 熔断和幽灵漏洞防范指引》。5 月 3 日，第二届中国下一代互联网（IPv6）建设及应用峰会发布了三个目标标准，第一个标准是 IPv6 和 IPv4 融合互联场景，第二个标准是 IPv6 和 IPv4 融合互联架构及技术要求，第三个标准是发布 IPv4 和 IPv6 融合互通网关 4 倍的技术规范。在关于 IPv6 规模部署的行动计划中，网络安全提升是其中的重要任务，包括：升级改造现有网络安全保障系统，提升对 IPv6 地址和网络环境的支持能力。适应国际网络空间治理体系建设发展需要，鼓励我国专家积极参与网络空间国际规则制定，具有创新成果的中国标准纳入国际标准，同时转化采用先进适用的网络安全国际标准。

5. 推进“互联网 + 司法”的创新实践

推进“互联网 + 司法”创新实践，已然成为浙江各级司法机关的自觉行动。省高院研发“浙江智慧法院”移动客户端，省检察院牵头开发建设“政法一体化办案系统”项目……杭州互联网法院成立一年多来，一审息诉率达99%。在线审理等新审理模式、电子送达等新技术平台等已逐步被当事人接受和认可。“网上纠纷网上理”展现出了明显优势。开庭平均用时和审理期限分别比传统审理方式节约 65% 和 25%，法官年人均结案数 841.8 件。10 月 19 日，全国首个市场监管互联网执法办案平台正式启用。这意味着我国实现了互联网违法行为的全过程网络办理。新技术的力量让违法犯罪行为无处遁形，实现了相关执法部门网络案件办理的高效便捷，有效解决了网络监管中异地管辖的痛点和难点。

二 互联网治理存在的主要问题分析

（一）从治理结构看，尚未真正形成各主体共同参与治理的机制

我国网络治理尚未真正形成以政府部门的行政监管为主、各主体共同参与的治理机制，主要体现如下。一是政府部门的管理权限存在一定交叉。例如，在网络安全威胁治理方面，相关职能部门包括工业和信息化部、公安部、密码局、保密局等，实际工作中，部门之间管理权限存在一定交叉，造成了政出多门、决策分散。二是企业和行业组织的作用发挥不足。例如，网络“黑公关”等问题的背后是商业利益的驱使，互联网企业、自媒体等在商业利益的驱使下唯利是图。夹杂着商业竞争、平台责任、正常批评、曲解事实、金钱交易的“黑公关”之所以盛行，在于买单的一方，只要风险规避得力，更像是小成本的博弈，如果舆情燃烧起来，会产生惊人的反应。网络“黑公关”治理仅仅

靠政府监管远远不够，主要依赖企业和行业组织，但企业等主体责任还不够明确，企业自律意识淡薄。

（二）从内容监管看，网络意识形态工作有待加强

网络直播乱象丛生，女主播“不经意”间露胸或露下体也非罕见，甚至有直播平台公然进行各种匪夷所思的色情表演，为吸引用户及打赏简直没有底线。还有网络名主播大谈吸毒感受，并在直播中和其他主播斗富，相互对骂，影响非常恶劣。面对种种直播乱象，有关部门曾多次做出清理整顿，但从结果来看，成效并不理想。网络直播简单容易，任何人只要拥有一部手机和注册账号，就可以一圆“主播”梦，甚至名成利就。网络中到处可见“一夜暴富”“玩着赚钱”之类的宣传口号，动辄介绍一些月入百万元、一夜收取数十万元打赏的事例，低成本加上高回报，当然令人心动。互联网企业和自媒体的价值观及社会责任缺失是网络低俗内容泛滥且屡禁不止的重要原因，除了需要加强企业主体责任和自律外，价值观引领和正面引导尤为重要。

（三）从网络法治看，治理的法律法规不完善，执行力也不够

当前我国不是没有法律法规，而是尚未建立一个完善的体系，难以支撑网络治理工作。一是缺乏立法总体规划，对网络空间需要哪些立法、立法的方向和重点等缺乏统筹考虑，导致在很多方面存在法律短板。二是在很多领域存在立法空白，立法滞后。例如，关于国家网络对抗背景下关键信息基础设施如何保护、信息数据是否可以跨境流动等，缺乏相关立法。三是现有网络治理法律法规不够完善。例如，在打击网络犯罪方面，现有法律对网络犯罪的量刑较轻，不足以遏制日益猖獗的网络犯罪活动。

从执法层面来看，相关法律法规并未得到很好执行，仍存在大量违法违规问题，执行层面需要进一步完善。要加大执法力度，防治不良有害信息，查处关闭违法违规平台，保持惩治网络违法犯罪的高压态势。

（四）从技术治理看，技术权力的平衡状态尚未建立

一方面，互联网治理十分依赖技术，以网治网是必然要求。网络监管最难在于技术，关键要靠相关部门集中力量攻克网络监管技术难关。尽管我国互联

网技术方面已有不少进步，但互联网许多领域特别是网络安全标准等关键技术还掌握在以美国为首的西方国家手中，华为在5G技术的世界领先地位遭到美国打压，对中国来说，网络安全技术创新任重道远。

另一方面，网络技术体系中各主体的技术权力并非对等，国内网络治理对BAT为代表的平台企业的技术权力限制较少，对消费者权益保护相对不足。比如有媒体报道称，铁路12306强制用户授权隐私信息，在APP更新之后便会出现要求用户授权的提示信息，授权内容包括相机相册、电话、推送权限等，如果用户选择拒绝授权，12306 APP便会一直停留在提示页面，无法进行正常购票。此前就有业内人士表示，有关部门应当对互联网服务信息收集以及使用加强管理，且企业不得收集对于服务所必需以外的用户个人信息。

三　互联网治理进一步完善的对策建议

2018年在习近平新时代中国特色社会主义思想指导下，互联网治理取得了显著的成效。下一步的互联网治理要以习近平网络强国战略思想为指导，针对当前互联网治理中存在的主要问题，从以下几个方面进行优化和改善。

（一）强化网络治理的统一领导，追求利益共赢的治理体系

习近平总书记强调："面对复杂严峻的网络安全形势，我们要保持清醒头脑，各方面齐抓共管，切实维护网络安全。"加快推进政府之间、政府与企业之间的信息共享机制，推动形成政府、企业、个人、社会组织等"多位一体"的治理格局。互联网治理明确各利益相关方在互联网中的地位和角色，明确各利益相关方的权、责、利，协调和平衡各利益相关方的利益，使各利益相关方能够积极、有序地参与互联网治理，从而达到互联网和谐、健康发展的目的。在我国构建多主体有机协作的网络治理结构，需要确立党领导的优先地位，将党的领导、人民当家做主、依法治国的三位一体的理念贯彻落实在网络治理制度设计中。此外，当前的网络治理制度建设工作应更聚焦于明确不同主体的基本权利与责任，设计激励相容机制，鼓励创新型网络文化的培育和发展，在自由的合作和竞争中推动不同利益相关人发展出持续增强的自律能力，协同共治我国的互联网事业。

（二）加强正面引导，保障和巩固网络意识形态安全

习近平总书记指出，网络已是当前意识形态斗争的最前沿，各级党委和党员干部要把维护网络意识形态安全作为守土尽责的重要使命。一方面要做好正面的意识形态引导工作，另一方面对片面、错误的言论必须及时澄清，在破立结合的过程中，提高广大群众对于“流言蜚语”的免疫力，实现自我教育、自我防卫，明辨是非，成为社会主义意识形态的捍卫者。另外，要鼓励广大网民也主动参与网络治理中来。

（三）建设有中国特色的网络社会治理法治体系，健全完善网络安全监管制度

法治是国家治理的基本形式，法治模式是网络社会治理的必由之路。为了健全完善网络安全监管制度，有学者提出增设独立罪名惩治网络安全监管渎职犯罪。《网络安全法》第 8 条虽然明确规定我国网络安全监督管理部门的体制建构及其主要职能，彻底解决“九龙治水”等监管难题，但其较为宏观，操作性相对不足，如发生职能冲突时的监管职责归属与配合执法等问题都有待明确。我国网络安全法奉行网络安全治理的“强监管”理念，重在强化国家对网络安全的管制力，在当今世界的网络安全专门立法中可谓独树一帜。相应地，对于情节严重的网络安全监管渎职行为，应依法追究刑事责任。

（四）加快建立数据安全保护体系，加强关键信息基础设施安全保护

加快数据安全立法工作，制定数据收集、使用和处理等全生命周期管理的办法，明确数据持有者的安全保护义务和责任。定期开展数据资源安全状况检测和风险评估，引导企业等单位建立数据全生命周期安全策略和规程，采用数据访问权限控制等技术与管理手段，加强数据资源在收集、传输、存储、处理、共享、销毁等环节的安全管理。

尽快出台关键信息基础安全保护条例，明确关键基础设施定义和保护范围，建立统筹协调机构指导下各部门分工负责机制，清晰界定部门的保护职责、运营者的安全保护义务，明确关键信息基础设施识别认定标准，建立行业关键信息基础设施清单。健全关键信息基础设施安全检查评估机制，面向重点

行业开展网络安全检查和风险评估，形成自查与重点抽查相结合的长效机制。完善关键信息基础设施安全风险信息共享机制，理顺信息报送渠道，完善监测技术手段和监测网络，加快形成关键信息基础设施网络安全风险信息共享的长效机制。

参考文献

[1] 梅宁华、支庭荣主编《中国媒体融合发展报告（2019）》，社会科学文献出版社，2019。

[2]〔美〕西奥多·罗斯托克：《信息崇拜：计算机神话与真正的思维艺术》，苗华健译，中国对外翻译出版公司，2018年9月18日。

[3] 程秀霞、叶松庆：《习近平网络社会治理观的现实逻辑、基本原则及贯彻路径》，《电子政务》2018年第10期。

[4] 庹继光：《〈网络安全法〉的治理思路辨析》，《新闻爱好者》2017年第8期。

[5] 闫晓丽：《构建网络综合治理体系的思考》，《网络空间安全》2018年第6期。

[6] 徐汉明、张新平：《网络社会治理的法治模式》，《中国社会科学》2018年第2期。

[7] 赵文丹：《新时期中国互联网治理思想发展的三个阶段》，《青年记者》2018年11月。

[8] 中国互联网络信息中心（CNNIC）：《第43次中国互联网络发展状况统计报告》，2019年2月。

B.15
人工智能赋能互联网治理的模式与实践研究

赵玉现　韩李云　鞠　奇　赵文俊*

摘　要：　在以人工智能、5G 等新一代通信和信息技术为标志的新一轮数字化浪潮中，信息社会面临的新型安全威胁冲突增加，呈现扩大化、多样化和智能化的趋势，以及安全人力严重不足，互联网治理的挑战倍增，治理理念亟待匹配升级，人工智能因其技术的类人化和智能化，能够高效地帮助人类快速感知和识别威胁，综合分析成因，并及时采取行动策略，其“思考和行动”的逻辑与互联网安全防护、互联网治理的逻辑本质上是自洽、吻合的，互联网治理天然是人工智能技术大显身手的领域。本文在分析威胁趋势和人工智能技术优势特点基础上，分享了人工智能技术应用于舆情监测、网络谣言治理、不良信息检测、诈骗信息打击和安全态势感知等互联网治理领域的模式和实践。

关键词：　人工智能　互联网治理　安全应用

随着大数据、云计算、物联网、5G、人工智能等新一代通信和信息技术的发展和广泛应用，新一轮数字化浪潮已经到来，得益于此，信息社会的数字化、智能化得到了更加全面和有规模的发展，同时也面临着更扩大、更多样、

---

* 赵玉现、韩李云，腾讯生态安全研究中心研究员；鞠奇、赵文俊，腾讯安全守护者计划安全专家。

更智能的安全威胁，互联网治理随之进入深水区，传统的治理效率、效果在新的安全威胁面前往往呈现出滞后和无力，面临安全人力不足、更大规模数据冲击的问题，治理能力亟须升级进化。

受益于算力提升、数据暴增、算法优化、万物连接等因素的驱动，人工智能得到快速发展和广泛应用，对整个经济社会体系都产生了深远影响，各行各业正在和即将被卷入人工智能所引发的技术变革浪潮。在这种情形下，发挥人工智能技术优势并将之应用于互联网治理，提高治理的有效性和智能化具有十分重要的现实意义。

一　人工智能时代的安全发展态势与互联网治理要求

（一）新型安全威胁冲突增加，互联网治理挑战倍增

随着5G通信技术商用逐渐接近，人们将很快进入5G联网时代，这将给互联网应用发展带来深远而重大的影响。一方面，5G技术为物联网大规模发展创造了可能，联网终端将呈现爆发式增加；另一方面，网络应用可能出现新的形态，VR、AR的技术局限也将得以解决，不仅网络中传播的信息形态更加丰富、多样、即时和便捷使得新的信息形态识别难度大大提高，而且网络与实体社会的连接与融合更加泛化和紧密也导致信息社会遭遇威胁冲突的机会和可能性大大增多，这对互联网治理提出了新的挑战。

（二）安全威胁趋向智能，治理理念与手段亟待匹配升级

随着网络信息技术全面普及以及数据价值的持续增长，网络空间安全威胁持续严峻，且呈现出智能化、隐匿性、规模化的特点，网络空间安全的防御、检测和响应面临更大的挑战。不法分子已经利用人工智能技术手段进行违法不良信息的传播以及其他网络犯罪行为，据媒体报道，目前已出现利用人工智能等技术合成虚假的人脸、声音，以此欺骗人脸识别系统、渗透企业安全策略或用于诈骗等违法活动的黑色产业。网络安全威胁的智能化升级打破了安全防护的平衡，亟须采取更加智能化的治理思维和手段进行反制和应对。

（三）安全威胁形态日趋多样复杂，治理应化被动为主动防御

近年来，网络违法犯罪活动日益猖獗，已演化成全球性的挑战。有组织的犯罪或者攻击、不良有害信息的传播，呈现出手段专业化、载体移动化、目的商业化、组织企业化等趋势，传统的互联网治理体系面对这些新的复杂情况显得有些捉襟见肘，加之政府和网民对网络规范管理和有效治理的要求日趋严格，需求日渐迫切，各国政府、社会对互联网企业的要求和期许也逐渐从合法合规转为主动履行企业主体责任，积极利用技术创新升级优势，用更加主动和智能的方式防护和抵御风险威胁。

（四）安全人力存量增量不足，人工之外智能发力

当前，网络新应用、新业态处于蓬勃发展过程中，面对产业日新月异的更新迭代速度，所遭遇威胁的日趋复杂，互联网治理要求升级，现有安全人力的存量应对乏力，与新的治理要求匹配的人才培养增量又跟不上。这些对互联网企业平台治理效率、效果提出了更高的要求，需要企业投入更大的人力、物力资源进行平台治理，相应的表现即是参与平台治理的安全人员面临严重短缺。如 2017 年 11 月，Facebook 副总裁兼首席法律顾问表示，将在 2018 年底之前增加约 1 万名从事安全工作的人员，以保障平台传播秩序，而此时 Facebook 员工总数约为 2 万人。面对问题复杂与人力不足的矛盾困境，能有效解燃眉之急的治理方式是在人工之外，充分利用智能技术降低安全人员风险识别和审核、处理压力，辅助其更加高效地进行互联网治理。

二　人工智能在互联网治理领域的应用模式

人工智能技术日趋成熟，人工智能在互联网治理领域的应用不仅能够全面提高响应和应对网络空间各类威胁的速度，且能够全面提高网络空间风险防范、识别的预见性和准确性。因此，人工智能技术已经被全面应用于互联网治理，在应对智能时代人类各类安全威胁中发挥着积极有效的作用，也蕴藏着巨大的潜力。

（一）人工智能在互联网治理中的应用优势

人们在应对和解决安全问题时，从感知威胁开始，通过经验知识加以分析，针对威胁形态和成因制定符合人们认知的网络安全策略，从而选择最优的行动应对、消除威胁。以网络不良信息治理为例，首先要及时发现和识别不良有害信息威胁及其种类，结合相应的政策法规、安全标准，有针对性地采取措施加以解决。人工智能的“智能”恰恰就是令机器学会像人一样地“思考和行动”，从认识物理世界到自主决策的过程，其内在逻辑是通过数据标记、输入理解网络世界，然后根据设定的算法、模式识别实现数据的分类、聚类、预测、回归等，并据此做出最优的决策推荐，深度学习的发展也能令整个过程处于不断自主学习和调整的优化过程中。

当人工智能技术运用到网络治理，机器自动化和机器学习能高效地帮助人类预测、感知和识别安全风险，快速检测定位网络风险来源，分析风险问题产生的原因和危害方式，综合设定的安全知识库判断并选择最优策略，采取相适应的安全解决措施，甚至是提供进一步缓解和修复的建议。这个过程将大大提高人们对各类网络安全风险的识别覆盖率和准确性，特别是提高对不良有害信息的审核效率和打击速度，将人们从繁重、耗时、复杂的任务中解放出来，应对不断变化的风险环境和威胁形态，比人更快、更准确，而综合分析的灵活性也在不断进阶。因此，人工智能的“思考和行动”逻辑与安全防护、互联网治理的逻辑本质上是自洽、吻合的，安全应用和互联网治理天然是人工智能技术大显身手的领域。

（二）人工智能在互联网治理中的典型实践模式

人工智能已在互联网治理中得到了广泛的应用，特别是在内容应用层面的实践成绩显著。万众传媒时代，人人即时信息的消费者，同样也是信息的生产者，网络平台上发布和传播的视频、图片、文字等信息内容不仅实时而且海量，仅凭人力来甄别良莠已显捉襟见肘，人工智能技术介入的必要性和不可替代性不言而喻。事实上，人工智能技术也已普遍参与了违法违规、不良有害的网络文本内容检测与分类、视频和图片内容识别、语音内容检测、安全态势感知以及舆情监测等治理领域，切实高效地协助人类进行网络治理和内容应用的

安全管理。

目前，在内容应用领域治理中所应用到的重要人工智能技术主要包括：用于理解文字、语音等内容信息的自然语言处理技术（Natural Language Processing，NLP），对图像进行分析、识别和分类的图像处理（Image Processing，IP），以及分析目标行为视频、识别视频中活动目标和相应内涵的视频分析技术（Video Analysis，VA）等。在分析人工智能技术应用于互联网治理模式中，我们引入 Gartner 公司于 2014 年提出的自适应安全架构（Adaptive Security Architecture，ASA），从防御、检测、响应、预测四个层面分析人工智能如何发挥其参与治理的模式和优势。

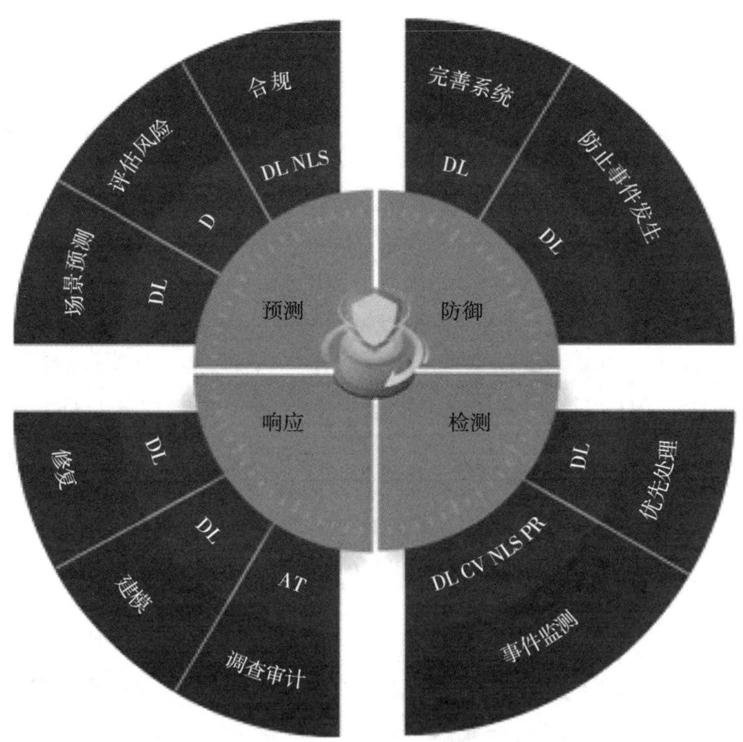

图1 人工智能在互联网治理中的实现模式

资料来源：腾讯公司安全管理部与上海赛博网络安全产业创新研究院在2018年世界人工智能大会（上海）·安全高端对话上联合发布的报告《人工智能赋能网络空间安全：模式与实践》。

预测阶段主要是利用深度学习和自然语言处理对内容管理领域的相关法律法规及政策进行理解和解读，并设定内容安全基线，再由深度学习工具进行场景预测和风险评估，及时发现违法违规和不良有害信息，并将结果报告给安全管理人员。

防御阶段应用的人工智能技术主要体现在深度学习等工具，通过喂养海量数据完成自主优化学习，可进一步完善系统，防范潜在安全事件的发生。

检测阶段的核心任务是利用自然语言、图像、视频分析等智能工具快速识别内容，动态比对在预测阶段设定的安全基线，根据结果和预先设定的应对策略采取相应行动，少部分无法判定和机器策略之外的情况及其分析将提交给人类伙伴，进行后续判定和处置。此外，基于内容分析的情感人工智能也已逐步应用于舆情预警，收效良好。

响应阶段是在后续调查或留存审计资料阶段，过程自动化同样不可或缺。

三　人工智能在互联网治理中的应用案例

（一）舆情监测

传统的舆情监测是人工对信息进行筛查、排除，计算机技术的发展使人机结合逐渐应用于信息处理，但现阶段人机结合的最大问题在于使用计算机技术显得过于机械化和浅层次，尤其是处理海量、多维度的舆情信息，情感分析和检测处理效果并不理想。

目前，将人工智能应用于模拟舆论发展过程、识别舆论动态趋势、预测舆论走向成为研究和实践的热点。Web 挖掘技术、语义识别技术特别是情感分析技术、卷积神经网络（CNN）、支持向量机（SVM）和词频—文档频率（TFDT）算法已被应用于网络舆情分析中。腾讯公司安全团队联合中国电科开发的一款智能化的“网络社会安全风险态势系统”，正是通过针对网络社会安全构建相应评价指标体系，基于系统提供的数据分析和智能预测，实现对社会及政府治理中重点关注的公共安全问题进行舆情跟进和及时预警。

（二）网络谣言治理

传统的网络谣言治理模式主要包括法律法规规制、公民自主约束上网行为、提高网民媒介素养、举报疑似谣言、网络平台辟谣等，尚存在发现难、举证难、认定难、易反复等困难。依托互联网全网优质数据资源，通过自然语言处理技术识别文本、图像和视频中的需筛查内容，用深度学习技术不断完善算法模型，人工智能为治理网络谣言提供了新的技术解决路径。人工智能治理网络谣言的主要步骤为鉴定、分类运算、人机结合发布辟谣信息和定向推送读者，以遏制谣言扩散。首先，对谣言内容属性和传播特性进行提取，内容属性包括对谣言的文本关键词、发布属性进行甄别比对，传播特性是指一般的谣言传播是由点到面进行核裂变式传播，与新闻传播方式不同。然后，通过分析谣言特性建立算法模型，获得相关数据训练集，并运用分类算法对其进行分析，之后采取人机结合通过权威机构或平台发布专业辟谣信息。此外，还可利用算法推荐定向将辟谣信息推送给谣言易感人群，遏制谣言二次传播。

腾讯公司基于其海量的用户量以及人工智能技术领域的经验积淀打造了全套辟谣产品矩阵，利用人工智能技术打造优质的辟谣数据库，实现智能查询甄别谣言，借助机器算法触达谣言易感人群，基于阅读或投诉谣言的类型标签进行精准推送辟谣防谣。Facebook 也很早就将人工智能用于虚假信息治理，2015 年 Facebook 推出一套智能系统，借助大量用户的群体标记，对已标记虚假信息链接进行降级处理，大大降低了人工甄别虚假新闻的比例，提高了假新闻监测效率和拦截准确率。

（三）不良信息内容检测

随着移动互联网的普及与技术发展，网络信息生产更加便利，互联网络空间中的信息总量十分庞大，视频化的趋势日益凸显，网络信息内容的产生与传播具有实时、海量、多态、流动等特性，内容生产与传播的同步性导致对网络内容的管理往往很难预测和前置。在传统的网络内容治理工作进行音频、视频等媒体信息处理时存在发现难的问题，且内容治理依赖人工审核做确认，投入成本高、效率低，也无法适应新形势下信息量巨大的现状。

人工智能技术应用于文字、图像、视频和语音等不同形态的网络信息内容治理中，有助于提高治理的效率和对有害信息内容的覆盖。以图像/视频鉴黄为例，我们可通过深度学习，将标注过的海量的正常、性感、招嫖、色情样本预处理后输入“机器”进行学习，并持续进行样本“喂养”，迭代调整训练效果，待训练过程收敛后输出识别模型，该模型应用在各大场景检测色情内容，可大大提高色情信息识别的准确率以及识别效率，有效减少人工审核的投入，提高内容治理的效率。

（四）诈骗信息打击

骚扰诈骗电话和垃圾短信一直是困扰手机用户的难题，其中潜藏的诈骗风险让用户饱受财产损失之苦，也对社会稳定造成影响。因此，对诈骗信息必须借助更深、更广、更有效的打击方式。

人工智能技术运用于打击诈骗信息和欺诈行为主要是通过数据采集、数据分析和决策引擎实现。在遵守国家法律法规和监管要求下采集必要的用户数据，结合数据分析建立反欺诈经验规则库不断为机器学习供给数据“饲料”，进行训练分析，构建适合模型预测欺诈行为。决策引擎主要是将各类反欺诈方法、规则有效整合，实时计算分析与欺诈案件相关的多类事件之间的关联性，精确分析用户意图，还原事件场景，降低误杀率。

腾讯公司基于黑产对抗经验技术和反欺诈 AI 模型建造能力，打造“宾果反诈骗防控系统”。该系统通过海量学习警情和大数据分析能力，自主提取警情中作案手法、通信行为、网络特征、资金流向等特点，实现智能建模、智能运算、智能预警，在诈骗事前、事中、事后等环节起到预警、分析作用。通过对警情、通信、网络、金融等领域大数据的深度学习，宾果系统可自动发现电信网络诈骗犯罪行为并预警。

（五）安全态势感知

随着互联网对大众生活的渗透纵深影响，网络威胁的演进相应呈现出更隐蔽、波及更广、破坏更强的特点，及时感知发现网络安全风险并采取打击措施的难度也在增大。传统安全威胁的感知和分析方法很难适应大数据环境及支持大规模事件分析。因此，加快构建关键信息基础设施安全保障体系，全天候全方位感知网络安全态势，增强网络安全防御能力和威慑能力势在必行。

将人工智能应用于安全态势感知，可利用数据融合、数据挖掘、智能分析和可视化等技术，从宏观角度实时直观显示网络运营状态，并对网络安全趋势做出预测，为网络安全威胁预警和防护提供参考，其关键是对从海量数据中提取要素信息进行预处理和数据融合，再对“提纯”后的信息感知、理解和预测，这与人工智能模式识别与问题预测的任务逻辑具有一致性，因而形成了人工智能技术在网络安全态势感知领域的应用优势。腾讯守护者计划研发的智能金融安全感知系统“灵鲲”，实现了对非法集资、金融传销等涉众型金融犯罪的识别和预警。

四　结语

人工智能赋能互联网治理的实践不仅仅体现在上述内容应用的领域，在系统安全检测防护、物理网络系统安全保障方面也有着不俗的表现，人工智能的安全应用蕴藏着极大潜力，有待各界侧重关注和深入发掘。在刚刚结束的2019 年两会中，李克强总理第三次在政府工作报告中谈及人工智能产业的发展时强调，要“深化大数据、人工智能等研发应用”。“深化”一词恰恰表明了，一方面，既要继续加大人工智能技术在无人驾驶、机器人等前沿应用领域的研发力度，也要重视及普及推广人工智能技术已经成功落地的应用模式与实践经验，还要加速挖掘、探索和开发那些起步阶段的技术与场景的融合应用；另一方面，既要重视发挥人工智能技术优势为更多产业行业创造新生价值，令该项技术为更多人可用，更要引导利用好人工智能技术有效应对新型、复杂、智能化的安全威胁和风险，在政策上建议鼓励和加大力度扶持人工智能安全应用领域的技术研发、落地和应用普及，促成科研院所、企业更为紧密的合作和成果转化，共同守好网络空间安全的防线，在安全中实现更高的发展。

传 播 篇

Communication Research

B.16

2018年中国新媒体版权保护报告*

朱鸿军　蒲 晓**

摘　要： 2018年是中国改革开放40周年，也是我国新媒体版权保护不断完善、更趋严格的一年。回顾2018年，我国媒体融合程度不断加深，新媒体版权保护的生态环境进一步优化，版权相关产业更加繁荣。本文梳理了2018年版权保护的现状，归纳了当前版权保护存在的问题，同时，针对新媒体的版权保护，从司法、行政、社会、媒体等多角度提供优化建议。

关键词： 版权保护　新媒体　版权交易　侵权

---

* 本文是国家社科基金一般项目“我国社交媒体著作权保护研究”（项目编号：14BXW017）的阶段性成果。

** 朱鸿军，中国社会科学院新闻与传播研究所研究员，《新闻与传播研究》副主编；蒲晓，中国社会科学院研究生院新闻学与传播学系硕士研究生。

互联网技术的迅猛发展使新媒体渗透进生活的各个方面，也让现代社会经历着巨大的变化，带来了深刻的影响。媒体日益发达的今天，网络资源的获取更加便捷。相较于传统的版权问题，互联网时代的版权问题表现得更加多样复杂，从而使版权保护工作和版权制度发展面临新的挑战。目前，我国媒体融合已经进入深水区，新媒体版权问题也为媒体融合进程提出新的制度设计要求。

一 新媒体版权保护现状

（一）版权交易取得瞩目成绩

1. 视频网站：付费会员引发产业潜力

我国网络视频行业经过十余年发展，用户注册数、日均播放量、视频浏览时长日益增长。网络视频成为当今中国最大的网络娱乐应用。CNNIC 的数据显示，截至 2018 年 6 月，网络视频用户规模达 6.09 亿，较上年末增加 3014 万，占网民总体的 76.0%。[①] 远远超过网络音乐、网络游戏、网络文学等行业。根据爱奇艺 2018 年第三季度公布的财报，其第三季度总收入为 69 亿元人民币，其中会员收入为 29 亿元人民币，首次超越广告收入 24 亿元人民币，成为爱奇艺第一大收入来源。[②] 腾讯和优酷的视频会员服务也同样发展迅速。

回顾视频网站发展历程，2013 年后，我国视频网站行业掀起独播浪潮，各大视频网站一度花费高价购入优质节目版权，占领受众市场。爱奇艺就曾巨资购买《爸爸去哪儿 2》《快乐大本营》《百变大咖秀》等热门综艺的独家网络版权。经过这轮版权市场洗牌后，视频网站付费会员盈利模式兴起，视频网站重换赛道。近几年国内对盗版视频网站的打击为内容付费提供了良好基础，而视频网站不断优化用户付费体验，赢得了大众的心，在以上因素综合作用下，大众更乐意为其内容买单。付费会员机制使得以往过多依赖广告收入这一

① CNNIC：《第 42 次中国互联网络发展状况统计报告》，2018 年 8 月 20 日。

② 《爱奇艺发布第三季度财报：会员规模达 8070 万　同比涨 89%》，新华网，2018 年 10 月 31 日。

盈利模式的视频网站，迅速开拓了新的盈利模式，“广告 + 会员”的双轮驱动成为头部视频网站的主要收益模式。这一现象的背后是网络版权保护生态环境的不断优化，也充分展现出网络版权产业的巨大发展潜力。

2. 网络文学：版权保护踏上新的征程

2018 年网络文学 IP 不断发力，在打造绘声绘色的文创世界时，也创造了许多让人眼前一亮的业绩。2018 年也是网络文学版权保护进程中重要的一年，从内容融合到产业融合，网络文学行业实现不断迭代。

网络文学作品较零散，阅读商业模式简单，相比于音乐、影视作品，盗版问题更为严重。过去红极一时的网络文学作品《琅琊榜》《择天记》《花千骨》都曾面临盗版问题。2016 ~ 2018 年连续三年，国家版权局都把网络文学侵权盗版作为治理的重点，网络文学盗版治理受到了国家的高度重视。此外，科学技术的不断进步也为网络文学的原创保护提供了更多的可能。国内头部网络文学平台如阅文、掌阅、阿里文学等利用不断升级的技术积极防治盗版问题，对洗稿、文字剽窃等问题进行了有力回击。

3. 数字音乐：平台海内海外发声发力

音乐已经成为互联网传播内容的一个基础元素和主要内容。数字音乐作为内容产品，其版权变现的逻辑是音乐制作人将原创作品上传至唱片公司、互联网音乐平台，然后制作成数字音乐专辑，吸引用户、获取流量，用户为作品付费，制作人和音乐发行商按照一定比例分成。2015 年是中国数字音乐版权史上的重要转折点，国家版权局严厉整顿并下架音乐服务商在网上免费提供的未经授权上线的音乐作品。近年来，中国手机音乐客户端用户规模快速增长，多家厂商开始进行数字音乐版权资源的布局。

2018 年，数字音乐版权产业取得优异成绩。腾讯音乐娱乐集团在美国纽约证券交易所上市，腾讯音乐付费订阅比率也有显著增加。腾讯音乐能够实现盈利，社交消费在其中发挥了主要作用。此外，在国家版权局的协调推动下，腾讯音乐与网易云音乐完成了音乐作品的相互授权，相互授权的音乐作品超过各自独家音乐作品数量的 99%，成为对网络音乐版权合作的良好回应。这次合作对网络音乐作品的顺畅传播、网络音乐平台的良性竞争、开放互利氛围的营造都发挥着重要作用。

（二）版权侵犯制约媒体发展

1. 自媒体“洗稿”乱象丛生

“洗稿”一词最早来自新闻界话语体系，指新闻从业者将别人已经发表的稿件进行改动，在短时间内将文章改头换面成为一篇新稿件的行为。2018 年 1 月，自媒体号“六神磊磊”公开指责“周冲的影像原色”对自己的作品进行“洗稿”。同年 5 月，自媒体账号“差评”宣布获得由腾讯 TOPIC 基金领投的 3000 万元人民币 A 轮融资，引发了“差评洗稿事件”。如今，“洗稿”已成为自媒体行业最显著的乱象之一。在“剑网 2018”行动的重点专项整治领域中，执法机关首次提及“洗稿”一词。

优质的内容是自媒体吸引流量、获取关注的核心资源，但网络平台真正有吸引力的原创内容十分稀少。“洗稿”者为了获取流量关注，往往运用现代科技，在极短时间内炮制出类似的爆款文章。流水化作业的“洗稿”行为损害了内容原创者的合法利益。在维权方面，如何判断“洗稿”作品的独创性较为困难，对作品间相似性的判断操作性也较差。此外，一些具有高超规避技术的“洗稿”行为也较难被平台和个人发现。

2. 小程序侵权现象普遍

目前，小程序已经深入生活各个领域，对生活服务、实体零售和电商领域都有触及。小程序的出现实现了用户“用完即走”的理念，轻量便捷是其突出特点。对开发者来说，其开发难度不及 APP，能够满足简单的基础应用。而微信小程序在快速发展的同时也涉及不少侵权行为。腾讯数据显示，2018 年全年小程序侵权投诉近 4000 件。① 例如微信的小游戏在发布后曾被多款类似的小程序指出抄袭，微信也只能紧急下架侵权小程序。对于开发者而言，将小程序纳入版权保护范围迫在眉睫。

3. 知识共享变随意分享

目前，我国知识分享平台诸如知乎 Live、分答、喜马拉雅等受到广泛欢迎，越来越多的公众受益于这样的知识共享模式。然而国内知识共享模式目前仍处于起步阶段，也伴随着一些问题。部分公众版权意识不强，在付费获取内

① 《2018 年微信小程序侵权投诉近 4000 件信息收集须合理》，新浪科技，2019 年 1 月 22 日。

容后随意在网络上传播分享。部分不法分子甚至盗取分享内容，在网络上进行公然售卖，这些行为损害着知识生产者、知识传播平台的利益，对购买正版内容的付费公众来说也不公平。宏观来看，这样的行为更不利于知识分享模式在我国继续发展转型。在后续维权中，互联网上内容获取登记使用的匿名性也无疑给原创内容生产者维权追责增加了难度。

（三）版权保护呈现缤纷亮点

1. 2018年“剑网”行动持续开展

2018 年，“剑网”行动得到了继续推行，本次行动的重点领域在网络转载、短视频、动漫、知识分享、有声读物等，对视频、音乐、文学网站等领域的版权也做出了重点监管。在本次行动中，各级版权执法监管部门查处了 544 件网络侵权盗版案件，查办的刑事案件涉案金额达 1.5 亿元，专项行动取得显著成效。①

2. 区块链或为版权保护提供取证支持

2015 年 10 月，英国女歌手伊莫金·希普将她的新歌发布在以太坊的区块链上，用户只需使用以太币便可获取该歌曲，这是将区块链用于版权领域的典型案例。如今，区块链在我国被认可作为电子存证的审查判断方法。2018 年 6 月 28 日，杭州互联网法院宣判一起侵害作品信息网络传播权的纠纷案件，采用区块链技术存证电子数据，在全国首次确认了其法律效力。

在版权举证过程中，传统的电子证据具有脆弱性、隐蔽性、易篡改性等缺陷，区块链技术则凭借低成本、高效率、稳固性优势，弥补了传统电子证据的不足。2018 年 9 月，最高人民法院颁布了《关于互联网法院审理案件若干问题的规定》，明确区块链技术可以作为收集、固定电子数据的方式。区块链技术的发展，为版权登记方法的变革带来了一丝曙光，但区块链取证技术是否可以让版权保护真正落地仍然值得期待和验证。

3. 中国财经媒体版权保护联盟成立

2018 年 12 月 15 日，在中国行业报协会的召集下，《经济参考报》《中国经营报》《每日经济新闻》《中国新闻出版广电报》《金融时报》等 30 家主流财经媒体发起成立了“中国财经媒体版权保护联盟”，以“抱团”维权来保护

---

① 《删除侵权盗版链接 185 万条　查处网络侵权盗版案件 544 件》，法制网，2019 年 2 月 25 日。

媒体的合法权益。通过“抱团”的形式进行谈判有助于提高各财经媒体对其作品转载的市场议价能力，维护网络传播环境中的公序良俗。

4. 短视频成版权治理重点领域

（1）短视频领域列为“剑网 2018”专项整治重点

2018 年 7 月，打击网络侵权盗版的“剑网 2018”行动将短视频版权专项整治作为专项行动的重点任务，众多短视频平台企业被列为本次行动的重点监管对象，反映出国家目前对治理短视频领域版权侵权乱象的决心。

（2）国家版权局约谈抖音、快手等 15 家短视频平台

2017 年我国网络版权产业市场规模达 6364.5 亿元。其中，短视频更是异军突起，用户规模突破 4.1 亿人，同比增长 115%。[①] 短视频版权产业迅猛发展的同时，相关法律规制问题也显现不少。目前短视频平台常见的侵权形式是短视频内容平台未经许可，将他人的完整视频作品片段拆分为若干个短小片段，在网络上传播。2018 年 9 月，国家版权局约谈了抖音、快手、西瓜视频、梨视频等 15 家重点短视频平台企业，进一步加强对短视频平台企业的版权监管，对侵权现象采取永久封禁账号、短期封禁账号、停止分发、扣分禁言等措施予以处理。

（3）互联网企业发布短视频版权自律公约

2018 年，腾讯、百度、爱奇艺、搜狐、新浪、快手等公司在第五届中国互联网新型版权问题研讨会上共同发起成立了中国网络版权产业联盟。会上发布了《中国网络短视频版权自律公约》。短视频行业版权乱象治理，不仅需要执法部门监督，更需要短视频平台的自律自审。中国短视频界的头部平台达成公约，树立了良好的负责任企业形象，形成了支持内容原创的行业共识，对短视频行业传播行为的规范起到了推动作用。

二　中国新媒体版权保护存在的问题

（一）媒体融合下相关版权法律法规的调整滞后

1. “思想与表达二分原则”的分离困境

2018 年多起以“洗稿”方式产生的侵权事件引起业内对整治自媒体侵权

---

① 《〈中国网络版权产业发展报告（2018）〉发布》，光明网，2018 年 4 月 25 日。

的呼吁。我国《著作权法》对作品的保护在法律条文中明确表达为“思想与表达二分原则”，《著作权法》排除对思想的保护，而着重保护作品具有独创性的表达。[①] 在著作权侵权界定中，将思想与表达进行区分判断，是界定是否侵权的条件。现有的不少版权案件的判决正是要区分相关作品是属于思想还是属于表达方式。

现实中，自媒体“洗稿”者通过重新组合、排列内容，使得作品面目全非、不易识别，将洗过的稿件定义为只是对原创作品思想的模仿，避开了侵权的界限。学者魏永征认为，在“洗稿”中，“表达/思想（事实）二分法的边界是模糊的，如何区分有时会是一个很困难的问题”[②]。而在判定类似“洗稿”案件时，我国司法习惯将“思想”与“表达”简单理解为“内容”与“形式”的关系，从而有时导致结果界定模糊，从这一维度进行司法判断容易使内容原创者处于不利的局面。

2. “避风港”原则被滥用

“避风港”原则作为一种制度设计，主要用于限制网络服务商侵权责任。当发生著作权侵权行为时，著作权所有人通知网络服务商，倘若网络服务商只提供网络存储、搜索、链接等服务，只需删除侵权内容即可不承担侵权责任。而应用“避风港”原则时，其主观前提条件非常重要，即服务商必须不知道存在侵权行为，或者没有意识到发生了侵权行为。然而在实践中，判定服务商是否知道或者意识到侵权行为的存在比较复杂，也存在争议，“避风港”原则因此被许多服务商滥用，借此规避侵权责任。

另外，“避风港”原则中要求及时采取必要措施也没有给出明确的时间范围。当下媒体对传播市场的争夺以秒为单位，争夺黄金时间就是在争夺流量。对一些内容原创媒体平台来说，当其被窃取的内容发出一段时间后，其内容热度必然下降，此时就算责令对方删除，完成维权，对于内容原创方来说意义也不大。这种情况下，时间差造就了内容盗取者的黄金传播时段。平台在时间差内就可以完成对高黏性用户的内容分发和黏性保持。当核心用户完成内容接收

① 范海潮、顾理平：《自媒体平台“洗稿”行为的法律困境与版权保护》，《出版发行研究》2018 年第 11 期。

② 魏永征：《在“洗稿”名目下的剽窃》，新闻记者公众号，2018 年 1 月 26 日。

后，平台再根据举报来删除内容。这种情况下，侵权者既可扩大自己的知名度，也逃避了侵权的追责。

3. 时事新闻版权界定更为复杂

时事新闻作品版权保护问题由来已久，伴随着媒体融合以及新媒体的强势崛起，时事新闻的版权保护问题变得更为复杂，涉及范围也更广。在我国《著作权法》的第五条中规定："时事新闻不适用于本法。"《著作权法实施条例》又将时事新闻的定义进一步解释为一种单纯事实消息。对单纯事实消息，相关规定又补充：包含作者的独创性劳动的作品不属于单纯事实消息。就这一规定，存在以下不确定：新闻生产活动有时候需要从琐碎复杂的信息里按照一定新闻框架进行选择、加工、处理，这项劳动是不是独创性劳动？而对"独创性"这一概念，我国法律解释依旧含糊，这容易造成司法实践与理念的不统一。假若时事新闻不受保护，那么新媒体任意转载传统媒体耗费大量劳动所生产的时事新闻，结果只能是使传统媒体在内容生产上成为吃力不讨好的一方。

（二）媒体融合下新兴媒介侵权判定追究困难

1. 短视频版权界定出现难题

当今短视频行业发展呈现繁荣的同时也产生了大量版权诉讼。在视频网站上搜索视频不难发现，很多平台把传播热度高、受到观众喜爱的长视频进行剪辑，再把剪成的短视频二次加工，配上吸引眼球的标题进行二次传播和发布。这些将其他平台版权作品拆分加工用以吸引流量的短视频内容，严重损害了花费巨资购买优质内容版权视频网站的合法利益，也破坏了互联网内容产业正常的发展秩序。

短视频出现的侵权问题不仅涉及各平台利益，在法律领域也提出了新的难题。短视频应该如何进行归类？短视频是不是都是作品？短视频是录制类作品还是类电作品？短视频平台在什么情况下可能会被认定为有过错？

此外，在一些短视频侵权案件中，相关短视频平台并没有直接醒目地设置相应的投诉渠道，但是平台方表示其在关联网站或者是其他的端口设置了侵权投诉通道，此种情况下"避风港"原则中"通知—删除"的适用限度变得难以界定。

2. 微信公众号泄露影视作品剧情

电视剧《人民的名义》在热播阶段时，有侵权者利用微信公众号提前流传出全部剧情和视频，对该剧的收视率造成严重影响。此案是全国首例立案并宣判的以微信公众号为渠道非法传播影视作品的案件。执法部门在对这类侵权行为进行数据调取时，往往因为技术力量不到位不能解密，或取证鉴定费用较高而告终。侵权者在微信公众号上传侵权节目，频繁更换视频源地址、云服务平台，使微信公众号成为执法维权不易触及的地带。另外，微信公众号的侵权传播手段和方式不同于一般的网站实质内容侵权过程，法律上对于盗链、聚合盗链等方式的侵权行为说明还相对滞后。

3. 网络直播成版权监管灰色地带

当下网络直播平台成为许多版权监控的灰色地带。不同于网络视听节目的点播方式，网络直播内容往往具有线性传播特点，不可点播回看，也因此具有互动性和非交互式传播特点。目前我国网络直播平台数量众多，主播水平参差不齐，对直播实行监管所需的人力、物力都十分庞大。与视频录播不同，网络直播具有实时性，使得权利人难以直接取证。这样一来，取证的烦琐加大了维权的难度。有的直播平台通过侵权能够获得巨大流量和商业利益，侵权所需赔偿与之相比显得九牛一毛，侵权成本较低也成为众多直播平台侵权乱象持续发生的原因。

（三）媒体融合下传统媒体扩大传播力和维权的两难矛盾

推动传统媒体和新兴媒体的融合发展有利于打造适应现代传播规律的传播体系，让大众充分享受媒体融合带来的便利成果。内容是当下媒体信息生产的生命之根，保护内容生产者的正当合法权益有利于社会源源不断地生产精神果实。然而当下媒体融合中，传统媒体自身在传播力建设和版权保护方面存在内生矛盾。拥有优质内容生产能力的传统媒体受到新媒体的冲击，快速高效的新媒体传播迅速占领大众市场。其中不乏传统媒体为扩大传播影响力，为新媒体“免费喂料”的现象。一方面是来自受众市场流量的诱惑，另一方面是优质内容遭到窃取，传统媒体在向新媒体属性靠拢、转型中挣扎两难。媒体融合发展如果只考虑传播力、传播范围的核心诉求，而不涉及传统媒体，包括报业的内容获益诉求和版权保护诉求，媒体融合发展有可能失去盈利的支撑而后继乏力。①

① 陈国权：《报业版权保护的内生矛盾及解决思路》，《新闻论坛》2017 年第 4 期。

（四）传统媒体版权运营管理体系不成熟

“版权是内容产品劳动者之一媒体的生存和发展的根基，版权得不到保护，经济投入会血本无归，精神利益也会被损害。”① 版权维护和运营是一个系统工程，需要一套完备的制度设计。版权管理与保护就是要鼓励版权优质内容生产，厘清版权归属，规范版权经营开发体系。国外知名的传媒机构往往把版权工作上升到战略高度，设置强有力的版权管理部门加以管理。在美国，传媒产业直接被划归为核心类版权产业。② 过去以五大影视媒体公司为代表的内容巨头，在版权运营方面也走在世界前列。而目前，纵观我国大多数传统媒体，其版权维护与运营尚处于探索阶段，组织内部将版权作为资产进行运作的意识较差，缺乏对版权运营的系统认识，在应对新媒体侵权问题上缺乏相应智力和技术支持。

（五）维权难度系数大，维权途径不顺畅

1. 侵权做法隐蔽，较难发现

不同于以往侵权盗版网站直接显示侵权信息，如今侵权信息的发布经常会通过隐蔽的方式，比如 QQ 群、贴吧、论坛或者微信朋友圈，对于执法人员来说，发现侵权行为十分艰难。更有侵权者把网站域名、网站服务器、网站运营人分布在不同地方，执法人员想要发现侵权盗版的链条也更困难。

2. 维权取证困难，不易辨别

从侵权主体看，当下传播环境除了传统媒体还有各大新媒体，侵权对象的多样复杂增加了维权的复杂性。从侵权手段看，侵权者的行为已经不局限于直接“搬运”新闻，对原新闻采取“二次加工”成为一种惯常的侵权方式。类似“洗稿”的做法将原文改得面目全非，隐蔽性极强，增加了维权取证的难度。

3. 维权过程烦琐，成本较高

因认为“浙江在线”网站未经授权非法转载 7706 篇新闻作品，《新京报》

① 朱鸿军：《版权制度创新：媒体融合发展的关键环节》，《新闻与写作》2018 年第 6 期。
② 朱鸿军：《版权制度创新：媒体融合发展的关键环节》，《新闻与写作》2018 年第 6 期。

曾于2008年起诉“浙江在线”网站，而当地法院要求《新京报》将其分拆成7706件侵权案分别起诉。[①] 有着“传统媒体诉赢网络媒体非法转载”第一案之称的《现代快报》起诉北京字节跳动公司的侵害著作权纠纷案，历时3年才终获判决。人们在欣喜其维权胜利的同时也感叹其维权道路的艰难，以及时间成本之高。我国司法资源有限，真正通过法律途径维权成本较高，原创者需要花费大量时间和精力证明侵权行为。后者类似《现代快报》，即使最终胜诉，侵权人也可能早已获得大量经济收入。

（六）公众版权消费意识培养任重道远

我国版权保护起步较晚，公民对版权保护意识较薄弱，内容付费习惯的养成还不够深入。互联网便捷的资源获取方式使得公众更依赖于吃免费的午餐。尽管近年来，版权意识的逐渐增强使大众对此问题有了新的认识，但事实上对于大多数中国消费者来说，版权意识也仅仅停留在“用盗版不好”这样的阶段，为正版付费的消费习惯还有待继续培养。

三　中国新媒体版权保护优化建议

（一）司法：健全法律重点打击，线上司法简化维权

1. 调整完善相关法律规定

以互联网为代表的技术革命更新了当下的传播范式，新媒体与传统媒体在融合中碰撞，产生冲突并不断融合。新旧媒体的融合过程和趋势决定了版权制度调整的必要性和未来趋势。现有的版权制度在自身身份性质定位上应确立为新媒体的特质，从长远看，新媒体环境中版权制度应该成为制度调整的方向。[②]

然而当下旧有的版权制度并不适用媒体融合的环境。传统报纸在进行版权保护时，在法律层面受到约束，法律对于时事新闻版权保护的定义值得商榷。

---

① 《浙江在线未经授权转载〈新京报〉作品被起诉》，人民网，2010年5月28日。

② 朱鸿军：《数字技术驱动的媒体融合与版权制度的创新》，《中国编辑》2018年第4期。

合理使用规定、“避风港”原则等法律规定也应在新的媒介发展环境中做出适应时代传播规律的重新诠释。

2. 重拳打击版权侵犯行为

《现代快报》起诉今日头条的侵害著作权纠纷案以字节跳动公司赔偿其经济损失 10 万元宣告结束。在目前网络违法转载传统媒体原创稿件的事件中，此案成为判赔金额最高的一例。同时，也应看到此类案件给予网络新媒体任意转发原创内容导致侵权行为的警示作用。

互联网传播迅速、便捷的特点使得信息复制成本几乎为零，而大部分的侵权行为只需要承担民事责任，相应处罚力度小，对内容原创者的补偿微乎其微。对新媒体版权侵犯行为下重药，让侵权者付出高昂的违法成本，有助于为侵权者敲响警钟，维护内容原创者的合法权益。

3. 设立互联网法院线上司法

我国第一家集中审理涉网案件的试点法院在杭州成立，北京、广州也相继挂牌成立了互联网法院。据国家版权局数据，截至 2018 年 12 月 20 日，“北京互联网法院共受理 2786 起案件，审结 1890 起案件，其中 78% 案件为著作权案件”①。用互联网的方式审理互联网案件，实现了涉网纠纷的在线审理，当事人足不出户即可起诉、立案、举证、开庭。设立互联网法院解决网络版权纠纷，减少了维权者花费的时间，为维权者节约了申诉成本，同时对电子证据的更为开放性接受降低取证成本，也让维权过程清晰透明。

（二）行政：开展专项治理活动，落实基层版权服务

1. 开展专项打击治理活动

国家机关应根据每年版权发展情况开展专项治理，有的放矢，针对性、倾向性地对当年版权保护热点领域进行筛查。“剑网”行动的开展为我国版权市场秩序的不断完善、国家版权生态环境的维护提供了强有力的国家行政支持。

---

① 《版权 2018：年度大事儿》，国家版权局，https：//baijiahao. baidu. com/s? id = 1621083351858646143&wfr = spider&for = pc，2018 年 12 月 28 日。

2. 建设基层版权服务工作站

版权服务工作站通过宣传咨询和信息采集，为各地了解版权制度、版权产业、版权市场打开了资讯窗口。完善各地版权服务工作站建设，提供相关资讯服务，有利于基层版权服务的开展，将基层版权宣传、版权辅导落到实处。

3. 加强版权交易体系建设

过去几年，我国版权产业的经济贡献率持续提升，版权产业发展取得显著成效。版权交易在我国虽然已有十几年的历史，但目前并没有形成较成熟的商业模式。经国家版权局批准，为加强版权交易体系建设，16 家国家版权交易中心和版权贸易基地设立。当下加强版权交易体系建设，将推动全社会以共同参与的方式，推动社会版权产业发展。

（三）媒体：技术手段保驾护航，合作互利开发管理

1. 利用反侵权技术手段维权

依靠法律诉讼，国家强制力量对侵权进行事后追责的方式，尽管可为互联网版权问题提供保护，但这并不是解决问题的唯一途径，也难以满足互联网时代对效率的追求。当今时代的媒体融合变革，数字技术是根本的驱动力。现今媒体融合中诸多版权问题都是由数字技术所引发，经验表明，技术产生的问题依托技术来解决，时常收效较好。[①] 当下国际、国内媒体采用反侵权技术为内容版权保驾护航的做法十分常见。例如，曾一直被大量网站、移动客户端等平台转载原创内容的封面新闻，通过封巢智媒体的全网数据监控、文图及视频对比分析、稿件来源追踪、传播路径分析、媒体白名单筛选等技术手段，[②] 对相应侵权行为发出追责，彰显了其维护版权的自信。

2. 媒体建立内容互利合作模式

媒体融合的最终目的不是新媒体和传统媒体彼此消耗，而是你中有我、我中有你。应意识到，新媒体、传统媒体不是互为敌人、彼此不和的关系。在内容生产上传统媒体具有独特的品牌优势，在内容分发上新媒体有着灵活高效的

① 朱鸿军：《数字技术驱动的媒体融合与版权制度的创新》，《中国编辑》2018 年第 4 期。

② 《华西都市报反侵权公告 No. 31》，封面新闻，2018 年 6 月 21 日。

传播渠道。媒体融合为版权保护搭起一座桥梁，新媒体和传统媒体可以协商谈判，建立起良好的合作模式，畅通内容生产传播渠道，让优质内容发挥传播效应的最大化。例如，《现代快报》早在 2016 年就与 ZAKER 合作，为其内容打造优质的网络端口。这一合作使《现代快报》获取了互联网基因，多个阅读量超亿的精品内容随之诞生。

3. 传统媒体注重版权开发管理

在传统媒体受到新媒体强烈冲击，媒体传统业务收入下降、转型发展尚不明确的当下，版权收入有望在某种程度上成为其发展的突破口。新京报社模式可供借鉴，该报 2017 年版权收入占报社营业收入的 20%，2018 年版权收入有望覆盖采编成本。① 将版权视为资产进行管理，注重开发版权价值，有利于媒体资产实现保值增值。对媒体内部而言，还应注意培养版权相关管理人员，设立相应管理部门，赋予其决策话语权，及时对相应版权问题进行处理。

（四）社会：成立联盟整合资源，借势宣传做好保护

1. 建立版权联盟集中维权

当下，面对新媒体长时间频繁的侵权行为，许多传统媒体在进行维权时孤掌难鸣，某一家媒体的维权行为有时候只能淹没在宏大的信息流中。应当看到，众多媒体“抱团”维权有利于话语权的集中，所谓“众人拾柴火焰高”，对于侵权行为的打击，话语权越集中，被重视、得到反馈的概率也就越大。正如 2018 年 12 月成立的中国财经媒体版权保护联盟，形成了行业版权保护共同意识，有助于提高各财经媒体对其作品转载体的议价能力，也将推动整个行业常态化监控和维权、市场化交易等活动的顺畅进行。

2. 借势展会普及版权意识

借助大型展会普及版权知识、进行版权保护宣传成为重要途径。对参展商而言，展品和展台的版权保护、音乐等作品使用授权的取得成为一项重要需求。因此，在展会中设置版权服务站点，同时普及版权意识成为更加契合版权保护的实践。对企业和公众来说，借助大型展会提供的版权服务不仅能为其解

---

① 《2018 传媒经营案例：南都智库创收 5000 万，新京报版权收入覆盖采编成本》，传媒产业研究，http://www.cm3721.com/toutiao/4064.html，2019 年 1 月 15 日。

答版权领域的困惑，还将实现其版权保护意识的增强。

3. 整合联动社会多方力量

版权保护是一项需要多方力量长期实施的活动。行业组织是社会中新闻作品版权保护的重要力量，因此要利用好行业组织，联合社会多方力量，发挥行业协会在版权保护中团结、调和的角色作用，调动社会各方力量，促进社会各方信息顺畅交流，资源互享共用。

参考文献

［1］朱鸿军：《新媒体时代我国版权保护制度的优化研究——基于新制度经济学视角》，苏州大学出版社，2012。

［2］CNNIC：《第 42 次中国互联网络发展状况统计报告》，2018 年 8 月 20 日。

［3］陈国权：《报业版权保护的内生矛盾及解决思路》，《新闻论坛》2017 年第 4 期。

［4］筱舟、王波、雷鑫：《传统媒体版权管理与保护面临的四大问题》，《中国记者》2014 年第 11 期。

［5］彭桂兵：《新媒体版权保护的策略与问题》，《青年记者》2017 年第 6 期。

［6］丁汉青：《有关版权保护制度的几点思考》，《新闻战线》2018 年第 5 期。

［7］范海潮、顾理平：《自媒体平台“洗稿”行为的法律困境与版权保护》，《出版发行研究》2018 年第 11 期。

［8］朱鸿军：《版权制度创新：媒体融合发展的关键环节》，《新闻与写作》2018 年第 6 期。

［9］朱鸿军：《中国媒体融合的版权之痛——基于知网文献的考察》，《新闻与写作》2018 年第 3 期。

［10］朱鸿军：《版权问题：制约媒介融合发展的瓶颈》，《出版发行研究》2016 年第 10 期。

B.17

新媒体环境下地方新闻网站融合创新发展路径

——以中国江西网为例

王宣海　刘毅*

摘　要： 推进传统媒体和新兴媒体融合向纵深发展，在全媒体融合创新发展过程中，如何打造习近平总书记提出的全程媒体、全息媒体、全员媒体、全效媒体，实现守正创新，是当下新闻界面临的最紧迫的时代任务和紧要课题。江西日报社旗下的中国江西网经过艰辛探索，通过“五个一”（即一个唱响全国的“法媒银·失信被执行人曝光台”、一朵推进江西省市县三级融合的“媒体云”、一群引领核心价值观的网络典型人物、一场新媒体主导传统媒体融合的变革、一批玩转新媒体的爆款产品）的鲜活融合创新实践，着力探索出了一条可用可学可复制的发展路径。

关键词： 媒体融合　新闻网站　正能量　法媒银　赣鄱云

习近平2019年1月25日在主持中共中央政治局就全媒体时代和媒体融合发展举行第十二次集体学习时强调，全媒体不断发展，出现了全程媒体、全息媒体、全员媒体、全效媒体，信息无处不在、无所不及、无人不用，导致舆论

* 王宣海，江西日报社中国江西网副总编辑，高级记者，中国新闻奖获得者，浙江大学、江西师范大学硕士研究生兼职导师，主要研究方向为媒体融合发展和媒体实务操作；刘毅，江西日报社中国江西网编辑中心副主任，主任记者。

生态、媒体格局、传播方式发生深刻变化，新闻舆论工作面临新的挑战。①

推进传统媒体和新兴媒体融合向纵深发展，在全媒体融合创新发展过程中，如何打造总书记提出的“四全”媒体，实现守正创新，是当下新闻界面临的最紧迫的时代任务和紧要课题。

江西日报社旗下的中国江西网结合自身实际情况，在加快推动媒体融合创新发展的过程中，通过“五个一”（即一个唱响全国的“法媒银·失信被执行人曝光台”、一朵推进江西省市县三级融合的“媒体云”、一群引领核心价值观的网络典型人物、一场新媒体主导传统媒体融合的变革、一批玩转新媒体的爆款产品）的鲜活融合创新实践，着力探索出了一条可用可学可复制的发展路径。

一　德法兼治的“江西经验”——全国首创“法媒银·失信被执行人曝光台”

一直以来，中央都高度重视法治建设和社会诚信体系建设，培育践行核心价值观。习近平对司法工作提出了“让人民群众在每一个司法案件中感受到公平正义”的根本要求。在这一根本要求下，2015 年 12 月 4 日，也就是第二个国家宪法日当天，由江西省高级人民法院、江西日报社主管主办，江西省高级人民法院执行局、江西日报社中国江西网联合 18 家驻赣金融机构在全国首创的“法媒银·失信被执行人曝光台”（以下简称“‘法媒银’平台”）上线。

（一）创新实践　推动社会主义核心价值观融入法治建设

“法媒银”平台首创了人民法院、新闻媒体、银行金融机构联合惩戒失信被执行人的新模式，形成了惩治违约背信行为的合力和对“老赖”的综合治理机制，推动了社会诚信体系建设。平台以道路自信的引领、理论自信的引领、制度自信的引领、文化自信的引领的“四个自信”凝聚共识、团结力量，形成改革合力，不断推进国家治理体系和治理能力现代化。“法媒银”平台是“四个自信”引领在江西的生动创新实践，也是全面深化改革在江西的具体要

① 《习近平：加快推动媒体融合发展　构建全媒体传播格局》，《求是》2019 年第 6 期。

求，具有鲜明的江西特色。

三年来，“法媒银”平台以积极践行和弘扬社会主义核心价值观为己任，深度推动社会主义核心价值观融入法治建设，成为德法兼治的“江西经验”。作为推进诚信建设、培育践行社会主义核心价值观的江西典型，“法媒银”平台形成全社会的力量对“老赖”进行综合治理的合力，让他们的生活处处受到限制，寸步难行。

截至 2019 年 2 月底，平台数据库共纳入 24.1 万名失信被执行人，重点曝光 4.41 万名，限制飞机 43.26 万例，限制火车 18.30 万例，网友通过平台查询失信名单达 1273 万人次。

经过不懈努力，“法媒银”平台建设工作经验得到了多位中央领导和江西省委、省政府的高度肯定。迄今为止，人民日报、中央电视台、新华社等中央媒体对平台一共进行了七次集中的报道宣传。

2017 年 6 月，中宣部、最高法在江西召开现场会，对“法媒银”平台经验进行总结。当年 9 月，中宣部、最高法、中国银监会联合下发通知要求各地各部门认真学习借鉴江西“法媒银”经验。在 2018 年全国两会上，“法媒银”平台建设经验作为工作创新被首次写进最高法的工作报告中，接受党和国家领导人及全国两会代表委员的审议。2018 年 10 月 24 日，“法媒银”平台作为人民法院系统解决“执行难”工作的抓手之一，接受了十三届全国人大常委会第六次会议的审议。

“法媒银”平台还被中宣部审定为社会主义核心价值观融入法治建设的典型；被中央政法委、中治委列为全国社会治安综合治理创新工作的典型。至 2019 年 1 月底，“法媒银”平台共获得国家级荣誉 10 余个。

（二）联合惩戒　网上线下齐延伸

“法媒银”平台上线之时有公开曝光、公众查询、信用惩戒、新闻宣传四项功能，在曝光台一周年之际，新增了在线举报、在线监督、数据分析、悬赏公告、司法拍卖、终本案件库等六项功能；同时推出了手机终端和微信公众号。2018 年初，中国江西网和江西省高院执行局商定利用“赣鄱云”智慧平台技术手段优化升级，即智慧 3.0 版——升级优化悬赏公告、在线举报、在线监督等各项功能，进一步强化“法媒银”平台的服务性、实用性、便利性，并重磅创新打造司法建议推送、执行网格化、执行调查、执行悬赏等十大功能。目前，这十项功能已全部上线。现在的“法媒银”平台已不仅是一个静态的曝光平台，更是一个立体动态的联合惩戒系统。

自平台上线以来，中国江西网就致力于充分发挥平台的联合惩戒能力，先后把该平台的各项数据与最高法院失信惩戒系统、“信用中国（江西）”等多个平台主动对接，进一步拓宽了失信名单库的运用范围，实现互联互通、共享共赢、联合惩戒；2018 年，“法媒银”平台曝光的人群从一般的社会人员扩展到具有公职人员等身份的被执行人；与江西省综治委、江西省文明委合作，与综治先进单位、文明单位评选挂钩，加大对“公职”失信被执行人的联合惩戒力度。同时，平台数据库还向银行、铁路、民航、公安、教育主管等各个部门推送，让失信者“一处失信、处处受限”。

“法媒银”平台把“诚信建设”这篇大文章做深做实，不断加大法治与诚信建设宣传力度。陆续推出了“人大代表、法院院长话执行”“决胜执行江西法院在行动”等主题宣传活动；围绕法院各项执行专项行动开展“春雷行动”“夏季风暴”“秋季行动”“冬季融冰”等大型网络直播活动，从融媒体的角度全面展现行动场景。

中国江西网还积极推动“法媒银”平台网上向线下的延伸，2018 年 5 月，启动了以“不忘初心　共筑诚信”为主题的“‘法媒银’进基层”大型公益系列活动，至 2019 年 2 月底已组织开展活动 32 场，覆盖范围包含了全省的校园、机关、社区、农村、铁路、地铁、电影院等，把执行工作宣传触角延伸至基层，在全社会营造了“褒扬诚信、惩戒失信”的良好氛围。通过融媒体、系统化的宣传，树立典型、提炼经验，向全社会宣扬诚信理念。

（三）媒介联动　拓展媒体融合广度深度

“法媒银”平台综合利用自身所属报纸、杂志、网站、移动客户端、彩信手机报、微博、微信、手机网、地铁户外传媒等九种媒介形态进行联动，传统媒体与新兴媒体齐发力，大力宣传“法媒银”平台的建设意义、功能定位、操作流程、执行动态等。同时，中国江西网遵从新时代传播规律，综合运用文字、图片、音频、视频、论坛、评论、微博、微视、微信、漫画、手机网、H5 等传播手段进行创新宣传，有效地拓展了媒体融合发展的广度和深度，多介质的宣传和全方位的传播切实提高了“法媒银”平台的传播力、引导力、影响力、公信力。①

接下来，中国江西网还将充分利用在媒体融合发展中的媒介互动技术，一一将其运用于“法媒银”平台。让查询信息更完善丰富、大数据分析更精准全面、举报监督更便捷公开。继续深入开发和开展“法媒银+”项目、“法媒银”进基层等活动，把依法治国各项要求落实到城乡各个基层组织，吸引更多的部门和更广泛的群体持续关注“法媒银”平台，让诚信之花开遍赣鄱大地，将“法媒银”平台这块唱响全国的金字招牌擦得更亮。

二　媒体融合的“江西样板”——“赣鄱云”省市县三级一张网工程建设

近年来，中国江西网深入贯彻落实党中央媒体融合发展精神，牢牢把握媒体融合发展的政治方向、舆论导向，依托“赣鄱云”媒体融合“一张网”平台优势，发挥大数据、云计算的技术引领作用，坚持移动优先发展战略，重点从市县区地方突破，调动上、下两个方面的积极性，走出一条媒体融合的“江西模式”。

在“赣鄱云”强大的平台支撑下，江西各地融媒体中心积极投入融媒体内容创作生产，推出了一批“现象级”融媒体产品，形成了一批有影响的新媒体品牌，培养锻炼了一批全媒体人才，全省新闻舆论工作气象一新，市县级媒体融合驶入了快车道。

2018 年 5 月 10 日，江西分宜县作为“赣鄱云”县级媒体融合的成功典型，在全国文化体制改革座谈会做典型发言，向全国介绍经验，得到了中共中央政治局委员、中宣部部长黄坤明的高度肯定。中宣部常务副部长王晓晖也对“赣鄱云”做出批示。日前，中宣部已经刊发《江西统筹推进县级融媒体中心建设》文章，向全国介绍推广江西“赣鄱云”融媒体建设经验。

① 王晖、王宣海：《以融合促进融入　以创新成就创造——从“法媒银平台”看社会主义核心价值观融入法治建设的传播效应》，《新闻战线》2017 年第 9 期；王宣海：《借力重大主题　融合创新为要——从“失信被执行人曝光台”的打造看新闻网站如何做重大主题报道》，《中国记者》2016 年第 3 期。

2017 年底，“赣鄱云”入选由国家新闻出版广电总局新闻报刊司开展的第二届全国报刊媒体融合创新 100 佳优秀案例；在国家互联网信息办公室、人民日报社举办的“2017 全球移动互联网（GMIC）青岛峰会暨中国传媒融合发展年会”上荣获中国传媒“中央厨房”年度最具价值品牌，成为媒体融合的“江西样板”。

目前，“赣鄱云”与江西省 60 多个市、县（区）合作共建了融媒体中心，并成功跨出省门援建了新疆“克州云”。

（一）顶层设计：全省媒体融合“一张网”

媒体融合涉及意识形态安全，必须高度警惕社会技术或资本的介入，确保牢牢掌握意识形态工作的领导权。“赣鄱云”是在江西省委的领导下、在省委宣传部部署下，由省委直属事业单位江西日报社承建，通过全省媒体融合“一张网”的模式，实现了党管媒体平台化、党管数据具体化。

江西省媒体融合从 2016 年开始就在精心进行顶层设计，在省委的统一领导下，确定由下而上融合路径，走全省融合“一张网”“一盘棋”的战略思路。①

2018 年以来，江西省委宣传部主要领导密集深入全省县市区调研媒体融合发展情况，重点调研“赣鄱云”运行情况。省委宣传部还下拨了专项资金，支持“赣鄱云”研发单位江西日报社中国江西网建设了“赣鄱云”总部物理空间，推出了总部“样板工程”。

在重大事件、突发事件中，省、市、县三级站点可以通过“赣鄱云”平台，实现统一指挥、统一调度、统一生产、统一发布，各站点媒体平台集中传播，同频共振传播党的声音。

“赣鄱云”不仅是一朵“媒体云”，更是一朵“服务云”。服务云包括党建服务、政务服务、便民服务、电商服务，功能强大。目前，江西省人大、省政协、省纪委等 20 多个省直单位在“赣鄱云”开通了政务分端，建立了与人民群众沟通的移动平台。“赣鄱云”开通 20 多个功能服务模块，均与老百姓生活息息相关。其中“法媒银”诚信平台、志愿服务打卡计时功能等都获得好评。

---

① 王宣海：《打造“中央厨房”，构建舆论高地》，《青年记者》2017 年第 15 期。

（二）重构流程：畅通融媒体运行血脉

“赣鄱云”采编流程倒逼各级融媒体新闻生产单位采编流程再造，畅通融媒体运行血液。改变了之前我做我的报纸、你做你的微信的各自为政工作格局，全面打通了“两微一端”及报纸、广电等平台。

赣鄱云“中央厨房”包括移动采编系统、信息加工系统、信息分发系统、集控管理系统等，工作流程为：调度员通过移动采编系统对前方记者进行调度，记者接受指令后第一时间来到新闻现场，通过音视图文形态报道或直播新闻事件，采集的新闻信息进入云稿库平台，后方编辑通过平台软件对原料进行音视图文信息编辑处理后生成半成品，经过三审三校后，编辑一键下发到微博、微信、客户端、WAP 手机网站、PC 网站。电视台、报社可到云稿库平台取稿生成自己的产品。“中央厨房”可实现全网集控管理，一键删除各终端内容。赣鄱云“中央厨房”既是各融媒体中心的指挥中心、调度中心，也是编辑们的智能生产车间，在一个平台就可完成各大媒体平台新闻产品的内容加工、生产、发布，真正实现了“一次采集、多种生成、多元发布”。

现在已进入移动互联时代，“终端随人走、信息围人转”成为信息传播的新态势。“赣鄱云”可为各合作站点“一站式”建成移动新闻客户端、移动网站、PC 网站等并把所有媒体形态在新闻客户端上集中展示。也就是说，只要安装了一个新闻客户端，就可以在客户端上看当地报纸、看当地电视、听当地广播、浏览当地微博微信等，不管何时何地，一端在手，看遍所有。

移动直播是“赣鄱云”的另一大优势。由“赣鄱云”技术团队自主研发的直播技术平台，可确保一部手机随时随地进行现场直播，完成记者调度、移动采编、移动审核等任务。

截至 2019 年 1 月底，“赣鄱云”上线以来，直播场次累计 500 多场，点击量亿万人次；生产现象级新闻产品 300 多个；用户总数超过 5000 万，媒体端口突破 300 个，成为江西最大的“媒体云”。

（三）共建共赢：破解基层媒体融合发展难题

“赣鄱云”推出前，江西各地建设融媒体中心时各自为政，纷纷购买省外技术公司“中央厨房”技术平台，但由于标准不一、价格太高、安全隐患多，脱离了市县实际需求，且容易形成“信息孤岛”。往往建立一个“中央厨房”，需要一两年时间，耗费大量人力物力财力，还不能取得实质性效果，“赣鄱云”为县级媒体融合提供了“一站式”解决方案，破解了江西县级媒体融合发展中的难题。

以前，基层新闻媒体的传播仅限自己的平台在本区域传播，而今，有了全省统一的“赣鄱云”“中央厨房”平台，各地“中央厨房”在各种重大事件、突发新闻、大型活动中可以携手联合作战，生产的新闻信息产品不仅在本地站点媒体平台上传播，还同时在省级总站点媒体平台进行传播，捏成“拳头”集中发声。

“赣鄱云”提供人员培训、物理空间建设指导等服务，各地不需要再为采购服务器、建机房、建软件而烦恼，只要集中精力做好内容即可，其他一切均交给“赣鄱云”。一般来说，“赣鄱云”建成一个标准的“中央厨房”软件系统（含各类新媒体传播平台）仅需一两个月时间，可同时开建50个以上“中央厨房”平台，这种工作效率与速度能加速省县市区媒体融合步伐。

“赣鄱云”的规模效应也为地方建立“中央厨房”大大节省了成本，防止了重复建设造成的浪费。参照某国家级媒体“中央厨房”价格标准（技术标准与“赣鄱云”基本相同），一个真正的“中央厨房”市场报价高达460万元，以后每年升级费、维护费、宽带流量费不低于100万元。而“赣鄱云”“中央厨房”实际执行价仅70万元，以后每年升级维护费35万元，建一个“中央厨房”可一次性为地方节省390万元。如按江西省100个县计算，“赣鄱云”将为整体经济发展水平还不是很发达的江西省各县共节省资金近4亿元。

三 网聚正能量的“江西榜样”——创新地方新闻网站典型人物报道

判断一个媒体是不是主流媒体的要素很多，比如受众多、传播范围广、影响力大等，但主流媒体最重要的要素是能否传播主流价值，凝聚社会共识，而典型人物报道是网络媒体传播主流价值、凝聚社会共识的重要抓手。网聚正能量、传播好声音，激励人民群众崇德向善、见贤思齐，推动全社会积善成德、明德惟馨，为实现中华民族伟大复兴的中国梦凝聚起强大的精神力量和有力的道德支撑，是主流媒体之应有担当。

伟大时代呼唤伟大精神，崇高事业需要榜样引领。中国江西网发掘推送网络典型人物的经验做法，为新时代新形势下践行和弘扬社会主义核心价值观提供了可操作的样本。

（一）典型人物报道的革新

很长时间里，不同年代的记者们给我们留下了一批又一批光彩照人的典型形象。这些典型形象如同标杆和旗帜，曾经引领和激励着一代又一代青年在精神上向上提升，在品行上向善靠拢。但长期以来，典型人物报道在其发展的过程中逐渐形成一种模式，即只专注于表现报道对象的高大与完美，导致典型人物被过于神化，人情味不足，不太接地气。

作为全国重点新闻网站和党报集团下的党网，中国江西网的主要任务就是要加大“正能量”新闻的聚合和传播力度，不断放大主流媒体的声音，拓展正能量在网络空间的传播频次和渠道，为培育和践行社会主义核心价值观营造积极、健康的网络环境。

可如果我们的典型人物报道不能让受众接受，连看都不看，那我们何来主流地位，怎么承担起重任？

从网络媒体的角度看，典型人物报道要提升影响力、增强吸引力，除了注重内容的选择、报道深度的发掘、典型人物和典型细节的选取外，还得发挥好网络媒体的优势。网络媒体的多媒体、互动性、无界传播等优势是其他媒体难以企及的，网络媒体可以就此更好地宣传典型人物，传播正能量。

（二）“江西榜样”全国推广

从2013年开始，中国江西网大力挖掘赣鄱大地涌现出来的“感动之源”，基本实现了每周发掘推送出一个走向全国的网络典型人物。已成功报道了备受党和国家领导人关注的“第四届全国道德模范”“感动中国年度人物”龚全珍，“爱岗敬业的最美政委”柯善梅，“用生命书写赤诚”的公安部二级英模熊国伟，“江西民间打拐英雄”魏继中，“敬业奉献”地质专家杨衍忠，“感动中国人物”支月英等全国重大典型人物，以及江西“励志奶奶”张红英，铜鼓“坚韧女孩”王金红，“最美考生”柳艳兵、易政勇，南昌老福山火海救人英雄许诺，“井冈山精神宣讲第一人”毛秉华等数十余位草根先进典型人物。

中国江西网周密策划、积极创新，持续推出的“正能量典型人物报道”受到了时任中央政治局常委、中央书记处书记刘云山等领导的批示肯定，被新华社、人民日报、央视等全国媒体报道关注，并于2014年10月在中宣部学习宣传先进典型工作现场会上被作为典型经验向全国推广。

遵循传播规律、发挥网络媒体优势是中国江西网正能量典型人物报道的主要特色。比如，在对龚全珍的报道中，除了记者实地采访之外，还将龚全珍一生所写的十余万字的日记整理成电子书，提供给网民免费阅读；通过网络互动环节，开放大江时评、大江论坛、江西手机报客户端、掌上大江网、大江网官方微信、江西微博等互动渠道，实现全方位互动，征集龚老及其老伴开国少将甘祖昌的感人故事，挖掘出了不少鲜为人知的典型故事，从而让龚全珍老人一心为公、一心为民的形象更加丰满。① 通过系列网络典型人物的发掘推送，中国江西网主要做好了以下四点。

一是讲好故事。在采访和写稿中，记者编辑注重挖掘每个人物身上的生动故事，把故事写好，用故事感染人、打动人。

二是接地气。深入践行“走转改”“三贴近”，增强和提升“四力”，用最草根人物身上涌现出的道德力量，向广大群众传递正能量，引导广大群众从我做起，从身边小事做起，争做社会主义核心价值观的积极践行者。

三是弘扬主题。把每个人物的故事、事迹与精神，融入中国梦当中，融入改革发展大局当中，以小我凸显大我，以大我引领小我。

四是树立导向。通过群众评议—记者采写—网络推送—全媒体宣传的典型发掘宣传机制和基层举荐—逐级报送—部门审核—官方发布的典型选树发布机制，纵向推、横向报，让典型更具广泛性、时代性、示范性，树立崇德向善、好人好报的价值导向。同时，网站还特别注重新媒体传播规律，形成了多种资源的有效整合和充分利用。在实践中，通过发挥传统媒体和新媒体的特色和优

① 王宣海：《网络典型人物报道的“三度”——以江西网连续发掘全国重大典型人物报道为例》，《中国记者》2014年第6期。

势，使典型宣传触角延伸得更远、更广；通过文字、图片、视频、音频、漫画等形式进行全方位立体展示，增强了典型宣传的吸引力、感染力和说服力；通过微视、微博、微信、移动客户端等“微手段”“微阵地”，打通了民间舆论场传播正能量的通道，抢占了网络宣传的制高点。

（三）不忘初心　创新前行

五年多来，中国江西网适应新时代、新要求、新挑战、新规律，以正能量为载体，创新传播手段，不断完善发掘推送网络典型人物的经验和做法。

中国江西网特别制定了《中国江西网推送网络典型人物报道流程》，涉及线索评估、报道形式、推广跟踪、总结备案等具体工作，以强烈的责任感自觉担负起网络正面宣传的重大使命，通过持续不断地关注赣鄱大地的凡人善举，深入挖掘隐藏在草根阶层中的点滴道德资源。

中国江西网还把赣鄱大地涌现出来的“感动之源”、月月进行梳理，通过网页、手机客户端、微博、微信等多平台推出系列集纳新闻，产生正能量新闻更加震撼人心的效果。如 2018 年 6 月刊发的《危急关头一声吼！10 多名好汉冲了上去！江西再现感人一幕》，盘点了江西省多次“抬车救人”的感人瞬间；7 月刊发的《突发！上百人冒雨救援！江西这 10 张图火了！看完后默默流泪》，把江西省入夏抗洪救灾中的十大温暖图片予以展现。

中国江西网 2018 年举办了“2017 感动江西医护瞬间”年度大型公益报道活动，全景展示了江西省 90 多个市区县 200 多个医疗机构的上千名医护工作者爱岗敬业、吃苦耐劳、甘于奉献的点点滴滴，社会反响强烈。中国江西网以“感动医护瞬间”公益活动为切入口，不断推动典型人物向医疗、交通、公安等行业纵深发展，挖掘推送网络典型人物“群像”，使报道更加具有感染力和震撼力。

中国江西网积极运用现场多种形式将发掘推送的网络典型人物的事迹和影响向基层扩散和延伸，进一步扩大先进典型人物的知晓面，更好地引导组织干部群众参与弘扬社会主义核心价值观活动中来。中国江西网 2018 年策划了“寻找 2017 江西抗洪救灾中感动瞬间和正能量微传播案例”“亲民警察蜀黍随手拍”“最美春运人评选”等一系列弘扬社会正能量的人物报道活动，使中国江西网网络典型人物报道的品牌效应不断增强。

四　触网涅槃的“江西纸媒”——助力传统媒体“寒冬”逆袭闯新路

《信息日报》是江西日报社旗下有着35年历史的报纸，是新中国成立后江西省第一张市场化报纸，其在20世纪80年代曾经是我国非常有影响力的信息类报纸。进入21世纪，《信息日报》受新媒体时代的冲击，也遭遇到了传统纸媒的“寒冬”。2017年8月8日，江西日报社果断决定，《信息日报》与中国江西网融合发展，开启了新媒体主导传统媒体融合的全新模式。

经过一年多的努力，在中国江西网社编委的坚强领导和网站新媒体的强力融合下，“网报融合”取得立竿见影的效果，2018年《信息日报》总收入比2017年同期增长30%，利润比同期增加了1000多万元，全年实现了盈利，发行量增长了15%，成为“新媒体主导传统媒体”变革发展模式的成功范本。

要说“新媒体主导传统媒体”的程度有多高，其实是很难量化的。但用新媒体带动报纸的发展，从中国江西网这些年发展的体量来说，也有足够的带动力。这种主导主要体现在：网报一盘棋，深度融合，增加平台的数量和穿透力，让适应读者需求的平台更多；新媒体时代报纸发行回归市场价值，报纸内容紧跟用户需要，带动了发行量提升；新媒体时代更加先进的营销理念，让报纸的营销模式改变了售卖广告版面的思路，“以用户为中心”的互联网思维渗入报纸工作的方方面面。

（一）深度融合，优势互补

《信息日报》与中国江西网进行深度融合，报纸在内容上不再追求“大而全”，用户群和客户群也不再追求“大而全”，而是精准定位，围绕“江西人的政经读本”的定位做文章，将网站新媒体传播优势、大数据分析优势等与报纸采编人才优势互相结合，优势互补。

首先，内容制作团队重新整合，两家媒体的采访力量打通成为一个团队，实行“一岗双责”，记者同时向纸媒、网站、客户端、公众号等多个平台供稿。编辑则相对分开，统一管理。同时，对采编流程、考核方式等也进行了配套改革，从而形成合力，为网报融合发展提供了强劲的内在发展动力。

其次，《信息日报》在此次媒体融合过程中有了自己的客户端，各新媒体平台与网站 PC 端、报纸版面形成网报融媒体矩阵，通过不断推出的内容产品进行深度互动，良性发展，从而共同做强做优网报新媒体影响力。目前，信息日报客户端下载量达 188 万，成为江西省第二大新闻客户端。[①] 信息日报微信和江西政读微信累计突破 50 万。信息日报微博突破 258 万。信息日报小程序、信息日报手机网、企鹅号、头条号等均已上线，新媒体矩阵初步形成。目前，信息日报新媒体用户已经达到 1000 余万。

（二）提高定价，服务用户

低价订报是都市报高峰期报业竞争的产物，原来《信息日报》的订报价格远远低于市场成本，《信息日报》与中国江西网融合发展后，《信息日报》提高定价，并同时恢复到每周五天出版，每天 12 个版的规模，每年每张报纸发行赢利 10 元左右，确保了报网融合转型“轻松上阵”。

融合之后，《信息日报》定位人群为关心江西时政经济新闻的读者，包括省市县三级党政群体和企事业单位、大中型国企负责人。在报纸定位清晰、读者明朗的前提下，《信息日报》坚持内容生产和用户的高度黏合，坚守集成内容的精准化，将发行和内容有效结合，报纸发行量不减反增。

2018 年，《信息日报》以专业、精准、齐全、深度的新闻内容报道，聚焦江西省各地市县主要领导政务活动、百姓关注的民生大事，牢牢抓住党政人员、企事业单位人员等细分人群，面对地市和行业厅局，写他们想看爱看的内容，直抵用户群体内心需求。

《信息日报》在 2018 年先后打造了《江西政读》《厅局长时间》《书记市长去哪儿》《大数据新闻》《问政江西》等一批特色栏目，如在 2018 年 7 月 4 日，就专门刊发了《新余市委蒋斌一周的关键词解码：扭住巡视整改不放松，带头认领任务抓整改》《赣州萍乡两市巡查组密集出动，公布举报方式，市民有问题举报》等精准内容，形成了和中高端用户的高效黏合，摆脱了低价推销报纸的策略。

---

① 练蒙蒙、邵平：《新媒体主导纸媒融合发展的探索与实践》，《中国记者》2018 年第 9 期。

（三）细分市场“特刊”发力

内容建设也好，布局发行也好，对于要自己养活自己的《信息日报》，所有工作都要通过运营，形成可持续发展盈利产业链。《信息日报》找准定位，坚持深度内容和细分领域，走出一条“细分市场小而优”的路径，形成了比较清晰的盈利模式。

《信息日报》在报网融合成立特刊部，以“特刊”为抓手，利用网站新媒体客户资源、多渠道、多平台分发的优势，深挖行业和地市县潜力，重点关注区域经济社会发展，形成行业权威发布平台。

从全省相关厅局和行业主管部门延伸到全省各设区市、县（市、区），《信息日报》连续推出了《江西国资》《江西环保报道》，以及《崛起新余》《萍乡新闻》《东湖新闻》《昌南新闻》等多个专版特刊。2018 年推出的特刊代理版面（包括地市版、专版、第三方广告版等）近 500 个，在为网站创收 500 多万元的同时，《信息日报》也增收 90 多万元，增加了网报双平台的收入和利润。这些特刊经营性版面因网报深度融合的全媒体传播优势，宣传效果也远远超过以往单纯在报纸上的投放，客户满意度大大提升，同时也提高了《信息日报》的市场占有率。

统计显示，网报深度融合后，2018 年中国江西网的收入已实现“收入在 2017 年 1 亿元的基础上增长 20%”的目标，增长接近 70%；而《信息日报》也在 2017 年亏损 900 多万元后，在 2018 年实现了全年赢利。

五　点赞超亿“江西爆款”——微作品巨能量重大主题报道立新功

在信息过载的今天，要想吸引受众眼球，接地气、入人心，必须在报道内容和形式方面下大功夫，从粉丝用户的需求着手。好的创意让人眼前一亮，能大大增强作品的感染力和传播力。打造爆款作品，首先要抓住用户的心，找准爆点，出奇制胜。寻找到契合主题、为用户带来阅读新鲜感的新形式，让用户在互动参与中主动传播。

作为江西日报社加快媒体融合转型步伐的排头兵、主阵地，中国江西网精心做内容，发力移动端，加快“两微一端”建设，扩大主流舆论阵地的覆盖面和影响力，旗下的微信公众号矩阵和微博矩阵初具规模，传播力跻身全国省级新闻网站第一方阵。同时，在融合发展上抢先发力，打造出一批“叫得响、立得住、传得开”的现象级融媒体作品，2015～2018 年，阅读数超过百万的新媒体作品达到 120 余件。①

《热烈祝贺习近平全票当选国家主席　一起来为中国加油》是中国江西网 2018 年继《十九大报告学习词典》之后打造的又一个爆款微作品。

2018 年 3 月 17 日上午，习近平全票当选为国家主席、中央军委主席。由江西日报社全国两会融媒体报道中心出品、江西日报社中国江西网制作的《热烈祝贺习近平全票当选国家主席　一起来为中国加油》H5 作品在微信、微博、客户端等全媒体矩阵平台第一时间发布后，迅速刷屏朋友圈，反响强烈，阅读数超过 1000 万人次，累计为中国加油次数过 2.2 亿，两度获中宣部的高度肯定。

该产品微传播的巨能量是如何实现的呢？首先是抓住了引爆点，顺应“天时（把握关注热点）、地利（快速执行和多渠道分发）、人和（对网友心理的精准把握）”，以 2018 年春节联欢晚会火爆的歌曲《我们的新时代》作为背景音乐，整体主打“中国红”，互动性和感染性极强，既是一个微视频，也是一个小游戏。网友一边见证习近平主席向宪法宣誓庄严神圣的历史时刻，聆听人民领袖对人民的承诺；一边在点赞“中国心”的互动中，表达对习近平主席的爱戴，为中国加油点赞，点赞结束后显示排名、加油次数及击败网友等情况，在分享时会自然出现“热烈祝贺习近平全票当选国家主席！我是第＊＊＊位为中国加油的人”，同时，设置加油 TOP500 排名，网友还可以邀请好友进行加油 PK，极大地触发了网友分享转载的参与性，让重大主题报道在网友互动中轻松完成。2018 年 1 月 23 日，在江西两会开得正酣之际，中国江西网推出了《2018 江西答卷，省长请你来阅卷》新媒体产品。该产品将 2018 年江西省政府工作报告的精华内容提炼出来制作成试卷，让每个转发点评的网友都成为阅卷人，产品互动性很强，效果非常好。随后，该产品的创意被湖

---

① 王宣海、胡武龙：《报网端微视五位一体　做好十九大融媒报道——中国江西网十九大宣传报道创新实践与启示》，《中国记者》2017 年第 11 期。

南、山东、山西等8个省的网站借鉴学习。还有，在2018年全国两会期间，中国江西网还推出了《江西省委书记邀你向全国人民报告》H5作品，创意十足，互动性极强。作品以习近平总书记的“时代是出卷人，我们是答卷人，人民是阅卷人”论述原音为切入点，以习近平总书记对江西谆谆嘱托的原音和省委省政府主要负责同志的原音，一气呵成串起一幅“不负重托的江西答卷”，用声音传情，用画面说话，通过航拍镜头和细节画面向全国人民报告江西的变化。

这些新媒体产品之所以成为爆款，引燃网络和朋友圈，其实不是偶然的，而是因为网站有成熟的融媒体报道团队和平时积累了丰富的新媒体实战经验。2017年，中国江西网阅读数过百万的新媒体作品就有50多件，特别十九大报道中推出的《十九大报告学习词典》，阅读数超过1200万，成为全国媒体解读十九大报告中少有的千万级爆款作品，创造了江西新媒体作品宣传史上的新纪录。

更为重要的是，通过系列鲜活的新媒体产品可发现，随着新时代的新变化，新传播带来的新挑战，新闻网站的从业人员只要不断加强学习，勤于钻研，以问题为导向学思践悟，创作的产品就会“让人惊”“让人思”，就能在纷繁复杂的舆论场里保持定力，就会有“暮色苍茫看劲松，乱云飞渡仍从容”的胸襟，就会有“不管风吹浪打，胜似闲庭信步”的从容，就会有独特的见解和深邃的思想，一定会有凝聚力、向心力、穿透力、感染力、传播力、公信力、生命力。

参考文献

［1］《习近平：加快推动媒体融合发展　构建全媒体传播格局》，《求是》2019年第6期。

［2］王晖、王宣海：《以融合促进融入　以创新成就创造——从“法媒银平台”看社会主义核心价值观融入法治建设的传播效应》，《新闻战线》2017年第9期。

［3］练蒙蒙、邵平：《新媒体主导纸媒融合发展的探索与实践》，《中国记者》2018年第9期。

［4］王宣海：《网络典型人物报道的“三度”——以江西网连续发掘全国重大典型

人物报道为例》，《中国记者》2014 年第 6 期。

[5] 王宣海：《借力重大主题　融合创新为要——从“失信被执行人曝光台”的打造看新闻网站如何做重大主题报道》，《中国记者》2016 年第 3 期。

[6] 王宣海：《打造“中央厨房”，构建舆论高地》，《青年记者》2017 年第 15 期。

[7] 王宣海、胡武龙：《报网端微视五位一体　做好十九大融媒报道——中国江西网十九大宣传报道创新实践与启示》，《中国记者》2017 年第 11 期。

B.18 2018年中国视听新媒体技术应用创新发展报告*

高红波**

摘　要： 2018年，在中国视听新媒体技术应用创新发展浪潮中，科大讯飞、爱奇艺等上市公司运用人工智能技术赋能音视频内容生产与智慧传播。同时，国家广播电视总局"智慧广电"建设规划出台，为视听媒体融合发展指明了方向。展望未来，5G及物联网技术的影响日益凸显。

关键词： 视听新媒体　新媒体技术　大数据　人工智能

2018年，中国视听新媒体技术应用创新发展，以"人工智能+媒体"最为引人注目。比如，新华社"AI虚拟主播"、央视《创新中国》"AI合成配音"、科大讯飞"翻译机2.0"、小米"AI音箱"等。在"语音识别"和"图像识别"领域，人工智能技术应用创新赋予视听媒体新力量。人工智能、大数据、虚拟现实等技术应用创新日用品，快速进入寻常百姓家，将"互联网+""人工智能""媒体融合"等国家战略，绘声绘色凝结在一起，加速我国视听新媒体不断发展进化。这一年，国家广播电视总局印发"智慧广电"建设规划，指明了视听媒体融合发展的新方向。中国最大的在线视频网站爱奇艺在美国纳斯达克成功上市，科技创新应用助力网络视听产业快速发展。本文拟从技

* 本文为2018年度河南省哲学社会科学规划项目"新媒体技术对视频媒介影响的应用研究"（项目编号：2018BXW001）阶段性成果。

** 高红波，河南大学新闻与传播学院副教授，广播电视系主任，硕士生导师，传播学博士，艺术学博士后，主要研究方向为广播电视与新媒体，传媒经济与文化产业。

术、产品、企业、行业等案例入手，梳理和盘点我国视听新媒体技术应用创新发展的现实图景，鉴往知来，分析新技术对视听媒介进化带来的影响。

一　人工智能技术应用创新赋予视听媒体新力量

2018 年，科大讯飞（股票代码：002230）无疑是全世界人工智能领域最耀眼的中国明星。这家成立于 1999 年，2008 年在深圳证券交易所挂牌上市的高新科技企业，多年来深耕“智能语音”与“人工智能”，目前在语音合成、语音识别、口语评测、语言翻译、声纹识别、人脸识别等核心技术上代表国际先进水平。2017 年 6 月，《麻省理工科技评论》杂志公布“全球 50 大聪明公司”，科大讯飞惊艳亮相，位居全球第六、中国第一。

笔者对科大讯飞官方网站上“自我报告”的 67 篇动态信息进行研读，整理出科大讯飞“人工智能 +”的年度发展状况。①在人工智能技术创新方面，科大讯飞 2018 年共获得 12 项语音/人工智能相关技术领域国际赛事的“世界第一”，涉及声音模仿、语义评测、语音识别、图像识别、机器阅读理解等。②在人工智能技术开发与应用合作方面，科大讯飞 2018 年分别与美国麻省理工学院、中国移动、国家外文局、华为等签署战略合作协议，全面实施智慧教育、智慧医疗、智慧汽车、智慧城市等领域的合作开发。③在“人工智能 + 媒体”方面，科大讯飞已经和新华社、人民日报社、光明日报社、中央电视台等展开合作，比如其声音复刻技术应用的“AI 合成语音”为央视纪录片《创新中国》解说配音等。④在人工智能技术新产品展示方面，2018 年科大讯飞旗下的翻译机 2.0 等人工智能产品分别在国际消费电子产品展览会、中国（巴拿马）综合品牌展览会、中国 - 中东欧国家地方合作成果展会上受到好评。⑤在人工智能语音技术服务方面，科大讯飞为 2018 年世界互联网大会、世界人工智能大会、全球孔子学院大会、金砖峰会等提供智能语音翻译，惊艳世界。

在视听新媒体技术应用创新发展领域，科大讯飞人工智能产品“翻译机 2.0”2018 年重磅升级，一年之内历经四次“进化”。① 4 月正式发布，支持中文与 33 种语言即时互译。② 6 月升级，增加中/俄离线翻译功能，应用于俄罗斯世界杯等场景。③ 8 月再升级，新增中/日、中/韩离线翻译，优化拍照翻译功能。④ 12 月，可翻译语言增加到 51 种。[①] 因广泛服务于世界互联网大会、世界人工智能大会等，其成为中国国际交流的一张科技名片。同时，2018 年科大讯飞加强“智能语音 + 媒体”领域的合作，与光明日报社合作打造“第一张智能化有声报纸”，让报纸“能听会说”。除智能语音外，科大讯飞也在人工智能影像方面有所拓展，2018 年 11 月讯飞医疗携人工智能医学影像辅助诊断系统等系列产品，参加中华放射学学术大会，实施推进其“人工智能 + 医疗”战略。另外，“智慧广电”建设是广播电视行业与人工智能技术融合发展的重要战略目标，2018 年 6 月，科大讯飞在上海与国家广播电视总局广播科学研究院、沪苏浙皖新闻出版广电局达成战略合作意向，将围绕智慧广电战略，研发人工智能核心技术，打造长三角区域“广电专属语音云”，联合创建“广播电视与语音技术融合创新实验室”，推动智慧广电建设在平台、技术、应用、硬件、人才等方面的融合创新，助力“AI 赋能智慧广电”。[②]

2018 年是“科大讯飞国际化元年”。考察科大讯飞一路走来的“人工智能 +”发展历程，可以清晰描绘出其从“中国声谷”的人工智能语音科技创新及应用逐渐向“人工智能 + 教育”“人工智能 + 医疗”“人工智能 + 汽车”“人工智能 + 媒体”“人工智能 + 城市”“人工智能 + 政法”等全方位拓展的步伐。科大讯飞“人工智能”技术领先，也由“语音识别”向“图像识别”进发。与国际顶尖科研机构的全面战略合作，将进一步奠定科大讯飞在人工智能技术领域全球领先地位，同时也为视听新媒体技术融合应用创新开辟了广袤的疆土。

另有相关研究表明，2018 年我国在人工智能语音识别等技术领域的重要成果，主要体现在以科大讯飞为代表的智能语音研发企业的快速发展，讯飞、百度、阿里、腾讯、京东、小米等研发的智能音箱，如百度的“小度”、腾讯的“听听”、京东的“叮咚”和小米的“小爱同学”等，极大地满足了国内用户对智能语音设备的交流互动需求，促进了视听消费市场的崛起。[③]

---

① 科大讯飞：《翻译机 2.0 重磅升级》，http：//www. iflytek. com/content/details_ 135_ 2511. html。

② 科大讯飞：《用人工智能助力智慧广电》，http：//www. iflytek. com/content/details_ 135_ 2438. html。

③ 梅宁华、支庭荣主编《中国媒体融合发展报告（2019）》，社会科学文献出版社，2019，第 334 页。

据笔者观察，除上述人工智能语音技术创新应用外，以视频为中心的全球最大的视频监控行业上市公司海康威视（股票代码：002415），致力于“智能汽车大脑”战略和导航地图、车联网、自动驾驶等业务的上市公司四维图新（股票代码：002405），也都在人工智能技术应用创新方面赋予视听媒体新的力量。

二　“智慧广电”指明视听媒体融合发展新方向

2018 年 11 月，国家广播电视总局发布《关于促进智能广电发展的指导意见》，明确指出应在“深化智慧广电发展理念”基础上，重点加快智慧广电“内容生产、节目制播、传播、安全与监管、科技创新、生态”等六个方面的体系建设，“力争用 3 ~ 5 年时间”，实现智慧广电的突破性进展。同月，中宣部副部长、国家广电总局局长聂辰席在贵阳召开的推进全国“智能广电”建设现场会上发表讲话，指出：“智慧广电建设是以全面提升广播电视业务能力为目标，以有线、无线、卫星、互联网等多种手段协同承载为依托，以云计算、大数据、物联网、IPv6、人工智能等综合数字信息技术为支撑，实现广播电视智慧化生产、智慧化传播、智慧化服务和智慧化监管，着力提供无所不在、无时不在的高质量广播电视服务，更好地肩负起广播电视在新时代的重大职责使命。这是广播电视继数字化、网络化发展之后又一轮重大技术革新与转型升级。面对新形势新任务新要求，加快推进智慧广电建设势在必行，意义重大。”① 显然，“智慧广电”建设已经成为我国媒体融合纵深发展的传媒业深化改革新形势下广播电视行业技术应用创新的重中之重，指明了视听媒体融合发展的新方向。

回顾新媒体技术应用创新对我国电视媒体融合发展的影响，电视台技术架构经历了封闭方式的“专业技术”、半封闭方式的“专业技术 + IT 技术”、互联互通方式的“IT 技术”、云计算方式的“IT 技术 + 云技术”等四个阶段。② 具体而言，云计算、大数据、物联网、虚拟现实等技术对电视媒体融合发展的

① 聂辰席：《推进全国“智慧广电”建设现场会讲话》，http：//www. qianjia. com/html/2018 - 11/27_ 313199. html。

② 闫勇、李瑶：《电视媒体融合发展的探索与实践》，九州出版社，2018，第 88 页。

积极推动作用如下：①云计算帮助电视媒体融合发展业务实现了“数据高度可管可控”“终端设备投入成本最小化”“视频业务跨领域全方位发展”。②大数据为电视“智能化升级”带来诸如“数据新闻及其可视化互动”“网络舆情分析”“个性化定制推送”等新空间。③物联网则将广播电视网络视为数字机顶盒、家庭网关、移动终端连接的高端物联网，为用户提供“交互视频”“多媒体通信”“智能家居”“家庭医疗”等服务。④虚拟现实技术给电视带来新的传播视角和方式，如“VR＋新闻”等。①

2018 年，全国各地智慧广电建设的主要措施有：①加快云平台及有线网络升级等硬件基础设施建设。②强化视听内容的智能生产、制播和分发，加快智能终端设备的研发和投产。③推动广播电视产业生态的整体创新和优化升级。②

笔者依据广电网络上市公司 2018 年上半年报告资料及国家广电智库对智慧广电发展调研情况，对北京、贵州、江苏、浙江、湖北、广西、陕西、吉林等省市的智慧广电建设进展关键词进行了梳理，具体内容参见表 1。

表 1　2018 年我国部分省市智慧广电建设进展情况

广电上市公司及代码	2018 年智慧广电建设进展关键词
北京歌华有线（股票代码：600037）	智慧城市、雪亮工程、无线北京、歌华视联网、广电 IPv6 应用联盟、智慧云数据中心、智慧家医、歌华小果、视听传媒大数据联合实验室、京津冀上广深大数据业务
贵州贵广网络（股票代码：600996）	广电全光网、高清视频电视会议服务、智慧社区、智慧旅游、农村应急广播、二代智能高清机顶盒、“广电精灵”IP 机顶盒、“万物互联”智能警务项目、智慧医疗－万家医视
江苏有线（股票代码：600959）	《智慧城市试点规范》、《智慧城市项目管理规范》、人工智能语音、视频通话、同屏推送、高清 4K 机顶盒、智慧城市、孝乐工程、银联、微信、支付宝等便捷支付手段
浙江华数传媒（股票代码：000156）	新网络＋应用、新媒体＋内容、大数据＋开发、智慧化新网络、融合化新媒体、数据化新平台、TVOS 智慧广电业务示范区、智能平台、4K 智能盒子、智能全屋、广电可信安全云

① 闫勇、李瑶：《电视媒体融合发展的探索与实践》，九州出版社，2018，第 92、96、99 页。

② 国家广电智库：《2018 年全国部分省市智慧广电发展情况梳理》，http://xwcbgdj.fujian.gov.cn/xxgk/gzdt/xyxx/201811/t20181122_4680808.htm。

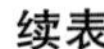

续表

广电上市公司及代码	2018年智慧广电建设进展关键词
湖北广电 (股票代码:000665)	云平台+光网络+慧终端、广电网+互联网+物联网、视频+宽带+智慧应用、电视购彩、慧生活、湖北微TV、智慧党建TV版、广视通、雪亮工程、4K融合终端、全场景+全时空+全链条
广西广电 (股票代码:600936)	智慧升级工程、小象互动平台、视频监控系统、智慧乡村、智慧小区、智慧旅游、智慧教育、智慧城市、广电云、大数据公司、家庭智能终端、视频融合应用平台
陕西广电网络 (股票代码:600831)	秦岭云、智慧社区、广电服务、健康服务、理财服务、养老服务、商家服务、政务服务、便民服务、旅游服务、智慧社区电视端、手机APP端、电脑端综合信息服务平台
吉林吉视传媒 (股票代码:601929)	阿里飞天云、VR场景、互联网接入、信息化整体解决方案、智慧教育、智慧医疗、智能城市、智慧新广电、智慧产业、智慧运维、孝乐工程、手机电视、云课堂、光纤入户、视频会议

除广电网络上市公司外，智能电视机硬件设备厂商如海信电器（股票代码：600060）、四川长虹（股票代码：600839）、创维数字（股票代码：000810）、暴风集团（股票代码：300431）等，2018年也都在积极探索新技术研发和互联网电视机的智能化升级。

三　科技创新助力网络视听产业拓展新空间

据中国互联网络信息中心统计数据，截至2018年12月，我国网民规模为8.29亿，手机网民规模8.17亿，短视频用户6.48亿，网络视频用户6.12亿，网络音乐用户5.76亿。① 这一系列数据勾勒出我国网络视听产业庞大的用户规模，反映出网络视听内容强大的社会影响力。笔者试以2018年3月在美国纳斯达克上市的中国最大的在线视频网站爱奇艺为例，整理分析其官网新闻动态197条“自我报告”中有关技术与视听新媒体融合的内容，管窥科技应用创新为网络视听产业带来哪些新的变化和可拓展的新空间。

2018年3月29日，中国最大的在线视频网站爱奇艺成功登陆美国纳斯达克，股票代码IQ，成为一家“以科技创新为驱动”的网络视频上市企业。围

① 中国互联网信息中心：《第43次中国互联网络发展状况统计报告》，2019年2月。

绕科技创新，爱奇艺在2018年动作频频。

在人工智能与虚拟现实技术创新方面，2018年5月，爱奇艺自主研发的数字版权管理（Digital Rights Management，DRM）系统，成为中国首个获ChinaDRM认证的视频平台，标志着其数字版权管理技术达到国际水平。爱奇艺数字版权管理系统主要包括认证标准实现和安全保护两部分，采取对视频加密形式，对解密代码予以保护，能够有效防止攻击者盗取及用户的非法观看，引领网络视听行业版权保护健康发展。[①] 2018年6月，爱奇艺联合主办“AI竞赛”，推进国内外视频人工智能（AI）技术创新发展。这项“多模态视频任务识别挑战赛”，面向参赛者开放目前全球最大的明星视频数据集，共有5000位明星艺人，长达1000小时，共计50万条视频片段，供参赛者描摹其人脸、声音、动作、服装等特征，共建“AI+软件+硬件”的开放生态圈。[②] 2018年10月，在杭州举办的中国计算机大会上，爱奇艺自主研发的“基于人工智能的爱创媒资系统”获得“2018年CCF科学技术奖科技进步杰出奖”，“智能选角平台关键技术及应用”获得优秀奖。前者是“软件+硬件+网络”的影视制作方案，通过对所拍摄的素材进行AI智能分析，实现高效率的影视制作，目前已经成功应用到《中国新说唱》《中国音乐公告牌》等爱奇艺网络自制真人秀节目生产制作当中。后者是爱奇艺自主研发的“艺汇”系统，主要是通过人工智能技术，从“角色”和“演员”的信息库中抽取有价值信息，为网络自制剧选角，目前在网络剧《泡沫之夏》和《最好的我们》案例中都有成功的应用。[③] 此外，在虚拟现实技术创新方面，爱奇艺荣获“2018国际虚拟现实具有影响力企业”称号。

在人工智能与虚拟现实技术应用产品方面，2018年5月，爱奇艺重磅发布推出全球首款支持8K全景视频播放的“奇遇VR一体机”。该产品内嵌10000部电影、20000部全景视频内容，通过AI自动识别，还可以自动切换

① 爱奇艺：《爱奇艺自研DRM系统获ChinaDRM实验室认证　成国内首个获认可的网络视频平台》，http：//www.iqiyi.com/common/20180614/8ff6eb4a488f6b8d.html。

② 爱奇艺：《2018爱奇艺AI竞赛开幕》，http：//www.iqiyi.com/common/20180614/d9d34eb8787c3e99.html。

③ 爱奇艺：《爱奇艺“爱创媒资系统”与“智能选角平台”斩获2018中国计算机大会两项殊荣》，http：//www.iqiyi.com/common/20181029/013369d4e780caca.html。

180 度、360 度、3D 播放模式，在京东网上商城受到欢迎。10 月 18 日，这款搭载 iQUT（智能移动数字院线）系统的“奇遇 VR 一体机”，还在香港举办 2018 年环球资源秋季移动电子展上获得环球资源分析师推荐，成为“以创新科技打造观影新纪元”的重点展示产品。[①] 2018 年 9 月 28 日，歌华有线、百度、爱奇艺联合发布首款 AI 融合机顶盒“歌华小果”，该产品具备语音智能搜索、有线电视频道直播、视频点播等功能，全面实现了“有线网与互联网”“手机小屏与电视大屏”“遥控交互与人工智能操控”“有线直播与互联网点播”等四个方面的融合，标志着“人工智能、互联网和有线电视运营商首次以深度协同的方式进军中电视智能化业务”。[②] 2018 年 11 月，四川广电联合百度、爱奇艺正式发布 4K 智能机顶盒“蜀小果”，成为爱奇艺智能电视应用“奇异果 TV”姊妹产品。2018 年 11 月，爱奇艺在中国网络视听大会上推出全球首个 AI 手语主播，结合 3D 虚拟偶像，通过语音识别新闻播报内容，自动转换成手语，为听障人士提供全新观影体验。[③] 此外，爱奇艺还布局酒店 VR 应用场景，探索跨界联动的价值。

除爱奇艺外，广电新媒体上市公司如东方明珠（股票代码：600637）、芒果超媒（股票代码：300413）等也在科技应用创新方面为网络视听产业带来新的变化和可拓展空间。

2018 年，东方明珠积极推进网络强国战略，加快发展移动互联网、IPTV、物联网等新业务，互联网电视用户高度活跃，移动互联网视频用户付费意愿增强，影视、游戏、动漫等内容支柱产业不断发展，智能化、网络化视频购物崛起，具体如下：①通过云技术、大数据、人工智能等实现云平台转型升级，构建智慧运营平台。②推进融合媒体平台建设，与三大电信运营商合作，打造“咪视通”等。③提升内容的聚合、生产与发行能力，形成影视互动娱乐精品化、差异化内容矩阵。④积极推进“城市大脑”项目，助力上海智慧城市建

① 爱奇艺：《爱奇艺奇遇 VR 一体机荣获环球资源分析师推荐　以创新科技打造观影新纪元》，http：//www. iqiyi. com/common/20181019/09a8024ac0613d0c. html。

② 爱奇艺：《歌华有线、百度、爱奇艺联合发布首款 AI 融合机顶盒　打造创新性智慧家庭娱乐场景》，http：//www. iqiyi. com/common/20181008/9e0d1379f78d3b6a. html。

③ 爱奇艺：《爱奇艺推出全球首个 AI 手语主播》，http：//www. iqiyi. com/common/20181203/b47c90918d000779. html。

设。⑤超前布局“5G”及“8K”业务。[①]

2018年，芒果超媒作为A股市场第一家以融合发展为特色的新型主流媒体集团，通过强化“头条”建设和“首页首屏首条”，开创媒体融合新范例，建立起“精品自制＋芒果独播＋优质精选”的独特内容策略，持续升级芒果TV新媒体平台，重点建设媒资系统优化、大数据平台和融播体系及APP客户端，加快社交、IPTV、OTT等渠道布局，发挥全媒体资源整合优势，构建产业协调发展格局。[②]

四　面向未来的新媒体技术应用创新趋势

2019年1月25日，中共中央政治局就全媒体和媒体融合发展举行第十二次集体学习，习近平总书记强调，全媒体不断发展，出现了“全程媒体、全息媒体、全员媒体、全效媒体”“要运用信息革命成果，推动媒体融合向纵深发展”，要坚持“一体化发展方向”“移动优先策略”，要探索“将人工智能运用在新闻采集、生产、分发、接收、反馈中，全面提高舆论引导能力”。[③] 这段话对我国未来视听新媒体在技术影响下创新发展趋势的研判具有重要意义。

面向未来，笔者认为新媒体技术应用创新对我国视听媒介发展影响的趋势如下。

一是视听新媒体融合将向内容创新纵深发展。我国媒体融合发展的传媒业深化改革，肇始于2014年8月中共中央《关于推动传统媒体和新兴媒体融合发展的指导意见》，一路走来，媒体融合从“相加”到“相融”，从“深度融合”到“纵深发展”，即将进入“全程、全息、全员、全效”的“全媒体”新阶段。在数字技术、互联网技术、云计算、大数据、人工智能、虚拟现实等技术应用创新赋能下，我国传媒业深化传统媒体和新兴媒体“内容、渠道、平台、经营、管理”融合改革，建设“中央厨房”，坚持“移动优先”，发展“县域融媒体中心”，信息传播体系在新媒体技术应用创新影响下已经形成了

---

① 东方明珠：《东方明珠新媒体股份有限公司2018年半年度报告》，2018年8月。

② 芒果超媒：《芒果超媒股份有限公司2018年半年度报告》，2018年8月。

③ 《习近平在中共中央政治局第十二次集体学习时强调：推动媒体融合向纵深发展，巩固全党全国人民共同思想基础》，《人民日报》2019年1月26日。

基本的雏形。从技术哲学视角来看，所谓技术是指达成某一目标的人类劳动。新媒体技术应用创新对视听传播而言，主要目标应当是“新人耳目”，具体可以分为“外在的”和“内在的”两个方面的影响。由于新技术的应用，改变了信息传播体系，如云计算、大数据技术作用下的“中央厨房”“融媒体中心”等均属此类，这种新媒体技术对于信息传播的影响是外在的，不涉及信息内容本身发生的变化。随着媒体融合的纵深发展，人工智能、虚拟现实、5G、8K 等新技术应用，已经开始并必将持续影响信息内容本身的形态变化，这种影响可以称为新媒体技术应用创新对传播信息“内在的”影响。比如，前文所述的科大讯飞智能语音技术产品“AI 合成配音”“AI 合成主播”等，还有爱奇艺在网络自制节目运用人工智能技术进行后期编辑制作的成功实践等，在这些案例中新媒体技术应用创新都对视听内容信息生产本身起到了决定性的作用。在媒体融合纵深改革的未来，如果说“渠道、平台、经营、管理”的融合改革已在“顶层设计”下基本成型，那么，“内容融合”的纵深改革才刚刚拉开序幕。面临即将到来的“5G 时代”和“移动优先”的媒体融合战略，新媒体技术必将对全媒体信息传播内容形态本身带来更加深刻的影响。

二是智慧广电建设将全面加速。国家广播电视总局出台的“智慧广电”建设规划，可以看作是我国媒体融合纵深发展的传媒业深化改革新阶段，视听媒体借助新技术应用创新向“智能化”转型升级的纲领性文件。在“互联网+”“宽带中国”“人工智能”等国家战略指引下，广播电视行业综合运用云计算、大数据、人工智能、虚拟现实等技术转型升级，构建现代传播体系，最便捷的通道当属将“广播电视网络”进行双向互动等技术改造变身为光纤化的“广电宽带”，成为继中国移动、中国电信、中国联通之后，我国新媒体时代信息传播的“第四运营商”。在“智慧广电”建设规划印发之前，上文所述我国广电网络上市公司纷纷在网络基础设施的改造升级上奋力开拓，努力实现从“广播电视节目有线传输平台”向“全媒体全业务网络运营平台”的转型，积极投身智慧家居、智慧社区、智慧城市、智慧乡村、智慧医疗、智慧教育、智慧旅游等诸多业务领域的“智能化升级”。2018 年 11 月，“智慧广电”建设规划的印发，必将在新一轮视听媒体转型升级过程中掀起新技术应用的高潮，新媒体技术的创新应用也必将对提升广电行业“智能化”水平起到更加积极有效的促进作用。语音搜索、智能标签、虚拟主播、声音合成等人工智能技术应用创新已经初露端倪，全息媒体、人脸识别、车联网、VR 场景等新媒体技术应用创新也离普罗大众的日常生活越来越近。在“技术赋能”条件下，广播电视业的智慧生产、智慧传播、智慧服务、智慧监管，有望迅速提升，达到更高的水准。

三是人工智能技术应用从语音向影像快速发展。所谓“人工智能”，一般是指研究、开发用于模拟、延伸和扩展人的智能的理论、方法、技术及应用系统的一门新的技术科学。① 前文所述着力打造“中国声谷”的科大讯飞，在人工智能技术研发方面，已经达到国际先进水平。从科大讯飞人工智能技术产品研发来看，正在勾勒出一幅由“智能语音”应用的“翻译机 2.0”“讯飞听见转写机器人”等逐渐向“图像识别”人工智能技术应用的“智慧医疗”影像辅助等产品延伸的图景。在美国纳斯达克上市的爱奇艺，更是用人工智能、虚拟现实科技创新的鲜活案例，展现出新媒体技术应用创新对网络视听传播机制与传播内容产生的具有进化意义的影响。然而，这一切才刚刚开始。环顾身边无处不在的人工智能技术应用，机器人写作、人脸识别、语音搜索、机器翻译等等，未来实现“能说会听的报纸”“机器人拍摄剪辑的影视作品”，也不再是虚无缥缈的想象。面向未来，自动驾驶、智慧金融、智慧生活、智慧医疗、艺术创作等领域，“深度学习 + 大数据”的人工智能更有可能成为人类社会全新的一次大发现、大变革、大融合、大发展的开端。② 从视听新媒体发展的角度，未来媒介社会景观的构成都内在地要求对人工智能技术的应用创新，从“语音识别”向“图像识别”迈进。

四是 5G 时代物联网技术影响日甚。“5G”即“第五代移动通信技术”，2019 年商用在即。如果说 3G 让手机视频普及起来，4G 促使手机视频智能互动，5G 时代手机视频则面临着跨界跨屏的飞跃。日本内政省发布的视频短片《连结 5G 以后的世界》，形象化地展示了 5G 时代日常生活的变化，比如一边开车一边可以语音选择播放与所经过路途景色相匹配的音乐，智能手表在语言不通的异国人之间可以实现智能化的同步语音翻译功能，万物皆媒的视频传输

---

① 腾讯研究院等：《人工智能：国家人工智能战略行动抓手》，中国人民大学出版社，2017，第 23 页。

② 李开复、王咏刚：《人工智能》，文化发展出版社，2017，第 149 页。

和视频同步直播，VR 眼镜在金婚庆典上实现的虚拟现实、增强现实乐队演唱等。正如葡萄牙学者 Jonathan Rodriguez 在其编著的《5G：开启移动网络新时代》一书中所言："5G 并不仅仅是一项新技术，而是一个通过无线网络协同工作为终端用户提供无缝通信媒介的技术生态系统。"① 5G 将至，视听媒介融合人工智能、虚拟现实等技术，实现物联网、车联网等新媒体服务应用场景依稀可见。未来，5G 时代物联网与视频媒介联姻，将充分满足人类对信息传播的"可视化"需求，塑造空间与环境、反映实时状态、培养生活习惯等重要应用场景。一个由新技术应用带来的全新的"万物皆媒、人媒共生""媒介生态、新生共荣""技术垄断、人文复兴"的媒介生态环境，终将呈现。

参考文献

[1] 梅宁华、支庭荣主编《中国媒体融合发展报告（2019）》，社会科学文献出版社，2019。

[2] 闫勇、李瑶：《电视媒体融合发展的探索与实践》，九州出版社，2018。

[3] 中国互联网络信息中心：《第 43 次中国互联网络发展状况统计报告》，2019 年 2 月。

[4] 腾讯研究院等：《人工智能：国家人工智能战略行动抓手》，中国人民大学出版社，2017。

[5] 李开复、王咏刚：《人工智能》，文化发展出版社，2017。

[6] Jonathan Rodriguez：《5G：开启移动网络新时代》，江甲沫、韩秉君、沈霞、朱浩等译，中国工信出版集团，2016。

① Jonathan Rodriguez：《5G：开启移动网络新时代》，江甲沫、韩秉君、沈霞、朱浩等译，中国工信出版集团，2016，第 5 页。

B.19

2018年中国小程序发展报告

郭 淼 谷星佐 郝 静*

摘 要： 互联网进入下半场后，人口红利与流量红利渐趋消失，小程序作为一种现象级产品应运而生。2018 年中国小程序迎来爆发式增长，资本看好，平台拥抱，用户期待。头部 APP 迅速进入产业布局期，实现了以运营平台为主导、小程序为中介的流量闭环模式。小程序凭借体量轻、成本低、体验佳的优势已经基本实现用户的使用习惯养成，运营商为持续助力小程序生态繁荣，开设多端入口通道，推出创新鼓励措施，降低开发审核门槛。在这一蓬勃发展的生态之下，小程序仍面临“拉新易、留存难”瓶颈待突破，下沉市场流量有余、交易不足，低配山寨与盲目开发，用户信息安全风险激增等种种问题。未来小程序的发展要致力于链接用户与服务场景、链接线上信息与线下实体场景，在小程序运营商多极化的竞争和规范中精准定位市场角色，发展优势类别，构建应用程序生态型互补关系，同时迎接“AI 小程序”发展趋势，翻开“小程序 + 人工智能”发展新篇章，带动小程序体量与用户规模全面上涨。

关键词： 小程序 BAT 场景 链接

* 郭淼，博士，国家信息中心应用经济学博士后，西北政法大学新闻传播学院讲师，研究方向为环境传播、新媒体；谷星佐，西北政法大学新闻传播学院硕士研究生，研究方向为新媒体；郝静，西北政法大学新闻传播学院硕士研究生，研究方向为新媒体。

最新 CNNIC 数据显示，截至 2018 年 12 月，“我国手机网民达 8.17 亿，全年新增手机网民 6433 万；网民中使用手机上网的比例升至 98.6%”①，手机用户成为互联网用户的绝对主体。互联网进入下半场后，人口红利与流量红利逐步消失，用户数量和用户时间增长速度放缓。为争夺用户时间，突破用户上涨瓶颈，2017 年 1 月微信率先发布小程序，QuestMobile 数据显示，2017 年 12 月微信小程序月活跃用户达 3.03 亿，几乎占微信月活跃用户的 1/3。② 若将 2017 年定为“小程序元年”，那么 2018 年则可看作“小程序爆发年”。在这一态势下，小程序成功收获资本和用户青睐，成为撬动移动互联网时代智能手机应用程序的“现象级产品”，行业呈现出一派繁荣景象。

一　2018年小程序的发展概况

（一）迎来爆发式增长

2018 年小程序迎来全面爆发。年初微信小游戏引发全民关注，小程序开发商纷纷涌入赛道，加速构建小程序繁荣生态，互联网流量寡头的小程序之战随之启幕。2018 年 7 月和 2018 年 9 月百度智能小程序和支付宝小程序先后上线，至此三大互联网巨头全部完成对小程序的布局。此外，今日头条系小程序于 2018 年尾正式上线。目前已经形成了小程序发展的三级梯队。

微信小程序在 2017 年整体属于用户培育期，开发团队、运营商和用户都在探索和感知微信小程序的产品定位，其与公众号的链接是形成小程序用户规模的主要驱动力。微信小游戏的发布彻底打破了这一局面，2018 年初微信小游戏“跳一跳”刷屏朋友圈，TalkingData 数据显示这种疯狂的社交传播使得小程序活跃用户规模在 2018 年一季度突破了 4 亿。③ 一方面，用户对小程序的

---

① 中国互联网络信息中心：《第 43 次中国互联网络发展状况统计报告》，http://cnnic.cn/gywm/xwzx/rdxw/20172017_7056/201902/t20190228_70643.htm，2019 年 2 月 28 日。

② QuestMobile：《2017 中国移动互联网年度报告》，http://www.ebrun.com/20180117/261646.shtml，2018 年 1 月 17 日。

③ TalkingData：《场景 + 链接数据视角下的小程序浪潮》，http://mi.talkingdata.com/report-detail.html? id=752，2018 年 6 月 12 日。

使用习惯开始养成，另一方面，小程序的开发商和运营商对小程序的传播力和影响力有了直接的体验，为之后小程序的行业繁荣和全面布局奠定了基础。

伴随微信小游戏的生态繁荣，支付宝、百度、今日头条、抖音等超级 APP 正式入局，未来互联网争夺的战场越来越明晰（见图 1）。2018 年 9 月已经公测一年的支付宝小程序正式上线，12 日蚂蚁金服正式宣布成立支付宝小程序事业部；从 2018 年 7 月 4 日成立百度智能小程序，到 2018 年 12 月成立开源联盟实施全面开源，百度智能小程序已经提交了一份亮眼的答卷；为促进内容生态深度运营，攥紧高频流量，2018 年 11 月与 12 月字节跳动系小程序先后上线，成为继 BAT 三大互联网巨头之后第四家入局小程序的互联网公司。

小程序作为一款“用完即走的轻应用”，可以满足刚性需求弱的用户对应用触手可及的期待，依托体量轻、体验佳的优势，迅速受到用户青睐。另外，小程序因运营平台不同呈现出不同的服务类型和发展趋势。伴随微信小程序的普及和百度、阿里的布局，未来将会迎来小程序数量和用户规模的大幅上涨。

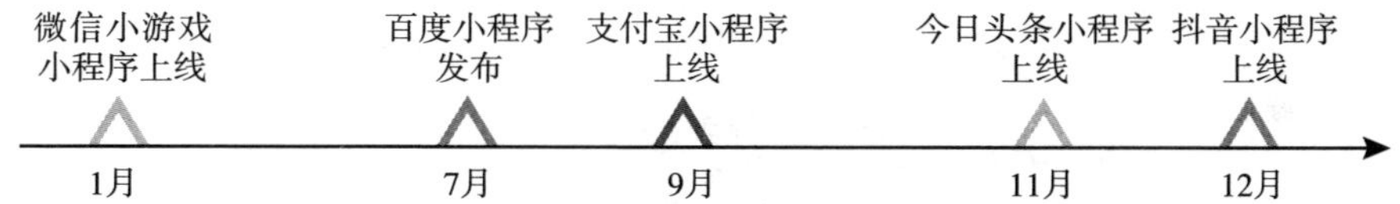

图 1　2018 年小程序大事记

在清博大数据平台，将“小程序”作为热词放入关键词搜索框内进行相关信息的捕捉，截至 2019 年 2 月底，30 天内有关小程序文章的情感属性和热门主题词现已绘制如图 2 和图 3 所示。从小程序的情感属性来看，绝大多数人对小程序的认可度和可发展性持正面态度，一手实时数据整理与前文结论相契合。以小程序为核心关键词，周围辐射词频主要有微信、程序、平台、信息、智能、链接、线下、电商和场景等。透过词云图，小程序的研究边界和未来发展态势已渐趋明晰。

（二）成为资本新宠

自诞生起小程序就具有天然的优势，深受开发者、运营商和用户的追捧，借助其无需下载、体量轻、成本低、体验佳等优点，深得市场资本的青睐。

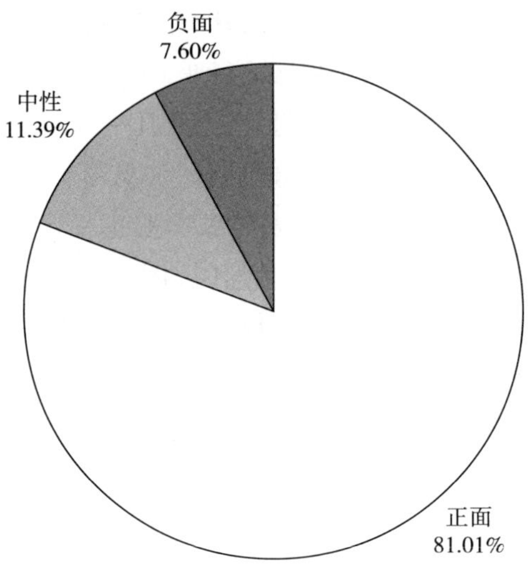

图 2　小程序情感属性

图 3　小程序热门主题词

2018 年，整个资本市场都处在寒冬期，但是微信小程序发展喜人。据不完全统计，2018 年小程序融资累计金额超过 80 亿元，是 2017 年的 8 倍，[①] 表 1 为 2018 年中国小程序主要投资事件，可以看出截至 10 月，每个月都有投资情况的出现。阿拉丁小程序统计平台显示，2018 年融资轮次超 110 次，

① 阿拉丁：《2018 年小程序行业发展白皮书》，http：//www. aldzs. com/assets/analysis/analysis_ 2018_ 12. pdf，2019 年 1 月 5 日。

有多个小程序连续两次融资，比如享物说4次融资、阅邻书院3次、校品会2次。有超过100家投资机构进场，如金沙江创投、IDG资本、高瓴资本、DST资本、红杉资本等一线机构。在众多融资中，购物类小程序的金额占比近七成，其中以线下零售和网络购物类小程序为主要热门投资对象，线下零售融资超36亿元，在社区团购的热潮下，网络购物类小程序也成功融资15亿元以上。

表1　2018年中国小程序主要投资事件

名称	融资金额	投资机构	公布时间
SEE小店铺	千万美元	腾讯进行参投	1月
无敌掌柜	（未透露）	快手	2月
阿拉丁	6000万元	金沙江创投	2月
V小客	4000万元	IDG资本	3月
礼物说	1亿元	（未公布）	4月
递名片	1250万元	IDG资本等	5月
勇往科技	千万元	金沙江创投	6月
享物说	超6500万美元	红杉资本	7月
一笔画完	千万元	（未透露）	8月
宝拍	（未透露）	国泰瑞丰基金	9月
艺考查查	近千万元	湖北高投	10月

资料来源：清博指数：《2018新媒体融资报告》，2019年1月。

BAT已经实现对小程序的全面布局（见表2），作为小程序的“最早定义者”，腾讯张小龙说：“小程序是一种不需要下载安装即可使用的应用，它实现了应用触手可及的梦想，也体现了用完即走的理念，应用将无处不在，随时可用，但又无需安装卸载。”2018年11月7日在世界互联网大会上，马化腾公布了小程序的最新数字：小程序开发者超过150万，小程序数量超过100万，已覆盖200多个细分行业，日活跃用户达2亿。

微信小程序背靠10亿社交流量，围绕社交和支付进一步完善微信APP服务。此外，携电商基因而来的小程序依托微信平台孵化出了拼多多这个仅用两年三个月时间就达到1000亿元交易额的社交电商平台。

表 2　BAT 小程序平台主要能力对比分析

项目	微信小程序	支付宝小程序	百度小程序
小程序数量	100 万 +	2 万 +	1 万
日活/月活	日活 2 亿	日活 1.2 亿	月活 1.5 亿
定位	• 社交支付	• 支付信用	• 智能流量信息分发
流量特点	• 十亿私域社交流量 • 服务直达	• 5 亿用户支付流量 • 商业金融体系完整 • 阿里生态通用	• 精准的搜索流量 • 信息流智能推荐 • 百度联盟 APP 额外流量加持
部分特色能力	• 社交营销手法多样 • 附近小程序 • 小程序插件 • 灵活应用的小程序码	• 强大的商业金融服务能力 • 芝麻信用结合场景丰富 • 营销反作弊能力 • 人脸识别认证	• 丰富的 AI 能力 • 搜索引擎与小程序的场景结合 • 未来可跨应用运行

支付宝小程序数量超过 2 万个，日活 1.2 亿，无论是小程序的体量还是用户的规模，其都不足以对微信小程序构成威胁，但是支付宝作为移动互联网生态最大的 APP 之一，它的生存发展潜力不容小觑。支付宝小程序背靠 5 亿支付流量，围绕支付和信用，聚焦商业和生活服务，目前仍为微信小程序最大的竞争对手。

百度系小程序入局最晚，但是其布局的手法与前两者略有不同。一方面，百度系小程序的信息分发和信息推送能力会将小程序精准地推荐给用户，实现小程序的获客、留存和促活。另一方面，2018 年 12 月百度成立了开源联盟，与其他小程序固定 APP 的封闭式运行模式不同，百度智能小程序实现一次开发，百度贴吧、百度地图等百度系 APP 通用的情形，同时开源联盟伙伴 58 同城、哔哩哔哩等 APP 也具备该项能力。百度小程序致力于完全开源的小程序生态，试图打破流量孤岛，实现跨平台、跨终端运行。开源联盟将多个头部应用聚集起来，做大做成千亿级流量池，第一布局期已经完成，2019 年或将迎来百度系小程序的成长和发力期。

（三）小程序的用户分析

如图 4 所示，截至 2018 年 11 月，微信小程序累计用户数已破 7 亿，整体增速平稳，微信小程序的发展侧重点由拉新转向运营。① 7 月 31 日，支付宝在首页上线“小程序收藏”入口，用户可以根据需要和喜好将小程序保存在收藏口内，支付宝小程序用户数量自 7 月起开始进入上涨阶段。百度小程序上线稍晚，5 个月的时间里凭借红包福利，快速揽客，用户数量已破 3 亿，并且直逼支付宝。

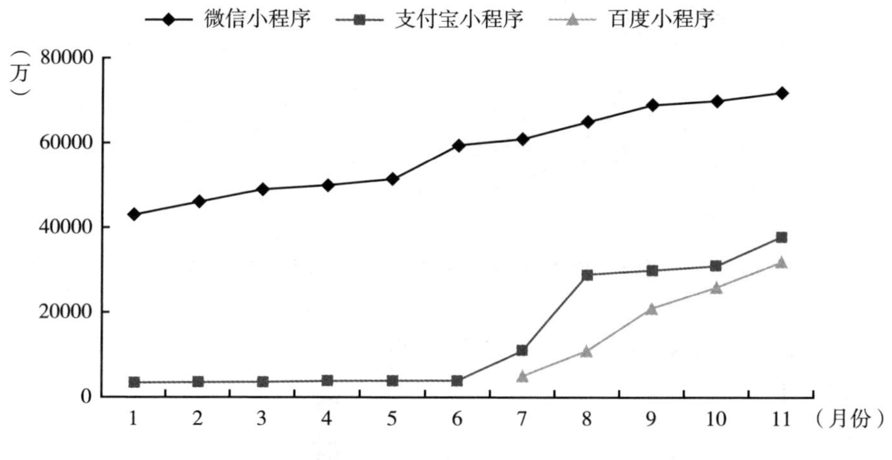

图 4　2018 年 BAT 三大小程序平台累积用户数量对比

微信小程序女性用户占比略高于男性，而支付宝和百度小程序男性用户占比高于女性（见图 5）。微信小程序的用户年龄集中于 24～35 岁，40 岁以上的用户占比上涨，下沉趋势明显。支付宝小程序 31～35 岁用户占比接近 35%，商业化趋势显著。百度小程序 30 岁以下的用户占比均高于微信和支付宝，占比超过 65%，该群体整体趋向年轻化。

微信小程序瞄准“银发市场”开发了一批深受中老年用户青睐的高质量应用，如糖豆系列小程序、拼团类电商小程序、养生类小程序。支付宝商业属性显著，其用户多为青壮年，低龄和老年的群体分布较少。百度小程序则以极低的应用门槛和趣味性小游戏深受年轻群体的喜爱。

小程序的用户习惯已经渐趋养成。一方面，阿拉丁指数平台数据显示，分

① 即速应用：《小程序 2018～2019 行业增长研究报告》，http：//www.199it.com/archives/810227.html，2018 年 12 月 21 日。

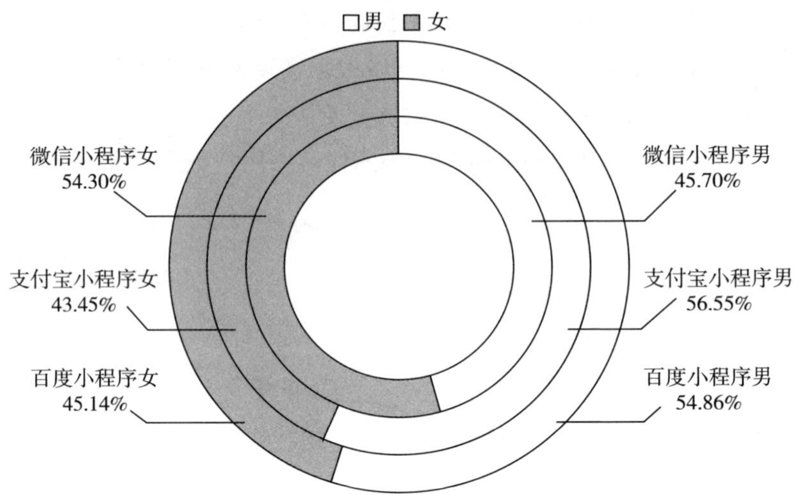

图 5　2018 年 BAT 小程序用户男女分布

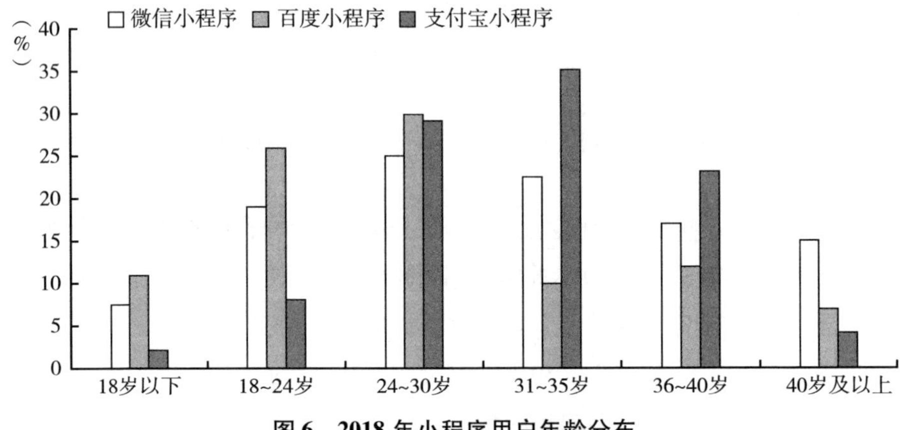

图 6　2018 年小程序用户年龄分布

资料来源：即速应用：《小程序 2018～2019 行业增长研究报告》，2018 年 12 月。

享和快捷入口是用户访问小程序的第一和第二场景入口，并且其占整体入口的比例几乎持平，相较于 2017 年用户选择快捷入口的比例上升超过 10%，大量小程序用户已经逐步养成在下拉入口或发现栏进入“我的常用小程序”，[①] 因

① 阿拉丁：《2018 年小程序行业发展白皮书》，http：//www. aldzs. com/assets/analysis/analysis_ 2018_ 12. pdf，2019 年 1 月 5 日。

此，“快捷入口”对于小程序的活跃用户来说使用频率越来越高。另一方面，即速应用数据显示，微信小程序用户的活跃时段分布密集，高峰时段主要为休闲时段；支付宝小程序用户主要活跃在上下班高峰期，8～9 点以及 18～19 点；百度小程序的用户则主要活跃在闲暇时间，中午11～13 点以及夜间 21 点以后。[①] 微信小程序的体量大，覆盖场景多，发布时间较久，用户习惯已经逐步养成，支付宝小程序具有商业工具属性，因此其触发场景多为支付、购买或者出行过程中，百度小程序多为轻松娱乐的轻应用，其多占据用户的休闲时间，是用户娱乐空白的重要补充。

（四）多渠道拓展盈利模式

依据市场上小程序的作用、功能和定位，可以将现行的小程序分至两类：一类是与原生 APP 具有同等功效，用户体验感相似的轻 APP；另外一类则化身 OMO 连接器，连通线上和线下，发挥小程序体量轻、无需下载的优势，通过扫码方便应用于共享出行和餐厅点菜排队等场景。如图 7 所示，根据阿拉丁平台公布的 TOP100 榜单，将轻 APP 继续划分为游戏、工具、电商、内容四个类别。其中游戏类小程序占比接近一半，工具类和电商类小程序次之。小程序的盈利模式与其在市场中的效用、占比和功能定位有着直接的联系。目前，小程序的盈利渠道主要依赖流量广告和交易变现。即速应用公布的《TOP100 微信小程序广告投放价值榜单》显示，在榜单前十强中除了“小电充电”与“有车以后”外，其余位置均被小游戏包揽，游戏类小程序在市场中的需求量和触发频次较高。小游戏的广告推送渠道有多种，较为常见的是将广告模块嵌于主页面的顶部和底部，或者用户通过观看视频广告获取进入下一关的权限、增加生命值。

微信电商类小程序可以划分为社交电商和内容电商，电商交易变现是小程序盈利的主要渠道之一。社交电商的核心是利用微信的社交功能引导用户主动分享，降低平台的获客成本，为电商平台引流。以拼多多为例，其优势在于“低价”和“拼团”，通过优化供应链的方式，降低产品的成

---

① 即速应用：《小程序 2018～2019 行业增长研究报告》，http://www.199it.com/archives/810227.html，2018 年 12 月 21 日。

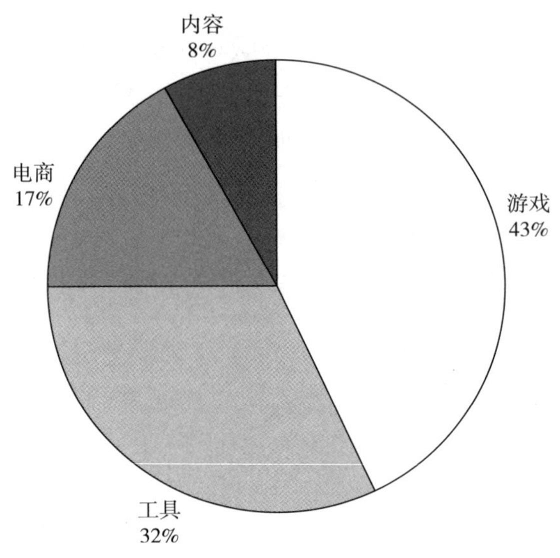

图 7　TOP100 榜单内小程序类别划分

资料来源：鲸准研究院：《小程序行业研究报告》，2018 年 4 月。

本，依托拼团、砍价、拆红包等方式，促进用户主动分享，三年的时间，拼多多已经成为公司市值逼近 340 亿美元的上市公司。而内容电商主要从粉丝经济出发，向粉丝兜售周边产品，以“军武次位面”微信公众号为例，其主要做军事文化内容推送，目前已经推出多款小程序，入口主要为微信公众号的相关链接，其中“军武学堂”和“军武优选”是该平台的两款电商类小程序。

OMO 连接器是小程序在新零售时代扮演的又一重要角色，同时也是交易变现的主要模式之一。李开复谈道：“未来世界即将迎来‘OMO’的时代，而中国的发展速度相当惊人，将有望在全球范围内首先实现 OMO。”“O2O”指的是从线上到线下，而“OMO”指的是线上和线下相融合，与前者相比机会更多、红利更大，从共享单车到餐厅点菜，从生鲜零售到商业购物，通过扫码入口，小程序助力打造“线上—移动—线下”三位一体的全自动生态闭环。长期来看，物联网是大势所趋，小程序自诞生之日起，连通就是其未来发展的精准定位，那么小程序必然会在未来的发展浪潮中充当越来越重要的角色，拓展多渠道协同盈利模式。

二　小程序的发展特点

（一）应用内自由跳转，实现流量闭环

截至2018年底，中国互联网生态已经形成几大流量寡头瓜分天下的态势，它们几乎掌握着移动端所有的流量入口，占据着用户的使用时间。按照触发场景的频次可以将它们分为三个梯队。第一梯队是腾讯，牢牢把握社交这个高频次场景，继而赋能其他领域；第二梯队是阿里和百度，抓住多维中频场景；第三梯队是今日头条等，把握特定领域的中频场景。在流量红利和产业红利逐步消失的过程中，互联网行业的竞争进入白热化，留住老用户，发展新用户，增加新老用户的使用时长，提升平台访问量，形成平台流量闭环，已经刻不容缓。

各大互联网巨头纷纷赋能小程序，将小程序作为介质，用户可以在应用内自由跳转，实现流量闭环。微信小程序中，用户通过聊天对话页面、公众号链接、线下扫码和外部APP等方式进入微信小程序，再通过微信小程序支付、分享和跳转功能回到微信对话页面或者外部APP；支付宝小程序的应用多为线下支付场景，直指用户刚需，用户利用小程序进行在线支付，之后通过生活号、小程序收藏、会员卡等方式留存，商户再借用广告投放和消息通知等方式唤醒用户进行复购；百度系智能APP打破移动互联网封闭、割裂的现状，成立开源联盟，用户不仅可以从百度系应用直接抵达百度小程序，还可以通过开源联盟的其他伙伴诸如58同城、爱奇艺等APP直接触达百度小程序，开源联盟抱团共享千亿级流量，实现更大的互联网流量闭环生态。

表3　BAT小程序部分能力对比

项目	微信小程序	支付宝小程序	百度小程序
主要入口	公众号/微信群 搜一搜/看一看 微信聊天窗口/朋友圈 下拉任务栏 线下扫码/其他APP	扫一扫/搜索 朋友Tab主入口 支付成功页 小程序收藏 生活号/卡包	搜索入口 APP固定入口 信息流推荐入口 历史回访入口

续表

项目	微信小程序	支付宝小程序	百度小程序
跳转页面	公众号 聊天页面/外链网站 其他小程序/APP	生活号 支付页面 其他小程序	开源联盟 APP 其他小程序

（二）降低开发门槛，助力推广发展

从表 4 可以看出小程序、原生 APP 和微信公众号的能力具有很大的差异性。原生 APP 的平均开发周期较长，一般为 3 个月，开发成本较高，需适配市场上多款主流手机，推广成本较高，一方面受应用商店中心化影响，另一方面需要用户主动下载几十兆的程序包，无 WiFi 的情况下推广艰难，占用手机的空间且不利于社交分享，但页面体验流畅；微信公众号的开发成本低，开发周期短，不占用手机的内存，不用专门下载安装且便于用户社交分享，但是用户体验一般；小程序兼具原生 APP 与微信公众号两者优点，开发的周期极短，平均开发时长在两周左右，开发的成本很低，只需一次开发即可适配所有手机，推广成本很低，可以通过二维码或者平台搜索等多种方式直接获得，而且背靠亿级流量，无需专门获客，不需要下载和安装，轻松解放手机空间，有利于用户社交分享，页面体验流畅。此外，微信小程序在发布时，只需要提交至微信公众平台审核，云推送，而 APP 审核过程极为烦琐，需要提交至多个应用商店审核，而且各商店的标准和所要资料各不相同，程序步骤冗杂。

另外，小程序搭载的超级 APP 还为其提供多方流量入口，极大程度上节省了产品的推广成本，促进了小程序的应用发展。

表 4　APP、微信公众号与小程序能力对比

项目	原生 APP	微信公众号	小程序
开发周期	长	短	短
开发成本	高	低	低
推广成本	高	低	低
页面体验	流畅	一般	流畅
下载安装	需要	不需要	不需要
占用空间	占用	不占用	不占用
社交分享	不方便	方便	方便

（三）运营多端入口，促进精准抵达

据统计，如今微信小程序的流量入口有十七大分类，共64个入口。然而其主要的流量入口TOP 5分别是下拉任务栏、分享、公众号、小程序跳转和线下扫码，其中下拉任务栏在五大流量入口中占比27%，居榜首，[①] 未来微信小程序的发展已经由获客转向运营。在蚂蚁开放日，支付宝小程序专场活动中，蚂蚁金服小程序事业部以“718 + X”来定义未来小程序的发展逻辑，其中“7”即支付宝的七大入口，分别为扫一扫、搜索、朋友Tab主入口、支付成功页、小程序收藏、生活号、卡包。“扫一扫”仍是用户使用小程序的主要入口，可见用户对支付宝小程序的触发多为线下场景。百度智能小程序起步较晚，目前已经开放了包括搜索、信息流推荐、固定入口及首页下拉四大类超级入口。搜索和信息流推荐能够目的性极强地精准抵达用户。

总的来说，BAT都根据各自原有用户的行为习惯和平台优势，不同程度上对小程序的流量入口进行了分类细化，助力小程序生态繁荣，促进小程序精准抵达。

（四）各类发力百花齐放，优势类别拓展盈利

根据服务行业的不同，现行小程序类型分布如图8所示，艾媒咨询数据显示，生活服务类小程序分布较广，其次是购物类和工具类分别占比19.2%和18.3%，[②] 此外，还有社交类、资讯阅读类、旅游出行类等。小程序最初的设计理念是用完即走，简单有效，此构想恰恰符合生活服务、购物和工具的使用场景，为用户助力轻量化服务体验。

如图9所示，不同小程序类型吸引着不同年龄段的用户群体。其中，购物类小程序普遍适用于整个用户群；游戏类小程序主要吸引用户为18～49岁的用户群体，以满足其休闲诉求；18岁及以上用户群使用生活服务类小程序比重较大，其中50岁及以上用户群使用内容资讯类小程序最多。游戏类和购物

① 即速应用：《小程序2018～2019行业增长研究报告》，http：//www.199it.com/archives/810227.html，2018年12月21日。

② 艾媒咨询：《2018中国小程序发展洞察报告》，http：//www.iimedia.cn/62882.html，2018年11月6日。

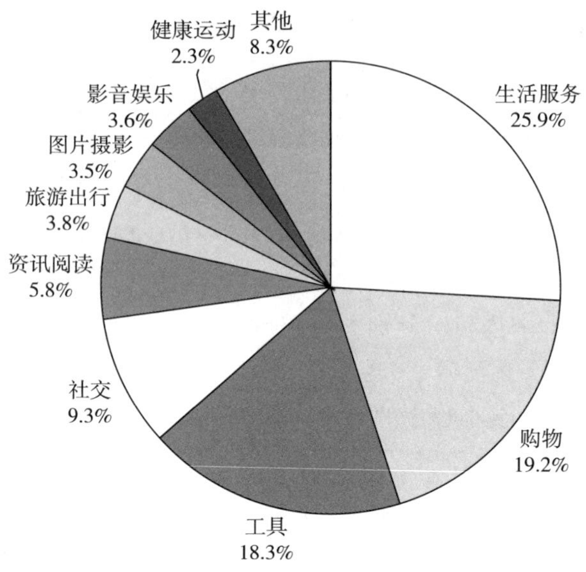

图 8　2018 年 10 月中国小程序类型分布

注：小程序类型分布不包括游戏类小程序。

资料来源：艾媒咨询：《2018 中国小程序发展洞察报告》，2018 年 11 月。

类小程序在整个小程序类型分布中占比较大，前者用户群整体年轻化，“活力和动力”是其未来发展的重要倚仗；后者用户群年龄区间跨度较大，普遍适用于整个用户群，未来发展可期，具备跨年龄发展优势。

可以说游戏类小程序的诞生一方面革新了移动端游戏的玩法，另一方面引燃了整个小程序生态。以“跳一跳”小游戏为例，2017 年 12 月，微信小程序开放了游戏接口，“跳一跳”作为微信小程序首推的一款轻量级小游戏进入市场，并且凭借“社交 + 游戏”的设计和背后强大的微信私域流量，抓住用户朋友间的攀比心理，实现了基于微信平台的强关系互动，使游戏市场全面爆发成一片红海。购物类小程序催化社区团购爆发，社区团购背靠微信这个超级流量平台，借助微信群，通过小程序将社区团长和其他用户连接在一起，大大降低了商家的获客成本，线上线下的强关联，使得下单量有所提高。另外，蘑菇街打造了“小程序 + 直播”的电商新模式，一方面是对“小程序 +”的初步探索，另一方面也在寻找小程序盈利模式新手段。

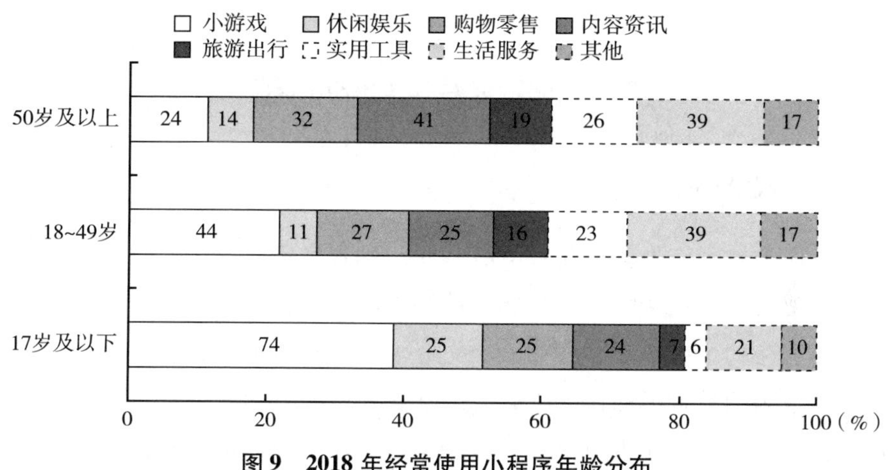

图9　2018 年经常使用小程序年龄分布

资料来源：酷鹅用户研究院：《2019 微信小程序用户报告》，2019 年 1 月。

此外，地域性服务类小程序也抓住机遇纷纷上线，以西安交警推出的“西安交警权威路况”小程序为例。目前，西安市机动车的保有量已超过 260 万辆，伴随着车辆数量的持续增长，路况拥堵成为有车一族的痛点，西安交管部门为及时满足市民出行需求、帮助市民预测路况信息、规避拥堵现象，上线了全国交警部门的第一款路况服务类小程序。截至目前，“西安交警权威路况”小程序用户累计接近 16 万，活跃用户的年龄分布主要在 30～49 岁，用户的构成主要为青壮年中的有车一族。

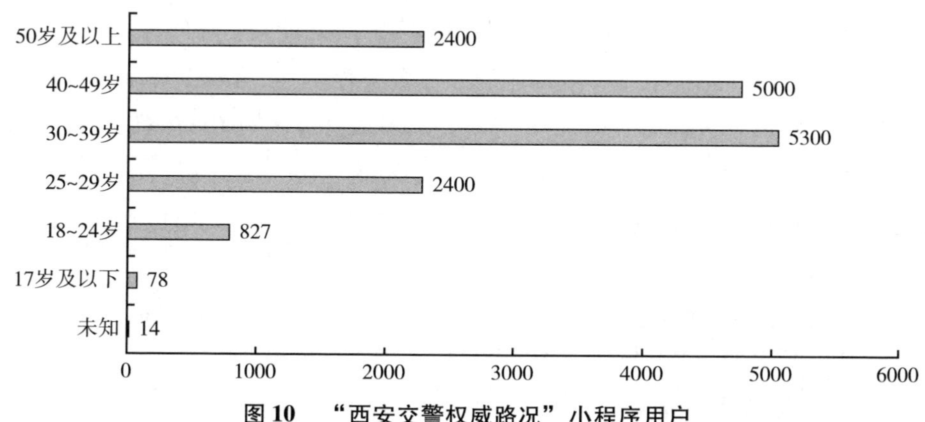

图 10　“西安交警权威路况”小程序用户

资料来源：由西安交管部门提供。

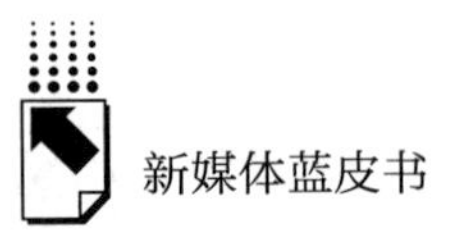

三　小程序发展中的问题

（一）拉新易、留存难

小程序常被看作是移动互联网的宠儿，含着金钥匙出生。一方面，小程序一落地就有亿级流量陪跑，背靠大树好乘凉，潜在用户群已经做大。另一方面，小程序的推广手段多样化，社交分享、信息流推荐，或是线下扫码加入都已经成为用户常见的接触方式。运营商开设的多端入口促进用户使用黏性的提升，与原生 APP 相比，小程序拉新变得很容易。此时便出现了小程序拉新容易、留存难的怪象。TalkingData 的统计报告显示，2018 年 4 月，微信排名前 100 的小程序平均次日留存率仅为 10%，7 日留存率为 3.2%，30 日留存率仅有 0.5%。再看 2018 年 7 月，[①] 阿拉丁指数数据显示，游戏类和教育类的小程序 7 日留存率最高，分别为 10% 和 15% 左右，而其他类型小程序均低于 10%。[②] 小程序只有保证留存，才具下一次使用的便捷获取性和可能性，这可能是小程序未来发展的最大痛点，同样也是促进小程序革新做强的巨大助推力。

（二）下沉市场缺乏消费潜力

小程序的生态和下沉市场的红利在拼多多上得到了最好的验证。“二、三、四线城市的用户注意了，或许你们更适合小程序”。这是上海某家小程序开发机构打出的宣传标语。据统计，“一、二线城市小程序用户占比下降，四线以下城市占比 40.6%，明显增多，小程序不再是一、二线城市的专属，普及范围越来越广”[③]。尤其一些本来不受大众瞩目的小程序，通过在三、四线

---

① TalkingData：《场景 + 链接数据视角下的小程序浪潮》，http：//mi. talkingdata. com/report - detail. html? id =752，2018 年 6 月 12 日。

② 阿拉丁：《2018 年小程序行业发展白皮书》，http：//www. aldzs. com/assets/analysis/analysis_ 2018_ 12. pdf，2019 年 1 月 5 日。

③ 阿拉丁：《2018 年小程序行业发展白皮书》，http：//www. aldzs. com/assets/analysis/analysis_ 2018_ 12. pdf，2019 年 1 月 5 日。

城市的发展，被资本加持，迅速成为行业内的黑马，例如黑咖相机、享物说、糖豆系列小程序等。虽然小程序流量下沉明显，但是下沉市场的交易额占比不足，下沉市场的消费潜力有待挖掘。即速应用发布的《小程序 2018～2019 行业增长研究报告》显示，小程序的交易额仍集中于上海、深圳等一线城市，占比超过 60%，头部市场仍是小程序聚集地，根据流量下沉的趋势看，未来下沉市场具有潜力，亟待挖掘。

（三）盲目开发与低端山寨

阿拉丁的《2018 小程序行业发展白皮书》显示，“小程序从 2017 年 1 月 9 日正式上线，到 2018 年底应用数量已经超过 230 万个，而 2017 年苹果 App Store 应用总数为 210 万个，小程序仅仅用了不到两年的时间就超越了苹果 10 年的应用数量”。[①] 作为一种新型应用，小程序呈现出井喷式的发展态势，其中游戏类小程序和电商类小程序显示出巨大发展优势，开发者纷纷入局。一段时间内，小程序同质化现象严重，低配山寨情况凸显，版权纠纷频发。某些小程序的开发者会在正规小程序的名称中，加上特殊的字符或者数字，干扰用户的搜索结果。例如，在小程序的搜索入口处输入“天天酷跑”，搜索结果会出现与其关联度高或者同类型的复制产品，比如小黄人天天酷跑、天天 I 酷跑、酷跑天天 2 等。这种混淆名称的行为，将给小程序的行业规范提出巨大挑战，同时也将造成行业内同质化小程序内耗现象，影响移动互联网生态向好发展。因此，开发者重新审视市场环境，依据搭载 APP 的特点、受众的使用动机和实际需求进行小程序的精准定位，才是入局的关键。

（四）用户信息安全风险激增

随着网络消费时代的到来，信息化服务不断升级，商业化创新能力不断提高，移动互联网的快速发展，使得智能手机成为线上线下消费场景的连接器。然而在移动互联网高速发展带来各种利好的同时，用户信息泄露、盗用、买卖等恶性事件频发，骚扰电话、短信和邮件在一线疯狂肆虐，用户的信息安全成

---

① 阿拉丁：《2018 年小程序行业发展白皮书》，http：//www. aldzs. com/assets/analysis/analysis_2018_ 12. pdf，2019 年 1 月 5 日。

为全社会共同担忧的问题。《100款APP个人信息收集与隐私政策测评报告》显示，多款APP在个人信息收集和隐私保护方面评分不合格，其中有部分APP涉嫌过度收集用户的隐私信息，触碰用户隐私保护条款。[①] 同样，与微信、支付宝等金融头部APP“捆绑”出现的小程序作为目前市场中最具发展潜力的产品，也会是互联网空间黑色产业的聚焦区。一方面，用户通过搭载平台使用小程序时，需要授权登录，而BAT三大巨头都涉及金融行业，尤其支付宝和微信支付已经成为线上交易的主要途径，其经济安全风险指数激增。另一方面，小程序的主要入口是二维码，一旦被病毒网站和链接恶意生成小程序二维码，用户手机内的大量个人隐私信息将会被恶意解读，其可能带来的财产和信息损失无法估量。

四　小程序的未来发展态势

2018年小程序在高速发展的同时也暴露出一些问题，为解决小程序发展中的问题，引领行业发展新态势，要加强规范健全监测体系，坚持小程序市场精准定位，同时继续开发下沉市场，构建互补性智能应用生态体系。运营平台管制要适度，防止抹杀小程序的发展活力和创造力，同时积极鼓励应用开发创意内容和创意标识，解决用户识别难、发现难的痛点，帮助开发者切实获益。

（一）开发下沉市场，发展优势类别

随着中国一、二线城市的市场经济增长动力衰减和市场饱和，新的增量空间亟待挖掘。许多人已经将目光从头部市场转向下沉市场，如今下沉市场逐步觉醒，未来有望颠覆主流成为最大的红利空间。游戏类、电商类、资讯类小程序是进军下沉市场的天然利器，同时也是未来市场发展的重点行业。

第一，游戏类小程序仍具发展潜力，无论是引爆朋友圈的“跳一跳”，还是再次兴起的“猜字风”，都足以说明小游戏的覆盖率和影响力，加之腾

---

① 中国消费者协会：《100款APP个人信息收集与隐私政策测评报告》，http://www.cca.cn/jmxf/detail/28310.html，2018年12月11日。

讯平台推出四大创意鼓励措施，即创意标识、初始用户、分成激励和创意保护，使得原创性开发者有了更大获益。另外，自 2018 年 11 月 14 日起，iOS 系统和安卓系统的手机均无法检测到小游戏盒子，小游戏“去中心化”已经初步实现，未来内容和创意将成为用户识别优质产品的主要依据，小游戏市场将在2019 年引领新风口。第二，电商类小程序呈现发展潜力。购物类小程序是在社交场景的加持之下进行运作的，电商类小程序较之 APP 对下沉市场有天然的渗透优势，更符合未来新零售所需要的移动化、智能化和社交化趋势。2018 年“双十一”购物期间，许多传统电商从业者已经开始致力于电商小程序的打造，意在开辟“双十一”的第二战场，其中唯品会和京东小程序的订单量燃爆购物节，帮助两大老牌电商平台刷新历史交易额记录。第三，资讯类小程序受中老年用户欢迎。与应用技术门槛较高的其他 APP 等资讯获取途径相比，大量使用微信的老年人，选择避开技术痛点，使用小程序进行资讯浏览。

（二）精准定位市场角色，有序竞争促进繁荣

根据目前小程序运营平台的综合实力和平台运营小程序的影响力，目前已经构成以腾讯小程序为首的三级梯队阵型（腾讯为第一梯队，百度、阿里为第二梯队，今日头条、抖音等为第三梯队），依据各平台的优势和近况对小程序的未来发展进行精准定位是避免同质化小程序造成市场内耗的重要手段。微信小程序出现最早，以社交生态为主，涉及领域极广、已经覆盖用户衣食住行多个场景；支付宝小程序以钱、信任、服务为特色，聚焦商业和生活，相比微信小程序来说，支付宝小程序缺乏社交属性，其发展的根本还要回归自身，依托支付信用，把电商作为主战场，聚焦其熟悉的 B 端商家，帮助 B 端更好地服务 C 端用户；百度小程序打造基于 AI 赋能的更加开发、智慧、共享的开源生态；今日头条系小程序基于算法推荐发力，打造“内容 + 商业”新生态。

（三）助力轻量化发展，构建互补型关系

小程序优势在于内存小、逻辑简单、页面简洁、操作便利，在这个追求快速高效的时代里，“简约、快捷”是商家和用户共同追求的核心。未来 APP 与

小程序不应该是“谁取代谁”的竞争关系而应该是互惠互补的共生关系，它们都是应用生态里的一种技术形式，用户可以根据场景不同，选择轻便操作简单的小程序或者复杂、体验佳、操作性强的 APP，未来用户与智能手机应用会共同营造一种“重需求取重，轻需求取轻”的良性生态。

（四）AI 技术赋能，行业监治并举

虽然百度智能小程序开始实施对未来智能化场景的提前布局，但是随着人工智能技术本身的发展和平台层的完善，人工智能技术全面赋能小程序只是时间问题，也是未来小程序的核心竞争力。小程序井喷式发展带来的繁荣必然伴随着良莠不齐，这就需要平台承担起主体责任，秉持“高效、有力、适度”的原则，从开发源头上加以防治，坚决维护用户的合法权益，保护原创性开发者的切身利益。将鼓励创新和行业整治同向并行，促进平台与监管部门共同维护小程序生态持续健康发展。

参考文献

[1] 中国互联网络信息中心：《第 43 次中国互联网络发展状况统计报告》，http：//cnnic.cn/gywm/xwzx/rdxw/20172017_7056/201902/t20190228_70643.htm，2019 年 2 月 28 日。

[2] QuestMobile：《2017 中国移动互联网年度报告》，http：//www.ebrun.com/20180117/261646.shtml，2018 年 1 月 17 日。

[3] TalkingData：《场景 + 链接数据视角下的小程序浪潮》，http：//mi.talkingdata.com/report - detail.html? id =752，2018 年 6 月 12 日。

[4] 阿拉丁：《2018 年小程序行业发展白皮书》，http：//www.aldzs.com/assets/analysis/analysis_ 2018_ 12.pdf，2019 年 1 月 5 日。

[5] 即速应用：《TOP100 微信小程序广告投放价值榜单》，http：//www.askci.com/news/chanye/20180417/101610121630.shtml，2018 年 4 月 17 日。

[6] 即速应用：《小程序 2018 ~2019 行业增长研究报告》，http：//www.199it.com/archives/810227.html，2018 年 12 月 21 日。

[7] 鲸准研究院：《小程序行业研究报告》，https：//www.jingdata.com/study/4.html，2018 年 8 月 31 日。

[8] 艾媒咨询：《2018 中国小程序发展洞察报告》，http：//www.iimedia.cn/

62882. html，2018 年 11 月 6 日。

[9] 艾瑞咨询：《中国人工智能手机行业研究报告》，http：//report. iresearch. cn/report/201812/3312. shtml，2018 年 12 月 18 日。

[10] 清博指数：《2018 新媒体融资报告》，https：//mp. weixin. qq. com/s/1E8GHRZBXp0YJd_ iH7WTlw，2019 年 1 月 10 日。

[11] 酷鹅用户研究院：《小程序，大视界：一文解读微信小程序用户行为》，http：//www. woshipm. com/user - research/1834013. html，2019 年 1 月 11 日。

[12] 中国消费者协会：《100 款 App 个人信息收集与隐私政策测评报告》，http：//www. cca. cn/jmxf/detail/28310. html，2018 年 12 月 11 日。

[13] 喻国明、程思琪：《从“连接”到“场景”：互联网发展的重要进阶——试析微信小程序的价值逻辑与市场版图》，《新闻大学》2018 年第 1 期。

[14] 喻国明、梁爽：《小程序与轻应用：基于场景的社会嵌入与群体互动》，《武汉大学学报（人文科学版）》2017 年第 6 期。

[15] 郭全中：《小程序及其未来》，《新闻与写作》2017 年第 3 期。

[16] 彭兰：《社会化媒体：理论与实践解析》，中国人民大学出版社，2015。

[17] 谭天：《媒介平台论——新兴媒体的组织形态研究》，中国人民大学出版社，2016。

[18] 唐绪军主编《新媒体蓝皮书：中国新媒体发展报告 *No. 9*（2018）》，社会科学文献出版社，2018。

B.20

利用互联网新媒体促进“一带一路”文化交流

刘自然　苏未然*

摘　要： “一带一路”倡议在全球范围内拓展，给各国文化交流创造新的条件和机遇。随着互联网技术和产业的不断发展，以新媒体技术与应用为依托的文化传播能够使各国文化更加顺畅和有效地传播出去。本文从“一带一路”沿线国家互联网新媒体发展情况出发，探讨利用互联网新媒体技术加强各国文化交流，在沿线国家中更好地开展文化交流。

关键词： “一带一路”　文化交流　网络新媒体

一　“一带一路”国家互联网新媒体情况

“一带一路”倡议沿线国家横跨多个地理大洲，基本涵盖当今主要的文化和宗教领域，各国社会和经济发展情况也存在较大差异。整体上，“一带一路”沿线国家互联网产业完整性与活跃度均不及我国，谷歌、脸谱、优兔等西方主流搜索引擎和社交网站占据绝大多数国家访问量前三。同时，西方主流媒体如英国广播公司（BBC）、路透社、《纽约时报》也已经成为当地民众通过互联网获取信息的主要渠道，多数国家缺少能够与西方媒体竞争的门户网站和网络资讯平台。

---

* 刘自然，艾利艾智库 IRI 研究员，主要研究方向为网络舆论与舆情、新媒体建设与传播等；苏未然，艾利艾智库 IRI 研究经理，主要研究方向为公共外交、网络舆论与舆情、新媒体建设与传播等。

移动互联网方面，智能手机的普及程度在一定程度上决定了各国移动互联网的发展水平。多数国家移动互联网普及率不及中国、美国等在此领域较为先进的国家。移动互联网普及较快的国家中，来自中国和西方的资讯、社交、电商等类型的移动应用正在争夺这些国家的市场。目前，中国的游戏、直播类社交媒体、信息聚合等几类应用在“一带一路”沿线地区已建立较为稳固的用户群体。

（一）中东地区

整体来看，中东地区互联网较为普及。同时，地区内部分化明显，海湾合作委员会（GCC）国家网络基础设施与市场发展较为成熟，互联网渗透率普遍较高，在全球范围内也处于领先水平。

国际性的互联网数据统计网站 Internet World Stats 数据显示，截至 2017 年 7 月，中东地区网民占该地区总人口的 58.7%，高于世界平均水平 51.7%。

1. 互联网新媒体发展情况

埃及、土耳其和以色列三国是中东地区最具代表性的国家，三国发展程度不一，在互联网发展、传媒和科技领域拥有各自特点，是中东地区最具研究价值的国家。埃及作为中东人口最多、非洲人口第二大国，截至 2017 年 6 月 30 日，互联网用户 3733 万人，① 进入 21 世纪以来的 17 年内，埃及互联网用户增长了 76 倍，是非洲移动互联网未来增长的重要国家；土耳其互联网用户达到 4620 万人，网民数量在全欧洲排名第四，网民结构年轻，对互联网产业需求渴切；以色列作为科技强国，互联网渗透率近 80%，是美国硅谷之外第二大科技创新聚集区（见图 1）。埃及、土耳其、以色列的互联网发展都很快，但与中国相比仍显滞后。三国的本土互联网企业实力普遍较弱，有影响力的本土门户网站、社交平台和搜索引擎较少，在电子商务、移动支付、网络文学等方面也与中国有不小差距，未来发展空间较大。

西方国家的搜索引擎和社交平台在当地互联网发展中影响力巨大，青少年是使用主体。埃及、土耳其、以色列三个国家访问量居前的网站分别是谷歌、优兔和脸谱，新媒体已成为当地民众获取信息的主要渠道；社交媒体方面，脸书、推特等占据领先地位，WhatsApp、Messenger 等软件成为即时通信的主要

① 资料来源：Internet World Stats，http：//www.internetworldstats.com/stats1.htm。

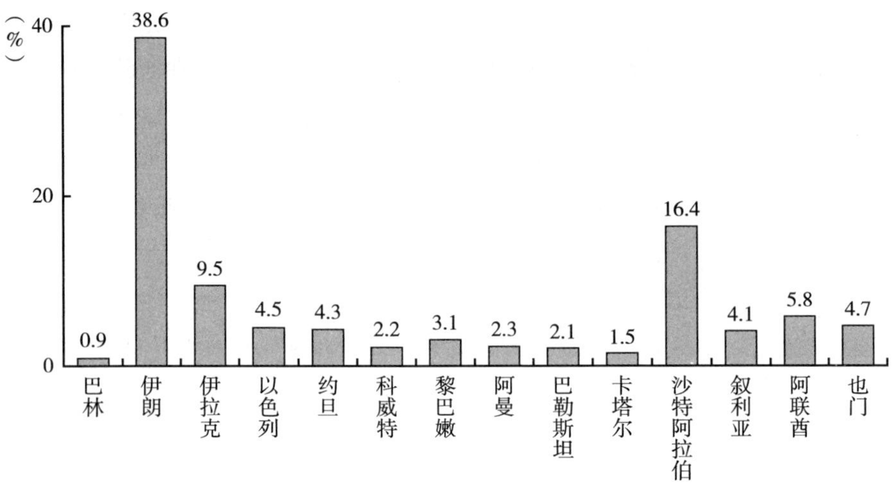

图1　中东各国互联网用户数地区占比

资料来源：艾利艾智库 IRI。

渠道，使用群体中青少年占比最高。中国社交平台 WeChat（微信海外版）有少数人使用，但是占比很小。

中东国家民众对于社交媒体的使用程度高于全球平均水平。根据加拿大社交媒体管理工具 HootSuite（互随）发布的“Digital in 2017”，活跃社交媒体用户 9300 万，普及率达到 38%，高于全球平均水平 37%；活跃的移动社交用户约为 8300 万，占比达 34%。卡塔尔、阿联酋更是以高达 99% 的普及率位列全球社交媒体普及度排行榜榜首。①

根据卡塔尔西北大学 2017 年中东媒体调研显示，中东国家中，2/3 的人每天都会从社交媒体上获得新闻资讯。调研的样本国家有 40% 的用户从 Facebook 获得新闻资讯，28% 的用户从 WhatsApp 获得资讯，25% 的用户会从 YouTube 上了解资讯。Snapchat 具有明显分化。在海湾地区，Snapchat 的用户比例超过 50%，并且越来越多的海湾地区用户开始使用 Snapchat 来获取资讯；而在非海湾地区，用户比例低于 20%。

在移动互联方面，根据 GSMA（GSM 协会）《移动经济——2016 年中东及北非

① 参见 https：//www. slideshare. net/wearesocialsg/digital－in－2017－global－overview。

地区》（The Mobile Economy：Middle East and North Africa 2016）的最新调研报告，截至2018年第二季度，在西亚及北非地区（MENA）有3.81亿移动用户数，占地区总人口的64%。2017～2025年，中东和北非地区将成为全球除撒哈拉以南非洲地区外，移动用户增长加快的地区，用户数量将增长到4.59亿，占人口的59%。①

2. 中国企业当地发展情况

2016年中国成为中东地区最主要的投资者，投资总额达295亿美元，占所有区域外国家投资的31.9%。在当地的互联网和相关技术领域，出现了中国的身影，一些中国企业或与当地投资合作的企业已有一定影响力。如中国企业在埃及创办的新闻类客户端，目前用户数量已达30万；在中东地区搭建直播平台，日均活跃用户达200万人以上；在以色列投资了智能交互技术、情绪分析技术和视频分析技术等多家公司。

中东地区人民闲暇时间长，互联网产业发展潜力大，不少中国企业都向中东地区倾斜更多的投资和业务。例如，有企业就将中东作为其产品和业务的重点区域，市场覆盖沙特阿拉伯、埃及、土耳其、伊朗、卡塔尔、科威特、阿联酋等20多个国家，用户占全球用户的15%。

随着直播与网红的日渐火爆，结合中东社交市场庞大消费潜力和对社交网络的强烈需求，中东直播市场纷纷出现中国公司搭建的直播平台，各类直播平台竞相出现在中东市场。有专注于阿拉伯用户的直播平台在中东拥有千万用户；以社交＋直播为主要模式的平台日均活跃用户达200万人以上。

虽然目前当地大部分互联网企业，仍主要借鉴西方国家的发展模式。但在走访过程中，多家政府机构和企业负责人对中国互联网全球领先的发展水平表示钦佩和羡慕，认为中国的互联网管理有很多值得学习借鉴的经验，对中国互联网管理的成效表示认同和赞赏，一些互联网企业也开始学习中国的互联网发展模式，并期待加强与中国的交流合作。

（二）欧洲地区

1. 互联网新媒体发展情况

“一带一路”沿线的欧洲国家多出于欧洲中东部，相比于西欧发展程度较

① 参见 https：//www.199it.com。

低，但整体仍在“一带一路”沿线处于领先水平。倡议下的欧洲国家互联网覆盖率普遍超过60%，互联网基础设施建设和移动互联网普及程度也能够满足电子商务等互联网产业发展。

欧洲沿线国家互联网发展较早，在“一带一路”整体处于领先水平。移动互联网、电子商务等新形式和新产业发展迅速。以波兰为例，据市场调研机构 PMR 预测，2015～2019 年波兰电商市场年均增长率可达 15%，到 2019 年，波兰电商市场总值将翻番。波兰电商市场不怎么受全球经济形势和个人消费总额等因素影响，随着国内经济不断增长，越来越多的国际电商进军波兰市场。全球企业 Auchan、Gap 和 Inditex 等通过进入波兰电子商务市场得以扩展业务。波兰零售公司 Empik Media & Fashion 通过电子销售渠道而成为波兰电子商务市场的领导者之一。

在俄罗斯，移动互联网和本国的社交媒体平台已经成为当地民众的主流选择。据 GfK 统计显示，在俄罗斯一些大城市（人口 70 万以上），12～64 岁的用户花费在互联网上的时间平均为 91～124 分钟，其中 12～24 岁的用户平均使用时长 124 分钟，35～64 岁的用户平均使用时长 91 分钟。在使用互联网的时间里，35 岁以下的用户大部分时间都花费在社交网络上。根据 RIE 的统计报告，到 2016 年 10 月，俄罗斯移动互联网的月平均使用人数为 6200 万。移动互联网流量史上首次超过 PC 电脑的流量。平板电脑和智能手机占互联网流量的 51.3%，台式电脑和笔记本电脑占 48.7%。域名 ru.com 用户的扩大基本是靠移动用户的增长，至少占电子市场的 1/4，并且在某些部分（如服务或数字内容）中，份额达到 80%～90%。增长最快的是智能手机用户，在 12～24 岁的俄罗斯年轻人中智能手机的活跃用户占 86.2%，其中 15% 的互联网用户只通过移动设备上网。与此同时，移动设备的用户或者购买者的比例已经接近 40%，智能手机在总销售量中占 67%。预计 2018 年移动互联网用户数量的增长态势将持续。

2. 中国企业当地发展情况

“一带一路”沿线欧洲国家官方均在各种场合表示欢迎中国投资者进入本国市场，由于受西方影响较大，在网络媒体和社交平台方面，中国资本和企业参与度和影响力较为有限。但在电商领域有一定建树，最值得关注的是中国 B2C 平台的流行。这些平台让波兰人能够直接从中国购买产品，而且经常免运费。有的平台不仅成为最受欢迎的国外电商平台之一，也是波兰第二大受欢迎的网上商店。它的销售额高于 Euro. com、Empik. com 等波兰人熟知多年的购物网站。

（三）南亚地区

1. 互联网新媒体发展情况

当前，南亚地区人口数量超 16 亿，包括印度、巴基斯坦、孟加拉国、斯里兰卡、尼泊尔、不丹、马尔代夫及阿富汗部分地区。南亚地区是除东南亚外互联网发展速度第二快的地区，但目前，受限于该地区国家的经济发展水平、网络基础设施薄弱等因素，整体互联网发展水平偏低。截至 2017 年 1 月该地区互联网渗透率约为 33%，是除非洲外世界上互联网发展水平最低的地区。尽管该地区互联网发展程度不高，但由于南亚地区较大的人口基数，互联网用户总数高居全球前列，仅次于东亚地区。正是由于庞大的用户基数，南亚地区国家（尤以印度）本土媒体的全球排名相对靠前。

表 1　南亚主要国家流量 TOP5 媒体网站

序号	印度	巴基斯坦	孟加拉国	阿富汗
1	Yahoo. com	Yahoo. com	Yahoo. com	Yahoo. com
2	indiatimes. com	express. com. pk	Kalerkantho. com	Bbc. com
3	ndtv. com	hamariweb. com	Prothom-alo. com	Espncricinfo. com
4	rediff. com	dawn. com	Banglanews24. com	Azadiradio. com
5	news. google. com	espncricinfo. com	Bd-pratidin. com	Tolonews. com

注：不丹、尼泊尔等国因基数太小数据缺失。

资料来源：SmilarWeb，Alexa。

2. 中国企业当地发展情况

当前传统媒体在全球范围内遭受新媒体的冲击，但在印度，受益于人口红利、大量的语言种类以及不断增长的识字率，印度传统媒体反而呈现逆增长的势头。与此同时，印度当地的媒体也看到了互联网带来的巨大冲击和机会，纷纷发展起各自的数字媒体。如 Dainik Jagran① 作为印度阅读量最大的日

① 参见 https：//www. jagran. com/。

发行报纸，其与雅虎合作进军数字媒体领域，战略重点也由纸质媒体转移到数字媒体。

表 2　中国企业开发的印度新闻产品

产品名称	下载量	开发企业
Hotday	10 万 ~50 万	深圳英威诺
Newsdog	100 万 ~500 万	Hacker Interstellar Inc.
Newsdog lite	10 万 ~50 万	Hacker Interstellar Inc.
Insta News	100 万 ~500 万	猎豹移动
UCnews	10 万 ~50 万	阿里巴巴
Whatsnews	0.1 万 ~0.5 万	猎豹移动

资料来源：艾利艾智库 IRI。

（四）东南亚地区

东南亚地区人口数量众多，达 6.45 亿。除新加坡外，东南亚国家普遍人均收入水平不高，低端智能手机受到民众欢迎。低端智能手机的流行又推动了移动网络链接的增多。据社交媒体研究机构 WeAreSocial 统计，截至 2017 年 1 月，东南亚地区整体互联网渗透率已达 53%，网民数量为 3.39 亿，较 2015 年增长 60%。东南亚国家经济发展速度较快，未来其网民数量仍有较大的增长空间。从军事、外交、经济等角度看东南亚地区对中国而言有重要的战略价值，是“一带一路”对外传播的重要地区。此外，受益于“一带一路”建设的推进，近年来中国和东南亚双向投资增长迅速，数据显示，截至 2016 年 5 月，中国和东盟国家的双向投资已达 1600 亿美元，双方贸易额也从 1991 年的 79.6 亿美元增长至 2015 年的 4721.6 亿美元。

1. 互联网新媒体发展情况

在东南亚国家，互联网市场是一个开放的市场，Facebook、Twitter、YouTube 等国际巨头依靠其先发优势，在该地区占据很高的市场份额。它导致的结果便是该区域内的泰国、越南、菲律宾、印尼、马来西亚等国无法培育出本土的巨无霸企业。此外，该区域内的印尼、菲律宾、马来西亚等多数国家互联网基础设施普遍薄弱，大部分国家直接跳过 PC 时代，进入以手机和平板为主导的移动时代（见表3）。例如，印尼拥有个人电脑的用户不多，但手机十分普及，智能机用户与功能机相当，应用上，以国际应用为主，如Facebook、UC、Google等。

表3　东南亚主要国家互联网发展概况

国家	网民数量(增长率)	社交媒体用户(增长率)	移动网络用户(增长率)
印度尼西亚	1.32亿(51%)	1.06亿(34%)	3.7亿(14%)
菲律宾	6000万(27%)	6000万(25%)	1.29亿(9%)
泰国	4600万(21%)	4600万(21%)	9000万(10%)
马来西亚	2200万(7%)	2200万(22%)	4300万(-1%)
马尼拉	1400万(97%)	1400万(84%)	5050万(38%)
柬埔寨	716万(43%)	490万(44%)	2760万(6%)
新加坡	470万(1%)	440万(22%)	844万(3%)
老挝	180万(83%)	180万(84%)	590万(18%)
文莱	43万(16%)	37万(37%)	516万(-1%)

注：“增长率”数据为2016年环比增幅。

资料来源：Internet World Stats、WeAreSocial、InternetLiveStats。

2. 中国企业当地发展情况

在国内互联网市场饱和、竞争激烈的情境下，中国互联网企业主动出海，投入东南亚这一具有人口红利、市场规模巨大，互联网和智能手机普及率增长速度快的市场成为某种必然。而从出海企业的产品类型上看，与以往出海企业聚焦于工具性互联网应用不同，近年来，直播应用及以算法个性化推荐模式为代表的新闻聚合类应用成为出海热点。而在出海方式上，投资收购本土互联网公司、开发本土语言的移动应用成为主要方式。如国内互联网公司一年多前投资了印尼互联网媒体公司ZOOMY，中国企业斥资5700万美元收购新闻聚合平台News Republic。多家企业的直播应用成功出海东南亚印尼、越南、泰国等国家。

整体来说，当前东南亚国家既处在区域经济一体化的大环境中，但具体到各个国家来看，经济及互联网发展的不均衡性、国家文化差异性仍十分显著，这也导致该地区网络媒体发展既有共性，又呈现出较强的差异性。共性体现在国际网络媒体巨头对该地区国家的渗透极深，如社交媒体方面，Facebook、

YouTube、Twitter、Instagram 等社交媒体深受青年网民的青睐，其中 13～24 岁网民使用 Facebook 的比重接近总用户的 60%；新闻门户方面，雅虎新闻的网络流量长期居于各个国家媒体类网站前列。差异性体现为：在网络媒体的全球影响力（网站全球排名角度）上，印度尼西亚、泰国、越南、马来西亚依次递减；媒体使用习惯不同，如马来西亚、泰国传统的纸媒虽已经实现在线化，但公众的阅读习惯仍保持通过纸媒、电视等传统媒体获取信息的阅读习惯，而在印度尼西亚，公众媒体使用结构已经随着互联网水平的提升而转移至线上。

（五）中亚地区

1. 互联网新媒体发展情况

以哈萨克斯坦为例，2017 年全球 IT 普及率指数显示，哈萨克斯坦互联网普及率居独联体国家首位，达到 1309 万人，占总人口的 73%，较 2016 年增长 31%。在 15～24 岁的年轻人中，互联网使用者占 97%；在 25～44 岁居民中经常使用互联网者占 91%，其中 65% 的网民使用智能手机，86% 的智能手机使用者每天保持在线状态。在移动互联网普及率等个别指标上，中亚国家甚至领先于俄罗斯，位居独联体国家前列。

虽然互联网设施等硬件基础优秀，但以电子商务为代表的互联网产业在中亚地区发展有限。近几年哈萨克斯坦电子商务领域有所增长，但仅占哈萨克斯坦零售贸易总额的 0.5%（俄罗斯为 3.3%，中国为 8.4%）。美国波士顿咨询公司研究指出，原因在于物流基础设施滞后（尤其是阿斯塔纳市和阿拉木图市以外的地区）、快递服务市场不透明、电子支付普及率不高。对于用户而言，与网上购物和移动服务相比，信息共享、社交网络更有吸引力。

哈萨克斯坦 2017 年在互联网支付方面实现了长足发展，2018 年前八个月使用互联网支付的人数达到 250 万人，占总人口的 14%，增幅达到 12%。这一领域的发展，预计将会推动哈萨克斯坦乃至中亚地区的互联网产业转型升级。

在中亚地区，社交网络以 VKontakte 和 Odnoklasssniki（两家俄罗斯公司）为主。值得关注的是，Facebook 的访问量排名不高，截至 2016 年，Facebook 的普及率只占 8.86%。最近几年出现了一些中亚国家本国产品，其中的代表如 iTys（功能类似于 WhatsApp，区别是有民族特点的表情包）。此外，还有一些较为活跃的网站：最受欢迎的博客群 Блог-платформа Your Vision、最大的视频分享网站 Казахстанскийвидео、最活跃最大的问答网站 szh. kz 等。

2. 中国企业当地发展情况

中亚地区是连通东亚地区与中东乃至欧洲的重要节点，也是“一带一路”倡议投资的主要方向。区域内的哈萨克斯坦是中国“一带一路”倡议下投资最多的国家。截至 2017 年 6 月，中国在哈萨克斯坦累计投资已达到 430 亿美元。中国资本在当地已经取代西方资本，成为中亚国家外来直接投资的最主要来源。

2015 年，哈萨克斯坦阿塔梅肯企业家协会与中国电子商务平台签署了互信备忘录。2016 年，中国电子平台出现了哈萨克斯坦网店。哈萨克斯坦第一副总理萨金塔耶夫称，哈萨克斯坦会与中国共同建立电子商务平台，中国进行国际贸易的创新经验和建立商品及服务流通的国际通道对哈萨克斯坦而言非常重要，哈萨克斯坦需要建立完整的电子商务平台，包括运输体系、海关服务和陆路港口。为此，也需要在中国电子商务平台上开设哈萨克斯坦网店，销售农业生态产品、糖果、饮用水和蜂蜜等，在无中间环节的条件下中国人可直接订购需要的商品。

二　利用互联网新媒体推动“一带一路”沿线文化传播的现有条件

（一）新技术条件下的信息分发、直播、游戏等在“一带一路”沿线国家得到接受和认可

中东、非洲等海外互联网高速发展，当地相关的互联网产业在诸多领域仍有开发的潜力。这些地区由于互联网发展较晚，直接进入了移动互联时代，随着当地人民生活和消费水平的提高，以及网络基础设施的不断完善，新技术、新媒体在当地有广阔的发展空间。

互联网信息分发、直播、游戏等内容形式，已被证明可以在一定条件下推行，中国企业在海外各个地区也均拥有一些成功案例。互联网发展新兴国家网民群体仍以极高速度增长，如非洲互联网用户数量在 2017 年同比增长超过 20%，市场前景乐观。

（二）新兴市场互联网需求移动化、社交化、平台化

在互联网发展迅速的东南亚、中东和非洲地区，互联网渗透率的提高和智能手机普及呈同步化趋势，这些新兴互联网地区的网民与其他地区的新生代“互联网原住民”一起，成为推动全球互联网消费移动化发展的主要力量。与此同时，年轻用户对个性、表达、认可的渴望，导致应用的社交化、平台化形成潮流。

移动社交平台和音视频技术及应用场景不断拓展，短短数年内，社交媒体应用场景从最初发布文字的状态到以图片和视频配合文字，再到当前的以图片和音视频为主导的信息流发布。全球最主要的社交平台也在根据移动端和音视频内容需要提升用户体验，如为了适应移动端观看而将视频内容长宽比例默认为1∶1，以及根据用户使用场景，在移动端预览视频时默认静音等。

音视频内容带来的越来越多样化的阅读与浏览观感，提升了移动社交的用户体验。社交平台的移动化，也给用户带来更加便捷的上传、使用和浏览音视频内容的渠道。未来几年内，社交平台移动化与音视频技术同步发展，在这一趋势下，不断优化用户浏览体验、持续开拓移动社交和音视频场景是相关企业全球化发展的主要发展方向。

（三）互联网新技术、新媒体促进互联网新媒体技术红利全球共享

新一代互联网企业在信息分发、短视频、智慧出行等诸多生活场景开发的产品、服务具备引领能力，让全球网民享受来自中国的新模式、新内容、新服务，获得更多、更实惠的体验选择。在信息分发方面，中国企业以算法为核心打造的个性化智能推荐模式已经在一些海外市场证明具有强大的生命力。一些国家开始打造类似的信息分发平台，逐渐成为一些地区新生的资讯类平台的“标配”。相比这种影响，中国的视频直播、电商以及游戏等行业的经验都可以成为“一带一路”沿线其他国家效仿的模板，使中国的新媒体技术和产业模式惠及全球网民。此外，通过互联网新技术的沟通交流，在其他国家取得成功的新技术、新模式、新应用也能够通过合理合法的途径在中国得到借鉴和应用。

三　利用互联网新技术、新媒体促进“一带一路”文化交流的建议

（一）丰富各国间公共外交活动，促进非官方背景下的民间交流

以往的公共外交活动往往需要通过各国官方组织和指导，在线下开展各种交流活动。这类公共外交活动依赖国家间领导人互访、关系升级等外交事件，在线下举行的活动能够参与和影响的人群有限。通过新技术、新媒体的互联网平台，公共外交活动可以打破时间和地域限制，提高各类公共外交活动的频次和参与度。民间在官方鼓励或自发情况下开展的相关活动，可以利用互联网内容由网民共建的优势，丰富公共外交活动中各国文化形式、文化元素以及文化内涵的展示。

（二）提高各国网民对互联网内容的参与度和贡献度，丰富互联网文化交流内涵

中国新一代互联网企业搭建的各类内容创作平台，为全世界更多普通人提供展现才艺、实现自我价值，甚至改变命运的机会。用户制造内容的模式已经在中国被证明可行，这不仅能够给互联网用户更多参与互联网内容建设从而实现自身价值的机会，从文化交流的角度上讲，也能极大地丰富通过互联网进行文化交流的内涵。增加网民对于互联网内容的贡献，可以逐步实现各国从官方、媒体到民间的多层次文化交流。

（三）以新技术、新媒体为依托，提高文化内容传播力

“一带一路”倡议覆盖全球各个大洲，各地区各国文化各不相同，其承载的价值观念、审美趣味、表现形式丰富，但也会遇到各国间文化存在隔阂和障碍、难以理解不同文化的情况。新兴的互联网音视频、直播、互动等传播形式，能够丰富此前文化交流的形式。一些跨国性的新技术、新媒体平台推广的活动能够得到全球各国网民的欢迎和认可，这表明互联网正在催生一种能够跨越地域和文化限制的共同价值与趣味。在各种文化交流活动中，可以利用在互

联网上被广泛接受的形式，重新包装各种文化内容，使其具有更加时代化的生命力，为各国网民所接受。

（四）加速沿线国家网络基础设施建设，为文化内容的多种传播形式打好基础

新技术、新媒体支撑下的互联网内容传播高度依赖音视频等新的传播形式，这对各国网络基础设施建设提出了更高的要求。“一带一路”沿线部分地区国家基础设施建设仍较为滞后，在非洲、南亚、东南亚等地区，互联网发展受到基础设施建设的阻碍，音视频内容无法有效地得到传播。在许多沿线国家，以报纸、电视台、电台为主的传统媒体仍然占据主导作用。在开展文化交流的同时，促进沿线各国的网络基础设施建设，让各国网民都能享受到移动互联网时代的音视频传播内容。积极开展合作使当地传统媒体网络化，扩宽媒体信息容量和内容传播力，推动各国媒体利用网络渠道报道、转载其他国家文化内容，使各国文化能够在全球范围内得到更广泛的传播。

（五）利用新技术提高文化内容的传播精度

人工智能算法带来的信息精准推送使网民在浏览信息时可以更多的看到自己感兴趣的内容，不断深化相关内容对个体的影响。这类技术在各国的推广，使文化内容的传播精度得以提高，智能的信息推送一方面可以使特定网民群体更多的看到自己感兴趣的他国文化内容，也能够将制作精良、受到广泛认可的文化传播产品更多地推广给网民。各国可以在自身网络内容和数据安全法律允许的情况下，利用智能化的推荐手段，推广其自身的文化内容。

（六）促进各国官方和民间在网络信息法律和网络技术产业发展上的沟通

“一带一路”沿线各国互联网发展情况和阶段不一，对互联网内容、网络安全以及信息安全方面的规定和法律也有一定差异。通过各国官方和法律界的积极沟通，各国相互借鉴互联网相关的规定和法律的治理经验，并在各国法律中寻找最大公约数，促进文化内容和传播形式符合各国法规，消除规则不同给互联网内容造成的传播障碍。在互联网企业方面，中国一些企业的基础和发展

模式已经成为其他国家互联网企业借鉴的模板，在“一带一路”国家间，促进同类企业在符合各国法律框架下的技术和发展经验交流，能够助力文化传播的新技术、新媒体普惠沿线各国民众，同时为文化传播构建更多平台和载体。

参考文献

[1] 国家信息中心“一带一路”大数据中心：《“一带一路”大数据报告2017》，商务印书馆，2017。
[2] 国家信息中心“一带一路”大数据中心：《“一带一路”大数据报告2018》，商务印书馆，2018。
[3] 荣新江：《丝绸之路与东西文化交流》，北京大学出版社，2015。
[4] 王义桅：《世界是通的——“一带一路”的逻辑》，商务印书馆，2016。
[5] 尹丽波：《工业和信息化蓝皮书：“一带一路”产业合作发展报告》，社会科学文献出版社，2018。

产 业 篇

Sector Reports

B.21
2018年中国新媒体产业发展报告

郭全中*

摘　要： 2018年，虽然我国互联网用户增速放缓，但网络广告、网络游戏等新媒体产业依然保持高速成长，新媒体产业公司迎来上市潮，新媒体产业融资数量下降但融资额大幅度提升。未来，5G、区块链等新产业逐步落地，产业互联网成为互联网巨头的新方向。

关键词： 新媒体产业　大数据　人工智能　产业互联网

2018年，在我国经济增速放缓、互联网红利衰竭、监管趋严等因素的不利影响下，虽然网络游戏产业稍遇波折，但我国新媒体产业依然保持着较高的速度增长，尤其是大数据、人工智能等新产业规模快速扩大，5G、区块链等新产业也开始步入增长期。

---

* 郭全中，中共中央党校（国家行政学院）文史教研部副教授。

一　新媒体产业发展稳中有忧

2018 年，我国新媒体产业发展的外部环境存在不小的隐忧，主要表现在互联网用户增速放缓、移动互联网红利衰竭、经济增速稳中有降、互联网迎来严监管时代、特殊管理股呼之欲出等。

（一）用户增速放缓，移动互联网红利衰竭

根据 CNNIC 发布的《第 43 次中国互联网络发展状况统计报告》（以下简称《互联网报告》）显示，截至 2018 年 12 月，我国网民规模达 8. 29 亿，同比增长 7. 32%，普及率达 59. 6%；我国手机网民规模达 8. 17 亿，同比增长 8. 55%，网民通过手机接入互联网的比例高达 98. 6%。可以看出，我国互联网用户在经历了十多年的高速增长之后，普及范围大大增加，而增速开始大幅度放缓，已经远远低于 10%。背后的原因则是移动互联网的用户和流量红利枯竭，标志性的事件则是今日头条和腾讯之间的“头腾大战”，正如 PC 互联网红利衰竭之时腾讯和奇虎 360 之间的“3Q 大战”一样。

（二）新媒体产业相关的普及程度大大增加

互联网作为基础设施，互联网 + 在各个领域都取得了良好进展，新媒体产业的普及程度很高。《互联网报告》显示，搜索引擎的用户规模超过 6. 8 亿，网络新闻的用户规模超过 6. 7 亿，网络视频的用户规模超过 6. 1 亿，网络支付的用户规模超过 6 亿，具体见表 1。

表 1　2018 年 12 月各类互联网应用的用户规模

单位：万，%

应用	互联网用户			手机网民		
	用户规模	网民使用率	同比增速	用户规模	网民使用率	同比增速
搜索引擎	68132	82. 2	6. 5	65396	80. 0	4. 8
网络新闻	67473	81. 4	4. 3	65286	79. 9	5. 4
网络视频	61201	73. 9	5. 7	58958	72. 2	7. 5
网络支付	60040	72. 5	13. 0	58339	71. 4	10. 7

续表

应用	互联网用户			手机网民		
	用户规模	网民使用率	同比增速	用户规模	网民使用率	同比增速
网络音乐	57560	69.5	5.0	55296	67.7	8.1
网络游戏	48384	58.4	9.6	45879	56.2	12.7
网络文学	43201	52.1	14.4	41017	50.2	19.4
网络直播	39676	47.9	-6.0	—	—	—
微博	35057	42.3	10.9	—	—	—
在线教育	20123	24.3	29.7	—	—	—
短视频	64798	78.2	—	—	—	—

资料来源：根据 CNNIC 发布的《第 43 次中国互联网络发展状况统计报告》资料整理。

（三）我国经济发展稳中有降，金融去杠杆力度大

首先，我国 GDP 增速稳中有降。2014 年以来，我国 GDP 增速虽然一直在回落，从 2014 年的 7.3% 下降到 2018 年的 6.6%，但增速一直保持在 6.6% 以上。国家统计局发布的数据显示，2018 年我国国内生产总值高达 900309 亿元，首次突破 90 万亿元大关，整体来说，我国经济发展平稳，为新媒体产业发展提供了良好的外部经济环境。

其次，2018 年我国金融环境整体不利，主要体现在去杠杆、P2P 爆雷、信用债违约、大股东股权质押爆仓、企业融资成本快速上升等。在国内金融市场趋紧的大环境下，一方面新媒体公司国内融资难度加大，融资成本提升；另一方面新媒体产业公司纷纷到境外上市。

（四）传媒政策迎来严监管时代

2018 年，传媒业尤其是新媒体产业的监管更加严格，无论在网络游戏、短视频、影视产业还是上市公司方面都出台了不少的趋紧政策。

首先，游戏版号审核一度暂停。2018 年 3 月下旬起，由于监管部门的机构调整，游戏版本号暂停发放；8 月底，新闻出版署又出台了“游戏总量调控”政策，游戏版号的发放量将大幅度下降。游戏版号审批趋紧的影响已经显现，不仅腾讯、网易等游戏巨头受到很大影响，而且不少游戏创业公司也陷

入绝境。

其次，影视税务政策收紧，影视企业迎来最艰难年份。2018 年，我国国内电影票房首次突破600 亿元，但影视企业的日子并不好过。2018 年 7 月 13 日，国家税务局要求各级税务机关进一步加强影视行业税收征管；2018 年 8 月 1 日起，娱乐圈开始执行个人新税制，税率从最初的 6.7% 直接飙升至 42% ，且需要一次性补缴 6 个月的税款；2018 年 11 月 2 日，国家税务总局下发《关于进一步规范影视行业税收秩序有关工作的通知》，并成立规范影视行业税收秩序工作领导小组，要求从 2018 年 10 月 10 日起到 2019 年 7 月底，影视行业展开税务自查自纠、约谈补税、税务上门辅导、检查以及重点检查（税务抽查）等工作。根据新华社的报道，截至 2018 年底，影视行业自查申报税款 117.47 亿元，已入库 115.53 亿元。

再次，新媒体行业监管更严。一是视频行业严监管。不仅所有主流短视频应用都遭到广电总局约谈或行政处罚，长视频平台也面临更严格的内容、功能审核。广播电视和网络视听节目要坚决执行网上网下统筹管理、同一标准的要求，加快建立网台联动的管理机制，决不给问题节目留下空隙和死角。具体说来，新办法规定，网剧、网大、网络动画等网生内容，由制作公司备案后提交省级广播电视局审核。审核流程包括在拍摄前对拍摄规划剧本的审核，以及成片后对上线成片的审核。网络平台只能采购由广电部门过审后，取得上线备案号的视听内容。二是特殊管理股在互联网企业试点并有可能进一步推广。继 2017 年一点资讯成为我国互联网领域特殊管理股首家试点以来，2018 年特殊管理股试点范围扩大，趣头条、铁血网、Zaker 等试点，预计特殊管理股制度会在互联网企业大范围展开，尤其是科创板允许同股不同权制度之后。

最后，控制上市公司跨界投资影视业和游戏。2018 年 10 月，证监会向各大券商下发《再融资审核财务知识问答》与《再融资审核非财务知识问答》，提出上市公司募集资金不得跨界投资影视或游戏，严格控制资本进入影视圈的条件，为整个行业降温。

（五）新技术带来新机会

新媒体产业技术日新月异，除了云计算、大数据、人工智能技术逐步成熟并形成了相应的产业之外，5G、量子信息、区块链、虚拟现实、物联网标识等新技术开始突破，并逐步推进新产业快速发展。

二 新媒体产业继续保持较高发展速度

新媒体产业的网络广告继续保持高速增长，网络游戏由于各种原因增速放缓，大数据等产业渐成规模。

（一）互联网广告收入高速增长，信息流广告增长迅速

第一，互联网广告依然保持30%以上的速度增长。根据艾瑞咨询的预测，2018年我国互联网广告将达到4914.0亿元，同比增长31.04%，不仅远远高于GDP增速而且远远高于广告市场增速；其中，移动广告市场规模达到3814.4亿元，同比增长49.61%，移动广告市场占比为77.6%。

第二，信息流广告超越搜索广告成为第二大广告。根据艾瑞咨询的预测，2018年，在互联网广告的分行业中，电商广告排名第一，占比31.7%；信息流广告排名第二，占比23.9%；搜索广告排名第三，占比19.5%；品牌图形广告排名第四，占比11.4%；视频贴片广告排名第五，占比5.0%。尤其需要指出的是，信息流广告作为新的广告形式，2018年达到1173.5亿元，同比增长70.4%，到2020年将高达2754亿元。

第三，互联网企业收入和广告收入快速增长。2018年，阿里巴巴、腾讯、百度、新浪、字节跳动和快手的网络广告高速发展，虽然阿里巴巴广告的具体数据没有公布，但其是广告收入排第一的企业，远远超过百度，其广告收入的增速超过50%；百度的广告收入为783亿元，是广告收入排第二的企业，同比增速为22%；腾讯前三季度的广告收入为410.46亿元，同比增长46.08%；字节跳动的广告收入近500亿元，是广告收入排第四的企业，同比增长250%以上；新浪的广告收入为17.9亿美元，同比增速为36%。快手没有公布具体的营业收入和广告收入数据，估计收入在200亿元左右。而网易、搜狐等的广告收入则增速下降，如果单独计算门户网站的广告收入，则基本上都是负增长。

表 2 2018 互联网公司营业收入与广告收入

企业	营业收入			广告收入		
	2018 年	2017 年	同比增速(%)	2018 年	2017 年	同比增速(%)
阿里巴巴(亿元)	3452.78	2271.95	51.97	—	—	—
腾讯(亿元)	2277.98	1708.97	33.30	410.46	280.99	46.08
百度(亿元)	1023.00	799.22	28.00	783.00	641.80	22.00
新浪(亿美元)	21.10	15.86	33.00	17.90	13.16	36.00
网易(亿元)	671.56	541.02	24.13	25.01	24.09	3.82
搜狐(亿美元)	18.80	18.61	1.00	12.52	11.11	12.69

注：由于腾讯的年报尚未公布，腾讯的数据为 2018 年前三季度和 2017 年前三季度的数据。
资料来源：根据互联网公司财报整理。

（二）我国网络游戏增速低于 GDP 增速

第一，我国网络游戏销售收入超过 2100 亿元但增速放缓。中国音数协游戏工委（GPC）、伽马数据（CNG）联合发布的《2018 年中国游戏产业报告》（以下简称《游戏报告》）显示，由于受用户红利衰竭、版号冻结等多重因素的影响，2018 年，我国游戏用户规模达 6.26 亿人，同比增长 7.3%；我国游戏市场实际销售收入达 2144.4 亿元，同比增长 5.3%，远远低于 2017 年的 23.0%，占全球游戏市场比例约为 23.6%。

第二，自主研发和移动游戏市场份额进一步提升。《游戏报告》显示，2018 年，我国自主研发网络游戏市场实际销售收入达 1643.9 亿元，同比增长 17.6%，市场份额提升到 76.66%；移动游戏市场实际销售收入 1339.6 亿元，同比增长 15.4%，市场份额上升到 62.5%；客户端游戏市场实际销售收入为 619.6 亿元，市场份额下降为 28.9%；网页游戏市场实际销售收入 126.5 亿元，市场份额大幅度下降为 5.9%。

第三，A 股上市企业超过 150 家。《游戏报告》显示，2018 年，我国游戏上市企业数量为 199 家，其中 A 股上市 151 家，占比 75.88%；港股上市企业 33 家，占比 16.58%；美股上市企业 15 家，占比 7.54%。此外，在新三板，还有挂牌企业 142 家。2018 年，与游戏相关的新上市和挂牌企业有 360、爱奇艺、哔哩哔哩、智明星通等（见表 3）。

表 3　2018 年新上市及新挂牌游戏相关企业

企业	上市或挂牌地点	时间
奇虎 360	美国退市、国内 A 股借壳上市	2018 年 2 月
爱奇艺	美国纳斯达克	2018 年 3 月
哔哩哔哩	美国纳斯达克	2018 年 3 月
智明星通	新三板	2018 年 4 月
虎牙	美国纽交所	2018 年 5 月
第七大道	港交所	2018 年 7 月
指尖悦动	港交所	2018 年 7 月
映客	港交所	2018 年 7 月
跳跃网络	美国纳斯达克	2018 年 10 月
创梦天地	港交所	2018 年 12 月
汇量科技	港交所	2018 年 12 月
万伽壹联	港交所	2018 年 12 月

资料来源：根据游戏公司上市资料整理。

第四，腾讯和网易的市场份额超过 80%。《游戏报告》显示，在 2018 年收入前五十新产品中，腾讯、网易研发的产品合计收入占比达 44%，这两家企业发行的产品收入占比达到了 80.6%，其中腾讯占比为 65.2%（见表 4）。

表 4　2018 年游戏公司收入情况

单位：亿元，%

公司	2018 年	2017 年	同比增速	市场占比
腾讯	797.93	735.04	8.56	—
网易	401.90	362.82	10.77	18.74
畅游	26.21	30.24	-13.33	1.22

注：由于腾讯的年报尚未公布，腾讯的游戏收入数据为 2018 年前三季度和 2017 年前三季度的数据。
资料来源：根据互联网公司财报整理。

第五，移动电竞首超端游，游戏直播收入翻番。《游戏报告》显示，2018 年电子竞技游戏市场收入为 834.4 亿元，市场占比为 38.91%，而且移动电子竞技游戏收入首次超过客户端游戏电子竞技游戏，占比为 55.4%。游戏直播市场收入为 74.4 亿元，同比增长 107.2%。

（三）我国电影票房突破600亿元

根据国家电影局的数据，2018 年全国电影总票房为 609.76 亿元，同比增长 9.06%；城市院线观影人次为 17.16 亿，同比增长 5.93%；其中，国产电影总票房为 378.97 亿元，同比增长 25.89%，市场占比为 62.15%，大幅度提升。国产电影有六部电影票房超过 20 亿元，其中《红海行动》《唐人街探案 2》《我不是药神》《西虹市首富》四部国产影片占据 2018 年电影票房前四，全年累计票房分别为 36.5 亿元、33.98 亿元、31 亿元、25.47 亿元。

（四）大数据产业规模有望达到5700亿元

在大数据相关利好政策、产业延展等因素的推动下，产业规模不断扩大，产业链条加速完善，企业实力不断增强，我国的大数据生态环境不断向好。赛迪智库的数据显示，2018 年，我国大数据产业快速发展，包括大数据硬件、大数据软件、大数据服务等在内的大数据核心产业环节产业规模有望达到 5700 亿元。预计 2019 年，我国大数据核心产业规模有望突破 7200 亿元，增速超过 25%。

（五）人工智能产业规模超过380亿元

由于政策和资本助力，我国人工智能规模增长速度远远超过其他国家，尤其是随着政策的出台和国家对制造业的高度重视，人工智能市场迎来新兴机遇点。前瞻产业研究院的数据显示，2018 年人工智能市场规模有望超过 380 亿元，同比增长 28.70%，2020 年市场规模有望达到百亿美元。资本已经成为助推人工智能产业发展的核心驱动力（见表 5）。

表 5　2018 年我国人工智能产业部分企业融资情况

时间	公司	融资金额	融资轮次
2018 年 11 月 22 日	达观数据	1.6 亿元	B 轮
2018 年 10 月 25 日	特斯联	12 亿元	B 轮
2018 年 9 月 10 日	商汤科技	10 亿美元	D 轮
2018 年 9 月 5 日	海高通信	18 亿元	并购
2018 年 7 月 23 日	旷视科技	6 亿美元	D 轮

续表

时间	公司	融资金额	融资轮次
2018 年 7 月 16 日	车音网	16.68 亿元	并购
2018 年 7 月	高视科技	5000 万元	A + 轮
2018 年 7 月	虹识技术	1.2 亿元	A + 轮
2018 年 7 月	作业帮	3.5 亿美元	D 轮
2018 年 7 月	小马智行	1.02 亿美元	A + 轮
2018 年 7 月	云知声	6 亿元	C + 轮
2018 年 7 月	暴风 TV	5 亿元	战略投资
2018 年 7 月	依图科技	1 亿美元	战略投资
2018 年 7 月	七天网络	2 亿元	B 轮
2018 年 7 月	深之蓝	2.5 亿元	B 轮
2018 年 6 月 12 日	依图科技	2 亿美元	C + 轮
2018 年 6 月 8 日	京东科技	5.5 亿美元	—
2018 年 5 月 31 日	商汤科技	6.2 亿美元	C + 轮
2018 年 5 月 28 日	东华科技	12.88 亿元	Post—IPO
2018 年 4 月 9 日	商汤科技	6 亿美元	C 轮
2018 年 3 月 16 日	酷开	10.1 亿元	战略投资

资料来源：根据前瞻产业研究院的《中国人工智能产业全景图谱》资料整理。

三　新媒体产业投融资规模大、上市公司多

2018 年，新媒体产业的投融资规模大、战略投资多且偏好中后期的头部企业，新媒体产业公司上市数量多，而且阿里巴巴、腾讯、百度和字节跳动通过投资来布局生态系统。

（一）新媒体产业战略投资规模大，且偏向中后期的头部企业

首先，融资数量下降但融资额大幅上涨。根据投中研究院的统计，2018 年文化传媒业融资数量 485 个，较 2017 年下降 19.16%，融资规模 111.22 亿美元，较 2017 年增长 209.12%。

其次，战略投资者偏好中后期的头部企业。2018 年，根据投中网的数据显示，在融资规模方面，居前三的分别为 PE、种子轮和战略投资，其中 PE

中，字节跳动完成25亿美元的融资；种子轮中，New TV获得10亿美元的投资；① 战略投资中，万达电影完成12.39亿美元的战略融资。

（二）新媒体产业公司纷纷上市，腾讯成为最大受益者

首先，新媒体产业公司扎堆上市。一方面，宏观经济层面的经济环境一般且金融进入紧缩周期，另一方面，微观层面的新媒体产业公司必须储备粮草以更好地活下去，新媒体产业公司纷纷到美国和中国香港上市。2018年5月11日，虎牙直播在美国纽约证券交易所上市，募资1.8亿美元；7月11日，映客直播在香港交易所上市，募资10.48亿港币；9月14日，趣头条在美国纳斯达克上市，募资3亿美元；12月12日，腾讯音乐在美国纽约交易所上市，募资10.66亿美元。尤其需要指出的是，腾讯是2018年互联网上市潮的主要受益者，据不完全统计，2018年以来在港股和美股提交上市申请的近40家互联网公司，其中有14家属于腾讯系，包括腾讯音乐、B站、虎牙直播、映客直播、趣头条等。

表6 2018年新媒体产业IPO情况

单位：亿美元

项目	上市地点	行业	募集金额	退出方
腾讯音乐	纽交所	影视音乐	10.66	腾讯控股、太盟投资集团、中投基金等
B站	纳斯达克	动漫	4.83	君联资本、IDG资本、华人文化等
汇量科技	港交所	广告营销	1.64	敦鸿资管等
趣头条	纳斯达克	媒体网站	1.44	—
爱奇艺	纳斯达克	影视音乐	22.50	百度等
虎牙直播	纽交所	直播类	1.80	YY、腾讯等
映客直播	港交所	直播类	1.27	—
指尖跃动	港交所	游戏类	1.60	—
第七大道	港交所	游戏类	1.16	—
跳跃网络	纳斯达克	游戏类	0.46	—
创梦天地	港交所	游戏类	0.95	—
毛记葵涌	港交所	广告营销	0.08	
万咖壹联	港交所	广告营销	0.25	—

资料来源：根据互联网公司上市资料整理。

① New TV由迪斯尼、阿里巴巴、NBC环球、21世纪福克斯等投资，虽然是美国创业企业，但是因为有阿里巴巴的投资，所以也算在内。

其次，头部企业获得大量融资。一是今日头条以投前750亿美元的估值融资25亿美元，投资方为软银、阿里巴巴集团等；二是快手以180亿美元的估值获得14亿美元的融资。

表7　2018年新媒体产业头部企业获得融资情况

单位：亿美元

项目	募集金额	估值	行业	融资轮次	投资方
今日头条	25	投前750	媒体网站	PE	软银等
华人文化	15	150	文化传媒其他	A	万科、阿里巴巴、招银国际、腾讯、
快手	14	180	网络视频	E轮	腾讯、红杉中国
New TV	10	不详	网络视频	天使、战略投资	迪斯尼、阿里巴巴、NBC环球、21世纪福克斯
网易云音乐	6	不详	影视音乐	B轮	百度、美国泛大西洋投资集团、博裕投资
新潮传媒	5.34	不详	广告营销	战略投资	成都高新产业园区基金、百度等
百丽传媒	5.24	不详	影视音乐	战略投资	腾讯产业投资基金

资料来源：根据互联网公司相关资料整理。

最后，以字节跳动和快手为代表的互联网新势力快速壮大。长期以来，BAT三巨头形成了较为稳定的“三足鼎立”局面，而作为新技术代表的字节跳动和快手高速成长，给现有互联网三巨头带来了重大冲击。成立于2012年的字节跳动是对互联网既有势力最大的挑战者，经过短短的六年时间，基本上抓住了移动互联网红利、大数据红利、人工智能红利、自媒体红利和短视频红利等所有的红利，已经成为当仁不让的互联网第四极，2018年营业收入超过500亿元，虽然目前尚未上市，但是市值已经高达750亿美元，已经超过百度（截至2018年12月13日收市时，百度市值为630亿美元左右）。

四　互联网巨头通过投资来完善自身的生态系统

2018年，阿里巴巴、腾讯、百度继续在之前的新媒体产业加码，相应的生态系统不断优化和完善，此外字节跳动作为新的巨头也不断通过孵化和投资来布局自身的生态系统并卓有成效。

（一）腾讯继续加大投资并成为投资的最大受益者

2018 年，腾讯对新媒体产业投资了 30 多笔，重点投资对象包括快手、盛大游戏、斗鱼 TV、虎牙直播、新丽传媒、趣头条、华人文化集团、喜马拉雅 FM、哔哩哔哩等。尤其需要指出的是，2018 年，腾讯旗下和投资的虎牙、映客、趣头条、腾讯音乐等成功上市，成为新媒体产业投资的最大受益者。

表 8　2018 年腾讯在新媒体产业的投资布局

被投资对象	时间	金额	轮次
快手	2018 年 1 月	10 亿美元	E 轮
Skydance Media	2018 年 1 月	—	战略投资
Wattpad	2018 年 1 月	0. 5 亿美元	战略投资
灵龙文化	2018 年 1 月	—	B 轮
艺画开天	2018 年 2 月	数千万元	A + 轮
铁鳞社	2018 年 2 月	百万元	—
盛大游戏	2018 年 2 月	30 亿元	战略投资
即刻	2018 年 2 月	—	C 轮
双羯影业	2018 年 2 月	—	Pre-A 轮
Gaana	2018 年 2 月	1. 15 亿美元	战略投资
Kakao Gmnes	2018 年 2 月	—	战略投资
Ubisoft	2018 年 3 月	—	战略投资
酷匠网	2018 年 3 月	—	A 轮
柠檬影业	2018 年 3 月	数亿元	C 轮
幕星社	2018 年 3 月	4000 万元	天使轮
有狐文化	2018 年 3 月	数千万元	A 轮
K 米	2018 年 3 月	1. 2 亿元	B 轮
微见	2018 年 3 月	—	天使轮
虎牙直播	2018 年 3 月	4. 6 亿美元	—
斗鱼 TV	2018 年 3 月	6. 3 亿美元	战略投资
新丽传媒	2018 年 3 月	33. 17 亿元	股权转让
趣头条	2018 年 3 月	超 2 亿美元	B 轮
艾尔平方	2018 年 4 月	数千万元	B 轮
小象互娱	2018 年 4 月	3000 万元	Pre-A 轮
梨视频	2018 年 4 月	6. 17 亿元	A 轮
快手	2018 年 4 月	4 亿美元	—
华人文化集团	2018 年 7 月	100 亿元	A 轮
知乎	2018 年 8 月	2. 7 亿美元	E 轮
喜马拉雅 FM	2018 年 8 月	4. 6 亿美元	E 轮

续表

被投资对象	时间	金额	轮次
Kaca 娱乐	2018 年 8 月	5000 万元	战略投资
Dreamll	2018 年 9 月	1 亿美元	—
中澜视讯	2018 年 10 月	数千万元	A 轮
VIP 陪练	2018 年 10 月	1.5 亿美元	C 轮
哔哩哔哩	2018 年 10 月	3.176 亿美元	战略投资
十字星文化	2018 年 11 月	数千万元	A 轮

（二）阿里巴巴投资了10余笔

2018 年，阿里巴巴在新媒体产业也是频频布局，而且每次投资都是大手笔，其中有 New TV、万达电影、商汤科技、华人文化集团、分众传媒等数十亿元的投资项目。

表 9　2018 年阿里巴巴在新媒体产业的投资布局

公司名称	时间	轮次	金额	行业
New TV	2018 年 2 月	天使轮	10 亿美元	视频网站
万达电影	2018 年 4 月	入股	46.76 亿元	院线
Video + +	2018 年 4 月	战略投资	3.49 亿元	文娱
商汤科技	2018 年 4 月	C 轮	6 亿美元	人工智能
华人文化集团	2018 年 7 月	战略投资	100 亿元	文化
分众传媒	2018 年 7 月	战略入股	150 亿元	广告营销
神居动漫	2018 年 7 月	A 轮	—	动漫
旷视科技	2018 年 7 月	D 轮	6 亿美元	人工智能
苏宁体育	2018 年 7 月	A 轮	6 亿美元	体育
灿星制作	2018 年 8 月	战略投资	3.6 亿元	文娱
阿里影业	2018 年 12 月	—	12.5 亿港元	影视

而根据投资界的统计资料显示，阿里资本十年来投资已超 300 笔，其中单笔投资亿元以上规模超 130 家，阿里更偏爱在投资中占有更多的话语权，强调被投企业与公司业务的高度协同作用。

（三）百度投资数量较少

2018 年，百度在新媒体产业领域的投资较少，仅参与了对网易云音乐、百度视频、梨视频、新潮传媒等项目的投资，而旗下的爱奇艺也成功在纳斯达克上市。

表 10　2018 年百度在新媒体产业的投资布局

公司名称	投资时间	投资金额	轮次
极米科技	2018 年 3 月	6 亿元	—
梨视频	2018 年 4 月	6.17 亿元	A 轮
百度视频	2018 年 9 月	1 亿美元	B 轮
网易云音乐	2018 年 11 月	超 6 亿美元	B 轮
新潮传媒	2018 年 11 月	12 亿元	战略投资

（四）字节跳动基于数据和信息的生态系统初步形成

字节跳动成立七年来，在用户数和营业收入上取得了巨大成功，不仅孵化了很多项目而且投资了不少项目，并且产品迭代和演化能力很强，现在已经成为继阿里巴巴、腾讯、百度互联网三巨头之外的第四极。

表 11　字节跳动孵化项目

<table>
<tr><th>类型</th><th>领域</th><th>核心产品</th></tr>
<tr><td rowspan="8">内容形式</td><td rowspan="4">资讯</td><td>今日头条</td></tr>
<tr><td>今日头条极速版</td></tr>
<tr><td>懂车帝（头条汽车）</td></tr>
<tr><td>懂房帝（头条房产）</td></tr>
<tr><td rowspan="3">短视频</td><td>抖音短视频</td></tr>
<tr><td>火山小视频</td></tr>
<tr><td>西瓜视频</td></tr>
<tr><td>问答</td><td>悟空问答</td></tr>
<tr><td>服务</td><td>知识付费</td><td>好好学习</td></tr>
</table>

资料来源：根据字节跳动资料整理。

表 12　字节跳动对外投资布局

类型	领域一	领域二	领域三	领域四
内容	媒体资讯 Dailyhunt 华尔街见闻 News Republic	动漫 半次元 声影动漫 快看漫画	图讯 东方 IC	垂直媒体 世界说科技 机器之心 快榜科技
视频	短视频 Music. ly/Flipagram/biu 动图/脸萌科技 西瓜视频	直播 Live. me	3D 视频 维境视讯	
工具	团队协作 幕布/Tower/石墨	内容编辑 简图	存储 坚果云	日程管理 朝夕日历
教育	高等教育 Minerva	课后辅导 晓羊教育/一起作业		

资料来源：根据字节跳动资料整理。

五　未来发展展望

第一，新媒体产业新巨头崛起。大数据、人工智能等新技术给新媒体产业带来新冲击和新机遇，新媒体产业内部也会进一步分化，技术实力强、团队竞争力强、生态协同好的互联网平台会抢占越来越多的市场份额，长期以来形成的 BAT 三巨头格局极有可能会被字节跳动、快手等后来者打破，并形成新的新媒体产业格局。

第二，5G、区块链新产业将逐步落地。在 5G 产业方面，2018 年 12 月，工信部向三大运营商发放了 5G 频谱资源，随后将陆续制定和颁布物联网、车联网的频率使用规划，可以看出，我国 5G 发展进入全面深入落实阶段，5G 产业化取得初步成果。在新媒体产业领域，5G 将帮助新媒体产业公司吸引更多的用户，帮助 VR、AR、MR 有效落地，通过物联网的落地实现万物互联。在区块链产业方面，区块链在 2018 年前半年的高速成长之后而在后半年遭遇寒冬，未来随着场景的丰富和落地，区块链产业将取得实质性进展，尤其在区块链金融、政府数据上链、区块链版权、区块链广告等方面取得快速发展。

第三，新媒体产业上市融资将更为便利。2019 年 1 月 30 日，科创板系列规则征求意见稿正式发布，3 月 13 日，上交所向各保荐机构发布了《关于组织科创板股票发行上市审核系统集中测试演练的通知》，预计7 ~8 月第一批企业降到科创板上市。科创板将重点支持新一代信息技术、高端装备、新材料新能源、节能环保以及生物医药等高新技术产业和战略性新兴产业，推动互联网、大数据、云计算、人工智能和制造业深度融合。可以看出，未来新媒体产业公司将成为科创板上市企业的重要来源，这为新媒体产业公司带来重大利好。

第四，产业互联网成为突破新方向。新媒体产业公司在消费互联网积累了足够用户、数据和能力之后，亟待把现有能力向产业赋能来帮助传统产业转型升级，以更充分地实现能力最大化。目前，腾讯、阿里巴巴、百度等纷纷向产业互联网转型，产业互联网的拓展能力和程度将在一定程度上决定着新媒体产业公司的新空间。

第五，组织架构调整成为新趋势。新媒体产业公司为了更好地适应外部环境和自身发展战略，组织架构的重构和优化势在必行，此前腾讯、阿里巴巴、字节跳动纷纷调整组织架构。未来新媒体产业公司组织架构调整的方向将是分权、灵活和协同。

参考文献

[1]《融资经历寒冬、数量下滑，规模反创新高，2018 传媒业在资本市场表现如何?》，http：//3g. 163. com/dy/article/E6AKTGLM0517RVPN. html，2019 年 1 月 24 日。

[2] 国家统计局：《中国统计年鉴》，http：//www. stats. gov. cn/tjsj/ndsj/2018/indexch. htm，2019 年 2 月 11 日。

[3]《2018 年资本寒冬中　哪些文化行业迎来新“风口”?》，中国经济网，2019 年 1 月 7 日。

[4] IT 桔子：《腾讯 2018 年投资布局：平均每月投资 13. 6 家公司，比去年节奏更紧凑》，https：//baijiahao. baidu. com/s? id = 1622687060242769502&wfr = spider&for = pc，2019 年 1 月 15 日。

[5] IT 桔子：《阿里巴巴 2018 年投资地图》，http：//www. ebrun. com/20181205/310695. shtml，2018 年 12 月 5 日。

B.22

2018年中国短视频内容生产现状与趋势报告

殷乐　王丹蕊*

摘　要： 中国短视频领域在经历了快速生长之后，已经由蓝海变为红海。随着用户红利期的消失，短视频行业逐渐由流量竞争转为内容竞争，内容生产成了众家角力的关键一环。在综合多家研究机构的资料和数据的基础上，本文对2018年中国短视频行业内容生产的现状和成因进行了分析，同时，通过总结和归纳当前短视频内容生产中存在的问题，从四个层面展望未来短视频内容生产的趋势图景。

关键词： 短视频　内容生产　KOL

2018年，中国短视频行业依旧显现出群雄逐鹿之态。字节跳动、百度、阿里巴巴、新浪持续发力，腾讯重启微视短视频，网易、搜狐试水新应用，短视频市场高速发展。中国互联网络中心在发布的《第43次中国互联网络发展状况统计报告》中指出，截至2018年12月，中国短视频用户规模达6.48亿，占全部网民比重的78.2%。[①] 但相较于2016年、2017年的井喷式爆发，2018年短视频行业的用户增长速度减慢，流量红利消退，短视频行业正在进入深水区。艾瑞咨询数据显示，2018年1～9月中国短视频行业月独立设

* 殷乐，中国社会科学院新闻与传播研究所研究员，博士生导师，媒介研究室主任；王丹蕊，中国社会科学院研究生院新闻学与传播学系博士研究生。

① 中国互联网络中心：《第43次中国互联网络发展状况统计报告》，http：//cnnic. cn/gywm/xwzx/rdxw/20172017_ 7056/201902/t20190228_ 70643. htm，2019年2月28日。

备数的环比增长率逐渐放缓，2018 年 4 月和 9 月短视频月独立设备数甚至出现小幅下降。① 在行业竞争日趋白热化、用户增量渐遇瓶颈的大环境下，优质内容成为短视频行业的核心竞争力。可以说，在 2018 年的中国短视频领域，内容生产是整个行业生态的关键链条。

一　短视频行业内容生产现状及成因

在短视频行业中，KOL（Key Opinion Leader，关键意见领袖）作为一个热词被频频提及，这一概念挪用了20 世纪40 年代拉扎斯菲尔德（Paul Lazarsfeld）和卡茨（Elihu Katz）在“两级传播理论”（theory of two-step flow of communication）中提出的“意见领袖”一词，提及 KOL 虽与“意见领袖”一样，通常是信息的积极传递者和观点表达者，具有一定的权威性，但在网络语境下的应用被纳入市场营销领域，被视为新的营销手段，KOL“拥有更多、更准确的产品信息，且为相关群体所接受或信任，并对该群体的购买行为有较大影响力”②。正是因为 KOL 与商业的强相关性，它在短视频行业的行业盘点和营销统计中占有重要的地位。本文在关于短视频内容生产现状的梳理中，把 KOL 纳入研究视野。

（一）现状

1. KOL 相关内容扩张，PGC 节目内容回落，搞笑类题材最受欢迎

整体来看，KOL 内容仍是当前短视频内容生产的主流，而 PGC 节目内容相比上年有所减少。2018 年，短视频用户规模月增速为 8. 8%，其中与 KOL 相关内容月增速接近 12%，在领域内平均占比近八成，而 PGC 节目内容以 2. 4% 的速度回落，在领域内平均占比近两成。③ 短视频以“模仿”为出发点产生的病毒效应，促使了 UGC 内容的大行其道，目前 UGC 仍是 KOL 原生内容的主要提供者，

---

① 艾瑞咨询：《2018 年中国短视频营销市场研究报告》，http：//report. iresearch. cn/report/201812/3302. shtml，2018 年 12 月 3 日。

② 王平：《谁在网络上影响年轻人——基于提名法的网络意见领袖研究》，《新闻记者》2016 年第 7 期。

③ 卡思数据：《2018 年度 PGC 节目行业白皮书》，https：//mp. weixin. qq. com/s/0cU8d247fnxHabRyCWd3Qw，2019 年 1 月 22 日。

在其推动下 KOL 内容占据了短视频内容的大片江山。2018 年，随着 PGC、PUGC 触角的深入，短视频行业 KOL 内容朝着细分化、垂直化、精品化深耕，受众注意力被大量分流，2017 年一度火热的短视频 PGC 节目内容占比不增反减。

在短视频的题材分类上，搞笑类题材拔得头筹，持续获得用户喜爱。企鹅智酷的数据显示，在快手和抖音的用户中，喜欢“搞笑/恶搞类”的比例最高，在抖音调查用户中，82.3% 的人表示了对该题材的喜爱，而在快手用户中，这个比例占到 69.6%。在内容题材的偏好上，抖音和快手用户表现出极大的相似性，除搞笑类题材外，受喜爱的题材依次为技能展示类、日常生活类、教程类、歌舞表演类（见图 1）、颜值类、风景类和游戏类。① 短视频作为全场景媒体，用户碎片化时间使用率高，许多用户视娱乐、减压为其主要作用。“搞笑/恶搞类”题材在娱乐、减压功用上表现突出，可创作空间较大，碎片化时间内表现力强，创作准入门槛低，在短视频内容生产中占据优势。“搞笑/恶搞类”内容自短视频行业发展以来就持续受到追捧，目前看来该题材的热度还将继续。技能展示类、日常生活类、教程类内容相比上年呈现出了更加细分化、垂直化的特征，特别是在更多的 PUGC、PGC 介入后，这些题材的内容显示出更高的专业水准。

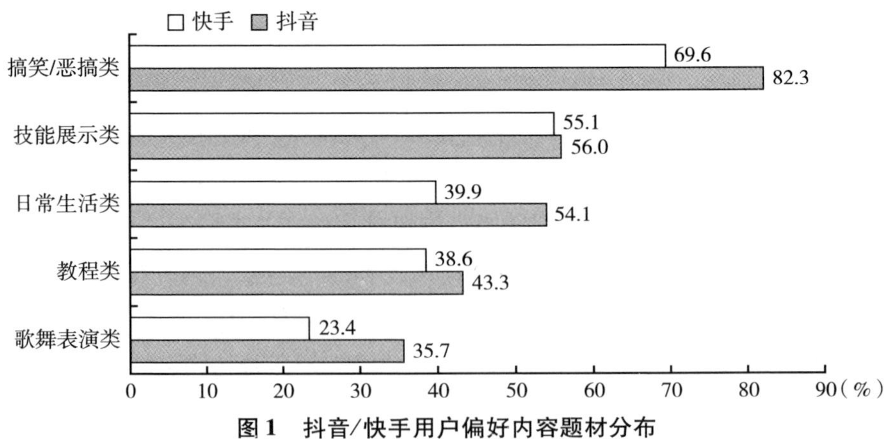

图 1　抖音/快手用户偏好内容题材分布

资料来源：企鹅调研平台。

① 企鹅智酷：《热潮下的社交短视频：快手 & 抖音用户研究报告》，http://tech.qq.com/a/20180409/002763.htm，2018 年 4 月 9 日。

2. 内容细分领域引发社会效应：旅游热与知识的普惠

由于短视频细分内容专业化和影响力的扩大，一些内容细分赛道开始引发社会效应。从旅游和知识两个领域来看，其相应内容分别在社会范围内掀起了网红景点旅游热和知识普惠风潮。

以稻城亚丁为例，2018 年稻城亚丁相关内容在抖音平台上播放量超过 17 亿次，当地歌手创作的《向往亚丁》获得了 2281.1 万的播放量。[①] 相应地，在 2018 年上半年，稻城县接待游客数目同比增长 55.6%。[②] 类似的还有永和黄河蛇曲国家地质公园，2018 年其相关内容在抖音播放超过 3.3 亿，该地十一旅游流量增长了 2 倍。[③] 从旅游短视频的内容分布来看，网红景点的相关内容主要展现了当地风景名胜、旅游住宿、地域美食等方面的优势，吸引用户前往观光旅游。国民日益增长的旅游消费需求、从众心理是这波网红景点旅游热的主要诱因。

在知识类细分赛道，短视频知识类内容流量逐年增加，知识类内容涵盖日益广泛。资料显示，截至 2018 年 12 月 8 日，抖音上粉丝过万的知识类创作者近 1.8 万个，发布短视频超 300 万条，累计播放量超 3388 亿。[④] 从内容分布来看，短视频知识类内容聚焦在知识科普、技能教学、学习教育、生活常识等门类。短视频在形式上有生动化、社交化的特点，有利于打破知识传授界限，实现知识的普惠。

3. 短视频政务号异军突起，传递正能量

2018 年，短视频政务内容表现突出，短视频政务号异军突起，发展迅速。2018 年 5 月 30 日，抖音号“国资小新”发布了一条国资委新闻中心主任毛一

---

① 字节跳动：《抖音稻城亚丁大数据报告》，https://index.toutiao.com/pdfjs/view.html?file=//index.toutiao.com/report/download/d0fb7d0597d6fa17ef96f86f997c46ce.pdf，2018 年 11 月 29 日。

② 稻城县统计局：《稻城县 2018 年上半年经济运行情况》，http://www.daocheng.gov.cn/news/detail/20180805192410737.html，2018 年 8 月 5 日。

③ 字节跳动：《抖音县域景点数据报告》，https://index.toutiao.com/pdfjs/view.html?file=//index.toutiao.com/report/download/4c6398f82000067ffc616edec67f5464.pdf，2018 年 11 月 29 日。

④ 清华大学新闻与传播学院、中国科学报社、字节跳动：《知识的普惠——短视频与知识传播研究报告》，https://index.toutiao.com/pdfjs/view.html?file=//index.toutiao.com/report/download/2b0dc4cd1d98961d041701f9a0868d95.pdf，2019 年 1 月 8 日。

翔“严肃卖萌”的短视频。在 12 个小时之内，这条短视频播放量就超过 200 万，点赞量 15 万。①“国资小新”是国资委新闻中心在抖音上的政务号，据统计，2018 年像“国资小新”一样入驻抖音平台的政务号共 5724 个，这些政务号发布了近 25.8 万条短视频，累计获赞 43 亿。在抖音政务号粉丝量排名中，“四平警事”以 1043 万的庞大粉丝数遥遥领先，紧接其后的是“中国军事网”495 万粉丝、“中国军网”394 万粉丝、“北京 SWAT”329 万粉丝。② 从这些“网红”政务号的“爆款视频”来看，其内容呈现出两个特征：一是着重传递正能量，以普法、救灾、助人为乐、爱国教育、军政形象宣传内容为主；二是其表现手段符合短视频用户审美品位和收看习惯。例如“北京 SWAT”刚入驻抖音时发布的“爆款”短视频，将北京特警高超的专业技巧和时下流行的“吃鸡”游戏结合起来，仅一条视频就获得了 865.2 万的点赞量（截至 2019 年 3 月 6 日）。

总体来看，2018 年在短视频平台通过认证的政务号之多、传播面之广、影响之大，前所未有。这些短视频政务号在寓教于乐、减少用户抵抗心理、传播社会正能量方面取得了良好成效。但同时，在短视频“爆款”率低，“闪红”“闪崩”现象严重，用户对于同质化内容审美疲劳的情况下，如何维护政务号的存量用户、避免内容同质化成为当前短视频政务号要面对的主要问题。

4. 短视频新闻：主流媒体的突围

新闻属于短视频内容生产中专业内容范畴，纵观 2018 年短视频新闻发展情况，主流媒体在其中强势突围。习近平总书记在 2019 年 1 月 25 日第十九届中共中央政治局第十二次集体学习时发表重要讲话，“党报、党刊、党台、党网等主流媒体必须紧跟时代，大胆运用新技术、新机制、新模式，加快融合发展步伐，实现宣传效果的最大化和最优化”③。在媒介融合的背景下，主流媒体与短视频的深度融合从多维度进行了有益尝试，并取得了一定效果。截至 2018 年 12 月，在抖音平台上通过认证的媒体号共 1344 个，这些媒体号发布了

① 《政务公号“抢滩”短视频平台》，新京报网，2018 年 6 月 4 日。

② 字节跳动算数中心：《2018 抖音大数据报告》，https：//index. toutiao. com/pdfjs/view. html? file =//index. toutiao. com/report/download/ff024b54a032bc14b5a837398b25cdec. pdf，2019 年 1 月 29 日。

③ 《习近平谈融合发展“金句”：建成新型主流媒体　扩大主流价值影响力版图》，人民网，2019 年 1 月 25 日。

超过 15.2 万个短视频，累计获赞超过 26 亿。其中人民日报、浙江卫视、人民网位于粉丝量和播放量的前三。① 从内容生产的角度看，主流媒体在短视频新闻方面表现不俗。2018 年第二十八届中国新闻奖首次设立了包括短视频新闻在内的媒体融合奖项，在 2018 年 7 月 25 日公示的初评结果中共有 30 件短视频新闻获奖，这 30 件获奖作品均由主流媒体主管或报送。② 根据 2017 年 5 月 2 日国家网信办发布的《互联网新闻信息服务管理规定》③，只有主流新闻机构具有互联网新闻信息的采访权和编辑权，这让主流媒体信源优势明显，对其在短视频新闻领域突围有政策性利好，短视频新闻将成为主流媒体扩大公信力、影响力的新发力点。

5. 商业内容植入加深，KOL 成重点区域

随着广告商对短视频市场更加的青睐，短视频内容植入逐步深化。据调查显示，2018 年，67% 的数字营销决策者开始使用短视频进行品牌营销，40.5% 的数字营销决策者认为短视频平台是品牌营销的重要组成部分。④ 在模式上，短视频商业内容植入逐渐由冠名、口播、产品展示等硬植入转化为测评、短剧、互动活动等定制型植入。在视频主选择上，KOL 是广告商投入的主要阵地。数据表示，26% 的用户会因推荐而购买产品，70.3% 的用户偏好明星达人的选择。⑤ KOL 中搞笑题材的视频主由于内容可植入范围最广、用户规模最大，创收最高，占所有 KOL 广告投放量的 25%。⑥ 内容植入是短视频商业变现的重要手段，商业资金流动有助于增加市场活性，激发创作者生产优质

① 字节跳动算数中心：《2018 抖音大数据报告》，https：//index. toutiao. com/pdfjs/view. html? file =//index. toutiao. com/report/download/ff024b54a032bc14b5a837398b25cdec. pdf，2019 年 1 月 29 日。

② 《第二十八届中国新闻奖媒体融合奖项初评结果公示》，中国记协网，2018。

③ 网信办：《互联网新闻信息服务管理规定》，http：//www. cac. gov. cn/2017 - 05/02/c_1120902760. htm，2017 年 5 月 2 日。

④ 知萌咨询、巨量引擎、西瓜视频、抖音、火山小视频：《2019 短视频营销白皮书》，https：//index. toutiao. com/pdfjs/view. html? file =//index. toutiao. com/report/download/176b6b16313cce9dd07856162d8295e7. pdf，2019 年 1 月 14 日。

⑤ 知萌咨询、巨量引擎、西瓜视频、抖音、火山小视频：《2019 短视频营销白皮书》，https：//index. toutiao. com/pdfjs/view. html? file =//index. toutiao. com/report/download/176b6b16313cce9dd07856162d8295e7. pdf，2019 年 1 月 14 日。

⑥ 卡思数据：《2019 短视频内容营销白皮书》，https：//mp. weixin. qq. com/s/Rp_9g3bbeVcJQU0kPskw0A，2018 年 12 月 20 日。

内容的热情。但就当下短视频行业的情况来看，竞争集中于抢夺存量用户，而内容植入则易使用户产生抵抗心理，埋下存量用户流失的隐患。

（二）成因

综合来看，2018 年中国短视频内容生产的具体现状是传播主体因素、用户需求因素、市场因素和政策因素共同驱动下的结果。

1. KOL 专业化拓展

作为传播主体，KOL 的专业化是 KOL 内容扩张、PGC 节目回落现象的主要原因。2018 年，短视频 KOL 数量激增，根据卡思数据的调查，KOL 红人数量平均月增速 8.4%。[①] 一方面，短视频市场持续繁荣，头部 KOL 尝到甜头，更多内容创作者涌入市场；另一方面，“模仿”天性和迷因效果催动短视频用户身份从受众向 UGC 转变，扩大 KOL 红人规模。同时，MCN 机构的多点开花和短视频平台的商业布局，为 KOL 提供了专业化的土壤，并更精准地定位 KOL 深耕领域，KOL 创作内容全面升级，收割用户关注力，占领了更多的内容份额。相比而言，PGC 节目虽在 2017 年表现强势，但后续增速乏力。除了被 KOL 分流的原因之外，这也与 PGC 节目的性质有关。PGC 节目一般靠着节目的精品化和稳定性吸引用户关注，节目策划的时长和周期决定了 PGC 节目难以频繁产生“爆点”。因此，在 2018 年短视频行业用户红利消退的情况下，PGC 节目难以导入新的流量用户，存量用户由于审美疲劳和新鲜感缺失开始流失，造成了当前 PGC 节目用户规模相对缩小的局面。

2. 用户需求和消费场景升级

用户需求既是搞笑类题材长盛不衰的内在驱动力，也是短视频内容产生社会效应的推手。在调查中，61.1% 的被调查者表示主要用短视频放松身心、缓解压力，37.7% 的认为短视频是消费风向标，32.2% 的倾向于其主要意义是生活百科助手，25.8% 的偏爱知识聚合作用。[②] 短视频作为全场景化媒介，在用

---

① 卡思数据：《2018 年度 KOL 红人行业白皮书》，https：//mp. weixin. qq. com/s/ouSqZSoRM4tBOloyk2H8bA，2019 年 1 月 8 日。

② 知萌咨询、巨量引擎、西瓜视频、抖音、火山小视频：《2019 短视频营销白皮书》，https：//index. toutiao. com/pdfjs/view. html？ file =//index. toutiao. com/report/download/176b6b16313cce9dd07856162d8295e7. pdf，2019 年 1 月 14 日。

户上下班途中、吃饭时、上厕所时、睡觉前等碎片时间的使用率很高，在这样的场景里人们更需求娱乐放松，因此喜爱搞笑类题材的用户数量居高不下。消费和娱乐的双重驱动下，到“网红城市”一游成为许多用户的选择，网红景点旅游热无形间成为一种社会现象。用户对于短视频知识聚合的兴趣，成为其搜索短视频知识类内容的内因，越多的用户喜爱，就有更多的知识传播者参与进来，形成良性的知识普惠链。

3. 跟风与创新并举的市场驱动

市场作为短视频行业的风向标，从资金和创作两个层面作用于短视频内容生产生态。2018 年，广告主对于短视频领域的资金投入，不仅促进了短视频市场的持续繁荣，还直接造成了短视频商业内容植入的深化。而 KOL 红人内容在短视频内容领域占到八成，也与市场动因有着紧密关系。2018 年，抖音、快手两大短视频行业领跑者相继开启商业营销布局。2018 年 6 月，抖音预告了星图和云图两个营销平台的到来。2018 年 10 月 30 日，快手部署快手广告和快手商业两大营销体系，完善“广告主—内容方—MCN 机构—平台”的商业链。[①] 优化的商业营销布局，为 KOL 红人的内容发布和商业变现提供了方便，网络状、高效率的商业营销布局是未来发展的趋势。

4. 严管和引导发挥作用

2018 年，国家对于短视频行业的监管力度加大。2018 年 7 月，由于传播不良信息，秒拍、波波等短视频平台被无限期下架，哔哩哔哩、洋葱视频等被勒令整改。[②] 2018 年 9 月 14 日，国家版权局根据“剑网 2018”部署，开展短视频专项版权整顿，将抖音、快手、美拍等 15 家短视频企业列为监管重点。[③] 2019 年 1 月 9 日，中国网络视听节目服务协会公布了《网络短视频平台管理规范》[④]

① 艾瑞咨询：《2018 年中国短视频营销市场研究报告》，http：//report. iresearch. cn/report/201812/3302. shtml，2018 年 12 月 3 日。

② 《19 家短视频集中遭整顿：B 站整改一个月秒拍永久下架》，证券日报网，2018 年 7 月 30 日。

③ 《“剑网 2018”专项行动重点整治“自媒体”和短视频领域侵权行为》，新华社，2018 年 7 月 16 日。

④ 中国网络视听节目服务协会：《网络短视频平台管理规范》，http：//www. cnsa. cn/index. php/infomation/dynamic_ details/id/68/type/2. html，2019 年 1 月 9 日。

和《网络短视频内容审核标准细则》①，在短视频内容管理负责制度、内容审核标准等问题上做了明确规范。在国家政策倾向下，短视频内容生产注重宣传正能量，如雨后春笋般出现的短视频政务号就是这个环境下的产物。另外，国家网信办发布的《互联网新闻信息服务管理规定》，客观上助力了主流媒体在短视频新闻领域发力，这也是 2018 年新闻短视频频出优质内容的政策动因。

二　短视频内容生产的问题和趋势图景

（一）存在的问题

1. 内容生产同质化明显，受众审美疲劳

内容同质化问题从短视频兴起之初就备受关注，但至今仍未解决。青藤文化联合创始人、副总裁王一楠对此表达了看法，他说："市场环境的主要问题是内容创作的同质化，大部分创作聚焦红人类的短视频。而在红人类的短视频中，又集中在美食、美妆等比较好做的领域。大家的竞争模式没有特别大的差异。"从局部来讲，内容同质化导致了内容红海的竞争激烈，底部视频主生存艰难。就整体而言，内容同质化和算法的指向性容易引发受众的审美疲劳，这是整个短视频行业长期存在的隐患。受众对短视频的热情能持续多久，直接决定了短视频行业的生命周期。

2. KOL 更迭速度快，品质良莠不齐

短视频"爆款"内容生产的不稳定性导致了 KOL 的快速更迭。KOL 可以因为"爆款"视频一炮而红，也会因为难以继续拍出"爆款"而被受众遗忘，因此短视频 KOL 流动量庞大，品质良莠不齐。KOL 不仅影响了短视频内容的生产，由于模仿心理、从众心理、迷因效果等原因，KOL 的个人品质还会对社会风气产生影响。例如曾风靡抖音的"车库女孩"，在被揭露出整容、拜金、早恋等"黑历史"后，引起了消极的社会影响。但目前 KOL 的把关存在

① 中国网络视听节目服务协会：《网络短视频内容审核标准细则》，http：//www. cnsa. cn/index. php/infomation/dynamic_ details/id/69/type/2. html，2019 年 1 月 9 日。

困难：由于 KOL 的品质与短视频内容的品质不同，难以立刻评判，往往需要事件触发或“深扒”才会暴露，此时不良影响已经产生。因此，难以像整顿不良短视频内容一样整顿 KOL，只能勒令已经产生不良效果的 KOL 下架，倡导健康的风气。另外，KOL 更迭速度快，这与短视频本身特性有关，目前无论是算法还是人工都无法筛选得尽善尽美。

3. 视频主和受众存在非理性倾向

短视频大热的表象下，从视频主到普通受众，用户的非理性倾向正在蔓延。在视频主方面，主要体现为非理性模仿短视频行为，非理性追求 KOL 梦。2018 年 3 月，武汉一爸爸模仿抖音高难度动作，将女儿 180°翻转，导致孩子脊髓严重受损。[①] 2019 年 2 月 9 日，快手主播在拍摄“跳河”视频时身亡，年仅 28 岁。[②] 短视频让“每个人都能出名 15 分钟”，正是这种“出名”“露脸”的诱惑，让这样的惨案频发，带动着用户走向非理性心理误区。

在普通受众方面，主要体现为难以控制的沉迷，用户醉心“即时满足”。从效果来说，非理性沉迷不仅使用户产生对于短视频产品心理和行为的依赖，还削弱了用户对短视频内容的甄别能力。针对用户沉迷问题，短视频平台曾做出尝试。2018 年 4 月，抖音推出反沉迷系统，用户使用时间过长系统会提醒用户休息，[③] 可效果不佳，问题仍需解决。QuestMobile 的数据显示，2018 年 12 月，在 TOP 10 细分行业中，短视频用户月总使用时长增量遥遥领先，占比 33.1%，远超包括即时通讯、综合资讯、综合电商等在内的九个行业。[④] 用户沉迷这种非理性倾向对于未成年人的影响更甚，未成年人自我控制力相对较弱，沉迷于短视频不利于青少年身心健康发展。

4. 消费主义扭曲社会价值观蔓延

在短视频营造的虚拟环境中，用户的聚合打破了时间、空间的约束，人与人之间的关系被重新建构。在这样的聚合下，消费主义思维带来的过度消费和

---

① 《武汉爸爸学抖音挑战高难度，失手致两岁女儿脊髓严重受损》，中国青年网，2018 年 3 月 19 日。

② 《网红梦碎 生命成灰》，《成都商报》2019 年 2 月 21 日。

③ 艾媒咨询：《2018 年中国社交类短视频平台专题报告》，http：//www.iimedia.cn/61347.html，2018 年 5 月 17 日。

④ QuestMobile：《中国移动互联网 2018 年度大报告》，http：//www.questmobile.com.cn/research/report－new/58/，2019 年 1 月 22 日。

攀比之心体现得尤为明显。在短视频平台上，炫房、炫车、炫奢侈品内容屡见不鲜，更可怕的是这样的内容还会得到许多赞赏和正面评论。在这样的风气下，受众踏入以金钱为导向的价值误区，社会价值观异化。另外，消费主义观念还使一些视频主盲目追求物质利益，造成短视频平台上假货横行，扰乱市场纪律，降低短视频公信力，阻碍短视频市场良性发展。

（二）趋势图景

1. KOL 仍是主角，内容生产全面升级

2018 年 KOL 内容快速扩张，显示出生机勃勃的发展潜力，在未来，KOL 仍会是短视频内容生产的主角。短视频商业生态系统的搭建，方便了 KOL 与 MCN 企业和广告主的对接，拓展了 KOL 的生存空间。并且，随着专业团队的下沉，UGC、PGC 融合加快，PUGC 持续增加，KOL 的内容生产品质会进一步提升，向精品化发展。

就当前形势而言，流量用户增长减缓，但用户黏性很高。短视频行业优胜劣汰加剧，优质内容是竞争的关键，内容的专业化、细分化、垂直化、差异化是主要升级方向。同时，政府监管力度加大，短视频行业存在的问题得到重视，在政府和平台的合力整顿下，短视频内容生产将逐渐加快规范化步伐。

2. 搭建商业生态系统，简化内容生产流程

抖音的云图、星图，快手的快手广告、快手商业开放平台，美拍的 M 计划平台等商业营销平台的建设，为短视频商业生态系统的搭建开了一个好头。短视频商业生态系统的价值是降低内容方、平台方、广告方三方对接的人员、沟通成本消耗，简化冗余流程，集中资源在内容生产和商业变现上，建立更高效的产业通道。目前，短视频商业生态只在几个头部平台中有了雏形，但营销平台布局还太过分散，具体机能尚未完全运转。在接下来的搭建中，短视频商业生态的规模将进一步扩大，并逐步向腰部平台扩散，逐渐形成行之有效的营销网络。

3. 头部平台完善内容生产机制，腰部平台向三、四线及以下城市下沉

2018 年短视频行业已成红海，头部平台划分领地，发展状况相对稳定。目前头部平台需面对的主要形势是政府的整顿和监管，从“下架风波”、“剑

网 2018”、《网络短视频平台管理规范》和《网络短视频内容审核标准细则》可以看出，政府对于短视频行业的监管力度在加大。在这种情况下，头部平台的首要任务是改善自身存在的问题，完善内容生产机制，避免触及政策底线。同时，以优质的内容和完善的营销网络作为核心竞争力，争夺存量用户和优质内容生产者。

QuestMobile 的数据显示，三、四线及以下城市“90 后”青年线上消费能力显著高于全体网民，并且对于本地生活、社交、拍摄美化需求旺盛。[①] 腰部平台在红海中与头部平台竞争希望渺茫，向三、四线及以下城市下沉，抓住垂直领域，生产符合该群体偏好的内容是其未来的新机遇。

4. 兼顾国际视野，对外宣传融入内容生产

短视频行业的影响力正逐步向海外扩展。在 2018 年日本最佳应用榜单上，抖音海外版 Tik Tok 获热门免费应用第一名。2018 年 7 月 16 日，抖音短视频官方宣布，抖音全球月活跃用户数已经突破 5 亿。[②] 短视频打破了语言障碍壁垒，其视频呈现形式易于理解，即使是不同国家的人也能引发情感共鸣。随着中国短视频应用在国外的热度升高，对外宣传中国形象、表明友好态度、促进国际社会对中国文化认同等内容应纳入短视频内容生产规划。就目前的情况来看，我国短视频虽然在国外受到欢迎，但仍存在问题。抖音出海后，因其疑似不良内容在北美、印尼等地都遭到了投诉。[③] 从未来发展来看，中国短视频出海还需兼顾国际视野，尊重不同国家的文化差异，加强自身算法优化和内容审核，成为对外关系的新助力。

总体来看，在市场和政策两个强力外因作用下，2018 年短视频内容生产商业化、规范化步伐加快。虽然内容同质化、KOL 良莠不齐、非理性倾向、消费主义取向等问题亟须解决，但在形成中的头部规范化、腰部垂直化、营销网络化、视野国际化的新型生态系统正为短视频内容生产注入新的活力。

---

① QuestMobile：《中国移动互联网 2018 年度大报告》，http：//www. questmobile. com. cn/research/report - new/58/，2019 年 1 月 22 日。

② 快科技：《2018 年日本人最爱 APP 出炉：抖音国际版 Tik Tok 荣获第一》，https：//baijiahao. baidu. com/s？ id = 1619688732549741032&wfr = spider&for = pc，2018 年 12 月 13 日。

③ 《抖音海外版遭涉黄指控　短视频平台出海频遇难关》，证券日报电子报，2018 年 10 月 10 日。

参考文献

[1] 艾媒咨询:《2018年中国社交类短视频平台专题报告》,http://www.iimedia.cn/61347.html,2018年5月17日。

[2] 艾瑞咨询:《2018年中国短视频营销市场研究报告》,http://report.iresearch.cn/report/201812/3302.shtml,2018年12月3日。

[3]《网红梦碎　生命成灰》,《成都商报》2019年2月21日。

[4] 稻城县统计局:《稻城县2018年上半年经济运行情况》,http://www.daocheng.gov.cn/news/detail/20180805192410737.html,2018年8月5日。

[5] 快科技:《2018年日本人最爱APP出炉:抖音国际版Tik Tok荣获第一》,https://baijiahao.baidu.com/s?id=1619688732549741032&wfr=spider&for=pc,2018年12月13日。

[6] 卡思数据:《2019短视频内容营销白皮书》,https://mp.weixin.qq.com/s/Rp_9g3bbeVcJQU0kPskw0A,2018年12月20日。

[7] 卡思数据:《2018年度KOL红人行业白皮书》,https://mp.weixin.qq.com/s/ouSqZSoRM4tBOloyk2H8bA,2019年1月8日。

[8] 卡思数据:《2018年度PGC节目行业白皮书》,https://mp.weixin.qq.com/s/0cU8d247fnxHabRyCWd3Qw,2019年1月22日。

[9] 企鹅智酷:《热潮下的社交短视频:快手&抖音用户研究报告》,http://tech.qq.com/a/20180409/002763.htm,2018年4月9日。

[10] 清华大学新闻与传播学院、中国科学报社、字节跳动:《知识的普惠——短视频与知识传播研究报告》,https://index.toutiao.com/pdfjs/view.html?file=//index.toutiao.com/report/download/2b0dc4cd1d98961d041701f9a0868d95.pdf,2019年1月8日。

[11] QuestMobile:《中国移动互联网2018年度大报告》,http://www.questmobile.com.cn/research/report-new/58/,2019年1月22日。

[12]《习近平谈融合发展"金句":建成新型主流媒体　扩大主流价值影响力版图》,人民网,http://politics.people.com.cn/n1/2019/0125/c1024-30591043.html,2019年1月25日。

[13] 王平:《谁在网络上影响年轻人——基于提名法的网络意见领袖研究》,《新闻记者》2016年第7期。

[14] 网信办:《互联网新闻信息服务管理规定》,http://www.cac.gov.cn/2017-05/02/c_1120902760.htm,2017年5月2日。

[15]《“剑网2018”专项行动重点整治“自媒体”和短视频领域侵权行为》，新华社，2018年7月16日。
[16]《政务公号“抢滩”短视频平台》，新京报网，2018年6月4日。
[17] 中国互联网络中心：《第43次中国互联网络发展状况统计报告》，http://cnnic.cn/gywm/xwzx/rdxw/20172017_7056/201902/t20190228_70643.htm，2019年2月28日。
[18]《第二十八届中国新闻奖媒体融合奖项初评结果公示》，中国记协网，2018。
[19]《武汉爸爸学抖音挑战高难度，失手致两岁女儿脊髓严重受损》，中国青年网，2018年3月19日。
[20] 中国网络视听节目服务协会：《网络短视频平台管理规范》，http://www.cnsa.cn/index.php/infomation/dynamic_details/id/68/type/2.html，2019年1月9日。
[21] 中国网络视听节目服务协会：《网络短视频内容审核标准细则》，http://www.cnsa.cn/index.php/infomation/dynamic_details/id/69/type/2.html，2019年1月9日。
[22] 字节跳动：《抖音稻城亚丁大数据报告》，https://index.toutiao.com/pdfjs/view.html?file=//index.toutiao.com/report/download/d0fb7d0597d6fa17ef96f86f997c46ce.pdf，2018年11月29日。
[23] 字节跳动：《抖音县域景点数据报告》，https://index.toutiao.com/pdfjs/view.html?file=//index.toutiao.com/report/download/4c6398f82000067ffc616edec67f5464.pdf，2018年11月29日。
[24] 字节跳动算数中心：《2018抖音大数据报告》，https://index.toutiao.com/pdfjs/view.html?file=//index.toutiao.com/report/download/ff024b54a032bc14b5a837398b25cdec.pdf，2019年1月29日。
[25] 知萌咨询、巨量引擎、西瓜视频、抖音、火山小视频：《2019短视频营销白皮书》，https://index.toutiao.com/pdfjs/view.html?file=//index.toutiao.com/report/download/176b6b16313cce9dd07856162d8295e7.pdf，2019年1月14日。
[26]《19家短视频集中遭整顿：B站整改一个月秒拍永久下架》，证券日报网，2018年7月30日。
[27]《抖音海外版遭涉黄指控　短视频平台出海频遇难关》，证券日报电子报，2018年10月10日。

B.23 2018年中国移动短视频发展报告

于 烜*

摘 要： 本文分概况、聚焦、问题及趋势四个部分对2018年中国移动短视频进行研究。总体看，2018年短视频在严监管中继续强势成长，商业进程加快；在两超并举、多强竞争的平台格局下，巨头争夺仍在继续；"金字塔"内容格局稳中有变，红人规模扩张；监管全面从严，治理常态化。聚焦行业内部，三个特点突出：一是平台主导商业提速，二是平台出海进展明显，三是MCN促使业余UGC向专业的内容生产转变。在短视频快速发展中，一方面需警惕娱乐洗脑的危害，另一方面则要尽快走出变现困境。展望2019年，短视频行业将在技术创新的驱动下实现升级，同时会向垂直细分的方向发展。

关键词： 短视频 短视频平台 短视频内容 短视频商业经营 MCN

2018年，中国移动短视频在严监管中继续强势成长，形成了一个包括内容生产、内容分发、平台渠道、用户、商业营销、监管、资本等在内较为完整的产业生态。随着短视频作为一个独立内容形态晋级全民应用，短视频的商业化全面提速。

---

* 于烜，北京电视台高级编辑，博士，研究方向为视听新媒体、媒体融合、影视传播。

一 概况

（一）短视频强势成长，商业进程加快

2018 年短视频超过网络视频晋级中国第四大互联网应用。短视频用户规模上半年继续飙升，下半年受到从严监管的影响，增速有所放缓，但总体上，用户增量亮眼，黏性增加显著，用户下沉快速。截至 2018 年 12 月，我国手机网民规模 8. 17 亿，其中短视频用户达到 6. 48 亿，较 6 月增长 9. 1%，网民使用比例上升为 78. 2%，短视频超过网络视频，成为中国第四大互联网应用。[①] 第三方数据 QuestMobile 显示（以下简称 QM），在中国移动互联网月活跃用户增幅持续收窄趋势中，2018 年 12 月短视频用户同比净增量列整体应用的第一位。从黏性看，短视频被称为时间黑洞抢占者，用户黏性显著增长，用户使用时长位列第二，2018 年 12 月短视频 APP 的月使用时长同比上涨 1. 7 倍，超越在线视频成为仅次于即时通讯的第二大应用，坐上视频霸主的宝座；从使用时长增长率看，2018 年短视频同比增长 33. 1%，位列第一，[②] 进一步抢占即时通讯和其他泛娱乐的使用时间，短视频用户黏性增长有力促进了整个移动互联网用户黏性的增加。2018 年短视频应用迅速下沉到三、四线及以下城市。从用户增量和使用时长增长看，三、四线及以下城市均大于一、二线城市，用户下沉延续了短视频用户增长的态势。

短视频平台规模持续扩大。2016 年短视频平台快速兴起，2017 年快手一骑绝尘月活用户率先破亿，其身后千万级以上平台只有 6 个，分别是头条旗下的抖音、西瓜、火山和老对手秒拍、美拍、土豆。2018 年短视频平台规模持续扩大，4 个平台月活用户过亿，其中快手、抖音日活用户过亿，月活用户超千万级的除了老牌的土豆、美拍以外，更有后起新贵百度好看视频、腾讯微视、波波视频，2018 年新入局的全民小视频也跻身其中。巨头间平台之争加

① CNNIC：《第 43 次中国互联网络发展状况统计报告》，2019 年 2 月 28 日。

② QuestMobile：《2018 年中国移动互联网年度大报告》，http：//www. questmobile. com. cn/research/report - new/58，2019 年 1 月 22 日。

剧，下半年腾讯、百度等新增了至少15款短视频产品。[①] 此外，继主要视频网站、新闻资讯、电商平台内置短视频模块外，2018年越来越多的社交、垂类等互联网平台通过“短视频+”内嵌短视频功能，知乎新增“视频”社区、阿里钉钉推出“新校招”、微博内置“爱动小视频”、陌陌推出“谁说”。

商业进程加快。在产业链各方及外部环境的共同作用下，2018年头部短视频平台致力于搭建开放的商业营销系统，平台开始进入商业变现阶段。内容方通过内容营销、电商、付费、海外运营等各种方式尝试变现的可能。源于短视频商业化的诉求，本土MCN迅速扩张，旨在建立内容与广告的连接。一方面随着用户规模持续增长、用户黏性显著增加，短视频市场的营销价值增大了，另一方面监管从严，规范行业良性发展，稳定了商业环境。于是，短视频营销的步伐加快。根据ADmaster的数据，2018年广告主的社会化营销和移动端中短视频的投放意向出现了明显的增长，2017年短视频、直播的投放意向为22%，2018年增长为62%，在移动端投放意向上，社交平台和移动视频是最大的两个投放对象。2018年短视频广告预算的投放量增加，短视频营销市场规模总量140.1亿元，尽管总量并不亮眼，但增长率高达520.7%。[②]

（二）在两超并举、多强竞争的平台格局下，巨头争夺仍在继续

中国移动短视频经过六年多的市场演化，形成了两超并举、多强竞争的平台格局。从独立平台看，综合第三方数据，2018年两个头部平台快手、抖音优势不断扩大，日活用户过亿并跻身全民性应用的行列。2018年快手继续保持领先，继MAU突破2亿大关后，用户继续增长，年底近3亿，在易观移动APP1000月度TOP榜单中从第18位前进至第14位。[③] 如果说2017年让快手封王，那2018年则加持抖音称霸。抖音自2017年第三季度发力MAU站上5000万关口后，2018年超速追赶快手，春节期间涨势强劲，由日活用户6500万，到年中已追上快手，抖音官方数据显示2018年10月日活用户突破2亿。抖

① 短视频工厂：《2018短视频行业记忆：管不住的达人、145家混战的平台、严峻的监管》，36氪，2019年1月11日。

② 艾瑞咨询：《2018中国短视频营销市场研究报告》，艾瑞网，2018年12月3日。

③ 资料根据2018年1～12月易观千帆应用月度TOP榜快手平台的数据整理，https://qianfan.analysys.cn/view/rank/rank.html?rankType=app。

音、快手并驾齐驱，遥遥领先其他平台，而且成为全民应用。

快手、抖音之外的多强竞争，主要集中在巨头旗下的平台之间，包括头条的西瓜和火山小视频、百度好看视频、微信微视，老牌劲敌土豆、美拍以及一下科技的秒拍、波波视频等平台。随着头条系快速扩张，旗下西瓜、火山小视频月活用户过亿，涨势平稳，目前处于领先位置。两个新贵好看视频和微视增长迅猛，势头强劲。QM 数据显示，2018 年 12 月，好看视频 MAU 达到 7500 万，同比增长 1206.6%，列月活 TOP10 中的第 5 位，微视月活用户 3253 万，同比增长 13228.4%，位列第六，① 超过土豆和秒拍。百度旗下的新秀全民小视频上线不到一年，月活用户超过千万，也不可小视。秒拍受下架影响较大，元气大伤。总之，平台的多强竞争实为巨头之战。

（三）“金字塔”内容格局稳中有变，红人类规模急剧扩张

2017 年短视频内容井喷式发展逐步形成的“金字塔”格局在 2018 年得以延续，但“金字塔”顶部集中度有所松动。根据第三方数据，在监测的 17 个类别 20000 + PGC 节目中，主要流量集中在少儿、生活资讯、美食、搞笑、游戏等 5 个类型，全年播放量 TOP100 占比集中，近四成，但较上年的五成有所下降，特别是塔尖 TOP10 占比下滑明显，同比降幅为 7%，TOP30 ~ 100 基本稳定不变。② 红人类亦呈明显的“金字塔”状，流量主要集中在小姐姐、搞笑、音乐舞蹈等类型。粉丝量在 500 万以上的红人占比不到 1%，高居塔尖，粉丝量 50 万以下的红人，快手平台占比 84%，抖音占比 78%，③ 构成庞大的“金字塔”腰尾部。

红人当“红”，2018 年 KOL/红人数量激增，网红每月都有新面孔，第三方数据显示红人平均月增速高达 8.4%，粉丝数量 100 万以上的高价值红人月均增速达到 5.2%，④ 主要集中在抖音、快手平台。红人领域用户增长更是达

---

① QuestMobile：《2018 年中国移动互联网年度大报告》，http：//www. questmobile. com. cn/research/report－new/58，2019 年 1 月 22 日。

② 卡思数据：《2018 年度 PGC 节目行业白皮书》，https：//mp. weixin. qq. com/s/0cU8d247fnxHabRyCWd3Qw，2019 年 1 月 22 日。

③ 卡思数据：《2018 年度 KOL 红人行业白皮书》，https：//mp. weixin. qq. com/s/ouSqZSoRM4tBOloyk2H8bA，2019 年 1 月 8 日。

④ 卡思数据：《2018 年度 KOL 红人行业白皮书》，https：//mp. weixin. qq. com/s/ouSqZSoRM4tBOloyk2H8bA，2019 年 1 月 8 日。

到12%，年轻妹子仅凭一句“能带我吃饭就好”爆红抖音，一天涨粉300多万。相反，非红人类PGC节目总播放量同比降幅为16.8%，月均降幅2.4%。[①] 2018年短视频红人当“红”不让。

（四）全面从严监管，治理常态化

2017年短视频监管入场，从平台牌照准入入手进行行业规范。为了遏制短视频爆发式增长下的乱象和失范，2018年政府出重磅组合拳，从约谈、罚款到封号、下架，在内容导向、问题版权、虚假广告等各层面展开治理。3月广电总局下发特急文件，禁止非法抓取、剪拼改编，责令对有违社会道德、公序良俗的内容和虚假广告进行全面整改，明确释放了政府对短视频内容、版权、广告实行全面严管的信号。不久主管部门点名责令今日头条与快手两巨头整改，下线问题内容，永久关闭“内涵段子”APP和公众号。针对色情、低俗内容，六部门联手集中整治短视频平台，几十家大大小小的平台均被约谈，19家被处置。针对版权问题，9月启动了多部门参与的“剑网2018”专项行动，15家平台共下架、删除了各类涉嫌侵权盗版的短视频作品57万部，专项行动取得了阶段性成果。2018年约谈成为常态化管理，更有快手、火山小视频、秒拍、波波视频、快视频遭到严厉的下架处罚。在严管态势下，各大平台和内容方、MCN机构纷纷建立并加强内部审核和自我约束机制。

从短期看，全面强化监管特别是应用下架，一定程度上抑制了短视频用户增长。从长期看，内容安全、版权治理促进了行业的有序、良性竞争，为短视频生态的健康发展保驾护航。

二　聚焦

（一）平台主导商业提速

2017年短视频经过了商业起步探索，2018迎来了以平台为主导的全面商

① 卡思数据：《2018年度PGC节目行业白皮书》，https://mp.weixin.qq.com/s/0cU8d247fnxHabRyCWd3Qw。

业化提速。当短视频产业链形成，平台跨过用户增长和内容生态建设两个阶段后，头部平台开始着手商业系统的整体建设，通过搭建规模化、集中化、专业化的系统，促进短视频商业变现。2018 年头部平台主导建设的多元广告营销体系和开放电商，具有鲜明特色。

平台广告营销体系建设是 2018 年短视频商业化提速的重要表现。在信息流等平台广告产品试水成功后，头部平台开始建设综合、多元的广告营销体系，比如搭建广告营销平台、推出企业账号营销、定制活动营销等。目前以美拍 M 计划、抖音星图云图、快手快接单等为代表，三家推出各自开放的广告营销平台，提供资源对接、交易管理、数据监测和评估，为广告主、内容方提供服务。继美拍推出对接品牌方和达人的“M 计划”后，快手上线了营销平台，整个系统分为快手广告和开放广告两个部分，前者用于信息流等平台硬广，后者用于内容营销，为广告主对接内容方服务，其中“快接单”模块针对头部内容方，“快享计划”针对中小内容方。广告主作为发单方，自主设置发布信息、价格等，内容方作为接单人，可选择适合的推广任务和条件，并与发单人建立交易合同，在开放的平台上双方都有自主选择权。抖音通过星图、云图来整合平台的广告营销资源。星图是 KOL/达人和广告的桥梁，云图负责广告主在平台的硬广投放。开放的广告营销平台促进了短视频的商业变现，以信息流广告为例，第三方 QM 数据显示，2018 年短视频信息流广告市场规模为 214.3 亿元，较 2017 年增长率高达 265%，[①] 远超移动互联网整体信息流广告的增长率。头部平台整合了营销资源，搭建了直投平台和中介服务两个类型的广告营销系统，统一管理全平台的营销活动，规则、流程清晰，促进了广告营销的规范化和专业化，提高了投放效率。

平台企业账号营销、定制互动营销是 2018 年平台多元营销体系的重要组成，助力平台的商业化提速。随着短视频成为重要的互联网应用，企业日益重视短视频传播。在短视频平台开通品牌官方账号，如快手的商业号、抖音的蓝 V 认证企业号，持续传播品牌和营销产品、保持品牌和用户的长效互动，已经成为一种普遍的做法。此外，以活动激发用户广泛参与的互动营销在 2018 年

---

① QuestMobile：《2018 年中国移动互联网年度大报告》，http：//www.questmobile.com.cn/research/report-new/58，2019 年 1 月 22 日。

表现亮眼。此类营销由网红发起活动或话题（如挑战赛），通过奖励机制，激发粉丝和用户广泛参与，形成大量 UGC，经由病毒式传播后突破圈层界限，从而达到营销目的。如苏宁年中冰洗类产品的营销，抖音发起#活出你的冰双力#挑战赛活动，联合多位网红/KOL，发布原创视频，视频播放量达到 1004 万，点赞 30 万，共带动 10 万用户参与 UGC 传播，从而促进线下门店销售，抖音上有多个企业发起的挑战赛都进入了抖音热搜榜。①

除了广告营销，平台有限开放“边看边买”电商功能是 2018 年商业变现的重要尝试，网红带货成为 2018 年的一大风景。继美拍首家推出“边看边买”功能后，2018 年 5 月快手推出“我的小店”功能，添加对应商品链接，对产品进行宣传展示，已与淘宝、有赞全面打通。快手在“双十一”到来前举办了首届卖货节，上线“快手卖货王”的比拼活动，号称平台一哥的“散打哥”创下当天 1.6 亿元的销售额，震惊众人。2018 年抖音推出橱窗功能，链接手淘，详情页功能支持外链到天猫，目前抖音只对部分达人开放购物权限，在播放页面植入购物链接，试水边看边买。电商的属性是购物，短视频的属性是娱乐社交，两者业务主体不同，短视频平台谨慎开放边看边买功能，希望在不损害用户体验的同时，加速电商变现。

（二）平台出海进展明显

国内早期的短视频出海始于 2015 年。伴随着国内市场竞争的日益激烈和流量红利的递减，2017 年主要短规频平台开始寻求海外突破，目标重点锁定日韩、东南亚、北美及俄语系国家，通常采用复制国内 APP 推出海外版或收购当地的应用方式，辅之以与当地内容伙伴的合作。例如，抖音的海外版 Tik Tok、快手的海外版 Kwai、火山小视频的海外版 Vigo Video。此外，今日头条在北美全资收购 Flipagram、Mucical. ly。

2018 年短视频海外布局全面铺开，在东南亚、东亚、美洲、中东地区进展明显。Tik Tok 先后在日本、泰国的 App Store 登顶，在 Google Play 下载过了千万量级，受到东南亚、日韩用户的追捧，第三方数据显示，2018 年 Q1 Tik

① Allen：《抖音营销的 8 个方法，分析了上百个品牌号得来的运营干货》，凤凰网，2018 年 8 月 1 日。

Tok 的 App Store 全球下载量达 4580 万次,[①] 超越 Facebook、Instagram、YouTube 等成为全球下载量最高的 iOS 应用。在 Instagram 用户基础扎实的日本，Tik Tok 实现强势入侵，仅用了三个月时间便登上了 App Store 免费榜的第一位，列 2018 年日本年度最佳应用榜单首位。乘着出海亚洲的东风，头条开始进军欧美，8 月宣布 Musical. ly 与 Tik Tok 合并，Tik Tok Including Musical. ly 主打欧美市场。随着 Tik Tok 在北美影响力的提升，2018 年巨无霸 Instagram 在其 Instagram Story（小视频）中增添音乐功能以及问答功能，用以维持用户黏性。在 Instagram 上，以 Tik Tok 为标签的视频，形成了相对繁荣的内容生态，尤其是来自马来西亚、印度尼西亚的用户群。同属头条系的火山小视频也在海外扩张，海外版 Vigo Video 主打南亚市场，在巴西、印度的 Google Play 登顶。短视频另一巨头快手海外版 Kwai 主要聚焦“一带一路”沿线国家，在俄罗斯、土耳其也取得了不错的成绩。Kwai 在俄罗斯、越南、菲律宾的安卓、iOS 中获得双冠军，登顶了韩国 Google Play，还多次打入俄语国家排行榜前五。2018 年快手 CEO 宿华提出了实现全球化的愿景，并加大了海外投资。此外，出海较早的平台小影（海外版 Viva Video）深耕海外超过三年，主要市场在拉美和东南亚，并在多个地区都排视频类榜单的前列。

2018 年平台出海取得亮眼的成果，海外用户规模扩张在平台海外变现的漫漫征途中迈出了一大步。

（三）MCN 促使业余 UGC 向专业的内容生产转变

内容方的变现诉求和平台的扶植催生了 MCN 在中国的快速扩张。随着短视频快速崛起，内容变现难日益成为制约行业发展的瓶颈。各平台海量 UGC 出身 CP 难以完成包括内容创作、渠道分发、流量运营、商业变现在内的全过程，面对头部的流量收割，中尾部 CP 生存艰难。小散零碎的内容既与广告投放的规模化需求形成尖锐的对立，也无法满足平台对于优质资源的持续需求。内容方和平台方的需求促使了本土 MCN 的落地生根。中国本土 MCN 深度介入内容生产，聚合分散的内容方，以机构化、规模化生产保持优质内容的持续供

① 易观公众号：《中国短视频市场商业化发展专题分析》，https：//www. analysys. cn/article/analysis/detail/20018798，2018 年 8 月 15 日。

给，将内容与平台和广告进行对接，通过内容集成、分发、营销，达成内容变现。MCN 扮演着内容、红人经纪商的角色。2017 年在美拍、微博、企鹅号、大鱼号等 MCN 扶植计划下，各类 MCN 机构如雨后春笋般涌现，截至年底达到 1700 家，较 2016 年翻了 4 倍；2018 年腾讯微视、今日头条系、快手分别公布 MCN 合作方案，年底 MCN 机构再翻番至约 3300 家①。2017 年微博与 1200 家 MCN 合作，较 2016 年增长 268%，② 在各垂直领域基本实现全覆盖；2018 年接入 MCN 机构超过 2000 家。③

2018 年，占据 70% 市场份额的头部 MCN，以机构化的工业生产模式促使业余的 UGC 向专业化转变。MCN 快美（前身快美妆）创始人陆昊明确提出了 MCN 内容制作和运营的工业化。MCN 机构在制作阶段，通过选题策划、脚本创作、拍摄、剪辑等各环节实施专业化分工、标准化制作和流程化管理，最终实现了大规模产品供给。MCN 机构进行标准模板或程式的设定，有的公司要求文本“每 20 秒一个小梗，每 60 秒一个大梗”，有的公司还为签约的内容创作者提供生产模板，标准化制作有利于内容品质稳定。MCN 机构注重流程管理，将前期、后期及上线后的数据分析及评估考核形成一个完整的管理闭环。以头部短视频公司二更为例，二更在全国 20 多个城市建立地方站，与数百个 PGC 团队签约，通过内部培训、选题把控、成片淘汰等进行流程管理，保证产量和质量提高。

MCN 是红人类短视频的核心。2018 年微博 93% 的头部网红与 MCN 签约。④ 以洋葱视频、快美为代表的头部 MCN 机构已形成了自己一整套的“方法论”，通过技能培训、人物设定、运营规划、内容策划、评估及迭代对学员进行成批量、专业的培养，从而最终将 UGC 打造为 PUGC。2018 年快美旗下签约红人超 200 个，蜂群旗下拥有“我的前任是极品”“留几手”等数百个微博 KOL，Papitube 家族中红人成员达到 60 多个。在专业化运营支撑下，红人

① 易观公众号：《中国短视频市场商业化发展专题分析》，https://www.analysys.cn/article/analysis/detail/20018798，2018 年 8 月 15 日。

② 于烜：《2017 年中国移动短视频发展报告》，唐绪军等主编《新媒体蓝皮书：中国新媒体发展报告 *No. 9*（2018）》，社会科学文献出版社，2018，第 227 ~241 页。

③ 《内容变现的焦虑与未来》，36 氪，2018 年 12 月 24 日。

④ 《2018 年中国网红经济发展研究报告》，艾瑞网，2018 年 6 月 19 日。

多平台运营也成为普遍现象。截至2018年6月，60%以上的红人账号同时在6个以上的平台运营。①

在各平台发布的基于流量的榜单上，已经看不到UGC账号的踪影，MCN机构占据绝对优势，稳居最具价值的头部，各类头部账号背后几乎都有成熟的MCN机构统一运作。在签约MCN之前，UGC“代古拉”的粉丝数在8.5万左右，“扇子”在微博上默默无名，签约后，经过PGC改造的“代古拉K”拥有1550万粉丝，“扇子”仅用5个月便成为拥有100万粉丝的微博大V。办公室小野第一个视频只花了131.8元，现在她的团队已经扩充到10人。被誉为红人“黄埔军校”的洋葱视频，旗下有办公室小野、代古拉K、爷爷等一下、慕容瑞驰、铲屎官阿程、七舅脑爷等头部网红，青藤文化致力于构建垂直母婴生活领域MCN矩阵，目前旗下账号占据各大平台细分榜单的头部。MCN通过内容生产和运营的控制，大规模地推动了业余UGC向专业化的转变，通过PGC内容的规模化生产，加速内容商业化变现。

三　问题

（一）警惕娱乐洗脑

互联网商业大厦是建立在流量基础上的。扭曲、变态、猎奇、无底线的丑恶视频是博眼球换流量的利器。监管出手迫使这些低俗、审丑等毒瘤内容有所收敛趋于边缘，但资本裹挟下以感官娱乐刺激博取流量的逻辑没有改变，只是形式上穿了一个“红马甲”。喝小便、炸裤裆、色情裸露换装成小姐姐、小哥哥的甜歌曼舞和小镇段子手的民间“智慧”。2018年抖音上的小姐姐、快手上的段子手们，让个体沉迷，让社会陷入一种短平快的消费快感中。更有恶搞、霸凌、猥亵等“毒性内容”包装上“软化表达”：轻松背景音乐、梦幻滤镜色彩、高效剪辑方式等，麻痹了人们的神经，弱化人们对于其具有毒性的认识，在表面“祛毒”下掩盖着“施毒”行径。这些娱乐视频的沉浸式泛滥，像是精神鸦片，让人特别是青少年满足于虚拟空间的感官享乐，回避理性的思考，

① 《2018年中国网红经济发展研究报告》，艾瑞网，2018年6月19日。

逃避现实和压力。娱乐至死是资本奴役的表现，短视频的娱乐泛滥本质上是资本控制传播所造成的对人的一种奴役。

如果说传播与社会相互建构，那么减少娱乐洗脑的毒性需要短视频媒体、政府与大众协同努力。现阶段最重要的是强化短视频媒体的自律共识，平台方、内容方都需要建立基本的媒介伦理及价值观，承担媒体应有的价值导向责任，而非仅仅为资本所豢养。政府在严格违规惩罚的基础上，需要更加精细化、专业化管理。比如，通过对平台内容构成进行规制来引导内容平衡和健康发展。又如，为加强优质内容的曝光机会，从政策上鼓励与传统媒体和版权机构的合作。同时，急需通过教育增加公众辨识力和免疫力，补齐全社会特别是青少年媒介素养的教育短板迫在眉睫。

（二）变现路漫漫

2018 年，和各种亮眼数据形成对比的是，短视频仍陷在变现难的困境中。应该说 2018 年平台方、MCN 机构、制作方都在商业变现的路上奋勇努力着，平台主导建设营销系统、引入电商，平台和内容的海外布局以及 MCN 对于 UGC 内容的专业化改造，所有这些本质上是商业逻辑驱动的，目的都指向变现。但是，结果却不尽如人意。从平台看，与日活用户亿级的体量形成对比的是 2018 年短视频营销整体市场规模 140.1 亿元的惨淡，至今抖音、快手、美拍、秒拍等平台都没有公开具体的收入情况。MCN 机构中，艾媒数据显示只有 29.5% 实现盈利，在 MCN 及网红中，除了处于行业顶端的少数以外，大部分还在靠平台流量分成度日。有人戏称 2018 年是带货年，足见短视频电商的影响，但是，短视频电商没有模式创新，实质上还是在做流量生意，沉淀到闭环的用户很少。

总之，短视频变现道路漫漫，解决的办法是建立“造血”机制。广告营销是造血的核心，而规模化的营销机制建设是当务之急。不同于传统媒体，短视频营销涉及制作方、MCN、平台方等多个角色，而内容方和用户呈现碎片离散的状态，实现海量资源的匹配，时间长、成本高、难度大，难以实现营销的规模化。而且营销之后效果如何，与其他已有的移动产品相比是否更高效，也缺乏量化的评估。2018 年头部平台开始初步搭建广告营销平台，未来随着技术创新带来数字营销系统的完善，变现才能水到渠成。

四 趋势

（一）技术创新驱动行业升级

快手和抖音的崛起，打破了视频行业巨头一统的神话，这本身就显示了互联网技术创新的力量。在短视频高速发展期，移动通信和移动网络技术的创新将带来更多新机会。5G 以及 5G 赋能下大数据、人工智能（AI）的爆发式突破将带动短视频行业的升级。

如果说 4G 的普及使得短视频完成用户规模的积累，那么 5G 将使得短视频成为无所不在的传播。2019 年将迎接 5G 的到来，我国三大电信运营商已获得频率许可，将在 10 多个城市展开规模化的 5G 试点。5G 的高速度、泛在网、万物互联、低时延、低功耗等将使短视频传播获得巨大的红利。相比 4G，5G 的网速将提升数 10 倍，每秒下载速度从 4G 的 100MB 提升到最高 10GB，超大带宽将带来视频传输速率、音画质量极大提升；5G 的高速度、大容量、低延时将解决 AR/VR 数据传输问题，一种全景可交互的全新视频呈现方式将成为现实；5G 将彻底改变物联网因容量和数据处理能力不足导致的延时，最终实现万物互联，短视频与物联网结合，在车联网、智能家居等领域，基于物联网场景应用的移动短视频会随之兴旺起来。5G 不仅极大丰富了短视频应用场景，更使得短视频获得无所不在的传播，从而撬动更大的市场，带动产业升级。

5G 引领人工智能的高速发展。视频领域中，AI 的机器学习、图像识别、内容选择、内容分析等技术，在视频的采集生产，特别是内容审核中，将起到重要的作用。2018 年监管出手后，因内容违规被责令整改甚至遭下架处罚的平台，都受到了重创，短视频用户整体增长态势急速放缓，2018 年 4 ~ 7 月的月活用户增长率仅为 1.6%，而上年同期高达 5.7%。① 随后各平台增加了内容审核团队的力量，但短视频上传的海量内容以及互动产生的大量碎片，给审核造成巨大压力，人工审核成本高、效率低，增加了平台运维成本。AI 技术在

---

① QuestMobile：《短视频行业洞察报告》，http：//www.questmobile.com.cn/research/report-new/38，2018 年 8 月 21 日。

内容标签化、鉴黄鉴暴等方面的应用，能极大提高对于违规、违法内容识别的精确度和准确度，保证内容安全合规，在守护平台生命线的同时也缩短了审核时间，提高发布效率。

AI 促进短视频的智能化营销。5G 技术下 AI 机器学习、计算能力的飞速发展，一方面能更准确描绘用户画像，定位受众群体；另一方面能识别与广告相匹配的内容载体，从而实现精准营销和个性投放。2018 年基于 AI、大数据算法升级，短视频头部平台推出了开放的广告营销系统，同时一批数字化的营销服务商正在成长，目标是通过整合各大平台的内容资源、数据资源，为广告主提供智选、智算、智投等智能化的营销服务。未来，数字营销将彻底取代传统营销。技术创新将带来短视频营销智能化、数字化的升级。

（二）行业的垂直细分化

短视频行业的垂直化包括内容细分和平台垂直两个方面。从产业角度看，细分内容是短视频发展的必然趋势。特定人群观看特定内容构成分众营销的基础。短视频作为营销载体，连接广告和消费者，而细分内容是获取精准用户的入口。针对特定人群的差异化内容，用户黏性显著，转化率高，因此具有更高的商业价值。垂直类短视频，如美妆、美食、汽车、军事、母婴、健康等的本质是指向这些高辨识度内容背后的产业和用户。2017 年以来短视频从单一娱乐、搞笑逐渐走向垂直细分，覆盖到几十个类型。随着泛娱乐内容饱和成为深度竞争的红海，以及用户红利消失后用户获取和沉淀的日益艰难，深耕细分内容无疑是内容方的一个现实选择。本土 MCN 正在加速内容细分的进程，为了实现特定内容与广告的联结，垂直类 MCN 按类型构建了垂直产品矩阵，大大扩张了细分内容的规模。伴随市场高速发展到来的是内容的洗牌和市场的整合，在垂直行业里精耕细作，深化服务，积累资源，成为行业的专家，是内容行业发展的趋势。未来，内容垂直度的颗粒会更加细化，垂直领域的内容价值和商业价值将进一步释放。

就平台看，目前除了已经晋级全民应用的抖音、快手外，市场中列强的座次尚未稳固，博弈还在继续，巨头对短视频平台的争夺尚未停止。当跑马圈地式的粗放发展结束后，随着头部泛娱乐综合平台逐步固化，腰部平台的生存则有赖于向纵深谋求垂直化发展，向纵深挖掘用户的商业价值，从粗放的流量思维转向精细化的用户挖掘。平台的战略定位、内容布局、商业模式都将面向更加垂直细分的市场。

参考文献

[1] 程梦玲、津平：《57 万部作品下架，2018 年短视频行业平均每月一条监管政策》，凤凰大风号，2018 年 11 月 9 日。

[2] 邓子薇：《移动互联网时代下短视频 MCN 模式研究》，中国知网硕士论文，2018 年 5 月。

[3] 韩方航：《成立三年的短视频公司二更，现在是个怎样的存在?》，http：//www. qdaily. com/articles/47904. html，2017 年 12 月 5 日。

[4] 胡泳、张月朦：《互联网内容走向何方？从 UGC、PGC 到业余的专业化》，《传媒观察》2016 年第 8 期。

[5] 华映资本中国：《在中国，搞不明白这 8 个生存之道，算什么 MCN?》https：//www. sohu. com/a/201242852_ 355041，2017 – 10 – 30，2017 年 10 月 3 日。

[6] 刘儒田：《基于国内短视频行业发展的思考》，人民网，2018 年 10 月 18 日。

[7] 莫斯可：《传播政治经济学》，胡正荣等译，华夏出版社，2000。

[8] 艺恩咨询：《2015 年 PGC 产业生态研究报告》，http：//www. 199it. com/archives/389529. html，2015 年 9 月 29 日。

[9] 于全、张平：《5G 时代的物联网变局、短视频红利与智能传播渗透》，《浙江传媒学院学报》2018 年第 6 期。

[10] 郑子艺：《移动时代短视频平台发展模式分析》，人民网，2017 年 7 月 6 日。

[11]《2017 年我国短视频行业主流盈利模式及发展潜力分析》，中国报告网，2017 年 9 月 29 日。

B.24
2018年中国网络广告发展报告*

王凤翔　张璐璐**

摘　要： 2018年我国网络广告市场规模达3717亿元，移动广告市场份额占七成。BAT（百度、阿里、腾讯）马太效应显著，信息流广告增扩市场空间；TMD（头条、美团、滴滴）丰富短视频、外卖、O2O广告新领域。广告资本市场发展繁荣，海外形成网络广告新市场，广告立法监督与市场监督并举取得成效。同时，存在发展问题与现实挑战：对网络广告技术变现与全球广告系统建设缺乏科学认识与有效践行，广告数据寡头以算法营销与精准画像，影响用户态度、操纵用户立场。推广激活、虚假点击与欺诈广告等问题依然严重，并酿成重大舆情事件。因此，必须与时偕行，采取应对措施：主动积极建设与完善网络广告系统，加强企业的市场主体责任与社会责任，强化市场监管与舆论监督，和信息新技术偕行共进，与硬件设施和实体经济融合发展。

关键词： 网络广告　广告导向　移动优先　数据与隐私保护

一　发展现状

（一）市场规模达3717亿元，移动广告市场份额占七成

CNNIC的《第43次中国互联网络发展状况统计报告》显示，截至2018

* 本文为国家社科基金“中国网络广告发展史”课题前期研究成果，课题主持人为王凤翔。

** 王凤翔，中国社会科学院新闻与传播研究所副研究员；张璐璐，人民网记者。

年，我国网络广告市场规模为3717亿元，年增长率25.7%（见图1），其中移动端广告市场份额占比70%左右。中关村互动营销实验室发布的《2018中国互联网广告发展报告》显示，2018年网络广告市场规模为3694亿元，年增长率为24.2%，其中移动端市场份额为68%。

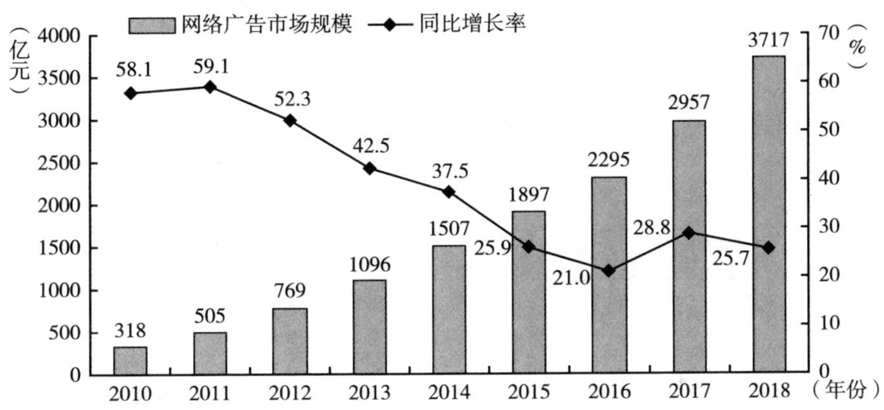

图1　中国网络广告市场规模与年增长率

资料来源：CNNIC：《第43次中国互联网络发展状况统计报告》。

（二）BAT马太效应显著，信息流广告增扩市场空间

中关村互动营销实验室的《2018中国互联网广告发展报告》显示，BAT占我国广告市场规模的69%，广告市场份额排名前十的互联网公司的市场规模由2017年的90.92%上升到2018年的92.67%。

百度形成“搜索+信息流”的双引擎经营独特模式。以知识图谱、意图识别和用户画像技术为核心，构建出32个大行业、127个子行业的需求图谱与精准用户画像。百度2018年市场规模为1023亿元，年增长率28%。其中，搜索服务与交易服务的市场规模为783亿元，年增长率为22%。百度信息流广告于2016年9月上线。广告即内容，在百度APP、百度首页、百度贴吧、百度手机浏览器以及相关APP的资讯流中穿插展现原生广告。此举扩张了百度广告库存，其市场规模由此获得很大增长。

阿里2018年网络广告市场份额为1400亿~1500亿元。阿里通过整合营

销、融合赋能、数据积淀、储存计算加强全域营销，推动网络广告赋能发展（见图2）。

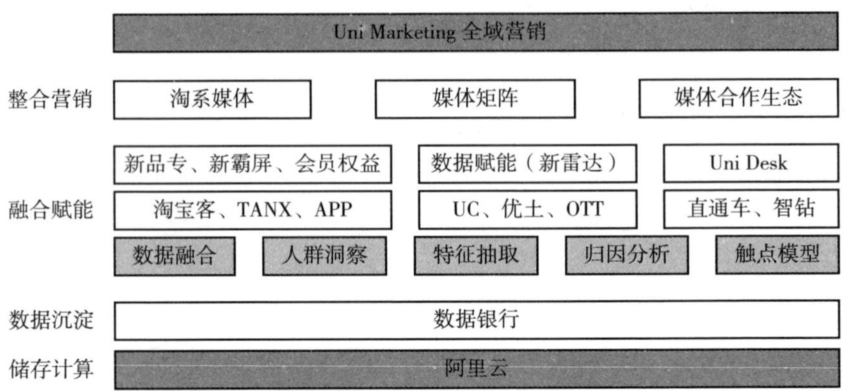

图2　阿里巴巴的广告全域营销模式

资料来源：雪花新闻、太平洋证券。

阿里70%以上收入来自电商零售，电商广告阿里一家独大，占阿里总收入的一半以上。2018年“双十一”全国网络零售交易额超过3000亿元，其中阿里创下2135亿元交易额，品牌数量达180000家。阿里妈妈提供淘宝、天猫直通车等搜索营销，定向及钻石展位等精准定向营销，淘宝客等内容营销，麻吉宝等激励营销，加强信息流传播与内容生态建设，强化APP流量生态。阿里GMV从2014财年的1.678万亿元增至2018财年的4.82万亿元，而广告收入增至原来的近300%。随着GMV、MAU、DAU、客单价的不断抬升，阿里的广告龙头地位与先发之势在短时间内难以撼动。[①] 微博广告营销收入为15.0亿美元，阿里为其投入7亿元广告。

腾讯市场规模为3126.94亿元，年增长率32%。网络广告市场规模为580.79亿元，年增长率44%。社交广告市场规模397.73亿元，年增长率55%。腾讯企业发展事业群（CDG）通过广点通经营社交广告，网络媒体事业群（OMG）通过智营销、智汇推、智慧通经营媒体广告。信息流广告遍布

---

① 《互联网广告马太效应显著，数千亿市场仍具增长空间》，兴业证券研究报告，2018年5月21日。

微信朋友圈、微信公众号、QQ 浏览器、QQ 空间、提供 APP 下载的应用宝、移动广告联盟。重要广告位以直采方式售卖，次要广告位以程序化交易形式售卖。

（三）TMD 丰富短视频、外卖、O2O 广告新领域

TMD 是继 BAT 之后的互联网巨头，在各自领域形成广告发展特色与传播优势。

2018 年字节跳动广告收入近 500 亿元。其中，今日头条 APP 广告收入为 290 亿元，抖音 APP 广告收入为 180 亿元（信息流广告收入为 96 亿元）。字节跳动投资 20 亿元，以 UGC、PGC、MCN 构建头条系短视频内容体系，通过广告带动流量持续变现。抖音（2016 年 9 月上线）以差异化定位用户，切入音乐短视频垂直领域。2018 年 3 月 6 日抖音开启广告竞价功能，明星入驻与平台 KOL 涌现，形成平台红人广告、广告商“星图”平台与信息流广告的投放对接。和头条竞争的趣头条以“免费 + 广告”模式加强竞争，2018 年市场规模为 30.22 亿元，效果广告占有趣头条收入来源的 95% 以上。同属短视频龙头的快手，其广告系统 2017 年 3 月首次公测，2018 年 10 月以“AI + 社交”差异化广告营销平台优化竞争，广告收入未见公开数据。

美团点评联盟广告投放系统（DSP）以计算广告通过算法优化、算法推荐、算法策略、大数据挖掘，构建传播场景、定向排序与广告打分机制，提升用户画像的丰富性和覆盖率。美团财报显示，2018 年在线营销收入为 93.9 亿元。滴滴的 O2O 广告系统可以直接设置各种维度的分成体系，结合车主的评分和行车记录进行分成比例设置。①

（四）资本市场推动广告市场发展繁荣

CNNIC 的《第 43 次中国互联网络发展状况统计报告》显示，我国境内外互联网上市企业达 120 家，总市值为 7.89 万亿元人民币。在沪深上市的有 46 家，在中国香港上市的有 26 家，在美国上市的有 48 家。其中，小米（1810. HK）、美团（3690. HK）、平安好医生（1833. HK）在香港上市，哔哩哔哩（BILI）、

---

① 庄帅：《O2O 广告系统：滴滴新路》，《经理人》2016 年第 6 期。

爱奇艺（IQ）、拼多多（PDD）、趣头条（QTT）、优信二手车（UXIN）与虎牙直播（HUYA）分别在美国纳斯达克与纽交所上市，带动广告市场积极发展。

互联网公司并购推动广告业营销技术与全数字服务发展。华兴资本2018年并购战投报告显示，2018年我国新经济并购交易674起，交易总额为939亿美元。腾讯投资B站、美团等162家公司。阿里投资大搜车、旷视科技等70家公司。阿里95亿美元收购饿了么，美团27亿美元收购摩拜，陌陌以7.6亿美元收购探探100%股权，快手7.5亿元收购AcFun视频网站，引发舆论与业界广泛关注。

2018年大约有13起广告公司并购事件，总金额为27.14亿美元，占全球份额的8.2%。与2017年相比，交易数量下降19%，交易金额增长515%。为加强“全域营销”，阿里系以150亿元战略入股分众传媒，持分众传媒10.32%的股份。为加强数字营销，苏州锦富11亿元收购共和盛世国际传媒广告（北京）公司100%股权，众应互联科技公司7.4亿元并购上海天图广告公司，ITWP集团与库润数据（KuRunData）完成合资并购。为实现产业转型，南通锻压5.2亿元收购广州云视广告公司100%股权。

（五）海外互联网业务开拓网络广告新市场

蓝色光标2017年市场规模为152.31亿元，2018年为235.60亿元，年增长率为52.72%。年利润额5.34亿元，年增长率71.32%。海外数字营销、社交营销是蓝色光标的战略发展方向。为此，蓝标传媒成为Facebook、Instagram在华的技术合作伙伴。其中，Facebook广告代理业务营收向好（蓝瀚互动是Facebook在华的第三家官方代理商），2018年海外广告业务增长幅度较大，形成了超100亿元的市场规模。

今日头条、快手布局海外，争夺中小企业广告与潜在广告市场。2015年头条海外版TopBuzz、Top Buzz Video上线，2016年投资印度内容聚合平台Dailyhunt与印度尼西亚新闻推荐阅读平台BABE，2017年抖音海外版Tik Tok、火山小视频国际版Hypstar上线，收购Flipagram、Musical.ly。2018年，头条系海外用户占比达其用户总量的10%左右。头条系海外产品的主要广告形式有适合智能推荐的开屏广告、信息流广告等形式，通过短视频、游戏、电商和新闻信息平台在个性化传播中得到全球化的发展。

《中国移动游戏海外市场发展报告》显示，2018 年，中国移动游戏的海外市场规模为 194.4 亿元，占全球游戏市场份额的 15.8%，主要集中于欧美、日韩地区。在 2018 年全球 APP 营收榜上，腾讯、网易分别名列第一、第二。Sensor Tower 数据监测显示，网易《荒野行动》2018 年有 5 个月名列出海游戏收入榜第一，全球流水累计 3.7 亿美元左右（日本收入占比 74%）。网易游戏内置广告推动其广告业绩的提升，2018 年网易广告市场规模为 25.01 亿元。在大中华区游戏市场上，今日头条与快手等短视频龙头进驻游戏市场，这两家游戏广告平台 2018 年进入 iOS 广告平台前二十名。

（六）及时强化立法建设，有效加强市场监管

出台或实施广告相关法律 3 部、国务院部门制定规章 28 部。新《反不正当竞争法》第 20 条对违反第 8 条做了明确规定，《英雄烈士保护法》第 22 条，《电子商务法》（2019 年 1 月 1 日实施）第 18 条（电子商务经营者向消费者发送广告的，应当遵守《广告法》的有关规定）、第 40 条（电子商务平台经营者对于竞价排名的商品或者服务，应显著标明“广告”）等对网络广告监管做了明确规定。

地方政府强化网络广告立法监管。浙江制定《浙江省互联网媒介广告信用评价管理办法（试行）》《广告经营单位业务管理规范》《互联网广告标注与传输技术规范》，福建完善制定《涉嫌互联网违法广告线索处置流程》《互联网广告监管突发事件预警处置预案》，云南通过《关于推进网络市场线上线下一体化协同监管的实施意见》，推动落实网站广告主体责任，营造风清气正的网络广告市场秩序。

有关主管部门发布《关于开展互联网广告专项整治工作的通知》《整治虚假违法广告部际联席会议 2018 年工作要点》《2018 网络市场监管专项行动（网剑行动）方案》，展开网络广告整治行动。加强广告导向监管，对抖音、凯迪仕智能锁侮辱英烈广告进行了整顿警示。在涉“三品一械”、金融与信贷、房地产等民生网络广告上重点加强监管。湖南、山东等省份公布一批涉及互联网违法广告的典型案例，有效开展网络广告专项整治行动。

二　问题与挑战

（一）对网络广告技术变现与全球广告系统建设缺乏科学认识与有效践行

广告变现能力事关国家媒体发展水平、意识形态安全与网络国际竞争能力。网络平台的强大，一定是信息技术支撑的网络广告系统具有强大市场竞争力。一般情况下，我们只看到 BAT、今日头条的崛起及其市场应用，对其广告技术变现能力的关注严重不足。BAT 广告系统嗜于国内庞大市场利益不愿出海，触角延伸到了东南亚等地区，没有形成具有全球引导力与领导力的网络广告系统。WARC 数据显示，谷歌、脸谱两家广告系统占 2018 年全球网络广告市场规模的 61.4%。① 如果不建立与完善类似谷歌、脸谱一样的全球化广告系统，我国互联网公司与企业海外竞争能力必然受到极大阈限，不符合国家长远利益与企业根本利益。

同时，对信息技术支持的网络信息版权建设及其广告利益共享理念的认识及其使用严重不足。主流媒体难以通过广告技术实现广告利益分成，信息版权无法实现流量变现，存在主流媒体难以壮大成为未来主流媒体的可能性。传统广告代理模式日渐式微，技术进步加速去中介化。诸多主流媒体没有网络技术能力，没有信息专业化的广告技术人员。一些媒体领导没有互联网意识乃至网络广告常识，还在用传统广告营销手段经营媒体。结果是，难以拓展广告市场，现在甚至只能让不良公司以维护网络版权为借口对专业新媒体进行威胁、欺诈与打压。如果不通过互联网巨头与第三方的网络广告系统实现流量变现与版权变现，全媒体时代的媒体融合与市场转型因缺乏广告“造血”功能而可能会遭遇发展瓶颈。只有七年历史的今日头条 2018 年广告市场份额超过历史悠久的中央电视台，这在以前是不可想象的。我们对此应该引起高度重视，要从反思芯片建设的高度面对网络广告系统建设存在的严重挑战。

---

① WARC：《2019 年全球广告收入达到了 6160 亿美元》，https：//pmu.cn/16422/。

（二）广告数据寡头以算法营销与精准画像，影响用户态度、操纵用户立场

2016 年以来，基于算法的精准推送已成为网络新闻分发、网络广告传播的重要手段。网络巨头以应用技术收集海量市场交易信息、个人信息与国家基础信息，加强市场争夺与独家垄断，引发不正当竞争与同质化发展。对海量用户进行精准画像，以算法进行地理定位与广告营销，已形成广告市场的数据寡头，形成和固化市场闭环、信息壁垒与圈层传播。

基于算法的网络广告容易影响操纵用户态度立场。5000 万脸谱用户信息数据被英国剑桥分析公司获取利用，美国主流舆论认为俄罗斯通过谷歌、推特与脸谱三大媒体广告系统投放政治广告，影响了 2016 年总统选情和美国政治（是否影响，本文不做评价）。但是，广告的经济属性可以掩盖政治诉求，一般难以察觉网络广告越来越具有政治宣传与社会动员作用。基于大数据分析的精准营销与广告引导，互联网公司助力网络广告产生符合自我诉求的舆论导向行为是必然存在的发展事实。广告的算法传播，促成网络平台新闻媒体功能、广告定位功能和社会动员功能的隐性叠加效应，使新闻定制变为新闻控制，使舆论事件变成政治事件，同样是必须面对的发展现实。

（三）推广激活、虚假点击与欺诈广告等问题依然严重

移动效果广告点击量异常是网络广告发展中的老问题。2015～2017 年移动效果广告的推广激活量分别占激活总量（推广激活 + 自然激活）的 4.5%、8.0%、10.6%，2018 年上升为 11.1%。2017 年移动效果广告平均异常点击率为 62.8%，2018 年为 53.5%。2018 年 1～12 月异常点击率相对平均，最低峰值是 9 月的 41.7%，最高峰值是 7 月的 63.4%，远低于 2017 年 41.2 个百分点的最高最低峰值差，这说明广告监管与算法监控取得了积极效果。

其中，iOS 平台 2018 年网络效果广告异常推广激活现象上升，年平均异常率为 53.0%。1～12 月异常点击率相对平均，最低峰值是 8 月的 47.6%，最高峰值是 5 月的 59.3%。

数字广告营销市场形成集团化黑产。腾讯灯塔联手秒针系统发布的《2018

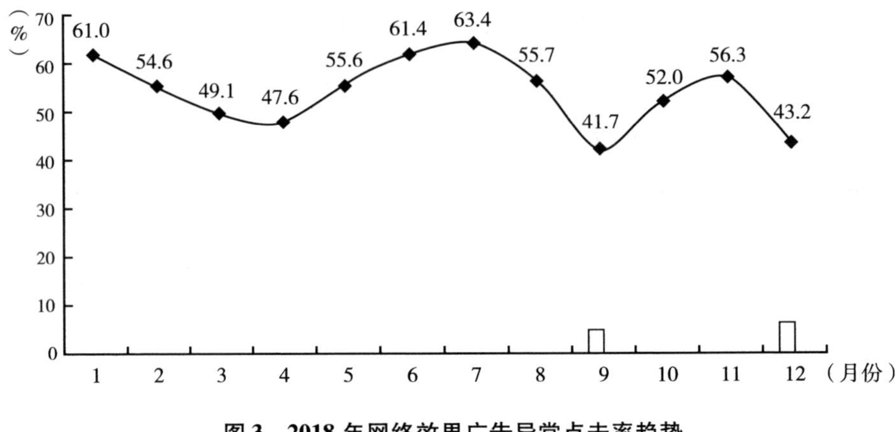

图3　2018 年网络效果广告异常点击率趋势

资料来源：http：//zgzz. china. com. cn/2019－03/05/content_ 40679474. htm。

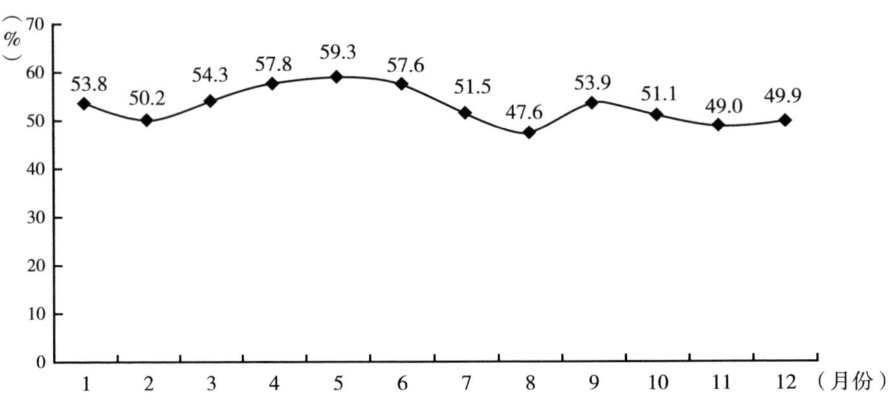

图4　iOS 平台 2018 年网络效果广告异常推广激活量趋势

资料来源：http：//zgzz. china. com. cn/2019－03/05/content_ 40679474. htm。

广告反欺诈白皮书》揭露了卡商、猫池、代理 IP、群控平台、注册机、接码平台等上游黑产平台的运作方式，并曝光下游环节形成的引流变现、搬运工薅羊毛及刷量作弊等盈利模式。① 该白皮书指出，2018 年广告营销市场黑产总体

① 腾讯灯塔、秒针系统：《2018 广告反欺诈白皮书》，http：//www. sohu. com/a/290711598_ 187948。

比例在15%左右，集团化欺诈趋势让大量广告主遭受黑产广告欺诈、劣质流量的不断侵害。

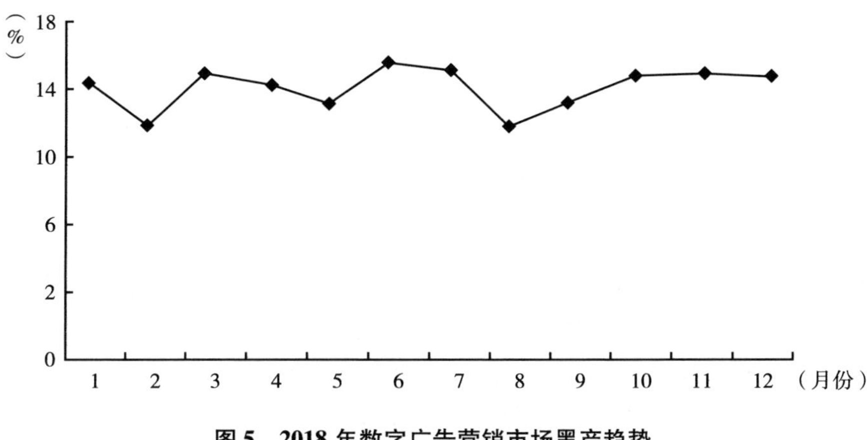

图5　2018年数字广告营销市场黑产趋势

资料来源：腾讯灯塔、秒针系统：《2018广告反欺诈白皮书》。

（四）“隐私换广告”潜规则、“二跳”广告酿成重大舆情事件

“隐私换广告”是互联网行业发展的潜规则，是互联网公司发展繁荣的“原生动力”。在数据社会，个人隐私（身份信息、基因信息、家庭信息、社交信息、电商信息、活动信息、生活信息、成长信息、网络痕迹、文化特质等）成为网络公司猎取的估价资本与广告要素。在资本市场驱动下，互联网公司牺牲公众隐私，实现企业市场暴利与资本利益诉求。因此，基于隐私的定向广告与色情广告横行，乃至对用户生命财产造成重大隐患与危害的舆情事件频发。其中，滴滴公司“郑州空姐案”“乐清案”等顺风车事故，就是隐私泄露与色情广告诱导的产物。

“二跳”广告是用户点击产品一的广告之后，进入的是广告二的内容，而广告二的产品是违规产品。这是互联网公司为获取点击率、逃避监管的惯用手段。因为打的是广告隐蔽战，获利相当丰厚。由于一线城市监管严格，“二跳”广告大多以用户地域特点（二、三线城市）为标签进行推送。在四川成都、广西南宁等地区，今日头条广告经销商以“二跳”广告，使严管严控的医疗、药品、医疗器械虚假广告代言大行其道。此事被中央电视台《经济半

小时》节目曝光，“二跳”广告由此受到舆论关注与广泛批评，头条因审核问题又陷入舆论漩涡。

三　对策与建议

（一）主动积极建设与完善网络广告系统

认真学习与全面总结谷歌、脸谱等网络广告系统经验，立足全球网络广告市场，推动我国互联网企业、主流媒体的广告发展与全球传播。通过 BAT 广告系统专业人士与网络广告专家加强专业媒体的“扶贫”培训与扶持服务，推动专业媒体网络广告的发展与繁荣。加强与完善专业媒体的市场化与资本化建设，优化澎湃、封面、甬派等专业媒体 APP 的网络广告系统建设。

以用得好是真本领为前提，互联网企业、专业媒体要深化新型广告交易、广告技术与精准传播理念的基本认知与市场认可度，有计划地推动或开发自己的网络广告系统，或加入现有主要网络广告系统与相关网络广告联盟，加强信息流广告、展示广告、数据服务、ASO（App Store Optimization）营销、社会化营销、内容植入营销、OTT（Over The Top）营销、云服务，通过移动广告平台、需求方平台（DSP）、流量供应平台、数据管理平台与媒体私有平台等，优化广告传播效果监测，获取最优广告收益。

（二）加强企业的市场主体责任与社会责任

互联网企业、网络广告联盟与广告主作为广告市场主体，依法依规经营媒体及其网络广告，不断深化市场主体责任，管理好广告经营代理商，有效维护消费者权益。必须坚持正确广告导向，主动构建、及时优化鉴黄模型、谩骂模型和低俗模型，加强和优化标签管理，实时过滤有害广告、虚假广告与低俗广告等违法违规广告。要通过算法监控与把握网络广告发展动态，通过人工智能技术加强对违规广告的机器巡检力度。除实现机器 24 小时“无缝巡查”外，还需加大“人工 + 智能”的巡检力度，防止流量欺诈与“二跳”广告、虚假广告、欺诈广告等类似情形重复再现。

科学规范第三方应用程序，广告提供商要加强 SDK（内置于程序内的广告开发工具包）下载的数据管理与引导监管。通过用户移动设备 SDK，利用去中心化存储分析设备行为并计算信誉，切实维护用户隐私及其权益，及时优化媒体管理与广告位管理，及时堵塞技术安全漏洞，有效更正数据库配置错误。强化广告实际点击排序意识，优化广告竞价排名，减少广告异常推荐与虚假点击。互联网巨头、广告主、媒体、广告代理公司、第三方技术机构、行业组织、法律专家等各种力量共同联手，商讨建立更加透明、规范的数字广告行业准则，不断加强行业自律和舆论监督，同时与主管部门、社会各界力量和国际同行，共同联手打击广告黑产。在防止广告绑架技术上，及时整改、主动堵漏，防止不正当竞争，有效化解资本风险、市场风险、舆论风险与社会风险。

（三）强化市场监管与舆论监督

借鉴欧盟《通用数据保护条例》（GDPR）与欧美监管手段，加强网络广告及其隐私保护与数据管理。数据与隐私对于网络广告的重要性与必要性正在被广泛接受与认知。对非法收集数据、严重滥用数据、侵犯隐私权益、不正当竞争的互联网数据巨头，应予以巨款严惩、关停相关业务处罚。2019 年以来，法国 CNIL 根据 GDPR 对谷歌开出的5000 万欧元罚单，欧盟对谷歌 AdSense 广告服务处以 14.9 亿欧元的反垄断罚款。陷入数据泄露丑闻的 Facebook，可能面临欧盟 16 亿美元的罚款。借鉴美国《儿童隐私法》，严格依法保护青少年权益，严厉打击色情广告与对青少年个人信息的非法收集行为。

主流媒体与社会各界对互联网企业广告违规、侵犯数据隐私等各种违法违规事件，要及时曝光、有效跟踪，积极有为地加强这方面的舆论监督，科学有效地维护网络广告市场的健康有序发展。

（四）和信息新技术偕行共进，与硬件设施和实体经济融合发展

5G 技术进一步强化了广告传播的即时共享，4K 视频使广告更加符合用户视觉心理，大大增强了广告传播的有效性、实践性与实用性特点。人脸识别技术、AR/VR 技术在诸多领域和品牌营销上实现了网络同步应用，进一步提升了广告主与消费者之间交互的智能性，形成网络广告发展繁荣的新时期。

在不久的将来，手机、汽车、电视、冰箱、照明、厨具、门窗等生活硬件，校园、工作、出行、生活、娱体、城市等公共空间，会更加物联网化、场

景化、智能化、人性化，不断增加人民群众的获得感、幸福感。因此，网络广告会通过各种生活用品、公共设施与智能城市，形成符合自身传播规律的发展特点与语境特征，必然促进与硬件设施和实体经济的融合发展。“凡益之道，与时偕行。”互联网企业、主流媒体与广告主等各类市场主体与社会主体，必须抓住全媒体时代广告发展的机遇期，建设好、发展好媒体平台企业，引导好、服务好广大用户，进一步增强我国网络广告发展能力，推进网络广告系统建设。

参考文献

[1] CNNIC：《第 43 次中国互联网络发展状况统计报告》，http：//www. cnnic. net. cn/。

[2] 中关村互动营销实验室：《2018 中国互联网广告发展报告》，https：//baijiahao. baidu. com。

[3] 腾讯灯塔、秒针系统：《2018 广告反欺诈白皮书》，http：//www. sohu. com/a/290711598_ 187948。

[4]《中国移动游戏海外市场发展报告》，https：//36kr. com/p/5186995. html。

[5]《2018 移动广告行业报告》，http：//zgzz. china. com. cn/2019 - 03/05/content_40679474. htm。

[6]《2018 年中国网络广告市场关键词》，艾瑞咨询官方网站。

[7]《互联网广告马太效应显著，数千亿市场仍具增长空间》，兴业证券研究报告，2018 年 5 月 21 日。

[8] 庄帅：《O2O 广告系统：滴滴新路》，《经理人》2016 年第 6 期。

B.25
2018年网络视频直播发展研究报告*

王建磊**

摘　要： 2018年，直播行业分化加剧：头部主播、头部平台聚拢了更多流量、资本和经济收益，中部直播平台遭遇主播流失、资金链断裂等困境，若干中小平台直接退市；行业依然充满活力和不确定性：兼并收购动作不断，新增两家上市企业，表现亮眼，也有新增入局者，实力不凡；但从用户使用率和资本融资额两个重要指标来说，直播行业整体进入下行周期。在此背景下，"积极求变、业务重塑"成为现有市场主体自觉的选择，其在内容生产、资本变现、人才培育、企业发展等战略层敢于求新求变，促使行业生态趋于务实、理性和成熟。此外，直播行业的媒体报道舆情不容乐观，色情和未成年人价值观问题值得高度重视。无论是平台还是主播都要坚守底线、输出高品质内容、积极参与行业监管。行业本身仍需通过不懈努力向公众及社会展示更多的深层价值与意义。

关键词： 网络直播　主播　内容　资本　监管

尽管直播的内容和形态都在加紧升级，但从大趋势来看，2018年的网络直播行业与正处风口的短视频相比，无论是投资价值、用户规模、广告收入等数据，还是头部生产力、板块活跃度、社会影响力等指标都相形见绌。资本狂

* 本文系国家社科基金项目"网络视频直播管理研究"（项目编号：17CXW020）的研究成果。

** 王建磊，博士，深圳大学传播学院副教授，硕士生导师，主要研究方向为视听新媒体、视听文化产业等。

潮、千播大战等现象均已消隐，行业的结构化进一步加剧：头部平台继续扩大领先优势，中小平台无力竞争直接退市，而大部分中部平台则面临严峻的资金链僵局；伴随着平台欠薪、违约跳槽、直播违规、监管高压等内外部因素的出现，市场各层反馈的情绪和数据均不甚乐观。尽管如此，作为一种媒介生态，网络直播已经深嵌于社会构成和文化市场，从行业内部来看，相比悲观和消极论调，更多的是迎难而上的探索、布局、转型和创新，在变现手段、资本运作、内容生产、人才培育等层面涌现出许多的“小变化”，而正是这些小变化的不断累积、推动，让外界感受到直播行业生命力的旺盛所在。

一　产业基本面概览

截至 2018 年 12 月，网络直播用户规模达 3.97 亿，较 2017 年底减少 2533 万，用户使用率为 47.9%，较 2017 年底下降 6.8 个百分点。从体育、游戏、真人秀、演唱会四个细分内容领域来看，游戏直播用户使用率基本稳定，体育直播用户使用率略有下降，演唱会、真人秀直播用户使用率分别下降 6.2 个、8.8 个百分点。[①] 从观察者角度来看，网络视频直播的风口期确实已过，大环境对其唱衰的局面一时也难以改观，下面通过一些基本数据对 2018 年的直播行业予以反观。

（一）主播创收

“主播”是整个行业的核心并对各直播平台、MCN（公会）机构有着直接影响。每个平台都有自己的当家主播，主播资源也是各大平台竞争的重心。因而，头部主播的收入水平成为衡量平台实力的关键指标，而头部主播的表现也成为整个行业的晴雨表（见表 1、表 2）。

经评估，全网的头部主播仅有 1 万名，占所有主播数量的 0.7%，但他们收割了超过 32.0 亿元的财富，占所有主播收入的 68%，[②] 可见平台头部效应

---

① CNNIC：《第 43 次中国互联网络发展状况统计报告》，第 41 页。

② “今日网红”公众号：《2018 陌陌火山映客等直播行业半年报》，http：//www.199it.com/archives/750609.html。

表1　六大平台头部主播的创收情况

单位：亿元

年份	1月	2月	3月	4月	5月	6月	7月	8月	9月	10月	11月	12月
2018	2.6	2.6	3.1	2.9	3.81	3.32	3.15	3.3	3.6	3.0	3.93	5.6
2017	—	1.42	1.87	1.2	1.5	—	1.46	2.5	3.25	3.1	4.3	4.7

注：2017年4月、7月的收入数据统计了5家平台，9月的数据统计了7家平台。但涨幅或跌幅无显著差距，仅做对比参考。

表2　六大平台收入过百万元主播数量统计

单位：个

年份	1月	2月	3月	4月	5月	6月	7月	8月	9月	10月	11月	12月
2018	14	14	41	26	44	38	33	37	55	25	62	117

注：统计对象为映客、花椒、一直播、美拍、陌陌、火山六大平台及1800名头部主播。
资料来源："今日网红"公众号。

十分明显。2018年，头部主播的单月收入较之2017年同期月月有涨，创收均值为3.41亿元/月，相较2017年增长35%。不过，这一光鲜数据的背后，却是中小主播生存状况艰难的比照。放眼整个主播群体，收入为0的玩票队伍十分庞大，收入在1000元左右的主播占到整体的八成以上，[①] 即使在头部主播的群体内部，有的主播可以出歌、拍广告、上综艺、登央视、进军影视圈，转型为全能艺人明星，月收入轻松破千万元，而约77%的主播收入为10万~20万元。所以说，主播界的马太效应愈演愈烈，看似毫无门槛的"主播"对于大多数人而言已无法成为职业。

（二）资本融资

据"今日网红"的数据统计，在风头最盛的2016年，直播行业融资事件超25起，涉及金额超189亿元人民币；2017年的风投资本也比较活跃，主要融资事件17起，涉及金额达130亿元。进入2018年，可查到的公开融资报道10起，涉及金额120亿元左右。值得注意的是，头部直播平台的融资规模及

① 见腾讯专栏"今日话题"余宗明：《网络主播"轻松月入数万"，只是被吹大的泡沫》，https://view.news.qq.com/original/intouchtoday/n3835.html。

领先优势进一步扩大，行业集中度进一步提升（如 2018 年 3 月斗鱼直播、虎牙直播分别获得腾讯 6.3 亿美元、4.6 亿美元投资，同年 5 月和 7 月，虎牙直播、映客直播先后完成上市）。资本流通数据是一个风口行业发生变化的直观信号。不得不说，伴随着短视频的强势崛起，资本在直播行业面前显得更加谨慎和理性，因而大概率会发生的是：处于中端的大部分直播平台将因资金流的断裂而陷入僵局，预估 2019 年仍会有一部分中小型直播企业悄然退市。

表 3　2018 年直播行业主要融资事件

时间	融资对象	投资方
1 月	定位直播陪玩交友社区的“狮吼”完成过亿元人民币 A 轮融资	国内某 A 股上市公司及一下科技、盛大网络、达晨创投
	手游直播平台触手宣布完成 D 轮 1.2 亿美元融资	谷歌公司
2 月	VR 直播平台 Vreal 宣布已完成了 1170 万美元 A 轮融资	Axioma Ventures 和英特尔投资（Intel Capital）
3 月	斗鱼完成新一轮 6.3 亿美元融资	腾讯
	虎牙完成 4.6 亿美元 B 轮融资	腾讯
4 月	专注于互联网直播和游戏内容的小象互娱正式宣布，已完成 3000 万元的 Pre-A 轮融资	腾讯
6 月	快手再获 4 亿美元融资	腾讯
10 月	二次元直播社区克拉克拉（KilaKila）完成 1.2 亿元 Pre-A 和 A 轮融资	新浪微博、沸点资本、中信资本和红杉资本
11 月	触手宣布获得新一轮融资	爱奇艺
12 月	专注于企业的视频直播的平台服务商微吼完成 2.3 亿元 D 轮融资	深创投

资料来源：通过 DivoMiner 软件搜索。

（三）行业洗牌

如同视频网站热潮一样，当直播行业进入深度调整期，“大鱼吃小鱼”的兼并现象频发，“不竞争就合作”的并购态势渐起。2018 年 6 月，快手全资收购 AcFun，但仍保持 A 站的独立品牌、原有团队和独立发展；同月，主打秀场直播的六间房与花椒直播平台宣布重组，前者是 PC 端老牌霸主，后者是移动端平台新秀，两者的合作致力达成优势互补的良局；11 月，新浪微博宣布收购一直播平台。根据此前数据，一直播在移动端直播方面的渗透率一直处于行业第一（2017 年），① 经过进一步融合和优化，两者的深度绑定可形成“社交＋直播”的相对优势，可让内容价值不断凸显，平台用户黏性不断提升。此外，全民直播、网易薄荷平台因达不到预期业绩黯然离场；快手的游戏直播，西瓜视频、网易的 LOOK 音乐直播作为新面孔入局……行业洗牌仍在持续，而变动本身就是行业彰显活力的直接证明。

（四）公司财报

2018 年 5 月在纽交所上市的虎牙发布的第三季度财报显示，净营收为人民币 12.77 亿元，同比增长 119%，净利润为 1.21 亿元，② 同时在月活用户、付费用户数量方面均有增长，数据十分亮眼；2018 年 7 月赴港上市的独立直播公司映客发布的中报显示，净利润为 4.09 亿元，③ 数字也非常可观；陌陌公司 12 月发布的第三季度财报显示，净营收高达 36.48 亿元人民币，净利润 7.78 亿元人民币；付费用户达到 1250 万，同比大涨近 71%。同时截至 2018 年前 9 个月，公司累计营收近 100 亿元。值得注意的是，直播业务依旧占据了陌陌营收的大头④；欢聚时代（YY）2018 财年第三季度财报显示，欢聚时代第三季度净营收为人民币 41.005 亿元（约合 5.970 亿美元），比上年同期增长 32.6%，而净营收的增长，也得益于流媒体直播业务的营收增长。⑤ 这四家上市公司的财报情况无疑为直播行业注入了一针强心剂。

从以上梳理的数据来看，直播行业在头部主播收入、上市公司营收方面增速明显；行业又新添两家富有活力的上市公司，斗鱼等则加快商业化步伐，紧随其后；行业整体在资本融资方面略有下降，符合市场生态的自然变化，但正是资本推手的乏力作为主因导致行业被外界看衰。综上，笔者依然以“结构化”来总结 2018 年的直播市场：斗鱼、虎牙作为市场翘楚聚拢了越来越多同时十分有限的主播资源、融资资本，而表现强势的陌陌、火山两大平台依旧在

① 《2017 年第四季度中国移动直播市场季度盘点分析》，搜狐网，2018 年 4 月 10 日。

② 《虎牙公布 2018 年第三季度财报》，新浪网，2018 年 11 月 13 日。

③ 《映客发布 2018 上半年财报》，环球网，2018 年 8 月 26 日。

④ 《陌陌发布 2018 年第三季度财报》，新浪网，2018 年 12 月 6 日。

⑤ 《欢聚时代发布 2018 年第三季度财报》，新浪网，2018 年 11 月 13 日。

主导着全网总收入，资本和流量的集中效应进一步加剧，这样看来，直播行业的所谓走衰是一个“相对命题”，在行业寡头格局逐渐成型的背景下，有些直播平台的前景十分可期，大部分平台的命运堪忧，直播企业在体量和发展前景上的差距将进一步拉大。

二　大趋势下的“小变化”

在大视频格局之下，短视频、大电影和精制 IP 是当下市场、用户与资本的三大聚焦热点。而直播作为已逝的风口，在未来的生态中其地位、比例、体量将面临更严峻的考验——正是在这样的大趋势下，“积极求变、激发潜力”成为行业自觉而紧要的使命。2018 年，整个行业充满了不胜枚举的“小变化”，这些小变化不断地将直播的商业、社会价值更深层地激发出来，也不断地向外界展示行业增长的信心。

（一）内容生产 PGC 化

直播行业的内容形态和生产模式升级极快，最初由素人主导的 UGC 内容，看似热闹但也一派乱象，进入 2018 年，草根玩法已无法立足，PGC 和 PUGC 的内容成为主流：2018 年的直播行业是以“答题”玩法作为开局的。映客的《芝士超人》、花椒的《百万赢家》、千帆的《知识英雄》、一直播的《黄金 10 秒》、熊猫直播的《一智千金》……一时间，有奖直播答题节目在各平台扎堆。随后，众多节目开始爆出内容违规、外挂横行等现象，在监管部门的介入下，答题直播旋即成为内容形态的探路石。这既揭示出爆款之下容易形成乱局的定律，也反映出网络直播本身的活力与可能性，自此之后，各平台更加注重围绕自身特色进行内容生产的创新与转型。

1. 直播平台引入短视频

直播属于长时间的内容沉浸，其最大的弊端在于难以凸显精华内容。在短视频风行之后，直播平台迅速行动，将短视频内容嵌入直播体系。除了吸收大量 UGC 内容外，对 PGC 内容的运营成为亮点。如映客平台以“直播 + 迷你剧”定位精品 IP 进行内容运营，推出迷你短剧《情绪料理（1、2）》。这类迷你短剧是人们碎片化阅读的需求产物，不但有着完整的故事情节，而且制作的精良度不输电视剧，再将直播红人融入剧情，能更好更快传播，从而带来流量与商业转化。

2. 直播平台输出定制综艺

走差异化路线，打造娱乐竞品 IP 是直播平台 2018 年布局内容生产的共识化操作。比如，在 IG 夺得英雄联盟游戏冠军为国内电竞行业再添一波热度后，熊猫直播平台借势发挥，为 IG 量身定做了“首档纪实类电竞真人秀”——《电竞不凡》，精准的内容生产为平台赢来人气和影响力；又如，由百度和全民联合制作的全网首档即时性户外真人秀挑战赛《全民城市猎人》正式上线，这是定位为“直播 + 户外真人秀”的全新互动节目，近百位主播化身城市猎人接受网友们指派的任务，线上观众也可以通过主播定位功能，与主播一起完成线下活动。线上与线下的紧密结合，一方面使得主播直播内容更加丰满，另一方面也调动了观众的积极性，增加了互动的乐趣。此外，《Hello！女神》《熊猫 307》《可能不可能》《熊猫大侦探》（熊猫平台），《女拳主义》《鱼乐星之旅》《饭局的诱惑》（斗鱼平台），《樱花女神》《映客先生》《先声夺人》等娱乐直综在各大平台开花，逐渐形成各具特色的 IP 矩阵。

3. “直播 +”尝试更多可能

在直播行业持续高压下，“直播 + 公益”的正能量传播成为诸多平台体现社会担当、塑造品牌形象的首选，如火山平台在线上线下发起红裤日公益行动，参与者既有主播也有路人。他们穿上过膝短裤，高举“让每一个孩子都温暖过冬”的牌子，呼吁大家关注困难贫困儿童过冬问题；虎牙平台独家直播北京第二届“五个十佳”公安网络正能量；斗鱼开展“反邪教进校园”直播活动，后又发起大型“乡村振兴”系列直播；陌陌则接连发起“看美丽乡村，庆改革开放”“给乡村孩子的最美传统文化课”的系列全民直播活动……各平台通过发挥直播的力量，助力社会各界公益行动的开展。

（二）变现手段的跨界化

直播平台甫一出现就以“打赏”模式打破了传统媒体对广告的依赖，而除了打赏，电商自然是变现最快的一大途径。2018 年各大平台的电商化运营严格遵循着行业节点，如春节期间 YY 上线年货节，陌陌开展“主播喂你吃年货”将卖货变成 PK，一直播的“直通淘宝”扎根淘宝平台风生水起。不管是引流效果还是直销业绩都令人振奋；“6・18”期间，斗鱼平台 618 位人气主播升级为“剁手代言人”，携手京东旗下品牌推出相关明星产品，在斗鱼专题页展开24小时不间断直播，为购物节疯狂打call；“双十一”期间，快手上线“快手卖货王”的比拼活动，斗鱼一哥一天销售额达1.6亿元……

如果说以上方法属于借势造势，那么快手平台上线“快手小店”功能，主播可申请开店，与有赞商家店铺打通；YY直播在“个人中心”栏目上线了“YY信用”的新功能，提供针对普通用户的“YY借呗”和针对主播的“主播贷”，标志着直播平台开始试水金融业务……种种尝试无疑通过跨界创新实现了变现手段的升级，进一步强化了直播平台的商业价值。

（三）人才培育的专业化

短视频平台更强调拍摄者，而直播平台更注重表演者本身，表演型人才的培养和引入一直是各大平台的运营重点。2018年，一个显著的变化是：主播们纷纷从达人向艺人转型和发展，如YY、快手、斗鱼等平台已有不下十位的主播登上电视综艺。音乐类主播始终是“吸金”效果最佳的人群之一，意识到这一点的各大平台，纷纷展开新一轮造星运动，熊猫重磅推出“造星计划”，为主播提供精品节目录制、大型赛事参与、媒体曝光、影综拍摄等资源；映客“原创音乐人计划”正式全面开启，为获胜音乐人给予超强流量推广曝光与丰厚制作基金扶持；NOW直播宣布启动“NOW新星·音乐人计划”，计划实现超过100位优质音乐主播的扶持目标……诚然，各大平台已经意识到：主播不是昙花一现的快消品，而是能够通过系统化的包装，将后者推向更加主流平台的潜在艺人，这一切自然离不开平台的精耕细作。即使不一定能制造出下一个“冯提莫”，但通过对人才的扶持和引导，主播们在娱乐高度工业化的当下更容易走红，届时他们的价值一定不会只局限在直播间。

（四）发展战略的异质化

1. 瞄准泛娱乐化

网络直播的本质在于“实时互动”① ——实时与互动原本是两种属性，但是直播将其融合在一起并形成独特价值。这种独特性已经赋能给诸多领域，如

① 王建磊：《断裂的真实：秀场类直播的文化反思》，《学习与实践》2018年第8期。

在线直播教育、在线直播电商、在线直播活动/会议等等。几大主流的直播平台基本上会多点开花、多元经营，整体上更加瞄准泛娱乐领域，让消费者在实时互动中获得快感、愉悦和意义。

表现之一是接连不断地营造活动赛事。据观察，2018 年的 3 ~4 月和 11 ~12 月是活动扎堆的时间段，有主播的争霸战、有粉丝团大战，还有分为“春季赛、秋季赛、总决赛”，从而贯穿全年的巅峰之战……眼花缭乱的活动赛事背后是将主播、土豪、粉丝、公会捆绑在一起，在不断被带起的节奏和氛围里实现“让土豪烧钱，让用户付费”。

表现之二是在泛娱乐领域深耕细作，然后形成各家特色。比如熊猫平台已经将“电竞 + PGC”作为新定位，试图在已有优势上发挥最大势能；一直播是以“明星 + 秀场”来形成自身的泛娱乐标签；映客以“选秀 + 交友”来标榜自身的主流娱乐身份……无论如何，各大平台均已认识到，有特色的市场价值与定位显然更加重要。

2. 出击海外市场

大多数欧美国家、东南亚国家用户高频使用的产品主要是 Facebook 和 YouTube，需要新产品填补市场，在这方面，抖音的国际版 Tik Tok、快手的 Kwai 走在前列，且取得了不错的成绩。相比国内竞争更加激烈的直播内容和主播生态，海外的内容和主播成熟度反而不够，这其实给国内直播产品出海留下了机会。

2018 年，YY 在出海业务上发力直播，实行 BIGO Live 和 YY 双品牌同时运营策略，在 Sensor Tower 公布的 9 月中国视频平台海外收入 TOP 20 排行榜中，BIGO Live 排首位。此外，国内出海的直播类产品还有虎牙直播、Cube TV、LIKE 短视频等。据不完全统计，目前已有 7 家大企业在海外建立起了较大规模的直播平台。

布局海外市场是直播企业壮大格局和摸索增收的良径，虽然这一举措面临着诸多不确定的风险——本地化运营、政策风险、招募困难、当地网络基础不足等等，但在经济、技术全球化的当下，中国需要有更多的互联网公司将自身的经验因地制宜，将触角延伸至社交、短视频、云存储等诸多领域，在更多地方扎根发芽，锻造出更多的世界级互联网公司。

以上撷取了 2018 年网络直播行业探索、尝试、落地、践行的诸多断面，种种做法谈不上伟大创新或创举，却尽是灵活、务实的“小变化”：举措果断、执行坚决、追求效率、转化率高。宏观来看，网络视听生态的大趋势充满变数，新生力量不断冒出和颠覆，好在直播行业对外有延展性和开放性（比如与短视频行业的双向融合），对内其细微场景的创新和可能性没有穷尽（比如始料不及的现象级直播答题），尤其当直播行业的虚火褪去，保留下来的平台、用户、流量、从业者反而会以真正的热情继续渗透、激发和探索，从这个意义上说，期待未来的直播行业以生生不息的“小变化”积累跬步再创神奇。

三　直播行业问题与监管

网络直播行业的热度持高不减，很大程度上也与频见报端的负面报道相关。从早期的直播吃灯泡到新近的主播过度饮酒猝死，不间断的劲爆话题使得行业一直处于舆论风口，这对于营造和谐、绿色的直播环境来说是相悖的。本文以“网络直播 + 色情、诈骗、治安、违法、价值观等 25 个关键词”为编码规则，抓取了全网 2018 年期间与网络直播相关的负面新闻报道共计 1138 条（剔除重复项），在搜取的负面资讯中，色情范畴占据最大比例（40.16%），而未成年在负面报道中较多次被提及，情形依旧不容乐观。

在现实中，除了显性的负面问题外，一些主播因“三观不正”向其粉丝灌输错误思想或因政治意识不强发表错误言论等行为也逐渐增多。2018 年，某知名喊麦主播公开吸毒感受、某平台主播戏唱国歌，还有主播调侃南京大屠杀、东北沦陷等历史……考虑到直播行业本身的热度以及以年轻人为主的受众群体，行业治理力度从未松懈，“整改”依然是 2018 年直播行业的关键词——这一年，有来自最高人民法院、最高人民检察院、公安部、教育部、信息产业部、文化部、国家工商行政管理总局、国家广播电影电视总局等部门的多方行政治理，也有斗鱼、火山、熊猫等主流平台积极开展自查自纠，加大内容审查力度，集中清理不良低俗内容的自我审查，“协同共治”已经成为包括网络直播在内的网络视听行业的主流方式。①

① 刘锐、徐敬宏：《网络视频直播的共同治理：基于政策网络分析的视角》，《国际新闻界》2018 年第 12 期。

表 4　2018 年 1 月 1 日至 12 月 31 日网络直播的负面报道：编码与比例

单位：条，%

项目	范畴	关键词	条目	数量	比例
网络直播＋	色情	色情	141	457	40. 16
		涉黄	115		
		淫秽	125		
		脱衣	11		
		挑逗	19		
		ASMR	41		
	诈骗	欺骗	22	193	16. 96
		诈骗	89		
		巨额资金	9		
		巨额打赏	59		
		转账	17		
	治安	扰乱治安	10	111	9. 75
		醉驾	1		
		破坏	53		
		造谣	47		
	违法	赌博	69	163	14. 32
		吸毒	37		
		保护动物	22		
		贩卖	16		
		走私	19		
	价值观	多金	13		
		喊麦	48	214	18. 80
		审丑	15		
		挣大钱	12		
		未成年	116		
总量				1138	

表 5　2018 年直播行业的监管框架

监管方法	监管内容
法律法规	2 月，国家新闻出版广电总局要求对已开展的网络直播答题活动进行清理整顿，并将日常监管、定期巡查与网民举报结合起来，对违法违规问题“即发现、即处置” 7 月，全国“扫黄打非”办联合国家网信办、工信部、公安部、文化和旅游部、广电总局研究制定了《关于加强网络直播服务管理工作的通知》 8 月，全国“扫黄打非”办公室发布《关于加强网络直播服务管理工作的通知》，要求有关部门落实用户实名制度，加强网络主播管理，建立主播黑名单等制度 2019 年 1 月，湖北省标准化学会和武汉市软件协会在武汉联合发布了《网络直播平台管理规范》《网络直播主播管理规范》，这是正式出台的首个网络直播团体标准

续表

监管方法	监管内容
行政手段	1月,北京市文化市场行政执法总队破获"Peepla"直播平台传播淫秽色情信息案,抓获犯罪嫌疑人17人。此案成为同时追究直播平台和网络主播刑事责任第一案 2月,全国"扫黄打非"办公室对外曝光了五起直播平台涉黄案件。浙江、江苏、广东、湖北、福建、上海等地查办多起直播平台传播淫秽物品案件,"泛果""星云直播"等一批涉黄平台被查封 3月,快手、火山两大平台被广电总局约谈,要求整顿平台上的不良内容 3月,上海市网信办关停哆咪直播、猫咪直播等多家违法直播平台 4月,国家广播电视总局责令"今日头条"永久关停"内涵段子"客户端软件及公众号 7月,网信办会同相关部门,开展直播短视频行业集中整治,其中约谈了"哔哩哔哩""秒拍""56视频"等16款网络直播短视频相关负责人,对其中12款网络直播短视频做出下架处置,要求相关平台企业做出全面整改 11月,北京市公安局公布第三季度"净网2018"专项整治活动成果,共清理违规短视频140余万部、关闭违规直播间53万间、封停违规账号80余万个、行政处罚违规平台3家 11月,共青团中央点名了熊猫直播两名主播,在直播过程中,为博眼球炒作,这两名主播连续报假警长达4分钟。不久,这两名主播的直播间被平台封禁
行业自律	1月,北京12家互联网直播企业成立"新时代网上正能量直播矩阵",专门针对辱骂诋毁、死亡宣告、恶搞喊麦等低俗内容 3月,虎牙直播开启全媒体内容检测审查机制,帮助平台第一时间发现和净化"灰色内容"直播 4月,熊猫直播公布了《净化网络直播环境专项行动》第一季度的结果,截至4月15日,共处理违规直播间14405个,并禁用发布低俗广告信息的用户账号39760个
社会监督	3月,YY官方开通了金牌艺人外站开播10客服举报通道,凡发现金牌艺人在非YY平台直播的,粉丝可通过10客服24小时举报

注：若无特殊标明，时间点均为2018年。

可以说，直播平台的社会影响力越大，其相应的社会责任与担当也应更大。政府机构的高压监管有利于直播平台建立正规化机制，不断净化行业环境；同时有利于改善公众的直播平台印象，推动平台竞争向优质内容集中，引导用户的精神文化消费升级。

四　未来趋势的探讨

针对2018年网络直播行业发生的林林总总的变化，可以用一个词来概括就是“业务重塑”：迫于行业变动和市场竞争的压力，无论是垂直领域的深度探索还是积极开展公益活动，无论是结合国内热点输出原创还是走出去布局多元海外业务，无论是勇于革新大胆试错还是倡导“自我清洗”正能量……直播行业的整体发展实际上正在步入愈加规范、健康的正道，但同时以下几方面的问题不容忽视，需早日在前进道路上找出破题与优化方案。

第一，与短视频的竞合问题。根据《第43次中国互联网络发展状况统计报告》，截至2018年12月，网络直播用户规模达到3.97亿；同期数据显示，短视频的用户规模达到6.48亿。不得不说，短视频发展风头正盛，很大程度上也分流了一部分直播的用户以及基础资源。但是这两者的关系并不是你死我活的对立竞争，因为它们各自对应不同的消费场景，满足用户不同的使用体验，所以这两者应该是合作共赢的发展设计。在战略层，目前短视频与直播已处在互相进入的阶段，如快手、抖音开通直播频道，映客、斗鱼也加码短视频生产，形成了“你中有我，我中有你”的态势，这从行业的整体生态建设来说无疑是正确与合理的。

第二，直播移动端战略再升级问题。直播媒介甫一开始，就特别针对移动端进行内容和产品铺设，甚至部分平台和品牌就只有移动端而没有PC端，瞄准移动发展的大势。但短视频的兴起，直接满足碎片化的娱乐需求，似乎与移动端有了更贴切的结合。这种情形下，直播行业应更理性审视自身在移动端的相对优势，比如在保留沉浸、互动感的基础上专注提供精华内容，对直播内容进行二次生产等等。此外，移动直播当前的细分市场也有待进一步运营，在与电商、物联网、人工智能等领域的合作上有很大的想象空间，未来，我们相信直播平台的核心竞争力应该在移动端，所以应继续其垂直内容战略的深化和用户体验的提升，挖掘移动直播的更多潜力。

第三，直播行业的社会认知问题。尽管负面报道重重，泛色情的内容来势汹汹，但直播绝非洪水猛兽，如今打开主流直播网站的主页，美女直播占半壁江山的情形已不复存在。在过去两三年，直播更是渗透到各行各业，带来了诸多积极的变化与可能，在诸多重大事件的节点，直播也从不会缺席。比如，2018年6月的世界杯期间，YY、陌陌、花椒等各个平台纷纷开启品球评赛、预测竞猜、交友互动等相关的直播系列活动，带来了体验和流量的倍增。事实证明，直播能够与任何社会活动关联与互嵌，也正是从这个意义上说，直播已经植根于社会发展的大生态之中。如今再来审视直播，它既是互联网行业也是娱乐行业，尽管它带来了一些负面影响，但经过整顿可以更好地造福社会还利于民，对于各直播平台而言，它们需要在提升用户体验、改进运营策略等方面持续发力，同时运用直播的优势去嫁接更多传统行业，激发输出更多有价值、有意义和有营养的内容。事实证明，只有健康优质的直播才具备激发流量和产生“双效”的作用。

第四，主播管理与行业治理问题。主播群体的存在是整个直播行业发展的根基，首先是其发展与管理问题。目前，大多头部主播光鲜艳丽，收入节节攀升，且有加剧社会贫富分化之嫌，而中小主播却生存维艰，收入较低，这种“金字塔”式的梯队模型亟须调整，所以有必要关注和扶持腰部主播，打造良好中小主播体系，进一步完善整个平台主播生态，促进平台与主播之间良性发展。其次是监管问题。平台越发展，社会责任也就越大，但行业要健康、可持续地发展，行业监管与自律必不可少。经比较研究发现，在行业治理方面，一是，技术手段的使用是我国互联网治理的薄弱环节，尤其是过滤技术比不上英、德、美、韩等国；二是，我国的现有框架大多集中在事后治理，而在上游管理方面欠缺有效对策，基于教育、价值观引导等方法落地困难；三是，与国外相比没有内容分级制，在实际管理中对色情淫秽、违反公序良俗的包容度更低，因而执法范畴更加宽泛，由此也牵扯了大量的社会资源与精力。无论如何，直播行业的现实发展路径只有一条——只有加强规范和监管，直播行业才能维持更健康和可持续的发展。

参考文献

［1］宋江龙：《直播：造就网红星工场》，中国经济出版社，2018。

［2］凯文·阿洛卡：《刷屏：视频时代的疯传法则》，中信出版社，2018。

［3］陆地、靳戈：《中国网络视频史》，中国广播影视出版社，2017。

［4］王晓红、曹晚红、包圆圆编《中国网络视频年度案例研究 2017》，中国传媒大学出版社，2017。

B.26

2018年中国数字报纸发展报告*

李　珠**

摘　要： 本报告是对2018年中国数字报纸发展情况的总结，主要分为两个部分：第一部分主要是介绍中国的数字报纸在2018年的发展状况，既有对总体情况的概括，也有对具体现象，如人工智能的进一步运用、媒体融合的深入发展、版权维护的实质性进展等方面的表述；第二部分则是对中国数字报纸发展趋势所作的分析，以及对国内数字报纸未来发展的建议。

关键词： 数字报纸　人工智能　媒体融合　区块链　版权保护

2018年对中国报业来说是颇有成效的一年。报纸的数字化转型在继续，从中央到省市再到区县，数字化步步深入。这种深入，不仅体现在内容产品的表现形式上，还体现在报纸与广播、电视等传播媒介的融合上。此外，之前一直困扰报界的版权问题，经过前几年的不断努力，终于在这一年获得了实质性的进展，这一进展又为数字报纸始终纠结的付费工作提供了实现的可能。

一　2018年中国数字报纸发展情况

2018年，中国互联网络发展保持良好势头，我国网民规模在年底达到8.29亿，

---

* 本文为上海市高校人文社会科学重点研究基地——上海大学影视与传媒产业研究基地“新媒体发展”研究课题成果，课题主持人为吴信训教授。

** 李珠，博士，上海大学影视学院讲师。

互联网普及率达到59.6%，较上年提升了3.8个百分点。[①] 同时，“国内网络新闻用户规模达到6.75亿，网民使用比例为81.4%。其中，手机网络新闻用户为6.53亿，年增长率达到5.4%”[②]。

（一）新闻纸使用量仍在下降，印刷版报纸广告收入继续下滑

受报纸停刊休刊、广告收入下滑等因素的影响，2018年报业新闻纸的采购量比2017年减少了11.6万吨，降幅为6.5%，与2017年持平，这证明报业已经进入小幅缓慢下降的状态。[③]

根据CTR媒介智讯的数据，2018年前三季度，报纸广告在各类媒介广告中下降幅度最大（见图1），其中刊例收入下滑了31.9%，与2017年相同；广告面积下滑更是高达35.4%，超过了2017年的25.7%，形势更加严峻。[④]

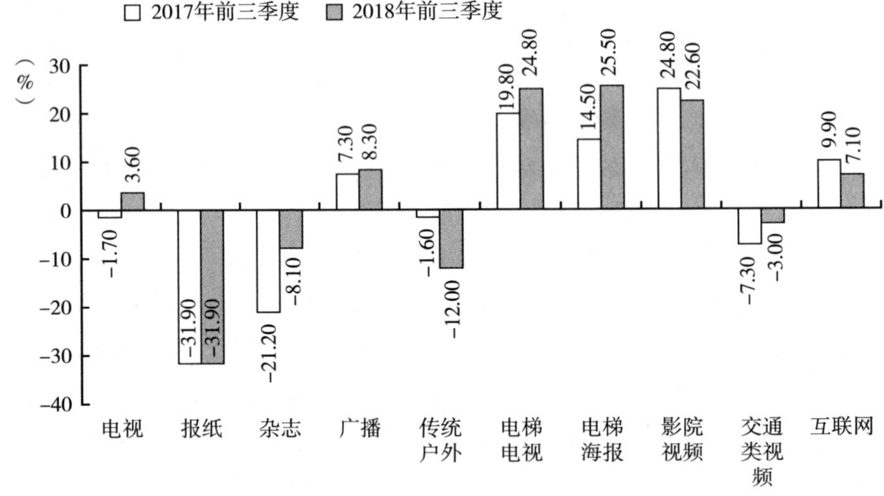

图1　2017年和2018年前三季度各媒介广告刊例花费变化

① 《第43次中国互联网络发展状况统计报告》，中国互联网络信息中心，http://www.cac.gov.cn/wxb_pdf/0228043.pdf，2018年2月28日。

② 《第43次中国互联网络发展状况统计报告》，中国互联网络信息中心，http://www.cac.gov.cn/wxb_pdf/0228043.pdf，2018年2月28日。

③ 《2018中国报业新闻纸供需报告》，中国纸业网，2018年12月20日。

④ 《CTR媒介智讯最新发布：2018年前三季度中国广告市场同比增长5.7%》，网易，2018年11月1日。

（二）纸质报纸停刊休刊，向数字化转型

除了在2017年宣布、在2018年元旦正式休刊停刊的《台州商报》《渤海早报》《北京娱乐信报》等20家纸媒外，截至2018年末，宣布停刊休刊的报纸超过了40家。

2018年1月16日，国内第一份免费地铁报《I时代报》宣布于次日休刊。①

2018年6月22日，《西部商报》宣布于次日起休刊转型。②

2018年6月30日，《新疆都市报》在致读者信中宣布停刊。③

2018年9月28日，《地铁时报》宣布于9月29日正式休刊。④

2018年11月21日，《申江服务导报》宣布于11月28日休刊。⑤

2018年11月30日，《羊城地铁报》宣布于12月休刊。⑥

2018年12月，有多家报纸宣布将于月底或2019年元旦正式停刊或休刊，主要包括《北京晨报》《法制晚报》《北京文摘》《春城地铁报》《黄山日报·黄山晨刊》《中国技术市场报》《郴州新报》《京郊日报》《黑龙江晨报》《安阳晚报》《新知讯报》《赣州晚报》《北方周末报》《羊城晚报》《中国测绘报》《伊犁晚报》等。⑦

这些报纸多为都市报，它们中的大多数选择了在停刊休刊之后以各种形式转向数字化方向。作为报业集团中的二、三级报纸，都市报这几年在发展上面临困境，停刊和休刊是优化资源的第一步，接下来其采编团队会与上级单位整合，加入媒体转型的进程中，比如《法制晚报》休刊后，会参与打造“北京头条”客户端。⑧

---

① 《休刊公告》，《I时代报》2018年1月16日。

② 《休刊转型——致读者》，《西部商报》2018年6月22日。

③ 《又一家纸媒退市，〈新疆都市报〉7月1日起停刊》，凤凰网，2018年7月3日。

④ 《休刊公告》，《地铁时报》2018年9月28日。

⑤ 《休刊公告》，《申江服务导报》2018年11月21日。

⑥ 《休刊启事》，《羊城地铁报》2018年11月30日。

⑦ 《2018年，这些纸媒与我们告别》，搜狐网，2018年12月31日。

⑧ 《〈法制晚报〉转型新媒体　打造“北京头条”客户端》，网易，2018年12月1日。

（三）全国党报融合传播深化①

2018 年，党报的发展更进一步，在 7 月 1 日发布的《2018 全国党报融合传播指数报告》中，人民网研究院对全国 377 家党报的融合传播情况进行了考察。经过统计，党报的网站开通率最高，为 92.8%；微信公众号次之，为 76.4%；自有客户端（APP）再次之，为 74%；入驻聚合新闻客户端的党报占总数的 72.7%；开通了官方微博账号的党报占 68.7%（见表 1）。②

表 1　党报传播渠道建设情况

单位：%

项目	网站	微博	微信	入驻 APP	自建 APP
全部党报	92.8	68.7	76.4	72.7	74.0
中央级报纸	100	100	100	100	83.3
省级党报	100	100	97	100	93.9
地市级党报	91.9	64.5	73.5	69.0	71.7

资料来源：《〈2018 全国党报融合传播指数报告〉发布》。

具体说来，2018 年党报的融合传播体现出如下特点。

1. 纸质版的传播力仍然较强，中央级报纸网站被转载量更大

党报的发行情况理想，《人民日报》《广州日报》《人民日报（海外版）》《光明日报》《南方日报》等五家报纸获得了超过百万份的发行量。从日均被转载篇次看，纸质版的均值有三项（全部、省级和地市级）远高于网站，说明报纸仍有很强的传播力，而中央级网站在日均被转载篇次上处于领先位置，远超各级纸质版和网站，说明它在全国的影响力更大。

2. 广泛入驻微博、微信，微博影响力远超微信和头条号

在人民网调查的 377 家党报中，259 家党报拥有官方微博，平均粉丝数为 126 万粉丝，大大高于其他传播渠道。其中，粉丝量最高的是@人民日报，规模超过 5800 万。党报微博账号日均发文 12 条，平均阅读量为 9.6 万，是微信的 20 倍、头条号的 10 倍。

---

① 《〈2018 全国党报融合传播指数报告〉发布》，东方头条，2018 年 6 月 20 日。

② 《〈2018 全国党报融合传播指数报告〉发布》，人民网，2018 年 7 月 1 日。

表2　党报、党报网站文章被转载情况

项目	党报报纸		党报网站	
	日均被转载篇次均值	报道平均被转载次数	日均被转载篇次均值	原创报道平均被转载次数
全部	622	13	189	14
中央级	889	20	2062	15
省级	1029	15	490	17
地市级	454	10	68	11

资料来源：《〈2018全国党报融合传播指数报告〉发布》。

377家党报中有288家开通了微信公众号，每个微信号日均发文5篇。平均阅读量最高的人民日报微信公众号，超过10万，平均阅读量过万的13个党报中有7家是地市级党报。相对于微博和头条号，省级和地市级党报微信公众号的影响力还有待提高。

3. 党报自有客户端（APP）用户量最多，增长迅速

377家党报中的279家建设了自有新闻客户端（APP）。从数据上看，自有APP的下载量最多，超过了报纸、微博和入驻APP，拥有最大规模的用户。其中，中央级报纸自有客户端下载量最为瞩目，人民日报客户端的下载量已经超过了2.2亿，是具有压倒性优势的最大用户端。

与2017年相比，党报新闻客户端下载量增长迅速，下载量达到千万级、百万级、十万级的党报数量明显增加，不足一万的党报数量下降了近一半。不过，中央级、省级、地市级同级别报纸间客户端下载量仍有较大差距。

4. 党报借助聚合新闻客户端继续扩大影响力

377家党报中入驻网易新闻、腾讯新闻、搜狐新闻、一点资讯、今日头条五个聚合新闻客户端的有274家。在入驻率方面，今日头条、腾讯新闻、搜狐新闻分列前三位，一点资讯、网易新闻紧随其后。

目前，党报在五个聚合新闻客户端上的订阅量不算多，中位数为0.6万。但中央级党报和省级党报、地市级党报的情况存在差异，中央级入驻APP订阅量中位数和均值都超过了纸质版的发行量。而省级党报、地市级的订阅量和其他传播渠道比还存在较大差距。

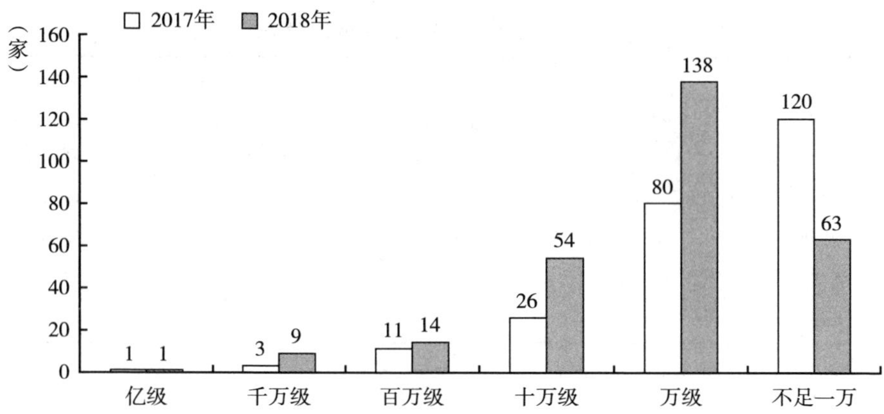

图2　2017～2018 年安卓客户端下载量比较

从发文量来看，党报在头条号的日均发文量均值为 55 篇，比微博和微信都要多，是微信的 11 倍、微博的 4.58 倍。具体到各级报纸，中央级党报的发文量达到了 595 篇，省级也有 51 篇，均显著高于微信和微博，而地市级只有 9 篇，与微博、微信的差距不明显。

表3　党报第三方平台账号日均发文量均值

单位：篇

项目	微信公众号	微博账号	头条号
全部党报	5	12	55
中央级党报	9	28	595
省级党报	8	22	51
地市级党报	5	9	9

资料来源：《〈2018 全国党报融合传播指数报告〉发布》。

可见，无论是订阅量还是发文量，党报在入驻 APP 这一领域都还存在拓展空间，尤其是省级、地市级党报，还需要继续努力。

（四）县级融媒体中心广泛建立

2018 年，“县级融媒体中心”的涌现成为一个令人瞩目的现象。

北京在县级融媒体中心的建设中处于领先位置。2018 年 6 月 6 日，石景山区融媒体中心成立；6 月 12 日，大兴区融媒体中心成立；6 月 16 日，延庆区融媒体中心成立；6 月 19 日，朝阳区融媒体中心成立；7 月 16 日，西城区融媒体中心成立……到 2018 年 8 月底，北京 16 个区级融媒体中心都已建立。这些融媒体中心整合了报纸、广播、电视、网站、移动客户端等多种平台资源，以“中央厨房”模式运行，形成了集中高效的生产传播体系。①

2018 年 8 月，玉门市融合媒体共享平台开始运行，这是甘肃省第一个县级融媒体中心。该中心整合了区域内各种传播资源，形成传播矩阵，结合数据抓取、移动直播、机器人写作等技术，生产高质量的新闻内容。②

2018 年 9 月，郑州市 16 个县级融媒体中心启动。郑州报业集团与之签署了合作框架协议，以报业集团的“中央厨房·新闻超市”大平台为基础，为县级融媒体中心打造统一的指挥调度和分拨平台，并提供技术和业务指导。③

到 2018 年 10 月底，福建省的 43 个县、市、区成立融媒体中心，“漳州、泉州两个市的县级融媒体中心已全部挂牌”④。

（五）人工智能进一步发展

2018 年 3 月，法制晚报社和北京电视台科教频道等单位合作推出了中国人工智能服务推广联盟。联盟将借助媒体这个宣传平台，促进人工智能整体产业的紧密合作与市场普及。⑤

2018 年 3 月，全国两会期间，新华社借助新推出的人工智能平台“媒体大脑”，只用 15 秒就生产并发布了一条有关两会的视频新闻，这是新闻史上的首次尝试。同时，新华网还使用“Star”生物传感智能机器人，准确地描绘出

① 《领先全国！北京 16 个区级融媒体中心已建立》，北晚新视觉网，2018 年 8 月 3 日。

② 田野：《甘肃有了首个县级融合媒体共享平台》，《中国新闻出版广电报》2018 年 8 月 30 日。

③ 宗边诗：《郑报集团与 16 县区联手建县级融媒体中心》，《中国新闻出版广电报》2018 年 9 月 6 日。

④ 张福财：《福建：县级融媒体中心年底全挂牌》，《中国新闻出版广电报》2018 年 11 月 13 日。

⑤ 任晓宁：《法制晚报社北京电视台发起联盟推广人工智能》，《中国新闻出版广电报》2018 年 3 月 27 日。

了观众在听取政府工作报告时最真实的“情绪曲线”。①

2018 年 11 月 7 日，全球首个“AI 合成主播”在新华社正式上岗，这个用人工智能技术合成的新闻主播，实现了实时音视频与 AI 真人形象的合成，可以大幅度地节约新闻播报视频的后期制作成本。②

（六）融媒体采编平台和各类网上平台得到继续建设

2018 年 1 月 18 日，安徽日报客户端、安徽新闻网 · 视觉安徽和新闻大数据中心上线，与新版的微博、微信一起构成了安徽日报社的新媒体平台。③ 10 月 18 日，安徽新闻网（www. ahnews. com. cn）正式上线，而同日开通的自媒体平台“江淮号”，使安徽日报社新媒体平台更加完善。④

2018 年 2 月，“现场云”新闻在线生产系统发布 3. 0 版本，这是新华社服务全国媒体的平台。此次升级后，入驻“现场云”的媒体可以免费获得基于移动端的全媒体采编发功能，实现新闻的即采即拍即传和即收即审即发。⑤

2018 年 4 月 9 日，“融媒小厨 · 梧州新空云”泛媒体融合一体化开放平台正式启用。该平台是由北大方正和广西梧州日报社共同建设的，该平台融信息传播和政务服务于一体，进一步深化了媒体融合进程。⑥

2018 年 6 月 11 日，人民日报推出了“人民日报创作大脑”平台。该平台借助人工智能（AI）等技术，向内容创作者提供创作工具，帮助他们进行内容生产和发布。⑦ 同日，“人民号”正式上线，作为全国移动新媒体聚合平台，一上线就吸引了 2000 多个主流媒体、党政机关、高校、优质自媒体和名人入驻。⑧

---

① 黄楚新、张露引：《2018 两会新媒体报道观察》，人民网，2018 年 3 月 23 日。

② 《全球首个“AI 合成主播”在新华社上岗》，腾讯网，2018 年 11 月 7 日。

③ 杜一娜：《安徽日报社推出新媒体平台》，《中国新闻出版广电报》2018 年 1 月 22 日。

④ 岳怀让：《安徽新闻网今日零时上线，安徽日报客户端推出“江淮号”》，澎湃新闻，2018 年 10 月 18 日。

⑤ 《新华社“现场云”面向智能化在线生产传播全面升级》，新华网，2018 年 2 月 19 日。

⑥ 李子木：《梧州日报社联手方正电子打造“梧州新空云”》，《中国新闻出版广电报》2018 年 4 月 11 日。

⑦ 《人民日报推出 AI 创作平台》，搜狐网，2018 年 6 月 15 日。

⑧ 《全国移动新媒体聚合平台“人民号”上线》，人民网，2018 年 6 月 12 日。

（七）视频新平台和视频化战略

2018 年 10 月 26 日，视频新平台——“上海时刻”上线。该平台是由新民晚报社推出的、“以时间为刻度，用短视频的形式，记录和分享上海的变化与发展”的原创视频平台。①

2018 年 12 月 25 日，新华网正式启动视频化战略。根据该战略，新华网制订了两个计划：“源创计划”——建立规模化优质短视频自制生产体系；“共鸣计划”——联合有志之士组成跨行业的“视频战略联盟”，制作更多更好的短视频作品。②

（八）版权保护获得突破性进展

2018 年 1 月 24 日，版权线上调解平台启动，这是一个“互联网 + 调解”的公共服务平台，可实现版权纠纷的全程在线调解服务。③

2018 年 4 月 23 日，国家版权局和日本文化厅、韩国文化体育观光部联合开展了 2018 年版权宣传周活动，希望借此活动提升中、日、韩三国公众的版权保护意识。④

2018 年 4 月 26 日，国家版权局与中国版权协会、中国移动签署了《网络版权保护合作备忘录》，三家联合推进网络版权执法落地，积极采取行动推动社会对网络版权保护的认识和自觉性，推动行业自律。⑤

2018 年 6 月 28 日，浙江省杭州互联网法院对一起侵害作品信息网络传播权的案件进行公开宣判，判定被侵害方《都市快报》胜诉。这是法院“第一次确认采用区块链技术存证的电子数据的法律效力，同时明确了区块链存证的审查判断方法”⑥。9 月 7 日，最高人民法院对电子证据问题做了明确规定，肯

---

① 陈炅玮：《视频新平台“上海时刻”今日揭幕》，新民网，2018 年 10 月 26 日。

② 余俊杰：《新华网启动视频化战略》，《中国新闻出版广电报》2018 年 12 月 27 日。

③ 邹韧：《版权线上调解平台正式启动》，《中国新闻出版广电报》2018 年 1 月 29 日。

④ 赖名芳：《2018 年版权宣传周启动》，《中国新闻出版广电报》2018 年 4 月 24 日。

⑤ 赖名芳：《国家版权局与中国版权协会、中国移动签署备忘录　联合打造网络版权保护新模式》，《中国新闻出版广电报》2018 年 4 月 27 日。

⑥ 李稹、陈欣文：《杭报集团如何利用区块链技术维护版权》，《中国新闻出版广电报》2018 年 8 月 2 日。

定了杭州互联网法院的做法。①

2018 年 9 月 9 日，北京互联网法院正式成立，“全程在线”受理互联网案件，受理范围包括互联网著作权权属纠纷、互联网著作权侵权纠纷等。② 9 月 28 日，广州互联网法院正式挂牌成立。③

2018 年 9 月 29 日，国家版权局约谈了趣头条、今日头条等 13 家网络服务商，敦促服务商增强版权保护意识，做到“先授权、后使用”，规范网络转载版权秩序。

2018 年 10 月，江苏省高级人民法院驳回今日头条上诉《现代快报》一案。根据一审判决，“今日头条赔偿经济损失 10 万元及相关合理费用 1.01 万元”④。此前，今日头条被指出未经授权转载《现代快报》4 篇稿件。

2018 年 11 月 16 日，“区块链媒体实验室”成立，这是由封面传媒、百度和中国人民大学新闻学院共同成立的、旨在以百度超级链技术探索区块链在内容平台版权保护等领域的应用潜力。

2018 年 11 月 22 日，泛内容版权合作平台正式发布。这是由封面新闻发起，今日头条、一点资讯、百度百家号、新浪移动、UC 大鱼号共同成立的，是在尊重原创版权前提下的合作。⑤

（九）媒体智库建设成果频现

2018 年 3 月，原国家新闻出版广电总局印发《关于加快新闻出版行业智库建设的指导意见》，明确提出要加快中国特色新闻出版行业智库建设。⑥

2018 年 5 月 24 日，羊城晚报传媒智库成立。羊城晚报集团将传媒智库定位为“原创服务型媒体智库”，借助报纸的资源优势，发展原创高智力服务产

---

① 《最高人民法院关于互联网法院审理案件若干问题的规定》，最高人民法院网，2018 年 9 月 7 日。

② 鞠焕宗：《北京互联网著作权纠纷有了“全程在线”法院》，《中国新闻出版广电报》2018 年 9 月 12 日。

③ 孙航、隋岳、段莉琼：《广州互联网法院挂牌成立》，中国法院网，2018 年 9 月 28 日。

④ 李斯睿：《今日头条侵权转载 4 篇稿被判赔 10 万元》，《中国新闻出版广电报》2018 年 10 月 17 日。

⑤ 王婷：《封面传媒发起成立泛内容版权生态平台》，《华西都市报》2018 年 11 月 23 日。

⑥ 常湘萍：《媒体智库已成产业发展新方向》，人民网，2018 年 5 月 22 日。

品，致力于成为各级党委政府以及各行各业的“耳目、尖兵和参谋”。①

2018 年 6 月 29 日，南方报业传媒集团推出了南方传媒智库矩阵。南方报业致力于以智库化、智能化为标志的智慧转型，建设了十大智库机构，上线了中央数据库 1.0 等，通过众多举措加快推动智慧传媒建设。② 在 12 月 24 ~ 28 日的“南都智库产品发布周”上，共发布了 8 份智库报告。这些报告成功连接了各方面的资源，通过调研与研究，形成具有很强实用价值的成果，为政府和各决策层提供参考。③

（十）新闻客户端持续上线、升级

2018 年 1 月 23 日，新华社英文客户端正式上线。新华社在该客户端上设置了《中国新闻》《世界动态》《时政要闻》等多个栏目，读者可以从中获得海量的原创英文资讯。该客户端还具备智能推荐功能，可以进行个性化资讯推送，这是具有智能推荐功能的英文客户端第一次在中国主流媒体出现。④

2018 年 3 月 2 日，人民视频客户端上线。这是由人民网、腾讯、歌华有线视频合作开发的，主要是为短视频和网络直播提供生产和发布平台。⑤

2018 年 5 月 4 日，封面新闻客户端正式升级到 4.0 版本。新版本采用全场景沉浸式互动模式，提供更多的新闻短视频和人工智能机器人的互动服务。⑥

2018 年 5 月 10 日，羊城晚报移动客户端升级为羊城派 4.0。这次升级是对云计算、人工智能互动技术等的进一步运用。⑦

---

① 刘云、李焕坤：《传媒名医智库》，《羊城晚报》2018 年 5 月 25 日。

② 骆骁骅：《大动作！南方报业智库矩阵亮相，十大智库助力智慧型媒体转型》，南方网，2018 年 6 月 29 日。

③ 杜一娜：《举办智库型媒体发展高峰论坛，相继发布 8 份智库报告——南都：以智库研究助推人员整体提升》，《中国新闻出版广电报》2019 年 1 月 8 日。

④ 任晓宁：《新华社上线英文客户端　首创英文版“现场新闻”》，《中国新闻出版广电报》2018 年 1 月 24 日。

⑤ 李雪昆：《人民网联合腾讯等共同发力移动视频领域》，《中国新闻出版广电报》2018 年 3 月 5 日。

⑥ 杜一娜：《打造全新智媒体　封面新闻客户端 4.0 迭代》，《中国新闻出版广电报》2018 年 5 月 4 日。

⑦ 张君成：《羊城晚报移动客户端——羊城派 4.0 项目启动》，《中国新闻出版广电报》2018 年 5 月 4 日。

2018 年 6 月 11 日，人民日报英文客户端升级到 2.0 版本。新版本大大优化了用户体验，引入了人工智能机器人“微软小冰”和 Bing 搜索，增加了个性化和互动新功能。①

二　2018年中国数字报纸的发展趋势分析和发展建议

（一）中国数字报纸的发展趋势分析

2018 年的数字报纸有几个非常明显的特点：一是党报的发展持续走强；二是版权保护工作取得了实质性的突破；三是对技术尤其是新技术的运用始终抱有极高的热情；四是区域化的合作在不断强化。结合既往的经验，预计在未来中国的数字报纸会在以下几个方面继续发展。

1. 融合进一步走向全面和深入

2014 年，《关于推动传统媒体和新兴媒体融合发展的指导意见》发布以后，我国报业的互联网思维不断强化，报纸的数字化进程已经走过“相加”阶段，走向“相融”阶段。而在“相融”阶段，局部的、浅层的融合也在向全面的、深度的融合进化。“报网端微”已经成为今天报纸的标配，但在今后，这样的相融还不够，需要继续深入，2018 年开始的县级融媒体中心的建设就是一个很好的例子。

在 2018 年 8 月 21 ~ 22 日的全国宣传思想工作会议上，习近平总书记指出：“要扎实抓好县级融媒体中心建设，更好地引导群众、服务群众。”在 2018 年的媒体融合工作中，重点已经从省以上媒体延伸到了基层媒体，而基层媒体的成功融合将会促使整个国家媒体体系更加健康、富有活力。从 2018 年先行启动的 600 个县级融媒体中心情况可知，它们融合的不是某一类的传统媒体和新兴媒体，而是将区域内所有的媒体资源，包括报纸、广播、电视、网站、新闻客户端、微信公众号、微博、第三方账号等，融合在一起，以“中央厨房”模式进行信息的采集、处理和发布，最大化地节约成本，提升传播效果。

① 《微软小冰与 Bing 搜索“入驻”人民日报英文客户端 2.0 版》，搜狐网，2018 年 6 月 13 日。

除了区域内的整合，县级融媒体中心往往还与上级单位建立了合作关系，比如郑州报业集团与当地16个县级融媒体中心合作，给予技术、业务上的帮助和指导。这样的合作有效地提升了县级融媒体中心的实力，也给上级报纸提供了更为丰富的新闻来源，在融合方面实现了双方合作共赢。相信到2020年底基本实现县级融媒体中心在全国的全覆盖之后，我国的数字报纸也会在媒体融合方面取得突破性进展。

2. 逐步走上智媒体化发展道路

数字化进程中，报业对新技术抱有极大的热情，云计算、区块链、人工智能技术在新闻的采集、编辑、发行中发挥了巨大的作用。而且，随着技术自身的发展，未来它们还会展现出更多令人惊叹的实力。因此，越来越多的报纸相信，智媒体会成为未来发展的方向。2018年11月16～17日召开的中国传媒年会的主题就是“努力实现由融媒体向智媒体的飞跃”。

数字化时代，传播主体的多元化导致了海量信息的产生，仅靠人工而不借助于新技术，是无法处理如此庞大的信息的，所以，人工智能等必然成为媒体的选择。从实际情况看，智能机器人出现在新闻领域只有短短几年时间，就已经成功进入新闻报道各个领域，有采访智能机器人、写稿智能机器人，还有可以在网络上和受众聊天的机器人；基于大数据的用户行为分析可以精准地进行个性化推送；区块链技术“分布式记账”的工作原理则为实现新闻业的真实性提供了可能，它还将带来一种新型的新闻平台的经营管理模式。

按照国家的计划，我国将在2020年实现5G商用，彼时智能技术必将迎来爆发式发展，可以期待的是，更新的智能技术会给数字报纸带来更多的惊喜。

3. 智库化成为党报智慧转型的重要方向

媒体融合中的智慧转型，除了智能化，还有智库化。正如前面提到的，智能化是指运用智能技术使媒体更好地获取、处理信息、服务用户；而智库化则是指将自身的信息资源转化为政府和社会各界发现问题和解决问题的能力。近年来，智库化主要表现在媒体智库的建设上。2012年《南方都市报》与奥一网共同成立的南方民间智库、2014年南方报业传媒集团成立的南方舆情数据研究院、2015年湖北日报传媒集团成立的长江智库和人民网成立的人民智库等，都利用了自身在信息获取方面的优势，取得了一定的成绩。

在十九大报告提出“加强中国特色新型智库建设”后，越来越多的单位和组织加入智库建设大潮中。报纸在信息采集方面天然具有的优势，从发行之初的新闻信息到最新的各项数据，成为数据库中最有价值的、可以累积的数据资产，使得它们在智库建设上独树一帜。而党报更是拥有雄厚的实力，一方面，它一直都与政府保持着紧密的联系，对决策层有很大影响力；另一方面，近年来它在数字化方面实现了长足发展，具有领先地位，使得它的影响力不仅仅停留在精英阶层，对普通民众的影响力也在增强，这些都决定了它成为智库化趋势中当仁不让的主要角色。

党报智库在 2018 年取得了不错的成绩，南方传媒智库矩阵的出现，是在之前几年媒体智库发展基础上的升级，也是党报智库未来发展的方向。

4. 版权保护将越发健全，付费使用将成为常态

2018 年数字报纸在版权保护领域取得了一系列的进展：《都市快报》的胜诉，使得区块链存证的合法性得到认定，解决了困扰维权方的取证难、维权成本高等问题，为维权方提供了一条低成本、高便捷度的取证方法，使维权更有可操作性。《现代快报》在终审判决后得到了十万元的赔偿，则解决了一直以来困扰维权方的另一个问题——赔偿额度低，维权成本远高于取得的赔偿费。此外，国家版权局在改善网络版权环境、督促行业自律以及提高社会对版权的认知方面所做的工作也有一定成效。

区块链技术在版权保护中发挥了巨大的作用。区块链可以将数字报纸发布的内容信息记录在链上，无论查询、复制还是转发，都可以追溯到来源，区块链的不可篡改性，也杜绝了侵权的高级形式——“洗稿”，这样，版权内容在被侵权时可以快速、准确地发现和保存证据，不必担心证据被恶意删除。除此之外，区块链的安全机制、加密货币和智能合约技术，支持版权内容的自动登记、自动验权、自动获权、自动结算和自动备案，不仅使原创者不再需要为获得版权而奔波，而且为内容付费夯实了基础，为今后内容市场的健康有序发展提供了可能。

（二）对中国数字报纸的发展建议

2018 年的中国数字报纸总体来说发展势头理想：在新技术上依然保持了很高的热情，人工智能技术、区块链技术是这一年发展的重点；报纸在微博、微信公众号上有所发展，新闻客户端更新升级的速度也比较快；短视频的流行

使得更多的报纸加入开拓视频内容的领域，等等。但同时一些老生常谈的问题依然存在，仍需要持续关注。

1. 强化“用户意识”

我们的社会经历了巨大的发展，信息也越来越丰富，但对报纸来说，就算使用了新技术，也不可能把所有的新闻一网打尽。要在海量的信息中让人注意到自己，必须将传统媒体的思维转换成互联网思维。所谓互联网思维，就是“以用户为中心，以体验为核心”，换句话说，就是“用户意识”。在互联网上，受众不是等在那里的接受者，而是“用户”，是需要关注和揣摩的对象。因此，在呈现内容时，不能只是把信息简单地展示出来，等受众自己去寻找感兴趣的方面，而是应该把握受众的需求和互联网的特点，将最新、最关键的信息提炼出来，以最生动形象、最直观的方式传递给受众。

在2018年的全国两会报道中，可以看到各大报纸的数字版面中，长篇大论的长视频少了，大量主题明确、富有意趣的短视频出现了，这是一个好现象，应当在日常的报道中继续保持这种状态，做鲜活的、简明的、有趣的新闻。

2. 坚持优质内容生产

“内容为王”的口号喊了很多年，但报业的很多人还是对新的、内容以外的事物更感兴趣，如新的技术、新的显示终端、新的表现方式等。这些东西确实有着充分的吸引眼球的能力，但这种吸引只是一时的，一旦没有好的内容，这些都将缺乏支撑成为“浮云”。

世界知名的大报，如《纽约时报》《华尔街日报》等等，在经历数字化转型的时期，引进了新技术，采用了新的表现手段，但并未忽视对优秀的专栏作家和见解独到的学者的把握，为了保证优质内容的持续产出，这些报纸往往会不遗余力地去争取乃至争夺。同样地，我们的报纸当然也要在技术、表现手段上不断推陈出新，但这样的举措是不够的，我们更应该重视的是优质的内容。更确切地说，我们要坚持生产优质内容，并且为这些优质内容选择最合适的技术手段和表现方式，只有这样才能够赢得受众，在竞争中立于不败之地。

3. 版权保护仍需继续

2018年我们在版权保护上取得了不小的成绩，这值得欣慰。但是版权问题并没有消失，旧问题尚未解决，新问题又已产生。比如，经过宣传，版权意识缺乏的问题较前几年已有很大改善，但仍然普遍存在；智能机器人写作的成果，是否有版权，是否受到保护，以及短视频和网络直播的版权又如何认定等等。

版权问题涉及方方面面，不是某个作者或者某个报业集团的事情，而是一项系统工程，单靠个体努力来推进是不现实的，版权保护实践也证明了这一点。2018 年版权保护工作的亮点就是社会各方的共同努力：国家版权局在版权宣传、政策制定、违规处理等方面做了很多工作，互联网法院在网络侵权案件的审判和证据认定上做了贡献，报纸坚持不懈地维权行动，维权联盟的组织成立等等。

但这些仍然不够，版权保护应该从“顶层设计”出发，全面推进。只有从全局的角度，对数字报纸版权保护的各方面进行统筹规划，才能有效地实现目标。版权保护需要管理部门集思广益，在通观全局的基础上，进行合理规划，为各部门搭建平台，实现分工合作，才有可能集中有效资源，将版权保护的工作落到实处，取得更大的成绩。

参考文献

[1] 黄楚新、张露引：《2018 两会新媒体报道观察》，人民网传媒频道，2018 年 3 月 23 日。

[2] 谢新洲：《扎实抓好县级融媒体中心建设》，人民网传媒频道，2018 年 11 月 8 日。

[3] 杜江茜、张想玲、崔江：《转型路上探索融媒体如何向智媒体飞跃》，《华西都市报》2018 年 11 月 17 日。

[4] 李鹏：《打造智媒体　提升传播力》，《新闻战线》2018 年第 7 期。

[5] 李鹏：《迈向智媒体》，东方出版社，2018。

[6] 刘红兵：《南方报业传媒集团：推进深度融合　实现“智慧转型”》，人民网，2019 年 1 月 4 日。

[7] 王斯敏：《智库化转型：主流媒体突围发展新路径》，《新闻战线》2018 年第 2 期。

[8] 唐磊：《中国智库体系建设与民间智库发展》，载《中国社会组织报告（2018）》，社会科学文献出版社，2018。

[9] 杜一娜：《媒体智库：一盘越下越活的棋》，《中国新闻出版广电报》2018 年 6 月 5 日。

[10] 双传学:《全媒体语境下党报智库功能的应然与实然》,《光明日报》2018 年 2 月 22 日。
[11] 李媛、方卿:《基于区块链技术的报纸出版数字化转型》,《中国出版》2018 年第 15 期。
[12]《以区块链技术重塑数字版权保护,解决版权三大痛点!》,搜狐科技,2018 年 6 月 15 日。
[13] 夏凡:《广州日报:增强“用户意识”让剧情如你所想》,人民网传媒频道,2018 年 5 月 18 日。
[14] 陈明明:《关于新闻客户端“用户意识”的几点思考》,《传媒观察》2016 年第 5 期。
[15] 邹海涛:《对融媒体时代“内容为王”的思考》,《今传媒》2017 年第 11 期。
[16] 叶琳玲:《纸媒转型,“内容为王”该如何坚守》,《新闻世界》2018 年 11 期。
[17] 冯桢:《融媒体时代“内容为王”还是“渠道为王”?》,《新媒体研究》2018 年 8 期。
[18] 隋明照:《网络版权保护存在“三难”问题》,人民网传媒频道,2018 年 8 月 30 日。
[19] 彭飞:《人民日报评论员观察:版权保护需要立足网络特性》,人民网,2017 年 5 月 2 日。
[20] 张延平:《传统媒体版权保护呼唤“顶层设计”》,《中国新闻出版广电报》2019 年 1 月 31 日。

Abstract

Annual Report on Development of New Media in China No. 10 (2019) is the latest annual report compiled by China Social Science Academy Journalism and Communication Research Center. The 2019 volume is divided into general report, hot issues, researches, communication and industries. These five parts comprehensively analyze new media development in China, interpret the trends of new media development, summarize the problems and conclude on the profound impacts of new media.

In 2018, Chinese mobile Internet coverage is constantly increasing while overall gains are getting smaller. With mobile network going into the era of accumulation, rushing explosive development is replaced by precise operation mode. Short video industry rises abruptly and new markets are to be explored. The year 2018 witnessed significant progresses in new technologies, which are applied in content production and distribution, providing more possibilities for media industry development. New media industry has been through a deep shuffle as regulation eased the crush. As a result, the industry structure is going to be stable. However, wrestling between great powers will keep new media industry in changes and reforms.

The general report of this book comprehensively summarizes a new round of technology and industry revolution. Advanced technologies as artificial intelligence, big data, cloud computing, blockchain are developing in fast speed and new applied formats such as mobile application, social media, Internet broadcast, short video are constantly springing up, which reformed media structure and public opinion ecosystem. China's planning and arrangement for Internet and new media work is getting dedicated and intense. National strategic deployment provides fundamental guarantee for new media layout and development. Driving by national policy, the concept and value of new media has been redefined and the China's power in the global new media landscape has been strengthened. At present, Chinese Internet and new media are developing with the following features: digital economics leading high-quality economic development; new trends like information consumption, new retail and stream media coming up; multiple subjects strategically deploying industrial Internet; innovations of industrial Internet speeding up; "Internet + " strategies being promoted comprehensively; digital economy and real economy converging in depth; "Intelligence + " pushing the building of digital ecosystem. Big data boosts the modernization of national governing while digital governance has become the key of current Internet governance with Internet security and supervising network according to law being the essence. Converging media center construction of county level has been raised as national strategy. With deepening of media convergence, new media development is playing a leading role in "Belt and Road" construction. The general report focuses on the analysis of the profound influences of the fast development of new media on Chinese society, politics, culture and media etc. and elaborate the future developing trends of Chinese new media.

This book contains reports from more than ten famous experts and scholars in the field of new media research. These reports profoundly discuss essential topics of short video development, blockchain media development, county level media convergence center construction, artificial intelligence development, social media big data of American political elite, Internet public opinion field development, Internet governance, digital advertising, mini program development, new media copyright, new media industry. Furthermore, it analyzes cases of Chinese local news sites innovative convergence and development.

This book holds the view that since 2018 with new media development moving forward, there are some problems can not be ignored: the increasing risks of network security; copyright administration to be improved; standardization of artificial intelligence development; faster transformation of traditional media; reinforcement for international network mutual trust and common governance cooperation.

Contents

Ⅰ General Report

Abstract: Since 2018, China's planning and arrangement for Internet and new media work is getting dedicated and intense. National strategic deployment provides fundamental guarantee for new media layout and development. Driving by national policy, the concept and value of new media has been redefined and the China's power in the global new media landscape has been strengthened. At present, Chinese Internet and new media are developing with the following features: digital economics leading high-quality economic development; new trends like information consumption, new retail and stream media coming up; multiple subjects strategically deploying industrial Internet; innovations of industrial Internet speeding up; "Internet +" strategies being promoted comprehensively; digital economy and real economy converging in depth; "Intelligence +" pushing the building of digital ecosystem. Big data boosts the modernization of national governing while digital governance has become the key of current Internet governance with Internet security and supervising network according to law being the essence. Converging media center construction of county level has been raised as national strategy. With deepening of media convergence, new media development is playing a leading role in "Belt and Road" construction. With new media development moving forward, there are some problems can not be ignored: the increasing risks of network security; copyright administration to be improved; standardization of artificial intelligence development; faster transformation of traditional media; reinforcement for international network mutual trust and common governance cooperation.

Keywords: Digital Economy; Intelligence +; Media Convergence; Internet Governance

Ⅱ Hot Topics

Abstract: In the overall cold winter situation of China's mobile Internet market, the rise of short video applications has become the most significant phenomenon in 2018. From the demand side, nearly 80% of netizens use short video applications. From the supply side, the platform side presents the characteristics of transition and cross-border; the waist KOL in the content side is rising; MCN continues to develop strongly; Vlog will rise to the next "hot area" with the star effect; and all participants will accelerate the commercialization of short video commercialization. Behind the prosperity and development of short video in 2018, there are also some problems. First, vulgarization, copyright issues, users use indulging and other prominent social problems still exist. Second, the rough content, the subsiding user incremental dividends, management and business problems can't be ignored. In order to solve these problems, in 2018, the regulators carried out "heavy punches" for strict post-remediation. The "*Web Short Video Platform Management Regulations*" and the "*Network Short Video Content Review Standards Rules*" issued in early 2019 will be extended afterwards. Under the overall macro-trend of the state's strong supervision, the main participants of the content market should strengthen self-discipline and focus on the user management of the stock market, from extensive to refined, going deeper and bigger.

Keywords: Short Video; User Dividends; Stock Market; User Management; Refinement

B.3 The Report of China Media Convergence in 2018

Huang Chuxin, Wang Dandan / 047

Abstract: In 2018, with the support and guidance of top-level design, China's media convergence has entered the "deep water zone". In this year, media convergence has fully opened up from top to bottom, there has been deep competition in the field of content, platform convergence has stimulated the vitality of integration, intelligent interactive technology continues to lead the content production upgrade, and innovative business model has broadened the media profit channels. However, the breakthrough of media in system and mechanism is still not thorough enough. The competition of "Flow" leads to the surplus of media platforms, and the progress of media convergence also shows significant gaps. Under the continuous development of national policies and supervision, the good network ecology continues to grow, prompting the traditional media to further integrate superior resources, close to the needs of users to achieve product innovation, improve the industrial chain, and constantly promote the in-depth development of media convergence.

Keywords: Media Convergence; Traditional Media; County-level Media Convergence

B.4 The Development Report of the Construction of County-level Media Convergence Center in 2018

Zhu Tian, Zhang Cheng and Qi Xiangnan / 070

Abstract: Under the circumstance of the government policy, direct targets will focus on county targets construction and national matrix embed. And also it will be involved in developing the function from the news media to the county governance platform. Generally, the construction of county-level convergence media centers in 2018 showed three stages, including brand listing, system deploying and pilot promoting. And successively it connects to three construction modes, including provincial coordination, city linkage and county autonomy. Currently, in the process of construction, there are three main controversies, including path selecting, resource allocating and the period considering. Because of that, the more appropriate thinking and action clues should be "taking actions to suit local conditions" rather than "looking for something according to the rule", "breaking through the increment" rather than "allocating resource" and "iterating diachronic" rather than "getting something finished once for all". Looking forward to the next stage, innovating the mechanism, developing products, cultivating talents, supervising and evaluating will be the emphasis of construction that need to continue to advance or break through.

Keywords: County-level Media Convergence Center; Country Governance; Construction Mode; Evaluation System

Abstract: The blockchain journalism is not blockchain report, but a new media format that will bring revolutionary changes to the media content based on the application of blockchain technology. Now China's blockchain journalism is at the stage of reporting blockchain consulting. The blockchain financing changed from hot financing into cold in 2018 and the State supervision became stricter and stricter, which result in the end of blockchain journalism's brutal growth. There exist problems with blockchain journalism such as the imperfect technology, unclear business model and low quality in content. Moreover, the users' trust in blockchain journalism needs to be strengthened, more talents in blockchain journalism are needed and a friendly environment for the development of blockchain journalism needs building. With the development of blockchain journalism shows the tendency that it continues to clear the market, the reform of traditional media and new media is being furthered, and the media ecology is being reshaped, the government should strengthen industrial guidance, improve supervision and strengthen talent training.

Keywords: Blockchain Technology; Blockchain Journalism; Dig Data

B. 6 Report on China's Social Governance Development under the National Cyber Development Strategy in 2018

Hou E / 103

Abstract: In 2018, xi jinping thought on the strategy of becoming a Internet power strategy was formally formed as an important content system of his thought on socialism with Chinese characteristics for a new era. The general office of the state council issued "The opinions on promoting the healthy and orderly development of new media for government affairs", For the first time, the functional positioning of "Political new media" has been clearly defined as "government online performance capability" and "online government at the fingertips", It also endows the new media with the mission and responsibility of "governing the country", Political new media continue to make progress in social governance under the guidance of the network power strategy. But at the same time, the new media and County Fusion Media Center in the practice of the concept of cognitive errors, the top design is not perfect and the organization and operation management is not standardized, and other problems, also highlight the deviation in practice. In the process of the construction of Political new media and County Fusion Media Center, the differences and disputes between the platform name "business" and "politics" form a "stumbling block" for the progress, and it is urgent to clarify strategic thinking and lightly go into battle.

Keywords: National Cyber Development Strategy; Social Governance; New Political Media; County Fusion Media Center

B. 7 Research Report on the Development of Internet Public Opinion Field in China in 2018 *Liu Pengfei*, *Qu Xiaocheng* / 120

Abstract: In 2018, the structure of internet users and public opinion field have changed, the causes of public sentiments have turned into pluralistic. The agenda on economy, people's livelihood, international issues, ideaology and science has become the hottest. The system of emergence management have been promoted. The data security and the user privacy become the causes of public sentiments to many internet companies. Media convergence and construction of county-level media convergence will advance deeper, and the communication of positive energy becomes mainstream. New government media develop at an accelerated pace. Bigdata combines organically with social governance. Steady progress is made in administering the network according to the law. Comprehensive management system of network has been improved gradually.

Keywords: Public Sentiments; Public Opinion Field; Media Convergence; Government New Media

B. 8 Development of Artificial Intelligence and its Application in Journalism *Lei Xia* / 139

Abstract: Artificial intelligence applied in the field of journalism has great potential. The improvement of intelligent listening, speaking, reading, writing, translation and information processing technology, immersive news and personalized experience combined with virtual reality and artificial intelligence, and customized information service based on in-depth learning will bring great changes to the production, communication and users' interaction of news. Meanwhile, we need to be alert to the "information cocoon" effect caused by algorithm bias and intelligent recommendation. Combining with the current development level of AI technology, this paper holds that the interoperability and renewal of AI, combined with human's humanistic accomplishment and humanistic car are effective strategies for rational application and development of AI in the field of journalism.

Keywords: Artificial Intelligence; News Robot; Intelligent Recommendation; Algorithm Bias

Ⅲ Investigation Reports

Abstract: In 2018, short video has rapidly become a new platform for the transformation and upgrading of governmental new media by virtue of governmental communication. With the information ecology theory, this paper constructs the content ecology of governmental short video including content production, organization, communication, consumption, operation and regulation from the dynamic perspective, and then constructs the content ecological evaluation system of governmental short video on this basis. Through the content analysis of 147 short video of 49 governmental Dou-yin symbols, it is found that the governmental departments take an active role, the original hot style frequently appears, the government short video advantage appears. Governmental short video become an important platform of positive energy communication, but there are many aspects still in the exploratory stage, e. g. positioning and function, communication mode, interaction, characteristics, collaboration. This paper proposes to cultivate high-quality content, highlight the "local" scene; improve visual literacy, optimize user experience; strengthen interactive communication, enhance user stickiness; cross-platform linkage, give play to the matrix resultant force; strict supervision, appropriate incentives.

Keywords: Governmental New Media; Governmental Short Video; Content Ecology; Dou-yin; Constituent Elements; Evaluation

B. 10 A Comparative Presentation of Public Opinion Communication on New Media Platforms: Take Weibo and WeChat Public Accounts as Examples

Kuang Wenbo, *Zhou Ti* / 174

Abstract: At present, Weibo and WeChat, as important new media platforms for the voice, development and communication of public opinion in China, play a crucial role in the communication of public opinion. Based on the example analysis of the key public opinion events in 2018 selected by big data statistics and questionnaire survey, including the number of comments, the amount of articles read and shared in Weibo and WeChat official accounts, this paper analyzes and discusses the characteristics and communication of public opinion modes presented by the two different new media platforms, WeChat official accounts and Weibo. By comparing the public opinion platform of Toutiao, the significance of "positive energy information pool" and "algorithm recommendation" for actively guiding public opinion is analyzed.

Keywords: WeChat; Weibo; Public Opinion Communication

B. 11 Broken Media "Framing": One Research Based on Big Data of American Political Elite Social Network

Zhao Shuguang / 190

Abstract: The "framing" theory in the Internet age is one of the hot issues in communication theory research. This study uses the crawler program to capture the social network user data and content information of more than 600 American political elites, and conducts in-depth research on the media "framing". It believes that the loss of the users has fundamentally shaken the media "framing". More and more political elites are beginning to de-media. From the media "framing", the political elite has turned to face the individual "framing" and formed mutually reinforcing "spiral" with the individual "framing", which further weakened the media "framing" and promoted the development of populism.

Keywords: Framing; Political Elite; Social Network

B. 12 Report on the Influence of Overseas Chinese New Media in 2018

Lu Yongchun, Liu Shan and Xu Zhihong / 204

Abstract: Overseas Chinese media is not only an important bridge to disseminate Chinese culture, promote exchanges between China and foreign countries, and connect with overseas Chinese, but also an informative channel for the world to learn about China. In recent years, with mobile Internet progresses day by day globally, audiences at home and abroad are increasingly divided, and the communication ecology is increasingly abundant. In this new situation, overseas-language Chinese media actively keeps up to the trend of the times, constantly promotes the development of media convergence, expands new communication channels, strives to improve the depth of media communication, initially forms a new media communication matrix with websites, Apps, social media accounts as the main body, thus increasing its international influence. However, overseas Chinese new media as a whole are also facing problems such as limited production capacity of original content and weak audience radiation.

Keywords: Overseas Chinese New Media; Media Convergence; Influence Power; China Story

B. 13 2018 Western Media Development Report

Qi Yalin, Qiao Jinmiao and Sun Min / 219

Abstract: The imbalance between technologicalism, commercialism and political ecology has triggered information barriers and trust crises. In 2018, the Western media took trust as the main axis, returned to quality standard in content production, and presented innovative ways; it continued to upgrade in technology development, which promoted healthy convergence of media industry; weakened aggregate distribution platform's and social media's power in platfor's decentralization, dispersed platform channels, and ease the crisis of trust; focus on online payment for readers in the construction of business models, and donations become an emerging growth mode under the shrinking of advertising. In general, in 2018, the Western media encountered information barriers of the information ecological environment. Faced with problems such as false information and data leakage, the Western media committed to improve their media literacy, and cooperated with the government and citizens to respond to the reliability of information. They strive to build a healthy and sustainable media ecosystem.

Keywords: Western Media; Information Barriers; Media Literacy; Sustainable Development

Abstract: Under the guidance of Xi Jinping's strategic thought of network power, China's Internet development and governance have continuously opened up a new situation and achieved remarkable results in 2018. It has the following characteristics: the construction of a multi-agent and organic network governance structure, the improvement of the theoretical construction of the strategy of network power, the strengthening of content supervision and network ideological work, the perfection of the legal, regulatory and policy framework, the improvement of the status of network security and its support capacity, innovating technology governance tools and capabilities, and working together to build a " fate community of cyberspace". This paper analyse the current situation, problems and countermeasures of Internet governance in China in 2018.

Keywords: Internet Governance in China; Characteristics; Strategic of Network Power

Abstract: In the new era of digitalization marked by communication and information technology of new generation such as artificial intelligence and 5G, the security threats with new types which the information society is facing rapidly increased, showing a trend of expansion, diversification and intelligence, and another problem is the serious shortage of security managers. Therefore, the challenges of Internet governance is multiplied, and the governance principles and methods need to be upgraded. Artificial intelligence has the humanization and intelligence, so it can efficiently help humans to quickly perceive and identify threats. Furthermore, AI can also comprehensively analyze the causes, and take action strategies in a timely manner. The logic of "thinking and acting like humans" is consistent with the logic of Internet security protection and Internet governance. Based on the analysis of the threat trends and the advantages of artificial intelligence technology, this paper aims to share the patterns and practices of the application of artificial intelligence technology in the field of Internet governance such as public opinion monitoring, combatting online rumors, bad and fraud information detecting, and security situational awareness.

Keywords: Artificial Intelligence; Internet Governance; Model

Ⅳ Communication Research

Abstract: The year of 2018 marks the 40th anniversary of China's adherence to the reform and opening up. This year also witnesses our continuous improvements and the establishment of stricter system in the field of new media copyright protection, including the construction of a more optimized ecological environment of new media copyright protection and more prosperous copyright-related industries. This paper reviews the current situation and problems of copyright protection in 2018, and puts forward suggestions on copyright protection for new media from the perspectives of justice, administration, media and society, etc.

Keywords: New Media; Copyright Protection; Copyright Trade; Infringement

B. 17 Media Convergence and Innovative Approaches of Local News Websites in the New Media Environment: Take JXNEWS in China as an Example

Wang Xuanhai, *Liu Yi* / 270

Abstract: Media convergence has become a core issue in the news community of China. How to achieve the whole-process media, holographic media, full-staff media and full-effect media of Media convergence and innovation in the omnimedia era put forward by General Secretary Xi Jinping is the most urgent task and urgent topic facing at present. JXNEWS in China has explored Innovative Approaches, that can be learned and replicated. This Innovative Approaches has adopted "Five One": i. e. a famous "FMY Exposure Platform in China, a "Media Cloud" that promotes convergence of province, city and county media in Jiangxi, a group of typical network figures leading core values, a convergence between new media and traditional paper-media, and a lot of popular new media products by players playing.

Keywords: Media Convergence; News Websites; Positive Energy; FMY Exposure Platform; Gan Poyun-Media

B. 18 Research Report on the Application and Innovation of New Audio-visual Media Technology 2018 in China

Gao Hongbo / 287

Abstract: In 2018, in the wave of innovation and development in the application of new audio-visual media technology in China, companies such as IFLYTEK and IQIYI used artificial intelligence technology to audio-visual content production and wisdom dissemination. At the same time, the State Administration of Radio and Television's plan of "Smart Radio and Television" has been issued, pointing out the direction for the convergence development of audio-visual media. Looking ahead, the impact of 5G and Internet of Things technology is increasingly prominent.

Keywords: Audio-visual New Media; New Media Technology; Big Data; Artificial Intelligence

B. 19 China Mini Programs Development Report in 2018

Guo Miao, Gu Xingzuo and Hao Jing / 299

Abstract: After the Internet enters the second half, the population dividend and the flow dividend gradually disappear, Mini Programs as a kind of phenomenal class product emerges as the times require. In 2018, China Mini Programs ushered in the explosive growth, the capital is optimistic, the platform hugs, the user anticipates. Head App quickly entered the industrial layout period, and realized the closed-loop mode of traffic with operation platform as the leading and Mini Programs as the intermediary. Mini Programs, with its advantages of light size, low cost and good experience, has basically realized the cultivation of users' usage habits. Operators have opened multi-terminal entry channels, launched innovative incentives, and reduce the development audit threshold to continue to contribute to Mini Programs' ecological prosperity. In this case, Under the vigorous development ecology, Mini Programs still needs to face the bottleneck of "easy to pull new, difficult to retain" to break through, inadequate trading in the sinking market, low match the copycat and blind development, user information security risk surge and so on. In the future, Mini Programs will continue to focus on linking user and service scenarios, linking online information and offline physical scenes, accurately positioning market roles and developing superior categories in the multi-polarization competition and norms of Mini Programs operators. Build the ecological complementary relationship of application program, welcome the development trend of "AI Mini Programs", open a new chapter of "Mini Programs artificial intelligence" development, and drive the quantity of Mini Programs and users to rise in an all-round way.

Keywords: Mini Programs; BAT; Scene; Link

B. 20 Promote "One Belt, One Road" Cultural Exchange by Using New Media Technology

Liu Ziran, Su Weiran / 320

Abstract: The "One Belt One Road Initiative" initiative expands globally, creating new conditions and foundations for cultural exchanges among countries. With the continuous development of Internet technologies and industries, cultural communication based on new media technologies can make the cultures of all countries spread more smoothly and effectively. Based on the development of new Internet media in the countries along the "One Belt One Road" countries, this paper analyzes the ways of using the new Internet technology media to strengthen cultural exchanges among countries and better carry out cultural exchanges among countries along the route.

Keywords: Belt and Road Initiative; National Image

V Sector Reports

B. 21 2018 New Media Industry Development Report

Guo Quanzhong / 334

Abstract: In 2018, although the growth rate of Internet users in China slowed down, new media industries such as online advertising and online games continued to grow at a high speed. New media industry companies ushered in the tide of listing, and the number of financing for new media industries declined but the amount of financing was large. Upgrade. In the future, new industries such as 5G and blockchain will gradually land, and the industrial Internet will become the new direction of the Internet giant.

Keywords: New Media Industry; Big Data; Artificial Intelligence; Industry Internet

Abstract: After a rapid growth over the past decade (s), the short-form video market in China has changed from a blueprint to a Red Sea project. While the bonus period for users was disappearing, the competition situation in short-form video industry has gradually converted from the traffic competition to the content competition. Therefore, the content production has become a key factor that decides the fate of all players. Based on the data from various research institutions, this paper analyzes the current situation and causes for content production in the short-form video industry in China in the year of 2018. Moreover, after summarizing the existing problems, this paper predicts the future trends of content production in the short-form video market from four aspects.

Keywords: Short-form Video; Content Production; KOL

Abstract: This paper studies China's short-video in the mobile internet era in 2018 from four parts, including overview, focus, problems and trends. Overall, in 2018, short-video continued to grow strongly under strict regulation and the commercial process accelerated; the platform was in pattern of two superpowers leading, multi-players competing, and the tycoons were still vying to continue; The pyramid content pattern changed stably, the scale of KOL/ web talents expanded; Regulation was strict, and governance tended to be normalized. Focusing on the industry, there were three distinct features: platform-led commercial acceleration, obvious progress in overseas development of the platforms, and MCN's promotion to the transition from amateur UGC to professional production. However, in the rapid development of short videos, it's necessary to be alert to entertainment brainwashing and work through business dilemma as soon as possible. Looking ahead to 2019, the short-video industry will be upgraded under the drive of technological innovation, and will develop forward to target more segmented Market.

Keywords: Short-video in the Mobile Internet Era; Short-video Platform; Short-video Content; Short-video Commercial Operation; MCN

Abstract: The scale of online advertising market in China is 371. 7 billion yuan (￥) in 2018, and mobile advertising market share is 70%. BAT Matthew effect is significant whose information flow advertising enlarges market space, and TMD enriches new areas of short video, takeaway and O2O advertising. Development and prosperity of advertising capital market, forming a new market for internet advertising overseas, and advertising legislation supervision and market supervision have achieved results simultaneously. Inevitably, there are development problems and realistic challenges. We are lack of scientific understanding and effective practice on realization of internet advertising technology and construction of global advertising system. Algorithmic marketing and precision portrait of advertising data oligopoly influences user attitudes and manipulates user positions. Promotion and activation, false clicks and fraudulent advertising are still serious problems, which have resulted in major public opinion events. Therefore, we must keep pace with the times, and adopt countermeasures. Actively construct and Improve network advertising System. Strengthen the market subject responsibility and social responsibility of enterprises, and market supervision and public opinion supervision. Form trend for integration and development with hardware facilities and real economy, together with new information technology.

Keywords: Internet Advertising; Advertising Orientation; Mobile First; Data and Privacy Protection

B. 25 Research Report on the Development of 2018 Network Live Video Industry

Wang Jianlei / 391

Abstract: In 2018, the differentiation of Network Live Video Industry intensified: head anchor and head platform gathered more traffic, capital and economic returns, the medium-sized live broadcasting platform encountered difficulties such as loss of anchor, rupture of capital chain, and several small and medium-sized platforms were delisted directly; The Industry is still full of vigor and uncertainty: merger and acquisition is continuing, adding two new listed companies and new entrants; However, the Network Live Video Industry as a whole has entered the downward cycle from the two important indicators of user utilization and capital financing. In this context, "Seeking Change and Rebuilding Business" has become the conscious choice of the platforms, which struggled to seek new changes at the strategic level of content production, capital realization, talent cultivation, enterprise development, etc. These efforts promoted the industry ecology to become pragmatic, rational and mature. In addition, the media coverage of the Network Live Video Industry is not optimistic, pornography and values of minors deserve great attention. Both the platform and the anchor should adhere to the bottom line, export high-quality content, and actively participate in industry regulation. The industry itself still needs to make unremitting efforts to show more deep value and significance to the public and society.

Keywords: Network Live Video Industry; Anchor; Content; Capital; Supervision

Abstract: The report is a summary on the development situation of domestic digital newspaper in 2018, it's mainly divided into two parts: the first part describes the development status in the field of digital newspaper in China in 2018, there is not only a summary of the overall situation, but also the expression of specific phenomena, such as the further use of artificial intelligence, the in-depth development of media convergence, substantial progress in copyright maintenance; The second part analyses development trend of the domestic digital newspaper, as well as makes suggestions to the future development of it.

Keywords: Digital Newspaper; Artificial Intelligence; Block Chain; Media Convergence; Block Chain; Copyright Protection

中国社会发展数据库（下设 12 个子库）

全面整合国内外中国社会发展研究成果，汇聚独家统计数据、深度分析报告，涉及社会、人口、政治、教育、法律等 12 个领域，为了解中国社会发展动态、跟踪社会核心热点、分析社会发展趋势提供一站式资源搜索和数据分析与挖掘服务。

中国经济发展数据库（下设 12 个子库）

基于"皮书系列"中涉及中国经济发展的研究资料构建，内容涵盖宏观经济、农业经济、工业经济、产业经济等 12 个重点经济领域，为实时掌控经济运行态势、把握经济发展规律、洞察经济形势、进行经济决策提供参考和依据。

中国行业发展数据库（下设 17 个子库）

以中国国民经济行业分类为依据，覆盖金融业、旅游、医疗卫生、交通运输、能源矿产等 100 多个行业，跟踪分析国民经济相关行业市场运行状况和政策导向，汇集行业发展前沿资讯，为投资、从业及各种经济决策提供理论基础和实践指导。

中国区域发展数据库（下设 6 个子库）

对中国特定区域内的经济、社会、文化等领域现状与发展情况进行深度分析和预测，研究层级至县及县以下行政区，涉及地区、区域经济体、城市、农村等不同维度。为地方经济社会宏观态势研究、发展经验研究、案例分析提供数据服务。

中国文化传媒数据库（下设 18 个子库）

汇聚文化传媒领域专家观点、热点资讯，梳理国内外中国文化发展相关学术研究成果、一手统计数据，涵盖文化产业、新闻传播、电影娱乐、文学艺术、群众文化等 18 个重点研究领域。为文化传媒研究提供相关数据、研究报告和综合分析服务。

世界经济与国际关系数据库（下设 6 个子库）

立足"皮书系列"世界经济、国际关系相关学术资源，整合世界经济、国际政治、世界文化与科技、全球性问题、国际组织与国际法、区域研究 6 大领域研究成果，为世界经济与国际关系研究提供全方位数据分析，为决策和形势研判提供参考。

法律声明